양한사상사 兩漢思想史

Intellectual History of the Han Dynasties

【권1 상】

양한사상사 兩漢思想史 【권1 상】

Intellectual History of the Han Dynasties

—

1판 1쇄 인쇄　2022년 7월 18일
1판 1쇄 발행　2022년 7월 25일

—

저　자 ｜ 서복관徐復觀
역　자 ｜ 김선민 · 문정희
발행인 ｜ 이방원
발행처 ｜ 세창출판사
　　　　신고번호 · 제1990-000013호
　　　　주소 · 서울 서대문구 경기대로 58 경기빌딩 602호
　　　　전화 · 02-723-8660　팩스 · 02-720-4579
　　　　http://www.sechangpub.co.kr ｜ e-mail: edit@sechangpub.co.kr

—

ISBN　979-11-6684-089-0 94150
　　　　979-11-6684-088-3 (세트)

—

이 번역도서는 2011년 대한민국 교육부와 한국연구재단의 지원을 받아 수행된 연구임.
(NRF-421-2011-1-A00005)

—

이 책은 한국연구재단의 지원으로 세창출판사가 출판, 유통합니다.
잘못 만들어진 책은 구입하신 서점에서 바꾸어 드립니다.

양한사상사 兩漢思想史

Intellectual History of the Han Dynasties

【권1 상】

― 주·진·한 정치사회구조 연구 ―

서복관徐復觀 저

김선민 · 문정희 역

세창출판사

1. 서복관의 생애

서복관(徐復觀, 1903.1.31.-1982.4.1.)은 호북성 희수현(浠水縣)에서 출생하였다. 본명은 병상(秉常)이고, 자는 처음에 불관(佛觀)이었다가 나중에 웅십력(熊十力)의 권유로 복관(復觀)으로 바꾸었다. 어려서 아버지를 따라 글을 익힌 후 현의 고등학당, 무창(武昌)의 성립(省立)제일사범(무한대학 전신)을 거쳐 국학관(國學館)에서 전통 경전에 대한 훈련을 받았다. 1928년 일본에 유학하여 사회주의를 비롯한 정치·경제·철학 등 새로운 사조를 접하였고 일본육군사관학교에 입교하였으나 1931년 9·18사변(만주사변) 발발로 귀국하여 군에 투신한 후 1937년 산서성 낭자관(娘子關) 전투 및 호북성 무한(武漢) 전투를 지휘하였다. 1943년 항일전쟁기에는 연안(延安)에 머물면서 국민당의 연락 임무를 맡았으며 6개월 후 중경(重慶)으로 돌아가 장개석의 14명 핵심막료의 하나로 기밀에 참여하였다. 1946년 육군 소장을 끝으로 15년간의 군 생활을 마감하였다.

1944년 서복관은 웅십력과의 만남을 계기로 생애에서 중요한 전환기를 맞이한다. "나라를 잃는 자는 항상 그 문화를 먼저 잃는다"라는 스승의 말이 그로 하여금 불혹을 넘긴 나이에 학문 연구를 시작하도록 만들었다. 1949년 홍콩에서 창간한 정치학술이론잡지 『민주평론』은

1950-60년대 대만과 홍콩을 무대로 한 유학의 현대화 운동의 주요 토론장이 되었고 여기서 함께 활동한 당군의(唐君毅), 모종삼(牟宗三) 등과 함께 '현대 신유학(新儒學)'의 대표인물로서 명성을 얻게 된다. 그는 중국의 전통문화, 특히 유가사상과 중국지식인의 성격 및 역사 문제에 관심을 갖고 많은 글을 발표하였다.

1949년 대만으로 이주하여 대중(臺中)에 정착한 서복관은 성립 농학원(農學院)을 거쳐 동해대학(東海大學) 교수로 재직하다가 1968년 동료 교수와의 필전(筆戰) 사건 후 대학 측의 강요로 학교를 퇴직하고 1969년 다시 홍콩으로 거처를 옮기게 된다. 이 때문에『양한사상사』집필에도 큰 타격을 입었다고『양한사상사』제1권 서문에 쓰고 있다. 1982년 4월 위암 투병 끝에 대만에서 서거하였고, 유언에 따라 1987년 고향인 호북성에 유골이 안장되었다.

2.『양한사상사』의 출판 과정

『양한사상사』는 서복관의 만년에 저술되었다. 그의 나이 70세에 제1권 초판을 시작으로 77세 되는 해에 마지막 제3권이 나오기까지 약 8년간에 걸쳐 출판된 대작이다.『양한사상사』가 나오기 이전에 그는 이미『중국인성론사·선진편』(1963)『중국예술정신』(1966)을 비롯한 많은 주요 저술들을 발표하였다. 1965년 8월에 쓴『중국예술정신』서문에서 서복관은 "예술사 방면에서의 연구는 여기서 멈추고 이제부터는『양한학술사상사』저술에 전념하여 건가학파(乾嘉學派)의 '한학(漢學)'에 가리어진 이 중대한 역사단계의 학술문화를 세간에 여실히 천명하기를 바란다"라고 썼다.『양한사상사』제1권 서문에서도 1965년을 발분(發奮)의 해로 기록하고 있다. 그러므로 본서는 늦어도 1965년 이전에 구상되었다고 할 수 있다. 발분으로부터 6년이 지난 1972년 『양한사상사』 제1권이 출간되었고, 그 뒤로 1975년에 제2권, 1979년에 마지막으로 제3권이 출간되었다.

제1권의 초판은 1972년 3월 홍콩 신아연구소(新亞研究所)에서 간행되었으며 그때의 제목은 『주·진·한 정치사회구조 연구[周秦漢政治社會結構之研究]』였다. 이 책에 2편의 글을 추가하여 같은 제목으로 1974년 5월 대만학생서국(臺灣學生書局)에서 다시 출판했는데 이것이 이른바 대만판[臺版]이다. 그런데 제2권의 서문에서 앞서 출간한 『주·진·한 정치사회구조 연구』를 『양한사상사』 제1권이라 부를 만한 책이라고 소개하자 제1권의 행방을 묻는 독자들의 문의가 쇄도하였고 그 때문에 1978년 4판(臺3판, 대만학생서국)부터는 책의 제목을 바꾸어 "삼판개명 『양한사상사』 권1(三版改名 『兩漢思想史』 卷一)"로 하고 애초의 제목이었던 『주·진·한 정치사회구조 연구』를 부제로 삼았다. 그 후 1979년 9월 마지막으로 『양한사상사』 제3권이 출간되었다. 1972년 제1권을 시작으로 1979년 제3권을 완간하기까지 8년이 걸렸고 1965년 구상으로부터 계산하면 모두 15년이 걸린 셈이다. 서복관은 이후에도 계속 『양한사상사』 제4권, 제5권을 집필하기를 희망했지만 결국 병마를 이기지 못하고 세상을 떠나고 말았다.

『양한사상사』는 서복관의 나이 63세에 발분하여 77세까지 약 15년에 걸쳐 혼신의 힘을 기울여 완성한 작품이다. 학문의 내공이 쌓일 만큼 쌓인 만년의 나이에 무르익은 사상의 정수를 쏟아부어 빚어낸 일생일대의 역작이 바로 『양한사상사』이다. 사실 그는 중국고대사상 분야에서 많은 저술을 남겼지만 그간의 자료 분석과 저술 활동이 모두『양한사상사』를 위한 기초 작업이었다고 해도 과언이 아닐 정도로 본서는 그의 학문과 사상을 농축한 저술이자 그의 인생을 대변하는 작품이라고 말할 수 있다.

3.『양한사상사』의 구성과 사상적 특징

사상은 그 시대를 떠나서는 이해할 수 없다. 한대 사상의 연구는 당연히 그 사상이 배태되고 성장할 수 있는 토양, 즉 한대의 정치사회구조를 규명하는 작업으로부터 시작한다. 본서의 제1권 전체가 중국고대의 정치사회구조 연구에 할애되고 있는 이유는 그 때문이다. 한(漢)이라는 사회가 탄생하기까지의 진사(前史)로서 서주 종법제도의 역사적 기능, 그에 기초한 봉건제도의 형성과 붕괴, 진(秦) 통일의 기반과 전형적 전제정치의 출현, 진을 계승한 한의 변질된 전제정치, 전제정치와 사회종족세력 간의 갈등관계 등 1권 전체가 고대사회 특히 한대 전제정치의 본질과 구조에 관한 연구로 채워져 있다. 제1권의 초판 제목이『주·진·한 정치사회구조 연구』인 이유도 여기에 있다.

한대 정치사회구조에 대한 이해를 바탕으로 제2권과 제3권에서는 본격적인 사상 해부에 들어간다. 진·한을 대표하는 다양한 사상들의 종합과 조화를 시도한『여씨춘추』,『회남자』등의 대규모 편찬서는 물론이고,『사기』,『한서』등 당대의 역사를 서술한 역사서, 심지어『좌씨전』,『공양전』,『곡량전』과 같이 전승 과정의 불분명 속에 한대인의 가탁이 의심되는 부분까지도 사상 연구의 좋은 재료가 되었다. 구체적 사실과 현상을 객관적 언어로 표현한 문헌뿐만 아니라 상징화된 언어로 사람들에게 영감을 불러일으키는 문학작품 또한 당대인의 정서와 관념이 투영된 귀중한 사상사 재료이다. 그들이 남긴 수많은 시부와 산문은 물론이고 한영(韓嬰)의 『한시외전』이나 유향(劉向)의 『설원』에 반영된 현실 인식도 놓치지 않았다. 이와 함께 육가(陸賈), 가의(賈誼), 동중서(董仲舒), 양웅(揚雄), 왕충(王充) 등 주요 인물들의 행적과 저작을 면밀히 분석하여 각 사상의 본질을 드러내고 사상사적 통찰을 제시한다.

『양한사상사』 내용과 관련하여 여기서는 세 가지 점만 얘기하겠다.

첫째, 『양한사상사』 전체를 통틀어 그 저변을 관류하는 중심 주제가 있다면 그것은 당연히 반전제(反專制) 정신이다. 양한의 여러 인물들 중 서복관이 특히 심혈을 기울인 사상가는 동중서와 사마천이다. 이 두 사람의 주요 공통점의 하나는 중국의 전제정치 역사에서 빼놓을 수 없는 한(漢) 무제(武帝)를 내심 극력 반대하고 비판했다는 점이다. 무제 치하에 몸을 둔 그들로서는 우회적이고 간접적인 방법으로 자신의 입장을 표현할 수밖에 없었는데, 동중서가 전제군주의 자의적인 권력행사를 견제하기 위해 천(天) 철학이라는 방대한 이론체계를 수립하는 철학자의 전략을 취했다면, 사마천은 군주의 치적 기록이라는 명분하에 무제의 세세한 행적을 저술 곳곳에 교직해 넣음으로써 그의 사치와 잔혹성을 은연중 폭로하고 후세에 길이 전하는 역사가의 전략을 취하였다. 두 사람의 반(反)전제와는 달리 후한의 반고(班固) 부자는 사회 혼란의 책임을 모두 '난신적자(亂臣賊子)' 탓으로 돌리고 이들을 제거하여 전제군주의 지고무상한 지위를 확립하는 것을 지식인의 최우선 과제로 삼았다. 서복관은 사마천과 반고의 우열을 비교하는 글에서 반고의 역사 서술을 역사에 대한 모욕이자 왜곡으로까지 폄하하고 있다.

전제정치에 대한 찬성과 반대, 전제정치에 감연히 맞서 그 폐단을 지적하는 비판정신의 유무를 사상의 장단 및 우열을 비교 평가하는 제일의 기준으로 삼은 점은 『양한사상사』의 일대 특징이다. 서복관의 칼날은 반고에서 그치지 않는다. 지식에 대한 왕성한 탐구욕으로 『논어』를 모방한 『법언(法言)』을 저술하고 『주역』을 모방한 『태현경(太玄經)』을 기초하기도 했던 전한 말의 지식인 양웅(揚雄)에 대해 서복관은 그의 순수한 학문적 열정을 높이 사면서도 안정된 생활여건을 위해 현실정치에 시종 냉담한 태도로 일관한 그를 상아탑 지식인의 전형으로 분류하고 있다. 천인감응론(天人感應論)의 허구성을 폭로한 『논형(論衡)』을 저술하여 근래 대륙에서 과학적 사고의 소유자로 추앙받는 왕충(王充)에 대해서도 서복관은 오히려 시골 촌구석을 못 벗어난 견문 좁은 말단관리의 자기과시에 불과하다고 혹평한다. 왕충이 관직 생활의 불우함을 깊이 자각하면서도 이를 전제정치의 폐단이나 국정운영의 불합리로 시야를 확대하지 못하고 어떻게든 이름을 알려 중앙으로 진출해 보려는 욕망에서 조정에 맹목적인 칭송과 아첨 일변도의 태도를 보였다는 것이 그 이유였다. 전제정치에 대한 비판 여부로 평가 기준을 삼는 한 전제정치를 비판하지 않으면 그의 사상 전체가 평가절하될 우려도 없지 않으나 '고거(考據)'에 고거를 거듭하는 투철한 논증과정이 해석과 주장의 객관성과 공정성을 충분히 담보하고 있기 때문에 크게 걱정할 일은 아닌 듯하다.

둘째, 서복관의 연구는 철두철미 고거(考據)에 기반하고 있다. 이것은 그가 불혹을 넘긴 나이에 학문으로 인생항로를 선회하게 만든 동기와도 밀접한 관련이 있다. 그의 학문적 발분(發憤)은 현실의 인생, 사회와는 완전히 단절된 오로지 고전 주석에만 집착하는 청대 고증학의 반(反)사상을 거부하면서도 고증이란 이름 아래 중국 수천 년간의 고대 역사를 말살한 고사변파(古史辨派)에 대한 분개심으로부터 출발한다. 그의 사상사 연구는 따라서 '실천' 관념과 불가분의 관계에 있을 뿐 아니라 철저한 '고거(考據)'를 통한 고대사 회복을 최우선과제로 삼고 있다. 자기 역사를 사랑하는 마음이 없다면 불가능한 일이다. 『양한사상사』를 읽다 보면 그가 자기 문화와 역사에 얼마나 깊은 애정을 갖고 있는지 느끼기 어렵지 않다. 하지만 우리가 서복관의 학문적 견해에 공감하고 동의하는 것은 그의 역사에 대한 애정과는 별개의 문제이다. 독자들을 압도하는 그의 설득력은 어디서 나오는 것일까?

서복관은 원래 태도가 분명하고 단호한 사람이어서 고대 역사 중에서도 공자와 동중서, 그리고 사마천에 대한 깊은 존경심을 숨기지 않는다. 공자는 『춘추』를 저술하고 동중서는 『춘추공양전』을 연구하고 사마천은 『사기』를 저술하였으니 3자 모두 역사가로서 사실(史實)을 통해 대의(大義)를 전하고자 했던 자들이다. 『춘추』 저술의 목적이 사실(史實)의 포폄(褒貶)을 통해 정치적·도덕적 규범을 세우고 왕도의 대원칙을 밝히는 데 있음은 재언을 요하지 않는다. 동중서는 『춘추번로』「유서(兪序)」에서 이렇게 말한다. "공자께서 말씀하셨다. '나는 지난날의 구체적인 사실을 통해 왕자(王者)의 바른 뜻을 가탁하려는 것이니, 공언(空言, 시비·포폄: 『사기색은』)의 제시는 그것을 구체적인 사실을 통하여 보이는 것만큼 적절하고도 분명한 방법은 없는 것 같다.'" 동중서로부터 이 말을 직접 들었다는 사마천도 『사기』「태사공자서」

에서 공자의 말을 반복하고 있다. "공자께서 말씀하셨다. '나는 공언 (空言)을 제시하고자 하는데 그것을 구체적인 사실을 통하여 보이는 것만큼 적절하고도 분명한 방법은 없는 것 같다.'" 요컨대 역사적 사건과 인물에 포폄을 가하고 시비를 논단할 때는 정확한 사실적 증거에 의해 뒷받침되어야 하며 그렇지 못할 경우 공허한 이론에 그치고 말 것이다. 그래서 공자는 구체적인 사실에 근거할 때만이 자신의 포폄이 공허한 이론에 그치지 않고 타당성과 견실성을 가질 수 있다고 말했던 것이다. 공자의 이 말은 먼저 동중서가 인용하고 뒤이어 사마천이 「태사공자서」에서 재인용하고 있는 만큼 2인의 저술 태도에 큰 영향을 끼쳤을 뿐만 아니라 서복관 역시 깊은 영감을 받았음에 틀림없다.

그러나 공자와 동중서와 사마천 3인은 모두 당대의 역사를 기록하고 비판하는 위험을 부담하고 있는 이상 사실기록과 시비포폄에서 제약이 따를 수밖에 없고 따라서 3인 모두 '미언대의(微言大義)'에 가탁하는 방법을 취하는 수밖에 없었다. 그에 비하면 서복관은 2천 년 전의 역사를 다룬 점에서 정치권력으로부터 상대적으로 자유로운 몸이었고 학문의 자유를 보장하는 홍콩의 존재도 그에게는 큰 위로처가 되었다. 그 때문인지 역사적 인물 평가에 관한 사마천의 신중함과 조심스러움이 서복관에게는 보이지 않는다. 멀리 양한의 역사 인물로부터 20세기 학술의 대가로 꼽히는 곽말약, 풍우란, 호적, 모종삼 등등에 이르기까지 누구도 그의 무자비한 예봉을 비켜 갈 수는 없었다. 그에게 학계의 권위, 학문과 공생관계에 있는 정치권력의 압력 따위는 전혀 두려움의 대상이 아니었다. 더욱이 서복관은 자료 확보 면에서 사마천보다 훨씬 우위에 있었다. 한대사에 관한 한 무제 후반기부터 후한 말에 이르는 사마천이 살아생전 보지 못한 시대까지, 사마천의 시야가 미치지 못한 역사사건과 사회현상 구석구석까지 서복관은 그때까지 참고할 수 있는 거의 모든 고고·문헌자료들을 입수하고 있다. 고전에 대한 탄탄한 기초와 역사가 특유의 안목으로 자료의 진위와 우열을 가려내는 사료비판에서부터 역사적 사건의 맥락과 의미를 짚어 보고 사상을 재구성하고 인물과 사상을 시비포폄하여 전체 역사 속에 위치시키는 지난한 연구과정이 철두철미 고거(考據)에 입각하여 이루어지고 있다. 그렇게 해야만 비로소 자신의 견해와 입론이 공언(空言)이 되지 않을 수 있다는 것을 잘 알고 있기 때문이다. 근거 없는 억측을 하거나, 단장취의(斷章取義)로 글의 의미를 왜곡하거나, 터무니없는 견강부회(牽强附會)로 허황된 주장을 하는 자를 서복관은 가장 미워하였다. 심지어 자신의 스승인 웅십력에 대해서조차 "공허한 상상을 입론의 근거로 제시하는" 폐단을 보이고 있다고 신랄하게 비판하였다. 그렇게 보면 서복관이야말로 공자의 "구체적 사실에 근거한 시비포폄"을 가장 성공적으로 실현한 역사가로 볼 수 있다. 그의 설득력의 원천은 여기에 있다.

셋째, 서복관이 양한사상을 연구하면서 얻은 결론을 대신하여 동중서와 사마천의 세계관을 간략히 비교해 보고자 한다. 그렇게 하는 이유는 사마천의 『사기』에 찬사를 아끼지 않았던 서복관 자신의 가치관과 역사관이 『사기』에 관한 그의 서술에 고스란히 투영되어 있기 때문이다.

본래 동중서와 사마천 두 사람은 반(反)전제라는 정치적 입장에서는 궤를 같이했지만 그들의 세계관은 본질적으로 큰 차이가 있다. 대체로 동중서 이전의 천(天)은 인간과 상당한 거리를 유지했다. 인간은 도덕의 근원을 천(天)에 두고 있으므로 천과 동질적이고 따라서 천과 평등한 존재라고도 말할 수 있지만, 인간의 형(形)과 기(氣)는 천과 다르기 때문에 형과 기의 구속을 받는 도덕이 천도(天道)에 도달할 가능성은 거의 없었다. 그러나 동중서는 형체와 생리의 관점에서 천(天)과 인간은 완전히 일치한다고 주장하여 일거에 천과 인간 사이의 거리를 없앴을 뿐만 아니라, 『여씨춘추』를 필두로 진·한 초에 성행한 이른바 "물지종동(物之從同)", "유고상소(類固相召)"와 같은 동류(同類) 사물 간의 감응의 논리에 입각하여 천과 인간은 동류이고 따라서 사람의 선악의 행위가 천의 감응을 불러온다고 하는 일대 이론체계를 확립하였다. 이것은 말하자면 화복(禍福)이 발생하는 원인은 모두 인간 자신이 먼저 그것을 일으키고 나서 사물이 동류로써 그에 감응하여 일어나는 것이라고 보는 구조이다. 화복은 자신에게서 먼저 일어난다고 보는 이러한 사고는 바로 화복은 인간 자신에게 책임이 있다는 말이며, 동중서가 "하늘과 인간의 상관관계는 몹시 두려워할 만하다"라고 말한 이유도 여기에 있다. 서복관에 의하면 동중서의 천(天) 철학은 사실상 인간으로부터 하늘을 추론하여 세운 이론체계이다. 인간이 이성적 존재이듯이 하늘도 이성적인 존재이고 하늘이 이성적인 한 인간은 이성을 통해 하늘을 이해하고 해석할 수 있다. 하늘이 보내는 경고에 대해 인간이 자신의 행동을 반성하는 것은 이 때문이다. 동중서의 천인감응론은 바로 이와 같은 인간의 이성으로 해석가능한 천(天)의 이성과 합리성을 전제로 한 이론이었다.

사마천의 하늘[天]은 그와 다르다. "하늘과 사람 간의 관계를 탐구하

고[究天人之際]」(「태사공자서」)라는 사마천의 말을 동중서의 천인감응과
같은 것으로 혼동하는 사람들이 있으나 이는 큰 오해이다. 사마천은
오히려 천인감응에 부정적인 시각을 지니고 있었다. 사마천이 볼 때
역사에는 인간의 이성으로 해석할 수 없는 일들이 있는데 예를 들면
진·한의 입국을 들 수 있다. 전통적인 유가 관념에 의하면 인의(仁義)
를 가진 자만이 천하의 왕자(王者)가 될 수 있다. 그렇다면 불인(不仁)
하고 불의(不義)한 진나라가 천하를 얻을 도리는 없다. 진나라의 6국
병합을 지형과 형세의 유리함에서 찾는 이도 있지만 그것만으로는 천
하 획득의 충분한 이유가 되지 못한다. 요컨대 진나라의 천하 통일은
사람의 이성으로는 해석불가능한 일이며 따라서 부득이 신비하고 불
가지한 하늘에 그 이유를 돌리는 수밖에 없었다. 그래서 사마천은 진
의 천하통일을 "아마도 하늘이 도왔던 것 같다"라고 말한다. 역사에서
인간의 이성으로는 도저히 해석할 수 없는 현상을 그는 하늘[天]이라
불렀다. 그 하늘은 인간의 이성 범위 밖에 존재하며 인간과 감응할 수
있는 통로를 갖고 있지 않다. 한나라의 건국도 마찬가지다. 유방이 도
저히 천하를 얻을 이치가 없는데도 그렇게 빨리 천하를 얻은 일을 두
고 사마천은 "이 어찌 하늘의 뜻이 아니겠는가! 어찌 하늘의 뜻이 아니
겠는가!"라는 말밖에 할 수가 없었다. 그다음에 이어지는 "위대한 성
인이 아니라면 누가 이때를 당하여 천명을 받아 황제가 될 수 있었겠
는가?"라는 말은 천하를 얻을 이치가 없는데도 천하를 얻은 유방에 대
한 폄하의 뜻을 숨겨 놓은 일종의 눈가림에 불과하다고 서복관은 보았
다. 그렇게 보면 인의(仁義)와 천하 획득, 선악의 행위와 화복(禍福) 사
이에는 아무런 상관관계도 없지 않은가. 하늘에 대한 사마천의 회의감

내지 불가지론은 「백이열전(伯夷列傳)」에서 절정에 달한다.

혹자는 말한다. "천도(天道)는 특별히 친한 자가 없으며 항상 선인(善人)과 함께한다." 백이(伯夷)와 숙제(叔齊) 같은 이는 정말 착한 사람이라고 할 수 있지 않겠는가? 이처럼 인(仁)을 쌓고 깨끗한 행동을 하였는데 굶어 죽고 말다니! … 하늘이 착한 사람에게 보답하여 베푸는 것이 어찌 이럴 수 있는가? 도척(盜跖)은 매일같이 죄 없는 사람을 죽이고 사람의 고기를 먹었으며 흉포한 짓을 제멋대로 하면서 수천의 무리를 모아 천하를 횡행하였지만 결국 천수를 다하였다. 그가 무슨 덕(德)을 따랐기 때문이란 말인가? 이것은 특히 두드러진 명백한 예들이지만, 근세에도 법도에 벗어난 행동을 하고 하지 말아야 할 것만 골라서 하면서도 일생을 편안히 살 뿐 아니라 부귀를 대대로 누리는 자가 있는가 하면, 땅을 가려서 밟고 때가 되어야 말을 하며 샛길로 가지 않고 공정한 일이 아니면 발분하지 않으면서도 재앙을 만나는 사람이 이루 헤아릴 수 없이 많다. 나는 심히 당혹함을 금치 못하겠다. 도대체 이른바 천도(天道)라는 것은 옳은 것인가 그른 것인가?

이것이 어찌 사마천만의 절규이겠는가. 서복관의 마음속을 그대로 표현한 글이 아닌가 한다. 인류 역사의 성패와 화복은 행위의 인과관계로 해석할 수 있는 면도 있고 행위의 인과관계로는 설명할 수 없는 면도 있다. 전자는 "인(人)"에 속하는 영역으로 역사의 필연성이라고 할 수 있는데 이것은 역사학이 성립되는 기본조건이기도 하다. 그러나 역사에는 행위의 인과관계로는 설명되지 않는, 인간의 이성으로는 비추어 볼 수 없는 어두컴컴한 부분도 있다. 이것은 "천(天)"에 속하는 영역이며 역사의 우연성이라고 할 수 있다. 사마천의 이른바 "하늘과 사람 간의 관계를 탐구하고"라는 말은 바로 역사에서 이러한 필연성과 우연성의 경계를 구분 지어 보려는 노력을 가리키며, 이것은 모든 역사가들의 마지막 도착지이기도 하다. 『양한사상사』를 읽다 보면 이것이 사마천의 생각인지 서복관의 생각인지 분간이 안 갈 때가 많은데 그만큼 두 사람은 여러 가지로 의기투합하는 면이 있었다. 다만 거침없고 무자비한 면에서는 『양한사상사』 쪽이 『사기』를 훨씬 능가한다. 이는 시대가 다르고 저술의 성격이 다르기 때문일 것이다.

•••

솔직히 『양한사상사』의 자료 이용은 은주 시대 갑골문과 청동기 금문, 죽간, 석경(石經), 묘장(墓葬) 등의 고고학 발굴성과를 비롯하여 고대부터 청대 고증학연구에 이르기까지 현존하는 거의 모든 문헌자료들을 망라하고 있다. 그뿐만 아니다. 그 방대한 사료더미를 샅샅이 뒤져 해명과 논증의 근거로 제시하는 연구자로서의 투철한 정신은 누구도 따라올 수 없는 그만의 품격이다. 역자의 당혹감은 여기서 그치지 않는다. 지금껏 생각지 못한 역사에 대한 참신한 시각과 탁월한 통찰력은 경외감을 느낄 정도이다. 그동안 철학자로만 알고 있었던 서복관에게 중국고대사연구의 자리를 송두리째 빼앗겼다는 자괴감에 한숨마저 나올 지경이다.

본서가 나오기까지 많은 분들의 도움이 있었다. 서복관이 인용한 자료들은 우리나라에서 번역된 문헌들도 적지 않고 국내외 많은 주석서들이 나와 있다. 이들의 연구가 없었다면 아마 『양한사상사』 번역은 엄두를 내지 못했을 것이다. 이 자리를 빌려 역주자들께 깊은 감사의 마음을 전한다. 또한 본서에는 서주부터 20세기에 이르기까지 전후 3천여 년에 걸쳐 활약한 수많은 인물들이 등장한다. 그들의 생존연대와 대략적인 생애를 모르고서는 역사 사건의 맥락을 제대로 이해할 수 없다는 생각에서 각주에 비교적 상세한 인물소개를 달아 놓았다. 본서 출판의 계기를 마련해 주신 한국연구재단의 아낌없는 지원에도 감사드리며, 끝으로 역자들의 원고 검토를 독려하여 마무리 짓도록 하고 세심한 교정으로 단아한 책이 나올 수 있도록 애써 주신 세창출판사 정우경 편집자께도 진심으로 감사의 마음을 전한다.

『양한사상사』번역의 족쇄에서 풀려났다는 홀가분함보다는 걱정이 앞선다. 본서의 번역에 있어 저자의 본의를 오해했든 실수에 의한 오역이든 번역상의 잘못과 부족함은 모두 역자의 책임이다. 아낌없는 질정을 바랄 뿐이다.

2022년 7월

역자 삼가 씀

차 례

양한사상사 · 권1 상

양한사상사 · 권1 중

● 일러두기

제3장 　한대 전제정치하의 봉건 문제

1. 문제의 한정

2. 봉건과 초(楚) · 한(漢) 흥망의 관계

3. 한대 봉건의 3대 변천

4. 봉건에 대한 전제(專制)의 억제 과정

5. 억제 과정에서 학술발전에 미친 중대한 영향

6. 학술사에서 동중서(董仲舒)가 뒤집어쓴 억울한 죄

7. 후한 전제정치의 계속되는 압박

● 원주

제6장 중국 성씨의 변천과 사회 형식의 형성

부 록

일러두기 ─────────────────────────────────

1. 저본으로 제1권은 1972년 초판 이후 1978년에 간행된 "三版改名『兩漢思想史』" 4판
   (臺3판, 대만학생서국, 1978)을 사용하였다. 제2권의 초판은 1975년(홍콩중문대학)
   에 출간되었으며 본 번역은 1976년 증정(增訂)재판(대만학생서국)을 저본으로 사용
   하였다. 제3권의 초판은 1979년(대만학생서국)에 출간되었으며 본 번역에서는 초
   판을 저본으로 사용하였다. 아울러 상해 화동사범대학출판사(華東師範大學出版社)
   에서 간행한『兩漢思想史』(전3권, 2001년 초판) 2004년 3쇄본, 북경 구주출판사(九
   州出版社)에서 간행한『兩漢思想史』(전3권, 2014년 초판) 2018년 3쇄본을 함께 참
   고하였다.
2. 번역은 저본의 본문 및 각 장 뒤에 붙인 원주(原注)를 모두 완역하였다.
3. 저자가 인용한 자료의 원문은 각주로 옮기고, 본문에서는 한글 번역만 두었다.
4. 저자가 인용한 금석문(金石文)의 석문(釋文) 혹은 문헌자료의 원문이 다른 판본과
   차이가 있을 때 저자의 착오나 실수가 명백한 경우 각주에서 원문을 바로잡았다. 그
   러나 이설(異說)이 많은 원문에 대해서는 저자의 표기법과 해석을 존중하고 이를 각
   주에서 설명하였다.
5. 저자가 인용한 자료의 원문에 생략이 많아 맥락상 이해하기 어렵다고 판단되는 경
   우 때로는 생략된 원문을 필요한 범위에서 보충해 넣었다.
6. 자료 인용문의 표점은 저본을 원칙으로 하되 필요한 경우 다른 판본을 참조하였다.
7. 저본에 ( )로 표시된 저자의 보충 설명은 【 】로 표기하였다. 역자의 보충 설명이나
   순조로운 문맥을 위해 덧붙인 말은 ( ) 안에 넣었으며, 겹칠 경우 바깥 괄호는 [ ]로
   표기하였다. 본문에서 번역문에 해당하는 저본의 원문을 병기할 필요가 있다고 판
   단되는 경우 [ ] 안에 원문을 넣어 이해를 돕도록 하였다.
8. 문헌의 서명은『 』로, 편명은「 」로 표시하였다. 중국 인명, 지명의 경우 우리 한자
   발음으로 읽되 필요한 경우 원어 발음을 병기하였다.
9. 권말의 '서복관의 참고자료'는 저자가 본서 집필에 직접 이용한 자료들을 정리한 것
   이다.

서

장

1. 삼판개명 자서(三版改名自序)

　내가 중국사상사를 연구하면서 얻은 결론은, 중국 사상은 형이상학적 의미를 가질 때도 있지만 결국에는 현실세계에 안주하여 현실세계에 책임을 지는 것이지 관념세계에 안주하여 관념세계 안에서 관상(觀想)[1]하는 것이 아니라는 점이다. 그래서 나는『양한사상사』집필을 시작했을 때 먼저 한대 정치사회구조의 대강을 파악하여 양한의 사상이 형성된 배경을 분명히 하고자 하였다. 또한 양한의 정치사회구조의 특색은 역사의 발전 속에 놓고 볼 때 비로소 뚜렷이 잘 드러난다. 자료와 내 연구의 한계로 인해 주대의 정치사회구조부터 시작해서 6편의 글을 완성하였고, 이 논문들을 한데 모아 1972년 3월 신아연구소(新亞研究所)에서 『주·진·한 정치사회구조 연구[周秦漢政治社會結構之研究]』라는 이름으로 출판하였다. 이것은 실로『양한사상사』의 출발이자 내가『양한사상사』권2의 자서(自序)에서 말했듯이『양한사상사』권1이라 부를 만한 책이었다. 내가 당시『양한사상사』권1이라는 명칭을 사용하지 않은 이유는 거처가 일정하지 않고 나이도 많고 하여 앞으로 계속 집필을 해 나갈 수 있을지 전혀 자신이 없었기 때문이었다. 1975년

1　관상(觀想)은 사물을 마음에 떠올려 관찰함으로써 번뇌를 없애는 불교 수행의 한 가지이다. 철학에서는 순수한 이성 활동에 의하여 진리, 실재(實在)를 인식하는 일을 가리킨다.

에 제2책을 출판할 기회가 왔을 때 나는 자서에서 먼저 1972년에 출판한 것은 "『양한사상사』권1이라 칭할 만한 책이고, 여기에 모아 놓은 7편의 전론은 『양한사상사』권2로 칭한다"라는 설명을 붙여 놓았다. 그러나 권2가 출판된 후 곧바로 "권1"의 행방을 캐묻는 문의가 있었는데 홍콩대학의 선생이었던 것으로 기억한다. 학생서국(學生書局)에 있는 친구들도 아마 이러한 성가신 문의를 받았던 것 같다. 이 책(권1)은 신아연구소에서 발행할 때가 제1판이었고, 학생서국에서 대만판을 발행할 때가 제2판이었다. 지금 이것을 재판하면 제3판이 된다. 학생서국의 친구는 재판(제3판)에 즈음하여 차라리 이 책의 이름을 『양한사상사』권1로 바꾸자고 내게 제의하였고 나는 이것이 매우 적절하다고 여겨 현재 책의 표제를 "삼판개명 『양한사상사』권1(三版改名 『兩漢思想史』 卷一)"이라 하고 원래의 표제인 『주·진·한 정치사회구조 연구』는 책의 부제로 삼았다.

나는 곽말약[2]의 가장 큰 학문적 실수는 모택동의 뜻을 헤아려[3] 이백

---

2 곽말약(郭沫若, 1892-1978): 사천성 낙산(樂山) 사람. 원명은 개정(開貞), 호는 상무(尙武), 별명은 정당(鼎堂)이다. 1914년 일본에 유학, 1918년 구주제국대학(九州帝國大學) 의학부에 입학하였으며 문학에도 관심을 가져 시집 『여신(女神)』(1921)과 『성공(星空)』(1922) 등을 펴냈다. 귀국 후 1925년 광주(廣州)에서 국민혁명군의 북벌(北伐)에 정치부 비서처장으로서 참가하였고, 1927년 장개석의 반공 쿠데타로 내전이 일어났을 때 주덕(朱德) 등의 남창(南昌) 봉기에 참가했으나 실패로 끝나자 1928년 일본으로 망명, 주로 갑골문·금석문을 연구하여 『중국고대사회연구』를 저술했다. 1937년 노구교(蘆溝橋) 사건을 계기로 상해로 건너가 항일전에 참가하였다. 그 후 장개석으로부터 용공분자로 몰려 정치활동의 제약을 받게 되자 『굴원(屈原)』 등의 사극과 『청동시대(青銅時代)』, 『십비판서(十批判書)』 등의 고대 사상 연구에 몰두하였다. 자서전으로 『창조십년(創造十年)』(1932), 『북벌의 길[北伐途次]』(1937), 『귀거래(歸去來)』(1946), 『홍파곡(洪波曲)』(1959) 등이 있다. 1949년 중공정부 성립 후 과학원장, 인민대표대회 상무위원회 부위원장 등 요직을 두루 지냈다.

과 두보를 클로즈업하여(『이백과 두보[李白與杜甫]』, 1971) 고의로 두보를 무멸(誣衊, 거짓을 꾸며 내어 명예를 더럽힘)한 것을 제외하면 서주를 노예 사회라고 한마디로 잘라 말한 일보다 더 심한 것은 없다고 생각한다. 이 설은 모택동의 지지를 얻어 마침내 오늘날 대륙 학술계의 정론(定論)이 되었다.[4] 문제 자체는 연구의 태도가 객관적인지, 제시된 증거가 견확(堅確)한지의 여부에 있으며 정치적 입장과는 상관이 없다. 그러나 내가 전에도 여러 차례 지적했지만, 객관적 증거를 무시하고 자신과 직접적 이해관계가 없는 옛사람을 고의로 무멸(誣衊)하는 사람치고 자신과 직접적 이해관계가 있는 현재 사람을 무멸하지 않는 자는 없다. "사인방(四人幫)"과 그 관련 인물들이 바로 눈앞에 보이는 분명한 증거이다. 나는 「서주 정치사회의 구조 성격 문제」라는 글을 써서 제1절에서 서주노예사회론자의 논증을 검토하는 외에, 나중에 인간회생[人牲]·순장(殉葬)과 「홀정명문(曶鼎銘文)」을 주로 다룬 곽말약의 새로운 논증을 보고 다시 「중국 은주(殷周)의 사회 성격 문제에 관한 보충의견」한 편을 써서 이 책 대만판의 대서(代序)로 삼아 곽말약의 두 가지 논점을 반박하였다. 나는 이 「보충의견」에서 중국 내외의 관련 자료를 제시하여 인간희생과 순장은 "고대의 야만적 신앙에 왕권의 횡포가 더해져서 나왔다"라는 것과, 인간희생과 순장에 노예를 쓸 때도 있지만 결코 노예가 아닐 때도 있으며 따라서 인간희생과 순장이 "노예사회와

---

3 상해 화동사범대학출판사에서 간행된 『양한사상사』 2004년본(2001년 초판본의 3차 인쇄)에는 위 구절 중 "모택동의[毛澤東的]" 부분이 삭제되어 있다.

4 "이 설은 … 되었다" 이 구절 역시 화동사범대학출판사 2004년본에는 문장 전체가 삭제되어 있다.

필연적 관계가 있는 것은 아니라는" 점을 증명하였다. 뿐만 아니라 한 걸음 더 나아가 "곽말약 등이 말하듯 인간희생과 순장 두 가지가 노예사회와 필연적 관계가 있다면 주대(周代)에 와서 이 두 가지가 나타나지 않은 것은 바로 주대가 노예사회가 아님을 증명하는 것이 아니겠는가?"라고 지적하였다. 그러나 최근 몇 년 동안 대륙의 학자들은 무덤 안에 순장의 정황이 보이기만 하면 그 규모의 대소와 순장자의 신분, 그리고 당시로 보아 이것이 특수한 현상인지 아니면 보편적 현상인지에 관계없이 일률적으로 이것을 노예사회의 확증으로 지목한다. 나는 여기서 다시 약간의 증거를 보충하여 학문적 성의가 있는 분들에게 참고로 제공하고자 한다. 독자들은 나의 글 원문을 함께 놓고 보기를 바란다.

(1)『사기』권5「진본기(秦本紀)」: "20년에 무공(武公)이 죽어 옹(雍, 섬서 鳳翔縣 동남)의 평양(平陽)에 안장하였다. 이때 처음으로 사람을 순장하였으며 순장한 사람은 모두 66인이었다."[5] 살펴보건대 진 무공 20년은 노(魯) 장공(莊公) 16년(B.C.678)이다.

(2) 위와 같은 곳: "39년에 목공(繆公)이 죽어 옹에 안장하였다. 그때 순장한 사람이 177인이었는데, 그 안에는 진나라 충신이었던 엄식(奄息), 중항(仲行), 침호(鍼虎) 등 자여씨(子輿氏) 세 사람도 포함되었다. 진나라 사람들은 그들을 애도하여 '황조(黃鳥)'라는 시를 지었으며, 군사들은 말하기를 '진 목공은 영토를 넓히고 나라를 부강하게 하여 동으로는 강한 진(晉)나라를 굴복시키고 서쪽으로는 융이(戎夷) 오랑캐를

---

5 『史記』권5「秦本紀」, "二十年, 武公卒, 葬雍平陽, 初以人殉死, 從死者六十六人."

서장

제패하였다. 그러나 그가 제후들의 맹주가 될 수 없는 것 또한 당연한 일이다. 죽으면서 백성들을 내버리고 어진 신하들을 거두어 순장시켰기 때문이다. 옛 선왕들은 죽어서도 후세에 덕업과 법도를 남겼다. 하물며 선한 사람과 어진 신하들의 생명을 빼앗아 백성들이 이를 슬퍼하는 그런 자야 더 말할 필요가 있겠는가? 이로써 보면 진나라는 다시는 동쪽으로 정벌할 수 없을 것임을 알겠다'라고 하였다."[6] 살펴보건대 진 목공 39년은 노 문공(文公) 6년(B.C.621)이다.

(3)『좌전』「선공(宣公) 15년」: "처음에 위무자(魏武子)에게 폐첩(嬖妾, 애첩)이 하나 있었는데 자식이 없었다. 위무자는 병이 들자 아들 위과(魏顆)에게 명하기를 '내가 죽거든 반드시 이 사람을 개가(改嫁)시켜라'라고 하였다. 병이 위독해지자 '반드시 이 사람을 순장시켜라'라고 말하였다. 위무자가 죽은 뒤에 위과는 그 애첩을 개가시키며 말하기를 '병이 위독하면 정신이 혼란해지는 법이니 나는 아버지의 정신이 맑을 때 하신 명을 따르려는 것이다'라고 하였다. 보씨(輔氏)에서 전쟁할 때 위과는 어떤 한 노인이 풀을 엮어 두회(杜回)【진(秦)나라의 역사(力士)】의 길을 막는 것을 보았는데, 두회가 그 엮어 놓은 풀에 걸려 넘어졌으므로 두회를 사로잡을 수 있었다. 그날 밤 꿈에 그 노인이 위과에게 나타나 말하기를 '나는 그대가 개가시킨 부인의 아버지이다. 그대가 선인의 치명(治命, 정신이 맑을 때 내린 명)을 따랐기 때문에 내가 이로써 보답

---

6 『史記』권5「秦本紀」, "三十九年, 繆公卒, 葬雍, 從死者百七十七人. 秦之良臣子輿氏三人, 名曰奄息, 仲行, 鍼虎, 亦在從死之中. 秦人哀之, 爲作歌黃鳥之詩. 君子曰, 秦繆公廣地益國, 東服彊晉, 西霸戎夷, 然不爲諸侯盟主, 亦宜哉. 死而棄民, 收其良臣從死. 且先王崩, 尙猶遺德垂法. 況奪之善人良臣, 百姓所哀者乎. 是以知秦不能復東征也."

한 것이다'라고 하였다."[7]

(4) 『예기』「단궁(檀弓)」하: "진자거(陳子車)가 위(衛)나라에서 죽자, 그의 처는 가대부(家大夫, 家宰)와 함께 순장할 것을 모의하였다. 의논이 결정된 뒤에 진자강(陳子亢)【진자거의 동생】[8]이 오자, 앞서 모의한 대로 '남편이 병이 들었는데 지하에서 봉양할 사람이 없으니 순장을 할 것을 청합니다'라고 고하였다. 자강이 말하기를 '순장하는 것은 예(禮)가 아닙니다. 그렇기는 하지만 그(진자거)가 병들었을 때 봉양해야 할 사람은 바로 처와 가재(家宰)가 아니겠습니까? 순장을 그만둘 수 있다면 나는 그만두고 싶습니다. 그만둘 수 없다면 두 분【처와 가재】으로 순장을 하는 것이 바람직하다고 생각합니다'라고 하였다. 그리하여 순장을 하지 않게 되었다."[9]

(5) 위와 같은 곳: "진간석(陳乾昔)이 병으로 누웠는데, 그의 형제들을 모아 놓고 자기 아들인 존기(尊己)에게 명하였다. '만일 내가 죽거든

---

7 『左傳』「宣公 15年」, "初, 魏武子有嬖妾, 無子, 武子疾, 命顆曰, 必嫁是. 疾病則曰, 必以爲殉. 及卒, 顆嫁之, 曰, 疾病則亂, 吾從其治也. 及輔氏之役, 顆見老人結草以亢杜回(秦之力士), 杜回躓而顚, 故獲之. 夜夢之曰, 余, 而(汝)所嫁婦人之父也. 爾用先人之治命, 余是以報." 인용문 안의 괄호는 저자 서복관이 원전을 인용하면서 부기(附記)한 것이다. 본서에서는 명백한 오기(誤記)나 착오를 제외하고 저본의 갑골(甲骨)·금석(金石)·문헌의 인용문을 거의 대부분 저본 그대로 옮겼음을 밝혀 둔다.

8 진자강(陳子亢, B.C.511-B.C.430): 진강(陳亢). 춘추 말 진(陳)나라 사람. 자는 자강 또는 자금(子禽). 제(齊)나라 대부 진자거(陳子車)의 동생이다. 공자보다 나이가 40세 아래로 공자 만년의 제자였을 것으로 추측된다.

9 『禮記』「檀弓」下, "陳子車死於衛, 其妻與其家大夫(宰)謀以殉葬. 定而後陳子亢(子車之弟)至, 以告曰, 夫子疾, 莫養於下(地下), 請以殉葬. 子亢曰, 以殉葬, 非禮也. 雖然, 則彼疾當養者, 孰若妻與宰. 得已(能不以殉葬), 則吾欲已. 不得已, 則吾欲以二子(妻與宰)者之爲也. 於是弗果用." 저본의 인용문은 『예기』 원문과 다소 다르지만 내용상 차이는 없다.

반드시 나의 관을 크게 만들어 내 두 첩이 관 안에서 나를 껴안을 수 있도록 하라.' 진간석이 죽자 그의 아들은 '순장하는 것은 예가 아니다. 더구나 관을 함께할 수 있겠는가?'라고 말하며 결국 두 첩을 죽이지 않았다."[10]

(6) 『사기』 권110 「흉노열전」: "흉노의 장례 풍습은 관곽에 금은과 갖옷을 넣었고 무덤에 봉분을 하거나 나무를 심지 않았으며 상복제도도 없었다. 선우가 죽으면 총애받던 신하나 애첩들을 순장했는데 많을 때는 수십 명에서 백 명에 달하였다."[11]

위의 (1)과 (2)의 자료를 보면, 중원에는 일찍이 순장의 습속이 없었는데 진(秦)나라가 서융의 야만적인 풍습에 점차 물들어 두 차례나 대규모 순장이 나타났고 그래서 "군자"들의 심각한 비난을 받았음을 설명하고 있다. (1)에서 '초(初)' 자를 사용한 것은 순장이 진나라 이전에는 없었음을 설명한다. 그런데 충신 자여씨 3인이 순장자에 포함된 정황으로 미루어 보면 순장에 사용된 사람들 전부가 반드시 노예였던 것은 아니라고 단언할 수 있다. (3)과 (5)는 비슷한 상황으로 자신과 함께 순장했으면 하는 대상이 모두 아름답고 유순한 자신의 애첩들이었는데, 애첩이 "노예사회"를 구성하는 노예였다고 말할 수는 없다. 또한 (5)와 (4)는 모두 당시 유행한 예(禮)의 관념에 의해 순장이 억제된 사

---

10 『禮記』「檀弓」下, "陳乾昔寢疾, 屬其兄弟而命其子尊己曰, 如我死, 則必大爲我棺, 使吾二婢子 (鄭注: 婢子, 妾也)夾我. 陳乾昔死, 其子曰, 以殉葬非禮也, 況又同棺乎, 弗果殺."

11 『史記』권110 「匈奴列傳」, "其(匈奴)送死有棺槨金銀衣裘, 而無封樹喪服. 近幸臣妾從死者多至數千百人." 마지막의 "數千百人"은 『한서』에 "數十百人"으로 되어 있다(『史記正義』, "漢書作數十百人, 顏師古云, 或數十人, 或百人"). 여기서는 안사고 주에 따라 번역하였다.

례로서, 이는 주나라의 예가 순장에 반대하였음을 증명해 준다. (4)에서 진자강은 만약 죽은 사람이 지하에서 그를 모실 자를 필요로 한다면 가장 좋은 사람은 죽은 자의 처첩과 가재를 쓰는 것이라고 하여 순장에 저항하였는데, 이로부터 순장자는 죽은 자와 가장 친근한 사람을 사용했음을 알 수 있고, 이것은 (6)의 정황과도 서로 부합된다. 이상의 모든 사실들은 나의 논점을 강화시키고 곽말약 논점의 반증이 된다. 대륙의 역사학자들은 역사적 사실을 직시하고 전면적인 반성을 해야 할 것이다.

내 경험에 의하면, 어떤 문제를 고증할 때 모든 관련 자료들을 한 번에 남김없이 수집하는 것은 불가능하며 반드시 누락한 자료가 있게 마련이다. 그러나 지도 방향이 틀렸다면 자신의 결론과 상반되는 자료를 계속해서 발견하게 될 터인데, 그때는 자신의 결론을 재고하여 수정하거나 포기해야 하며, 근 백 년 동안 일부 "권위자"들이 그래 왔듯이 자신의 과실을 교묘하게 덮어 감추는 태도는 크게 경계해야 한다. 학문상 어떤 권위자가 범한 잘못은 극소수의 인재들만이 이를 발견할 수 있으며, 일반 사람들은 권위의 테두리 안에서 공중제비를 도는 수밖에 없다. 지난 몇 년간 국내외에서 왕충(王充)[12] · 대진(戴震)[13] · 장학성(章

---

12 왕충(王充, 27-104): 후한 회계(會稽) 상우(上虞) 사람. 자는 중임(仲任)이다. 한미한 집안 출신으로 지방의 말단 관리에 머물렀다. 자사(刺史)의 종사(從事), 치중(治中)을 역임, 장제(章帝)가 특별히 공거(公車)를 보내 불렀지만 병으로 나가지 못했다. 당시 유행한 천인감응설 혹은 참위설을 비판하고 부정하였다. 저서에『논형(論衡)』85편이 있다. 그 밖에『양생서(養生書)』와『정무서(政務書)』등이 있다고 하나 전하지 않는다.

13 대진(戴震, 1723-1777): 청 안휘 휴녕(休寧) 사람. 자는 동원(東原) 또는 신수(愼修)다. 강영(江永)에게 사사했고, 음운과 훈고, 지리, 천문, 역산(曆算) 등 여러 분야에 통달했다. 건륭 27년

學誠)[14] 등을 과장, 선전해 온 일이 가장 현저한 예다. 먼저, 학설을 세운 권위자가 학문을 계속한다고 가정할 경우 반드시 자기 학설에 허점이 있다는 것을 발견하게 된다. 만약 학설을 세운 자 스스로가 자기 학설의 허점에 대해 직접 말이나 글로 발표한다면 일반인들이 겪게 될 숱한 헛걸음을 줄일 수 있을 것이다. 그러나 근 백 년 동안의 풍조는 결코 이와 같지 않아서 자신의 착오를 스스로 발견하는 일이 거의 없을 뿐만 아니라 다른 사람이 지적한 착오에 대해서도 툭하면 "답변 일체 사절"이라는 말로 자기의 신분을 유지하려 든다. 걸핏하면 "농담"이었다고 "핑계를 대는" 등의 방법을 써서 문제를 더욱더 꼬이게 만든다. 심지어 그의 비호를 받는 패거리 후배들을 부추겨 그를 위해 앞에 나서서 함성을 지르게 하거나 혹은 정치력을 동원하여 상대방에게 타격을 입히기도 한다. 이것이 중국 전통의 역사문화 연구가 늘 수렁에 빠지는 중대한 원인 중 하나이다.

만약 처음 출발할 때의 지도 방향이 옳다면 계속 만나는 관련 자료들은 항상 자기의 논점에 증거를 추가할 것이다. 예컨대 나는 「한대 일인 전제정치하의 관제 변천」 논문에서 한대 광록대부(光祿大夫)라는

(1762)에 거인(擧人), 38년에 『사고전서(四庫全書)』 편수관이 되었다. 고증학을 확립하였고 이러한 방법으로 『맹자자의소증(孟子字義疏證)』을 저술했다. 그 밖에 『고공기도(考工記圖)』, 『굴원부주(屈原賦注)』, 『원선(原善)』 등이 있다.

14 장학성(章學誠, 1738-1801): 청 절강 회계(會稽) 사람. 본명은 문효(文斅), 자는 실재(實齋), 호는 소암(少巖). 건륭 43년(1778) 진사가 되고, 국자감전적(國子監典籍)을 지냈다. 화주(和州)·박주(亳州) 등지의 지(志) 편찬, 『호북통지(湖北通志)』를 주편하는 등 방지(方志)에도 일가견을 갖추었다. 공론만 늘어놓는 송학과 훈고에만 집착하는 한학에 반대하고 육경개사설(六經皆史說)을 제창하여 역사적 관점으로 경전을 해석했다. 저서 『문사통의(文史通義)』는 당나라 유지기(劉知幾)의 『사통(史通)』과 함께 사학이론의 명저로 일컬어진다.

관직의 지위는 "높을 수도 있고, 낮을 수도 있다", "당시에 구경(九卿)으로 간주되었을 수도 있다"라고 말하였다【본서 중편 제4장 2절 참조】. 그 뒤에 『한서』「서전(敍傳)」 중의 아래 단락을 발견함에 따라 실제로 광록대부가 황제의 뜻에 의해 구경의 반열에 들기도 하였음을 단언할 수 있었다. 『한서』「서전」은 다음과 같다.

당시【성제 때】허상(許商)[15]은 소부(少府)였고 사단(師丹)[16]은 광록훈(光祿勳)이었다. 상(上)【성제】께서는 이에 허상과 사단을 불러들여 광록대부로 삼았고, 반백(班伯)을 수형도위(水衡都尉)로 옮겨 두 스승【허상, 사단】과 함께 시중(侍中)의 직을 더하였으니 모두 질석[秩]이 중(中)2천석이었다.[17]

살펴보건대 허상은 소부를 맡고 있었고 사단은 광록훈을 맡고 있었는데 소부와 광록훈이 모두 관위상 9경의 반열에 든다는 것은 의문의

---

15 허상(許商, 미상): 전한 경조(京兆) 장안(長安) 사람. 자는 장백(長伯). 박사를 지냈고 장작대장(將作大匠), 하제도위(河堤都尉), 대사농(大司農), 광록훈(光祿勳) 등을 역임했다. 하평(河平) 3년(B.C. 26) 황하가 범람했을 때 장작대장으로서 광록대부 왕연세(王延世) 등과 함께 치수를 시작해 6개월 만에 완수했다고 한다. 주감(周堪)으로부터 상서대하후씨학(尙書大夏侯氏學)을 배웠고, 역산(曆算)에도 뛰어났다. 저서에 『오행논력(五行論歷)』, 『허상산술(許商算術)』 등이 있으며 모두 현전하지 않는다.

16 사단(師丹, ?-3): 전한 낭야(琅邪) 동무(東武) 사람. 자는 중공(仲公)이다. 효렴(孝廉)에 천거되고, 원제 때 박사가 되었다. 승상 적방진(翟方進) 등의 천거로 광록대부(光祿大夫)와 승상사직(丞相司直)을 지냈으며 애제 때 좌장군(左將軍), 왕망(王莽)을 대신해 대사마(大司馬)에 오른 뒤 대사공(大司空)으로 전임되었다. 애제의 외척 정(丁)씨와 부(傅)씨의 추존(追尊)에 반대한 일로 서인이 되었다가 평제 때 다시 의양후(義陽侯)에 봉해졌으나 한 달 후에 죽었다. 복리(伏理), 만창(滿昌) 등과 함께 『제시(齊詩)』를 배웠으며 제시사씨학(齊詩師氏學)의 개창자이기도 하다.

17 『漢書』 권100上 「敍傳」, "是時(成帝時)許商爲少府, 師丹爲光祿勳. 上(成帝)於是引商丹入爲光祿大夫, 伯(班伯)遷水衡都尉, 與兩師(許商·師丹)並侍中, 皆秩中二千石."

여지가 없다. 소부, 광록훈을 맡고 있던 자들을 "불러들여[引] 광록대
부로 삼았다는 것은 최소한 관위 계급의 강등은 아니기 때문에 당시에
도 필시 광록대부는 9경으로 간주되었을 뿐만 아니라 소부나 광록훈
보다 더 중요시된 관직이었다는 점에도 의문의 여지가 없다. 이렇게
되면 9경에 해당하는 관직은 열서너 개 이상이 되는데, 그래서 나는
"구경(九卿)"이라는 용어는 전한에서는 다만 상징적인 의미를 지닐 뿐
실제로 아홉 개의 관위를 가리키지는 않는다고 말했는데 이 또한 마찬
가지로 의문의 여지가 없다.

나는 「중국 성씨의 변천과 사회형식의 형성」이라는 글에서 『국어』「진
어(晉語)」 중 사공(司空) 계자(季子)의 말[18]에 근거하여 성(姓)의 원시적
의미에 대해 다음과 같이 말한 적이 있다. 성이란 "부락의 기호이다.
이 기호는 통치자 한 사람만이 대표할 수 있기 때문에 기호는 곧 정치
권력의 의미를 담고 있으며 피통치 인민들이 소유할 수 있는 것이 아
니다"【본서 하편 제6장 3절】. 그 후 『사기』 권2 「하본기(夏本紀)」 논찬을
보니 다음과 같은 말이 있다. "태사공은 이렇게 말하였다. 우(禹)는 성
이 사성(姒姓)이다【우의 선조를 가리킴】. 그의 후손들은 각지에 분봉되
어 그 나라로써 성을 삼았다. 그러므로 하후씨(夏后氏), 유호씨(有扈氏),
유남씨(有男氏), 짐심씨(斟尋氏), 동성씨(彤城氏), 포씨(襃氏), 비씨(費氏),

---

18 계자의 말은 다음과 같다. 『國語』「晉語」4, "司空季子曰, 同姓爲兄弟. 黄帝之子二十五人, 其
同姓者二人而已. 唯青陽與夷鼓, 皆爲己姓. … 凡黄帝之子二十五宗, 共得姓者十四人, 爲十二
姓. 姬·酉·祁·己·滕 … 是也. 惟青陽(一作玄囂)與蒼林氏, 同於黄帝, 故皆爲姬姓 … 昔少
典娶於有蟜氏, 生黄帝·炎帝. 黄帝以姬水成, 炎帝以姜水成; 成而異德, 故黄帝爲姬, 炎帝爲
姜. …"

기씨(杞氏), 증씨(繒氏), 신씨(辛氏), 명씨(冥氏), 짐씨(斟氏), 과씨(戈氏) 등이 있었다."[19] 생각하건대 "나라로써 성을 삼았다"는 것은 그 봉한 나라[封國]로써 성을 삼았다는 말이다. 그러므로 성은 나라의 기호 다시 말해 내가 말하는 한 부락의 기호이다. 성은 나라와 구분되지 않고, 나라는 통치자에 의해 대표되므로, 성은 곧 통치자에 의해 대표된다. 이와 같은 「하본기」의 논찬은 나의 논문에서 인용한 『국어』 「진어」의 자료를 보충해 줄 수 있다.

위의 논문에서 나는 "춘추 말에서 전한 시기까지 발전 보급된 성씨는 오로지 중국에만 있으며 주변의 이민족은 성씨를 갖고 있지 않았다"라고 지적했는데【본서 하편 제6장 11절】, 이미 약간의 자료를 인용하여 증명한 외에 아래의 자료를 추가할 필요가 있다.

(1) 『사기』 권110 「흉노열전」: "그 습속을 보면 이름은 있으나 피휘(避諱)하지 않았고 성(姓)이나 자(字)는 없었다."[20]

(2) 『후한서』 권76 「순리열전(循吏列傳)」 '임연전(任延傳)': "건무(建武) 연간(25-56) 초에 … 조서를 내려 임연을 구진(九真)【지금의 베트남 하노이[河內] 이남 후에[順化] 이북의 땅】의 태수로 임명하였다. … 구진의 습속은 사냥을 생업으로 하고 우경(牛耕)을 알지 못했으며, 백성들은 종종 교지(交址)에서 곡물을 구입했지만 매번 부족하여 생활이 곤궁하였다. 임연은 이에 농기구를 주조하도록 하고 그들에게 땅을 개간하여

---

19 『史記』 권2 「夏本紀」, "太史公曰, 禹爲姒姓. (指禹之先祖.) 其後分封, 用國爲姓. 故有夏后氏, 有扈氏, 有男氏, 斟尋氏, 彤城氏, 褒氏, 費氏, 杞氏, 繒氏, 辛氏, 冥氏, 斟氏, 戈氏."
20 『史記』 권110 「匈奴列傳」, "其俗有名不諱, 而無姓字."

농사짓는 법을 가르치고 해마다 개간지를 넓혀 백성들이 넉넉하게 자급할 수 있었다. 또한 낙월(駱越)[21]의 백성들은 혼인의 예법이 없어 각자 멋대로 좋아하고 고정된 처자가 없었으며, 부자(父子)간의 천성(天性)과 부부간의 도리를 알지 못하였다. 임연이 이에 관할 현에 공문을 보내어 남자는 25세에서 50세까지, 여자는 15세에서 40세까지 모두 연령에 따라 배필로 삼도록 하였다. 가난하여 혼인의 예물을 갖출 수 없는 자는 장리(長吏) 이하로 하여금 각자 봉록을 덜어서 그들을 구휼하도록 하였다. 그 결과 동시에 결혼한 사람이 2천여 명이었다. 그해는 바람과 비가 순조로워 곡물생산이 풍족하였다. 자식을 낳은 사람들은 비로소 종족의 성[種姓]을 알았으며, 모두들 '내게 아이를 갖도록 해준 사람은 임군(任君)이다'라고 하면서 대부분 아이 이름을 '임(任)'으로 지어 주었다. 그리하여 변경 밖의 만이(蠻夷)족 야랑(夜郎) 등이 그 덕의를 흠모하여 변새를 지키기를 희망하였고, 임연은 마침내 정찰부대와 변경의 수졸(戍卒)들을 철수하였다."[22]

(3) 『위서』 권113 「관씨지(官氏志)」: "태화(太和)【북위 효문제 연호】19년

---

21 낙월(駱越): 백월(百越)의 한 분파. 백월은 교지에서 회계(절강성 紹興)에 이르는 지역에 잡거하는 민족으로 어월(於越)·민월(閩越)·양월(楊越)·남월(南越)·낙월 등이 있으며 백월은 이들을 총칭하는 말이다.

22 『後漢書』 권76 「循吏列傳」 '任延傳', "建武(光武年號)初 … 詔徵爲九眞(今越南河內以南, 順化以北之地)太守 … 九眞俗以射獵爲業, 不知牛耕, 民常告糴交阯, 每至困乏. 延乃令鑄作田器, 敎之墾闢田疇, 歲歲開廣, 百姓充給. 又駱越之民, 無嫁娶禮法, 各因淫好, 無適對匹; 不識父子之性, 夫婦之道. 延乃移書屬縣, 各使男年二十五至五十, 女年十五至四十, 皆以年齒相匹. 其貧無禮聘, 令長吏以下, 各省奉祿以賑助之. 同時相娶者二千餘人. 是歲風雨順節, 穀稼豐衍. 其産子者, 皆知種姓咸曰, 使我有是子者任君也, 多名子爲任. 於是徼外蠻夷夜郎等, 慕義保塞. 延遂止罷偵候戍卒."

(495) 조서를 내렸다. '대인(代人, 선비인)의 자손들은 원래 성족(姓族)이 없어 비록 공적이 있거나 현능한 사람의 자손일지라도 다른 사람들과 뒤섞여 구별이 되지 않았다. 그러므로 관직이 공경의 지위까지 오른 자라도 그들과 공복(功服)·최복(衰服)[23] 관계에 있는 가까운 친속들은 여전히 낮은 관직에 있다. 근래 성족을 제정하려 했으나 일이 많아서 처리하지 못했다. 당분간 먼저 (우열·능력 등을) 가려서 선발하고 상황에 따라 계속해서 임용해야 할 것이다. …'"[24]

(4)『송서』권59「장창전(張暢傳)」: "창(暢)이 북쪽에서 온 사신에게 성(姓)이 무엇인지 묻자 대답하기를 '나는 선비족이라 성이 없습니다'라고 하였다."[25]

나는 시대에 대한 분노로 말년에 이르러서야 비로소 자기 역사와 문화에 대한 반성을 시작하게 되었고, 반성하는 가운데 약간의 글을 써서 발표하였다. 하나의 책을 출판할 때마다 지금까지 지위를 가진 저명한 학자에게 나를 위한 서문을 써 달라고 요청할 생각을 해 본 적이 없다. 자신의 의도에 대해 다른 사람의 이해를 얻기란 매우 어려운 일이며, 또 수많은 문장 중 핵심적인 문제를 언급할 때에는 자신의 이해

---

23 공복(功服)·최복(衰服): 친속을 위한 5등급의 상복(喪服) 중 공복은 대공(大功)과 소공(小功), 최복은 참최(斬衰)와 자최(齊衰)를 말한다. 복상(服喪) 기간으로 보면 대략 시마(總麻)는 3개월, 소공은 5개월, 대공은 9개월, 자최는 1년, 참최는 3년이다.

24 『魏書』권113「官氏志」, "太和十九年(魏孝文帝年號)詔曰, 代人諸冑, 先無姓族. 雖功賢之胤, 混然未分. 故官達者位極公卿, 其功衰之親, 仍居猥任. 比欲制定姓族, 事多未就. 且宜甄擢, 隨時漸銓 …"

25 『宋書』권59「張暢傳」, "暢問虜使姓, 答曰, 我是鮮卑, 無姓."

를 잊어버리기 마련인데 그렇지 않고서는 글을 써 내려갈 수 없기 때문이다. 더욱이 큰 바다에 던져진 한 알의 좁쌀과도 같은 개인의 헛된 명성을 높이기 위해 어찌 다른 사람의 붓을 빌리겠는가? 그런데 나는 작년 이유춘(李幼椿, 李璜) 선생이 자유롭게 써서 보낸 한 통의 서신을 읽었다. 그는 83세의 고령으로 평생 학자로서의 본분을 떠난 적이 없는 분으로서, 학술상 후배라 할 수 있는 이 보잘것없는 무명의 인간에게 그의 열정과 솔직함을 숨김없이 드러내고 학문에 대한 진정성과 자신감이 반영되어 있는 그의 편지는 당시 내게 큰 감동을 주었다. 그래서 여기 뒷면에 특별히 그분의 서신을 덧붙여 두었다.

1978년 7월 25일 구룡(九龍) 거처에서 서복관이 서문을 쓰다.

붙임 이유춘 선생의 서신

> 복관 선생에게: 선생의 대저(大著)『주·진·한 정치사회구조 연구』를 지난주 본 연구소 소장실 서가에서 처음으로 빌려 보았는데 시작부터 흥미를 느꼈습니다. 책을 가지고 돌아와 자세히 읽어 보았는데 아주 마음에 들었습니다. 선생이 가진 안목의 예리함과 판단의 명확함, 도처에 보이는 남다른 지혜, 탄복해 마지않습니다. 이에 제 마음을 크게 사로잡은 몇 가지 사항을 들어 보고자 합니다.
>
> (저본의) 19-69쪽은 중국 봉건제도의 기초에 대해 설명했는데 그중에 "이 봉건제도는 … 종법제도를 근거로 하고 … 종법에 따라 혈통을 유대로 하는 통치집단을 건립하였으며 … 그로부터 친친존존(親親尊尊)의 예제가 나왔으며 … 이러한 예제의 '분(分)'과 그 정신이 일단 파괴되면 봉건적 정치질서는 완전히 붕괴된다"라는 문장이 있습니다. 중국 봉건의 근본 원인에 대해 저도 종법사회적 측면을 고려한 적이 있지만 그러나 선생만큼 그렇게 명확하게 말하지는 못했습니다. 저는 다시

이러한 근본 원인을 논거로 마르크스주의 봉건론을 반박한 적이 있는데, 즉 서구 중세기 샤를마뉴 대제[26]의 봉건은 세 아들과 장수들에 대한 분봉을 제외하고는 모두 각 지역의 호강(豪强) 세력들을 봉건한 점에서 결코 경제적 이해를 위주로 한 봉건이 아니라고 보았습니다. ―모택동주의자들은 마르크스주의를 학습하여 봉건의 근본 원인을 천편일률적으로 대지주에게 돌리고 있습니다.[27]

(저본의) 101쪽 마지막 행 "물론 여기에는 큰 문제가 있다. 즉 상술한 예(禮)의 본질적 전환과 종법의 사회로의 이전은 유가 관념상 현저하게 부정적인 측면이 나타나지 않아 사람들로 하여금 유가는 단지 봉건의 계승자일 뿐이라고 오해하기 쉽게 만든다." ―이 점은 저자의 식견을 충분히 보여 주고 있습니다. 그러나 이미 『맹자』안에 "부정적인" 내용이 들어 있습니다【생각건대 이 선생의 견해는 매우 정확하며 또한 『맹자』책만 그런 것은 아니다】.

(저본의) 182-186쪽에 인용한 『사기』「위청열전(衛青列傳)」의 사마천의 말과 배인(裴駰)[28]의 『사기집해』에 있는 두업(杜業)의 상주문, 이 두 가지를 증거로 전제적 제왕들은 지식인을 좋아하지 않았다고 설명한 것은 아주 정확하고 적절합니다. 실로 이른바 책의 행간을 읽었다고 할 수 있습니다.

---

26 샤를마뉴 대제(Charlemagne 大帝, 742-814): 카롤링거 왕조의 제2대 프랑크 국왕. 서로마 멸망 후 등장한 게르만족 중 최고의 실력자로 부상한 프랑크족의 수장으로서, 768년 왕위를 계승한 후 게르만 민족을 통합하여 라인강 하류에서 남쪽으로 세력을 확장, 8세기 말에는 과거 서로마제국 영토의 대부분을 차지하였다. 800년에 로마 교황으로부터 신성로마제국의 제관(帝冠)을 받음으로써 샤를마뉴는 서로마제국의 계승자로서 유럽 일대를 석권하였다. 샤를마뉴의 군사력은 기병 위주였는데 그는 봉건제도를 통해 영주들에게 토지를 하사하는 대신 영주들로부터 우수한 기병대를 공급받아 서유럽 정복에 성공을 거둘 수 있었다.

27 "모택동주의자들은 … 있습니다" 이 문장 역시 화동사범대학출판사본에서는 삭제되어 있다.

28 배인(裴駰, 미상): 하동 문희(聞喜) 사람. 자는 용구(龍駒). 남조 시대 사학자이며 "사학삼배(史学三裴)"의 하나이다. '삼배'는 배송지(裴松之, 372-451), 배인, 배인의 손자 배자야(裴子野)를 말한다. 배송지의 아들인 배인은 가학(家學)을 계승하여 전적을 두루 섭렵하고 학식이 매우 높았다. 저서 『사기집해』는 현존 최고(最古)의 『사기』 주석본이다.

(저본의) 409쪽 "연구 작업은 반드시 문제 자체의 기본 자료에 대한 탐색, 해석 및 비판을 기반으로 해야 한다." 이 단락은 역사를 연구하고 역사를 논할 때의 중요한 지도 원칙으로서 매우 정확한 지적입니다. 저는 어제 강의실에서 이미 학생들에게 이 얘기를 했습니다.

제(弟) 이황(李璜) 12일.

이 밖에 동그라미를 치거나 점을 찍어 표시할 곳이 아직 많은데 선생께서 직접 서명하신 책을 제게 한 부 보내 주실 수 있는지요? 안부 전합니다. 【이 선생의 서신에는 날짜는 있으나 달을 적어 놓지 않았다. 두 사람 모두 기억해 내기는 어려울 듯하다.】

新　亞　研　究　所

香港九龍農圃道六號　　電話：三一零一九二一一

New Asia Institute of Advanced Chinese Studies

6 FARM ROAD, KOWLOON, HONG KONG TEL: 3-019211

● 이유춘 선생의 육필 서신

2. 중국 은주(殷周)의 사회 성격 문제에 관한
보충의견
― 대만판 서문을 대신하여

 나의 이 소저(小著)의 대만판 발간에 즈음하여 은·주의 사회 성격 문제에 대해 몇 마디 보충 설명을 해야겠다.

 지난 1년 동안 대륙에서는 과거에 오랫동안 논쟁을 벌였던 역사의 시대구분 문제에 대해 이미 학술계의 권위자를 유일한 기준으로 삼는 결론에 도달했는데, 즉 은대는 노예사회이고 주대도 춘추 말에 이르기까지 내내 노예사회였다고 보는 것이다. 학술계의 권위자를 유일한 기준으로 삼는 이 결론은 아마도 1972년 『고고(考古)』 5기에 발표한 곽말약의 「중국고대사의 분기(分期) 문제」에 의해 확립된 것으로 보인다. 나의 이 소저에서는 은대의 사회 성격 문제를 언급하지 않았는데 그 이유는 내가 이 문제에 관한 충분한 자료를 직접 입수할 수 없었기 때문이다. 그러나 다른 사람들이 제시한 논증, 예컨대 이아농(李亞農)이나 곽말약 등이 갑골문에 의거해 제시한 논증들은 해석의 정확성이나 분량의 중요성[29]에 문제가 많아 그들의 결론을 뒷받침하기에 부족

---

29 여기서의 '분량'은 제시한 증거들이 그 문제와 관련된 전체 자료에서 차지하는 비중을 뜻한다.

하다고 생각한다. 주대에 대해서는 내가 직접 입수한 자료에 근거하여 상세한 고찰을 행하였고, 그들의 견해에 상당한 비판을 가하는 한편 자료들로부터 내 나름의 결론을 도출했는데, 이 소저의 제1장과 제2장의 글이 바로 그것이다. (본서가 출판된 후) 곽 씨의 위 논문(『고고』, 1972-5)이 발표되었고 따라서 그의 결정적인 논증이 나의 두 편의 글 (제1장, 제2장)에서는 논급되지 않았기 때문에 지금 여기에 제기하여 간략히 토론하고자 한다.

곽 씨는 위의 논문에서 다음과 같이 말한다.

은대 이전의 하대(夏代)는 아직 고고 발굴에 의한 확실한 증명을 기다리고 있지만, 그러나 은대가 전형적인 노예사회라는 점에는 이미 문제가 없다. 은대의 제사에서는 여전히 대량으로 사람을 희생으로 썼는데 때로는 그 수가 1천 명 이상에 이르기도 했다. 은대의 왕 또는 지위가 높은 귀족의 분묘에서도 살아 있는 사람을 순장하거나 사람을 죽여 순장하는 일이 적지 않았으며, 하나의 묘에 순장된 자는 종종 많게는 4백 명에 이르렀다【살펴보건대 곽 씨의 숫자는 모두 과장에 가깝다】. 이러한 현상은 노예사회가 아니고서는 상상할 수 없는 일이다.

나는 사람을 희생으로 쓰거나 사람을 순장하는 것은 고대의 야만적 신앙에 왕권의 횡포가 더해져서 나온 것이라고 생각한다. 오로지 야만적 신앙만 있고 왕권의 횡포가 없다면 이렇게 대규모로 일어나지는 않을 것이다. 오로지 왕권의 횡포만 있고 이러한 야만적 신앙이 없다면 횡포는 다른 방면으로 분출될 수도 있는데, 이를테면 한대에 몇 차례 있었던 대규모 원옥(冤獄)에서는 옥사 때마다 3만 내지 수만 명을 살육하였고, 당고(黨錮)의 화(禍)에서는 천하의 선량한 인사들을 일망타진

하였으며, 북제(北齊)의 고양(高洋, 文宣帝, 재위 550-559)은 여자의 다리를 절단하여 높이 쌓아 올리기를 좋아하였다. 이러한 예는 역사상 이루 셀 수 없을 정도이다. 그러나 이것들은 노예사회와는 필연적인 관계가 없다. 예컨대 아시리아에서는 테페 가우라(Tepe Gawra)[30]의 추장의 무덤으로 보이는 고분 안에서 희생으로 사용된 일군의 어린아이 유골이 발견되었는데, 이들 희생으로 사용된 어린아이가 모두 노예의 자녀였다고 추단하기는 어렵다. 춘추 시대 기록에 의하면 사람을 희생으로 썼던 일이 세 번 있었다. 첫째, 『좌전』「희공 19년」 "여름에, 송공(宋公)이 주(邾)나라 문공(文公)으로 하여금 증나라 증자(鄫子)를 잡아 휴수(睢水) 근처의 사(社) 제사에 희생으로 쓰게 하여 동이(東夷)를 복속시키려 하였다."[31] 이때 사용한 희생은 소국의 군주이지 노예는 아니었다. 둘째, 『좌전』「소공 10년」 "가을 7월에 계평자가 여(莒)나라를 쳐서 경읍(鄆邑)을 취하였다. 돌아와 태묘에 포로를 바칠 때 처음으

---

30 테페 가우라(Tepe Gawra): 이라크 북부 니네베 근처의 티그리스강 동쪽에 있는 고대 메소포타미아인들의 거주지 유적. 대략 우바이드기(B.C.4000-B.C.3500), 가우라기(B.C.3500-B.C.3000)를 중심축으로 하며, 그곳의 신전 건축은 이후 수세기 동안 메소포타미아 사원 건물들의 주요 양식이 되었다.

31 『左傳』「僖公 19年」, "夏, 宋公使邾文公用鄫子於次睢之社, 欲以屬東夷(注: 睢水 … 此水次有妖神, 東夷皆社祠之, 蓋殺人而用祭)." 경문에는 "여름 6월에 송공이 조인(曹人)·주인(邾人)과 함께 조(曹)나라 남쪽에서 회맹하였다. 증자(鄫子)가 회맹을 위해 주나라에 갔으나 기유일에 주나라 사람이 증자를 잡아 제사에 희생으로 썼다[夏六月, 宋公曹人邾人盟于曹南, 鄫子會盟于邾, 己酉, 邾人執鄫子用之]"라고 되어 있다. 원래 송나라 군주는 증자를 보내어 조나라 남쪽에서 행해진 회맹에 참가토록 하였는데 증자는 시간을 맞추지 못해 뒤늦게 도착하였고, 그때는 이미 회맹이 끝나 제후들이 흩어진 뒤였으므로 증자는 주나라로 가서 회맹하려 하였다. 이때 송나라 군주가 주나라 군주를 시켜 증자를 잡아 휴수(睢水) 근처의 사(社) 제사에 희생으로 쓰게 한 것이다. 주에 의하면 휴수 근처에는 요신(妖神)이 살고 있었고 동이(東夷)가 모두 사를 세워 제사를 지냈는데 아마도 사람을 희생으로 썼던 것 같다.

로 박사(亳社, 멸망한 은나라의 社)에 사람을 희생으로 썼다."[32] 이때 사용한 희생은 일반적인 포로이지 노예는 아니었다. 셋째, 『좌전』「애공 7년」 【노나라 계강자(季康子)가 주(邾)나라를 공벌하였다.】 노나라 군대가 밤에 역산(嶧山)을 침략하여 주자(邾子) 익(益)을 잡아 데리고 돌아와 박사(亳社)에 바쳤다"[33]라는 기록이 있다. 이때도 사용한 희생은 소국의 군주이지 노예는 아니었다. 위(魏)나라 서하(西河)의 하백(河伯)이 아내를 맞아들인 유명한 고사 【『사기』「골계열전(滑稽列傳)」 참조】[34]도 사실상 변형된 인간희생으로 볼 수 있다. 역사상 이러한 예는 적지 않다. 대만에는 근대 시기에 오봉(吳鳳)[35]이 스스로 인간희생이 되어 고산족을 감동시켰다는 실화가 전해진다. 이와 같은 야만적인 신앙이 억제된 깃은 인도적 견지에서 신랄한 비판을 받았기 때문이다. 예컨대 전술한 춘추 시대의 3건의 고사는 모두 일찍부터 신랄한 비판을 받았으며 사

---

32 『左傳』「昭公 10年」, "秋七月, 平子伐莒, 取郠, 獻俘, 始用人於亳社."

33 『左傳』「哀公 7年」, "(魯季康子伐邾) 師宵掠, 以邾子益來, 獻於亳社."

34 전국 시대 위(魏)나라 문후(文侯, 재위 B.C.424-B.C.387) 때 서문표가 업(鄴, 지금의 하북성 臨漳縣)의 현령으로 부임하였는데, 그 지방에는 해마다 황하의 범람을 막기 위해 수신(水神)인 하백에게 아내를 바쳐야 한다는 명목으로 백성들에게서 많은 돈을 거두고 또 어려운 집 여자를 데려다 치장한 후 산 채로 물속에 수장하는 악습이 오랫동안 전해 내려왔다. 서문표의 부임으로 이 악습은 일소되었다.

35 오봉(吳鳳, 1699-1769): 복건성에서 태어난 오봉은 부모를 따라 대만 아리산(阿里山)으로 이주한 후 청나라 통역관이 되어 그곳 주민들을 교화하여 큰 존경을 받았다. 그곳 토착민에게는 악습이 하나 전해 내려오고 있었는데 해마다 신에게 제사할 때 사람의 머리를 제물로 바치는 것이었다. 오봉은 악습 폐지를 위해 노력했지만 결국 성공하지 못하고 자신을 희생하기로 결심한다. 토착민들에게 모일 모시에 붉은 모자를 쓰고 붉은 옷을 입은 사람이 지나가면 그의 목을 베어 제사 지내라고 하였다. 부족민들이 그의 말에 따라 목을 베고 보니 바로 오봉이었다. 살신성인의 실천에 감화를 받은 부족민들은 악습을 폐하고 이날을 기일로 삼아 붉은 옷을 입고 오봉을 추모한다고 한다.

회생산관계의 변혁에 의해 억제되었던 것은 아니다. 은허 소둔촌(小屯村) C구의 지하 건물터에는 7개의 묘갱(墓坑)이 있는데 인골 19세트가 묻혀 있고, 그와 별도로 19개의 토갱(土坑)에는 23세트의 소·양·개 등의 뼈가 묻혀 있다. 이들은 건축물의 정초식(定礎式)을 행할 때 사용했던 희생들로 추측된다. 이 유적의 앞쪽으로 남북 약 80m, 동서 약 50m 되는 범위 안에서 168개【추정 수】의 토갱이 발견되었는데, 토갱 안에는 833세트【추정 수】의 인골이 있고, 머리를 자른 후 묻은 것이 125인이었다. 그 밖에 5개의 거마갱(車馬坑)이 있었다. 전체적으로 보아 마치 하나의 전차대(戰車隊)가 이 안에 묻혀 있는 것과도 같았다. 이와 같은 인간희생 묘갱은 왕의 무덤에서도 볼 수 있다. 예컨대 같은 곳의 무관촌(武官村) 대묘(大墓)[36]의 경우 묘 남쪽 53m 지점에 4열로 늘어선 17개 묘갱이 있고, 그 안에는 10세트의 머리 없는 인골들이 있는데, 이들은 순장된 것이 아니라 해마다 제사를 지내면서 사용한 인간희생으로 추정된다【이상 모두 일본 창원사(創元社)에서 간행한 『고고학사전』 215쪽 참조】. 위에 든 자료 중에 833세트의 인간희생과 5개의 거마갱은 합리적 추측에 의하면 한 차례 전쟁을 치른 후 죽임을 당한 포로들로 생각된다. 앞에서 인용한 춘추 시대 3건의 인간희생 사례 중에는 포로를 희생으로 쓴 것이 1건이고 나머지 2건도 포로의 성격을 띠고 있다. 고대의 노예는 포로를 공급원으로 하지만 반드시 노역에 사용되어야 비

---

36 무관촌(武官村) 대묘(大墓): 중국 하남성 안양시(安陽市) 소둔촌(小屯村) 일대의 은허(殷墟) 유적의 하나. 지금까지 은허에서 발굴된 총 2,000여 기에 달하는 무덤 중 무관촌의 대묘와 소둔촌의 부호묘(婦好墓)는 왕실·귀족에 해당하는 무덤들로, 특히 무관촌의 대묘는 지금까지 발견된 은허의 상층지배계급 무덤 중 최대급에 속하는 것으로서 왕릉으로 추정되고 있다.

로소 노예라 부를 수 있을 것이다. 노역에 종사하는 833인의 노예를 한꺼번에 죽이는 것은 노예주의 입장에서 볼 때 이만저만한 손실이 아니다. 소규모의 인간희생에 노예가 사용될 수도 있겠지만 그러나 반드시 노예제사회라야만 노예가 있는 것은 아니다. 요르단강 서쪽에 있는 예리코(Jericho)의 신석기 시대 유적에서도 2구의 남자 희생이 발견되었지만【위와 같은 곳】, 신석기 시대를 노예제사회라고 말하기는 어렵다.

1956년에 발굴된 무관촌 대묘에서는 목곽(木槨)이 출토되었는데 목곽의 네 면과 네 귀퉁이 방향으로 8개의 장방형 갱이 있고 각 갱에는 꿇어앉아 창을 잡고 있는 사람과 개가 수장되어 있었다. 목곽의 아래에서도 사람과 개가 출토되었다. 작은 무덤은 큰 무덤【왕의 무덤】에 순장된 것으로서 방형(方形)과 장방형 두 종류가 있었다. 예를 들어 어떤 방형의 갱 하나에는 사람의 두개골 10개가 있고 다음의 장방형 갱에서는 10인의 (두개골 없는) 몸통 유골을 얻었는데 작은 칼, 도끼, 숫돌을 함께 구비하고 있었다. 신체 전체를 순장한 갱도 있었다. 또한 거마갱(車馬坑), 상갱(象坑), 조수갱(鳥獸坑)도 있으며 그 안에서 무기와 예기(禮器) 등을 아울러 얻었다【『고고학사전』 314쪽】. 그런데 문제는 이들 순장된 자들이 모두 노예인가 하는 것이다. 꿇어앉아 창을 잡고 있는 순장자는 왕을 지키는 무사이지 단연코 노예는 아니다. 순장자의 유골더미 가운데서 여자의 장신구가 발견되있는데 머리장신구를 할 수 있는 여자라면 아마도 노예는 아닐 것이다. 이집트 제1왕조 1대 파라오 나르메르(Narmer)왕[37]의 무덤에는 첩시(妾侍), 시신(侍臣), 종복(從僕),

---

[37] 나르메르(Narmer)왕: 고대 이집트 제1왕조의 초대 파라오(B.C.3100?). 상·하이집트를 통

공인(工人) 등 33인이 순장되어 있다. 3대 파라오 제르(Zer)왕 무덤을 둘러싼 배장묘(陪葬墓)에는 궁녀 275인, 시신(侍臣) 43인이 순장되어 있다. 메소포타미아의 우르(Ur)왕(B.C.2500?) 무덤에는 59인이 순장되어 있는데 그중에는 갑옷과 투구를 착용한 무인 6구가 있고, 보석이 있는 장신구로 치장한 부인 9구가 있었다【위와 같은 곳, 448쪽】. 무관촌 대묘의 순장자 중에서 몸통과 머리가 따로 수장된 것은 노예로 봐야 한다. 그러나 고대 순장의 전반적 정황으로 볼 때 결코 이들 모두가 노예였다고 단정할 수는 없다. 진(秦)나라 목공(穆公, 繆公)이 죽으면서 세 명의 충신[三良]도 함께 순장하자 이를 슬퍼한 시인이 '황조(黃鳥)'라는 시를 지었는데 이 세 명의 충신은 단연코 노예가 아니었다. 진시황이 죽었을 때 아들 이세(二世)는 자식 없는 후궁 궁인을 대량으로 순장하였는데 이 또한 일반적으로 말하는 노예는 아니었다. 고대 그리스 · 로마 시대는 모두 전형적인 노예제사회였지만 사람을 순장했다는 말은 들어 보지 못했다. 또 용(俑)을 만들어 사람 대신 순장하는 풍습이 은대 말에 시작되었는데[38] 이것은 단지 문화의 진보를 설명할 뿐 반드시

일한 첫 번째 파라오로 알려져 있다. 전설상의 제1왕조의 창시자 메네스와 동일시하는 설도 있다. 히에라콘폴리스에서 발견된 '나르메르의 팔레트'는 왕의 하이집트 정복을 주제로 한 조각으로 고대 이집트의 유물 중 역사적 기록이 담긴 최초의 기념물이다.

38 용(俑): 무덤 속에 함께 매장한 나무 인형. 역대 명기(明器)제도에 대해 논평했던 공자는 하(夏) · 은(殷)의 명기 사용을 칭찬한 반면, 주(周)의 명기 사용에 대해서는 우려를 금치 못했다. 즉 옛날부터 사용해 온 추령(芻靈, 풀을 묶어서 만든 인형)과 도거(塗車, 진흙으로 만든 수레)는 사용해도 좋지만 용을 사용하는 자는 불인(不仁)하다고 했는데, 왜냐하면 이 나무 인형은 얼굴과 눈을 갖추고 기관으로 작동하여 살아 있는 사람을 사용하는 것과 흡사하므로 혹여 말류(末流)에 이르러 정말로 산 사람을 순장시키는 자가 생길 것을 근심했기 때문이다. 『禮記』 「檀弓」下, "孔子謂 … 哀哉! 死者而用生者之器也, 不殆於用殉乎哉! … 孔子謂爲芻靈者善, 謂

생산관계의 변화를 의미하는 것은 아니다. 이로부터 순장은 인간희생과 마찬가지로 고대의 야만적 신앙에 왕권의 횡포가 더해져 나왔다고 단언할 수 있다. 순장과 인간희생은 노예제사회와 필연적 관계가 없으며, 이 두 가지를 가지고 은대가 노예제사회였다고 단정할 수는 없다.

곽말약이 인간희생과 순장 두 가지를 노예제사회와 필연적 관계가 있다고 보았다면 주대에 와서 이 두 가지가 안 보인다는 것은 바로 주대가 노예제사회가 아니라는 증거가 아니겠는가? 그러나 곽 씨는 또 다른 말을 한다. 그는 앞의 글(1972)에서 다음과 같이 말한다.

나 자신은 주대의 청동기 명문(銘文)에서 노예와 토지를 상사품으로 내린 기록을 적지 않게 찾아냈을 뿐만 아니라 서주 중엽의 노예 가격도 찾아내었다. 5명의 노예는 1필의 말과 1속(束)의 사(絲)를 더한 가격과 같다【원주: 효왕(孝王) 시기 「홀정(曶鼎)」의 명문】. 그러므로 나는 서주 또한 노예제사회였다고 생각한다.

살펴보건대, 서주가 분봉하여 나라(제후국)를 세울 때는 반드시 전토 및 전토를 경작하는 인민들을 사여하였고, 또 분봉 초에는 약간의 신(臣)과 공(工)을 사여하여 건국의 중추를 형성할 필요가 있었다. 곽 씨는 이 사람들을 노예라고 불렀으며 심지어 "왕인(王人)", "서인(庶人)"까지도 노예라고 히 였다. 나는 이 책에서 그의 이런 견해에 대해 이미 비판했기 때문에 여기서는 「홀정」의 문제만 이야기하겠다. 아래에 오개생(吳闓生)[39]의 『길금문록집석(吉金文錄集釋)』 권1에 의거하여 「홀정」

為俑者不仁, 不始於用人乎哉" 참조.

서장

명문40을 재록해 둔다.

왕(王)[41] 4월 기생패(既生霸)[42] 정유일, 형숙(邢叔)이 이(異, 翼 혹은 冀) 땅에서 사법관으로 있을 때 홀(曶)은 그의 아들 산(散)으로 하여금 증서(계약서)를 가지고 형숙에게 가서 소송을 내도록 하였다. 산(散)은 다음과 같이 진술하였다. "저희는 일찍이 장정[夫] 5명의 몸값을 지불하고 찾아오기를 효부(效父)에게 요청하였습니다. 효부는 홀에게 말 1필과 사(絲) 1속을 청구한 다음 이를 승낙하였습니다. 비(比)는 홀에게 말 1필을 상환하라 하고 효부는 사(絲) 1속을 비(比)에게 돌려주라고 하였습니다. 효부는 왕궁 밖 참문 목방에서 산(散)과 만나기로 약속했고 5명의 장정을 찾아오기 위해서는 1백 원(爰)이 필요하다고 하였습니다. 만약 5명의 장정을 찾아오지 않으면 그들은 벌을 받을 것이라고 했습니다. 이에 비(比) 또한 … 【원주: 이 구절은 특히 난해하다】." 이 안건에 대해 형숙은 다음과 같이 판결하였다. "왕정에서 5명 장정의 몸값을 지불하기로 했는데 홀(曶)에게 먼저 장정들을 돌려주지 않으니(먼저 장정들을 건네받고 몸값을 나중에 지불하는 후불제) 홀(曶)이 비

---

39 오개생(吳闓生, 1877-1950): 안휘성 종양(樅陽) 사람으로 호는 북강(北江). 일찍이 일본에 유학하였고, 청말 탁지부(度支部) 재정처총판, 북양(北洋)정부 시기에 교육부 차관과 국무원 참의를 역임하였다. 1928년 이후 북경 고학원(古學院) 문학연구원을 지냈다. 저서에 『좌전미(左傳微)』 12권, 『좌전문법독본(左傳文法讀本)』 8권, 『북강선생문집(北江先生文集)』 7권, 『한비문범(漢碑文範)』 4권, 『길금문록(吉金文錄)』 등이 있다.

40 『홀정(曶鼎)』은 필원(畢沅)이 건륭 연간에 서안에서 얻었으나 전쟁 중에 훼손되어 현재 탁본만이 전하며, 탁본의 명문은 24행 384자가 남아 있다. 명문의 해독에 대해서는 이설(異說)이 많아 본 번역에서는 저자 서복관의 해석을 위주로 번역하였다.

41 동작빈(董作賓)과 당란(唐蘭)은 기물의 시대를 공왕(共王, B.C.927-B.C.908)으로 비정하였으나 용경(容庚)과 진몽가(陳夢家)는 의왕(懿王, B.C.907-B.C.898) 시기로, 곽말약은 효왕(孝王, B.C.897-B.C.888) 시기로 보았다.

42 고대에는 한 달의 날수를 4등분하여 초길(初吉)은 1-7·8일, 기생패(既生霸)는 8·9-14·15일, 기망(既望)은 15·16-23·24일, 기사패(既死霸)는 23-30일까지로 나누었다. 王國維, 『觀堂集林』(1921) 권1 「生霸死霸考」.

(比)를 좋게 생각할 리가 없다." 홀(曶)은 머리를 조아려 감사의 인사를 드리고, 隔, 항(恒), 용(龍), 이(彝), 성(省) 등 5명의 장정을 받았다. 담당 관리가 이 송사 결과를 비(比)에게 알려 주었다. 이에 비(比)는 산(散)을 시켜 홀(曶)에게 술과 양자(羊茲) 3원(三爰)을 보내 장정들에게 주도록 하였다. 홀(曶)이 비(比)에게 상의하기를 산(散)으로 하여금 5명의 장정에게 각각 5병(秉)을 지급하고 이 5명의 장정이 반드시 그 읍(邑)의 전토에서 거처하기를 바란다고 말하였다. 비(比)는 사람을 보내 복명하기를 '그렇게 하겠다'고 전하였다[唯王四月既生霸. 辰在丁酉. 井叔在異. (翼或云翼)爲□. □〈曶〉使厥小子 憨 [散] 以限訟于井叔. (吳佩叔云限券也.) 我既賣 [贖] 女五□〈夫〉□(效)父用匹馬束絲限誥 [訐] 曶(曶從效父請贖五夫, 效父責令出匹馬束絲而後諾許.) 比則俾我賞 [償] 馬. 效□〈父〉□〈則〉俾復厥絲□〈于〉比(比又責曶償馬效父乃令復厥絲于比.) 效父乃誥憨□(此字本作任, 舊釋曰誤, 疑當爲廷, 猶言朝也.) 于王參門. (孫云參門疑皐門內庫門外.) □□木榜. 用賃述賣 [贖] 絲 [茲], 五夫用百爰(鍰○效夫約散會于王參門, 責贖茲五夫, 當用百鍰.) 非之五夫□〈贖〉□〈則〉罰. 迺比又罰衆鼓金. (孫云鼓量名. 小爾雅鈞四謂之石, 石四謂之鼓. 案啟貯敦衆子鼓○鑄旅敦, 此衆鼓二字, 疑與彼文同. 又案此數語尤難解, 今詁亦未盡碻, 罰字亦未是, 姑且存之. 以上皆曶使小子散訟效父與比之詞.) 井叔曰. 在王人迺賣 [贖] □〈用〉□. 不逆付曶. 毋俾成于比. (邢叔責效父以此五夫逆付于曶. 逆付云者贖金未具先付還之. 以其不逆付, 曶則無由俾其成好于比也.) 曶則拜稽首. 受茲五夫. 曰隔曰恒曰龍曰彝曰省. 吏爰以告比. (既成訟令吏告于比)迺俾□〈憨〉以曶酒及羊茲三爰. 用到茲人. (劉心源讀致是也. 以曶酒羊致茲人者以其贖金未付故也. 茲人即茲五夫.) 曶迺每 [謀] 于比. □□舍憨大五秉. (舍猶予也. 人讀大. 曶謀于比, 請使散給此五夫, 每人五秉.) 曰. 在尙俾處厥邑田□〈厥〉田. (言此者冀使還其故處勿虐待之.) 比則俾□復命曰諾. (此文奧衍難讀. 今以意貫之, 大略如此. 以上爲第二節. 羊茲三爰與『師旅鼎』鼍古三百爰, 疑皆貨貝名.)].

이 명문 중의 '비(比)'는 홀(曶)이 대금을 치르고 효부(效父)에게서 5명의 장정을 찾아오는 일과 도대체 무슨 관계가 있는 것일까? 비가 개입하여 1필의 말과 1속의 사(絲)로 5명의 장정을 되찾아 오는 일이 허사가 되고, 또 홀에게 바가지를 씌우려고 하자 마침내 홀이 부득불 그의 아들을 시켜 사법관 형숙(邢叔)의 이름으로 고발하도록 한 것인데, 그간의 곡절에 대해서는 도무지 알 길이 없다. 형숙은 먼저 5명의 장정을 홀에게 돌려주라고 판결했는데, 도대체 얼마의 대가를 지불했는지 명문에도 명확하게 기록되어 있지 않다. 나는 여기서 한 가지만 제출하겠다. 이 정(鼎)에서 일컫는 "오부(五夫)"를 곽말약은 5인의 노예라고 주장하는데, 주대를 통틀어 노예를 "부(夫)"라고 칭하는 일이 있었던가? 『시경』에는 35개의 '부(夫)' 자가 나오는데, 그중에 7개의 "대부(大夫)"는 물론 노예가 아니며, 그 밖에 3개의 "무부(武夫)", 7개의 "정부(征夫)", 3개의 "백부(百夫)", 1개의 "사부(射夫)"도 모두 노예는 아니다. 5개의 "농부(農夫)", 2개의 "복부(僕夫)", 2개의 "선부(膳夫)"는 문맥상 모두 노예가 아니다. 『시경』에 보이는 다음 구절 "어리석은 자도 조심하거늘[狂夫瞿瞿]",[43] "저 사람의 착하지 못함은[夫也不良]",[44] "꾀하는 사람 너무 많아[謀夫孔多]",[45] "늙은이는 성심으로 대하는데[老夫灌灌]",[46] "지혜 있

---

43 『詩』「國風·齊風」 '東方未明', "버들가지 꺾어 채마밭에 울타리를 치면 어리석은 자도 경계를 알고 조심하거늘[折柳樊圃, 狂夫瞿瞿]."

44 『詩』「國風·陳風」 '墓門', "저 사람의 착하지 못함은 국인(國人)들이 알고 있네[夫也不良, 國人知之]."

45 『詩』「小雅」 '小旻', "꾀하는 사람 너무 많아 일이 되지 않네[謀夫孔多, 是用不集]."

46 『詩』「大雅」 '板', "이 늙은이는 성심으로 대하는데 젊은 친구들(일반 관리들)은 교만하기만 하네[老夫灌灌, 小子蹻蹻]."

는 남자는 성을 이루는데[哲夫成城]"[47]에서도 노예라 칭할 만한 사람은 하나도 없다. 『좌전』「선공 12년」의 "대장부가 아닙니다[非夫也]",[48] 「소공 원년」의 "자남이 장부답다[抑子南, 夫也]"[49] 두 경우는 "부(夫)"라는 글자로 남자의 용감성을 묘사하고 있다. 이처럼 주대의 문헌과 금문에 나오는 "부(夫)" 자는 그중 어느 것도 노예로 해석될 수 없다고 말할 수 있는데, 유독 「홀정」에 있는 "부" 자만 노예로 해석할 수 있겠는가? 더욱이 먼저 5명의 장정을 보내면서 술과 양을 함께 보내고 또 장정 한 사람당 5병(秉)[50]의 속(粟)을 보내 그들이 마을 거주지에 안주할 수 있도록 하였는데, 이것이 노예에 대한 태도인가? 합리적으로 추측할 때 이처럼 5명의 이름을 분명하게 기억할 정도의 오부(五夫)라면 분명 홀(曶) 수하의 무사 같은 사람일 텐데, 무엇 때문에 효부(效父)에게 억류되어 이러한 분쟁이 일어나게 되었는지 모르겠다.

설사 곽 씨의 말대로 「홀정」에 기재된 내용이 5명의 노예매매에 관한 일이고 노예가 있어야 노예매매도 가능한 것이 사실이라 해도, 문

---

47 『詩』「大雅」'瞻卬', "지혜 있는 남자는 성(城)을 이루는데, 지혜 있는 여자는 성을 기울어뜨리네[哲夫成城, 哲婦傾城]."

48 『左傳』「宣公 12年」, "또 대군을 이끌고 왔다가 적이 강하다는 말을 듣고 물러가는 것은 대장부가 아닙니다[且成師以出, 聞敵彊而退, 非夫也]."

49 『左傳』「昭公 元年」, "정나라 서오범의 누이동생이 아름다웠으므로 공손 초가 이미 빙문(聘問)하였는데 공손 흑이 또 사람을 보내어 강제로 납채(納采)하였다. … 여자가 방 안에서 이들의 모습을 보고 말하기를 '자석도 진실로 아름다우나 자남이 장부답다. 장부는 장부답고 부녀는 부녀다운 것이 이른바 순리이다'라고 하였다[鄭徐吾犯之妹美, 公孫楚聘之矣, 公孫黑又使強委禽焉. … 子晳盛飾入, 布幣而出. 子南戎服入, 左右射, 超乘而出. 女自房觀之曰, 子晳信美矣, 抑子南, 夫也. 夫夫婦婦, 所謂順也]."

50 5병(秉): 병은 용량 단위로 16곡(斛)이 1병이다.

제는 설사 노예가 있고 노예매매가 있었다 하더라도 그것만으로 "노예제사회"를 구성하기에는 충분하지 않다는 점이다. 『사기』「화식열전(貨殖列傳)」에 보이는 "북동(僰僮)"[51]은 사천의 북(僰)[52] 지역에서 태어난 동(僮)으로, 이곳의 동은 곧 젊은 노예이다. 이미 모 지역 출신 동(僮)으로 이름이 날 정도면 대량으로 노예매매가 이루어졌다고 볼 수 있다. 또한 제(齊) 지방의 조한(刁閒)은 "걸힐노(桀黠奴)"[53]들을 "잘 거두어"【매입하여】거부가 되었다고 한다.[54] 남북조시대에는 남과 북이 서로 양민을 약탈하여 노예로 삼았는데 노예매매에 종사하는 규모가 상당히 컸다. 왜 곽 씨는 진, 한, 남북조시대를 노예사회로 인정하지 않는가, 그러면서 서주 귀족 간에 5명의 노예를 매매한 것을 가지고 주대는 노예사회였다고 증명할 수 있겠는가?

나는 위에서 단지 곽 씨가 은대를 노예사회로 보는 논증은 성립되기 어렵다는 점만을 지적했는데, 은대사회의 성격에 대해서는 적극적인 논단을 제시할 수 없어 차라리 보류해 두는 편이 나을 듯싶다. 그러나

---

51 『史記』권129「貨殖列傳」, "(파촉지방은) 남으로는 전(滇)과 북(僰)의 노예를 독점 무역하고, 서로는 공(卭)과 책(笮)에 인접하여 책의 말과 모우(牦牛, 깃대장식에 쓰는 긴 털을 가진 소)를 독점 무역한다[南御滇僰, 僰僮. 西近卭笮, 笮馬旄牛]." 한편『漢書』권28下「地理志」에서는 "南賈滇僰, 滇僰僮"이라 하였고 이에 대한 안사고 주에서는 "滇僰之地, 多出僮隷也"라 하였다.

52 북(僰): 지금의 사천성 의빈현(宜賓縣) 서남쪽 안변진(安邊鎭)을 중심으로 하는 지역.

53 걸힐노(桀黠奴): 사납고 영리한 노예.

54 『史記』권129「貨殖列傳」, "제(齊) 지방에서는 일반적으로 노예를 천시하였지만 조한(刁閒)만은 노예를 아끼고 잘 대우하였다. 사람들은 사납고 영리한 노예를 싫어했지만 그만은 그들을 잘 거두어 생선과 소금 장사를 시켰다. … 그들의 도움으로 마침내 수천만 전을 모았다[齊俗賤奴虜, 而刁閒獨愛貴之. 桀黠奴, 人之所患也, 唯刁閒收取, 使之逐漁鹽商賈之利. … 終得其力起富數千萬]."

주대(周代)로 말하면 『상서』, 『시경』, 『좌전』, 『국어』, 그리고 공자로부터 선진 시대 제자백가에 이르기까지 수많은 전적들이 있다. 이 전적들의 관련 자료를 바탕으로 객관적으로 이해할 때 주대는 중국 본토형(本土型) 봉건사회로서 춘추 중기 이후 점차 해체된 것으로 단정할수 있으며 이것은 의심의 여지가 없다. 어떤 사람은 봉건사회에서 정치참여의 권리를 보유한 "국인(國人)"조차 노예로 몰아붙이고 국군(國君)과 귀족에 대한 국인의 반항을 노예 봉기라고 하는가 하면 공자는노예 소유주의 이익을 완강히 옹호했다고 말한다. 이는 작심하고 말하면 완전히 "허튼소리"이며 거론할 가치도 없는 말이다.

이번 대만판 출간에 즈음하여 나는 국내외 학자들이 객관적이고엄격하며 겸허한 태도로 이런 중대한 학술문제에 직면하여 부지런히공헌하기를 진심으로 바란다. 나는 연구 작업으로 바빠 한 편의 부록을 추가하는 외에 이 책을 다시 한번 면밀하게 잘 검토해 보지 못한채 서둘러 학생서국의 벗들에 의해 출판을 하게 되어 몹시 마음에 걸린다.

구력(舊曆) 계축년(癸丑年, 1973) 10월 4일 구룡(九龍) 거처에서.

또한 「중국 성씨의 변천과 사회형식의 형성」(하편 제6장 8절)이란 글에서는 1가(家)의 인구수를 논하였는데 『일주서(逸周書)』 「직방(職方)」제62를 참고해야 한다. 그곳에 기술된 구주(九州)의 1가의 인구수는 비록 추측이라 해도 반드시 근거가 있어야 한다. 이것은 내가 말한 "5인가족이 1가의 인구 상태를 대표할 수는 없다"라는 견해와 서로 부합한다. 또 하편 제6장 11절에서 이족(異族)에게는 성씨가 없었음을 논할 때에는 북위 태화(太和) 19년(495) 효문제가 '대인성족조(代人姓族詔)'를 발포할 당시 "대인(代人, 선비인)의 자손들은 원래 성족(姓族)이 없었다"[55]라고 말한 중요 자료를 추가해야 한다.

---

55 본서 「삼판개명 자서」 참조.

3. 자서(自序)

강번(江藩)[56]은 그의 저서 『한학사승기(漢學師承記)』에서 양한 학술의 특색을 가리켜 "각자 자기 스승에게서 전승받은 것을 믿었고 그 장구(章句)를 계승하여 고수하였다"[57]라고 표현하였다. 이어서 건륭·가경 시대에 성음(聲音), 훈고(訓詁), 고정(考訂)의 학풍이 일어난 일을 두고서 "이로부터 한학이 창성하여 천 년 동안 흙먼지로 뿌옇던 하늘이 하루아침에 다시 환히 밝아 오는 듯했다"[58]라고 표현하였다. 그 이후로 잘못된 설을 이어받고, 잘못된 것도 거듭되면 옳은 것으로 받아들여지게 되어 마침내 양한 학술의 정신적 면모는 짙은 안개 속에 묻혀 버리고 오늘날 불학(不學)의 무리들이 제멋대로 덧칠하게 내버려 두는 데 이르렀다. 그래서 나는 6년 전에 발분하여 한 편의 양한사상사를 쓰려고 마음먹었다.

---

56 강번(江藩, 1761-1831): 청 강소성 감천(甘泉) 사람. 자는 자병(子屛), 호는 정당(鄭堂) 또는 절보(節甫)다. 오파(吳派) 고증학의 대가 혜동(惠棟)과 강성(江聲)·여소객(余蕭客)에게 사사하였으며 훈고와 고증학에 조예가 깊었다. 경학을 한학과 송학으로 대별하여 한학을 더 존숭하였다. 청대 한학의 원류를 밝힌 『국조한학사승기(國朝漢學師承記)』, 그밖에 『국조송학연원기(國朝宋學淵源記)』, 『경사경의목록(經師經義目錄)』, 『주역술보(周易述補)』, 『이아소전(爾雅小箋)』 등이 있다.

57 江藩, 『漢學師承記』 自序, "各信師承, 嗣守章句." 해당 문장은 본래 『南齊書』 권39 「劉瓛弟璡·陸澄傳」의 논찬에 나오는 말이다. "史臣曰, … 自後專門之學興, 命氏之儒起, 石渠朋黨之事, 白虎同異之說, 六經五典, 各信師言, 嗣守章句, 期乎勿失."

58 江藩, 『漢學師承記』 自序, "漢學昌明, 千載沈霾, 一朝復旦."

선진사상에 있어서 양한사상은 실로 하나의 커다란 변화 발전이었다. 변화 발전의 근원은 정치와 사회에서 찾아야 할 것이다. 특히 대일통(大一統) 일인전제정치의 확립과 평민 씨성(氏姓)의 완성은 이후 우리나라 역사 발전의 중요한 관건이며, 우리나라 2천 년의 역사문제를 파악하는 중요한 관건이기도 하다. 그래서 나는 사상사를 집필하기에 앞서 당대의 명망 높은 역사학자의 저작에 도움을 받아 양한사상의 배경 문제를 해결하고 싶었다. 그러나 수소문 끝에 나는 자신이 연구하는 "역사 세계"에 들어가 고금의 변화를 통관하는 원리를 밝혀내고 기밀의 관건을 파악할 수 있는 저작을 구하기란 요원한 일임을 발견하였다. 어쩔 수 없이 직접 나서는 수밖에 없어 이 책에 수록된 몇 편의 논문을 작성하였고, 신아연구소의 도움을 받아 먼저 이것을 출판하여 『양한사상사』의 배경편으로 삼았다. 3년 전 나는 동해대학(東海大學)의 어떤 "거짓말을 일삼는 자"에게 박해를 받아 14년간 연구하고 집필해 왔던 서재를 떠나 홍콩에서 기식(寄食)하는 처지가 되었고, 이 때문에 집필 작업에 막대한 지장을 받아 한대 사회에 대해 본서에서는 겨우 첫발을 내딛는 정도로 그치게 되었다. 수많은 중요한 문제들은 여전히 묵혀 둔 채 붓을 들지 못하고 있으니, 몹시 원망스럽다. 그러나 나의 남은 생애 동안 예정된 계획을 실행에 옮겨 그 일을 완성할 수 있을 것으로 본다. 본서 가운데 한대에 관한 두 편의 글은 우인(友人) 기락동(祁樂同) 교수의 세심한 교열 덕분에 많은 착오를 바로잡았다. 출판사에 넘긴 뒤로는 또 두천심(杜天心) 군이 교정의 수고를 대신해 주었다. 모두 감사의 마음 잊지 않겠다.

음력 신해(辛亥, 1971) 11월 20일, 대북시(台北市) 거처에서 서복관이 서문을 쓰다.

제1장

서주(西周) 정치 사회의 구조 성격 문제

1. 서주 노예사회론자에 대한 검토

우리나라 대일통(大一統)의 전제정치는 봉건정치·봉건사회가 와해된 후에 출현하였다. 대일통의 전제정치에 대한 보다 정확한 이해를 위해서는 주(周)나라 초의 봉건부터 먼저 이해해야 한다.

서주는 노예사회인가? 아니면 봉건사회인가? 이것은 장기간에 걸쳐 토론해 왔던 문제이다. 이 문제의 해결은 중국고대사를 파악하는 관건이다. 그러나 아래에 기술한 두 가지 태도는 학술적인 토론을 할 때 먼저 피해야 한다고 생각한다.

(1) 서구사회의 역사발전단계를 특정 모델로 삼거나 혹은 일부 원시부족의 상황을 특정 모델로 삼아 우리나라 고대사회의 발전을 그것과 하나씩 비교하여 간단명료한 결론을 도출하는 것, 이 방법은 매우 의심할 만하다. 나는 서구의 고대사회 및 원시부족사회의 상황으로부터 우리나라 고대사회 연구의 힌트를 얻을 수 있다는 것을 부인하지 않는다. 그러나 이것은 한낱 힌트에 지나지 않는다. 만약 힌트의 한계를 넘어서 우리나라 역사발전단계를 서구의 모델에 맞추어 동일시하기를 추구한다면 견강부회의 길로 들어서게 될 것이다.

(2) 한두 사람의 저작을 확정하여 영원불멸의 경전으로 삼고, 모든 연구 결론의 가치를 이 경전의 견해와 부합하는가의 여부로 판단하는 것, 이러한 방법은 더욱 의심할 만하다. 우리는 먼저 어떤 사람의 지식

이라도 모두 시대와 환경의 제한을 받는다는 것을 인정해야 한다. 그 지식을 응용할 수 있는 범위도 당연히 제한되어 있는데 후대 사람들의 보완을 기다려야 할 때도 있다. 동서고금을 통관하는 도덕정신은 존재해도 동서고금을 통관하는 행위 양식은 존재하지 않는다. 동서고금을 통관하는 지식의 탐구정신은 존재해도 결코 동서고금을 통관하는 지식의 결론은 존재하지 않는다. 특히 자유의지를 가진 인류에 의해 형성된 사회, 수많은 동기와 동력을 함유하고 상호 영향을 주고받으며 격동하는 매우 복잡한 사회에 대하여 어느 누가 국부적이고 일시적인 현상에 근거하여 보편적이고 영원한 발전 법칙을 규정할 수 있겠는가?

우리나라 역사는 서주 초년에 이르면 이미 적지 않은 전적과 금문(金文) 그리고 지하에서 발굴된 자료들이 존재한다. 모든 문제는 반드시 자료에 근거하여 결정되어야 하며, 연구자의 책임은 자료를 합리적으로 처리하는 데 있다. 자료의 진위를 뒤섞이게 해서도 안 될 뿐만 아니라 매 자료마다 경중의 지위를 가리는 데 부당함이 있어서도 안 된다.

나는 이 방면에 관한 몇몇 근대 인사들의 연구논문을 보고 난 후 무엇보다 먼저 서주를 어떤 형태의 노예사회라고 보는 견해를 부정하게 되었다.【원주1】

서주가 노예제사회였다고 하는 주장은 대체로 금문 자료를 근거로 하고 있으므로 이에 자주 인용되는 금문을 아래에 간략히 채록해 두었다.

① 『대우정』: [강왕(康王) 23년 9월, 강왕이 종주(宗周)에서 우(盂)에게 훈계하여 고하기를] "내가 선왕의 제도를 준행하여 선왕이 상제로부터 받은 백성

과 강토를 잘 다스릴 수 있도록 나를 보좌하라. 너에게 제사용 울창주 한 통, 제사용 관복(冠服), 폐슬(蔽膝), 혜리(鞋履, 신발), 수레와 말을 사여한다. ··· 너에게 나라의 관리 4명의 백(伯)과, 마부[馭]에서 서인에 이르는 인격(人鬲) 659명을 사여한다. 이민족으로서 주나라를 받드는 왕신(王臣) 13명의 백과 인격 1,020명을 사여한다."[59]

② 『측령궤』: "9월 기사패(초순) 정축일, 작책(作冊)인 측령(夨令)이 왕강[王姜, 소왕(昭王)의 배우자]에게 귀한 음식을 대접하였다. 왕강은 측령에게 패(貝) 10붕(朋)과 신(臣) 10가(家), 격(鬲) 1백 명을 하사하였다."[60]

③ 『불기궤』: [선왕(宣王) 때 험윤(玁狁)이 변경을 침략함에 진(秦)나라의 백(伯)[61]이 불기(不其)에게 명령하기를] "너는 나의 전거(戰車)를 몰고 험윤 오랑캐를 고릉(高陵)에서 소탕하라. 너는 장차 적의 수급을 많이 베고 포로를 많이 잡아 올 것이다. 너에게 활과 화살 한 묶음, 신(臣) 5가, 전토 10무(畝)를 수여한다. 너의 부하들에게 너의 지시를 따르도록 하라."[62]

④ 『괵계자백반』: [괵(虢)나라의 계자백(季子白)이 험윤(玁狁)을 정벌하여[63] "적의 머리를 벤 것이 500이고 사로잡은 자가 50이었다. 이로써 앞

---

59 『大盂鼎』, "粵我其遹相先王, 受民受疆土, 易(錫)女(汝)鬯一卣・冂衣, 市舄, 轅(車)馬, ··· 易女邦嗣(司)四白(伯)人鬲自駿(御)至於庶人六百又五十又九夫. 易尸(夷)嗣王臣十又三白(伯)人鬲千又二十夫."

60 『夨令簋』, "佳九月既死霸丁丑, 乍(作)冊夨令障俎於王姜, 姜商(賞)令貝十朋, 臣十家, 鬲百人."

61 진(秦)나라의 백(伯): 진중(秦仲)을 가리킨다. 『史記』 권5 「秦本紀」에 다음과 같은 내용이 있다. "公伯立三年, 卒, 生秦仲, ··· 周宣王即位, 乃以秦仲爲大夫, 誅西戎, 西戎殺秦仲. 秦仲立二十三年, 死於戎, 有子五人, 其長者曰莊公." 『史記』 권14 「十二諸侯年表」에는 진 장공의 이름이 '其'로 기록되어 있다.

62 『不嬰簋』, "女(汝)以我車宕伐寰允(玁狁)於高陵, 女多折首藝(執)嘛(訊) ··· 易(錫)女弓一矢束, 臣五家, 田十田, 用逑乃事."

63 기물의 시기는 많은 학자들이 선왕(宣王) 시기로 비정하고 있다.

장서서 귀환하였다. 용맹스러운 자백이 적의 왼쪽 귀를 잘라 왕에게 바쳤다."[64]

⑤ 『정(형)후궤』: 【주공이】 "왕께서 영(燓)과 내사(內史)에게 명하시기를 '정후(井侯, 邢侯)[65]의 작위를 내리고 신(臣) 삼품(三品)·주인(州人)·중인(重人)·용인(庸人)을 사여하라'고 하셨다."[66]

⑥ 『측궤』: "4월 정미일에 왕[康王]께서 무왕과 성왕이 정벌한 지역의 군사 지도와 동쪽 지역 지도를 살피셨다. 왕께서 의(宜) 땅에 임하시고 사(社)에 들어가시어 남쪽을 향하고서 우후(虞侯)인 측(夨)에게 명하시기를 '의(宜) 땅으로 후(侯)를 옮기라'고 한 다음 울창주 한 통을 하사하셨다. … 토지와 그 하천[川] 3백□, 그 □ 120, 그 □읍(邑) 35, (그) □ 140을 하사한다. 의(宜) 땅의 왕인(王人) □7성(姓)을 하사하고, 전(奠) 7백(伯)과 그 □150명의 부(夫)를 하사하고, (마부에서) 서인에 이르는 660명의 부(夫)를 하사한다고 하셨다."[67]

⑦ 『송정』: "왕께서 말씀하셨다. '송(頌)아! 너에게 명하노니 성주(成周) 지역의 상점[貯] 20가(家)를 관리하고 새로 만들거나 궁중에서 사용하는 물건

---

64 『虢季子白盤』, "折首五百, 執嘼五十, 是以先行, 趄趄子白, 獻馘於王."

65 형후(邢侯): 형(邢)은 『설문해자』에 "주공의 자손이 봉해진 지역으로 하내(河內)의 회(懷)에 가깝다[周公子所封, 地近河內懷]"라 되어 있다.

66 『井(邢)侯簋』, (周公髮) "王玟令衆内史曰, 靠(與)井庆服, 易(錫)臣三品·州人·重人·庸人." 저본에는 '井侯彝'로 되어 있으나 '簋'로 바로잡았다. '주공이(周公髮)'는 별칭이다.

67 『夨簋』, "隹四月辰在丁未, □□貳王成王伐商圖, 遂省東國圖, 王立於圖宗土(社)南鄉(向), 王令虞侯夨曰, 縣侯於圖(宜), 錫鬯一卣 … 錫土厥川三百□, 厥□百又廿, 厥□邑卅又五, (厥)□百又卌, 錫在宜王人□又七生(姓), 錫奠七伯, 厥□又五十夫, 錫圖庶人六百又六(十)夫." 『측궤(夨簋)』는 『의후측궤(宜侯夨簋)』라고도 한다. 당란(唐蘭)은 기물의 연대를 강왕(康王) 때로 비정하였다.

들을 감독 · 관리하도록 하라.'"[68]

⑧ 『대극정』: "… 왕께서 말씀하셨다. '극(克)아! … 너에게 교외의 땅을 하사하고, 너에게 물가의 땅을 하사하고, 너에게 항(骯)에 있는 정가(井家)와 전전(闉田)과 그 신첩(臣妾)을 하사하고, … 너에게 사소신(史小臣)과 임(霖)과 약(龠)과 고(鼓)와 종(鐘)을 하사한다.'"[69]

⑨ 『이궤』: "왕 27년 정월 기망 정해일에 왕이 주나라 강궁(康宮)[70]에 있었다. … 왕이 명윤(命尹)을 불러 이(伊)에게 책명을 내리기를 강궁의 왕 신첩(王臣妾)과 백공(百工)을 맡아 관리하라고 하셨다. …"[71]

⑩ 『사수궤』: "왕 원년[72] 정월 초순 정해일에 백화보(伯龢父, 衛나라 武公)[73]가 다음과 같이 말씀하셨다. '사수(師毁)야! … 내가 너에게 명하노니 우리 집안을 주관하도록 하고, 우리의 서쪽과 동쪽 지역의 종복과 마부, 백공(百工), 목(牧), 신첩(臣妾)을 계속 다스리도록 하라. …'"[74]

---

68 『頌鼎』, "王曰, 頌, 命女官𤔲成周貯廿家 · 監𤔲新𢊁(造)貯, 用宮御."

69 『大克鼎』, "… 王曰克 … 錫女田于埜, 錫女田于渒, 錫女井家闉田於𩩲, 以厥臣妾 … 錫女史小臣霖龠鼓鐘."

70 강궁(康宮): 당란(唐蘭)에 의하면 강궁은 강왕(康王)의 묘(廟)이다. 그러므로 본 기물의 연대는 강왕 이후가 된다.

71 『伊簋』, "隹王廿又七年正月既望丁亥, 王才(在)周康宮 … 王乎命尹封冊命伊𬇙官𤔲康宮王臣妾百工 …"

72 왕 원년: 이때의 '왕'은 이왕(夷王, B.C.887-B.C.858) 혹은 여왕(厲王, B.C.857-B.C.842)이라고도 하나 정론은 없다.

73 백화보(伯龢父): 위(衛)나라의 무공(武公). 이름은 화(和)이다. 송(宋) 설상공(薛尚功)편, 『歷代鐘鼎彝器款識法帖』 권14, 周器款識, '師毁敦', "博古録云, 此銘伯和父者, 和衛武公也. 衛自康叔有國至武公, 已三世矣. 武公能修康叔之政, 平戎有功故, 周平王命之爲公."

74 『師毁簋』, "隹王元年正月初吉丁亥, 白龢父若曰, 師毁 … 余令女𤔲(尸)我家𬇙我西偏東偏僕駿百工牧臣妾 …"

같은 성격의 금문 자료는 매우 많지만 여기서는 서주 노예사회론자들이 비교적 많이 응용하는 몇 가지 예만 간략히 들어 놓았다. 서주 노예사회론자들은 대체로 다음 두 가지 유형으로 나눌 수 있다. 첫 번째 유형은 곽말약을 대표로 하는 자들로, 당시 노예의 범위는 매우 넓었고 위에 인용한 금문 자료 중 "사여된[錫]" 사람은 모두 노예라고 보았다. "인격(人鬲)"은 노예이고, "서인(庶人)은 인격 중 가장 낮은 등급이며", 『측궤』의 "왕인(王人)", "전인(甸人)"과 "맹(氓)"도 노예라고 보았다. 【원주2】 곽 씨의 설대로라면 서주는 진실로 노예사회로서 손색이 없다. 두 번째 유형은 당시 노예의 범위를 비교적 좁게 보았는데 양관(楊寬)이 대표적이다. 그들은 "서인(庶人)"은 노예로 보지 않았지만 "인격", "추(醜)", "신(訊)", "신(臣)" 및 수공업에 종사하는 각종 공인[百工] 등은 노예로 보았고 그 공급원은 모두 전쟁포로라고 하였다. 또한 "부족(部族) 노예"도 있었다.【원주3】 상술한 두 가지 유형의 주장에는 하나의 공통점이 있으니, 모두 『시경』 「주송」 '재삼(載芟)' 시의 "천 짝이 김을 매니[千耦其耘]"[75] 구절과 「주송」 '희희(噫嘻)' 시의 "만인이 짝이 되어 함께 밭을 갈게 하라[十千維耦]"[76] 구절을 인용하여 서주가 노예사회임을 증명하고 있는 점이다. 농업에 노예를 쓰지 않았다면 그러한 대규모 노동은 없었을 것이라고 생각하기 때문이다.

금문(金文) 연구에 의해 문헌기록의 부족한 부분을 보충하는 일은

---

75 『詩』「周頌」 '載芟', "千耦其耘." 여기서 '우(耦)'는 두 사람이 2인 1조로 나란히 서서 함께 쟁기질하는 것을 말한다.

76 『詩』「周頌」 '噫嘻', "十千維耦."

실로 고대사 연구자들의 필수 작업에 속한다. 그러나 "주대의 문자는 글자의 점획이 자유로워 대략 정해진 법칙이 없다."【원주4】 금문 안의 문자는 더욱 심해서 금문에 대한 해독은 반드시 전적에서 호증(互證) 또는 방증(傍證)을 얻을 수 있을 때 진실에 다가갈 수 있다. 또한 금문의 문자가 간단 소박하여 해석 시 전적에 호증 또는 방증이 없는 경우 임의로 연상(聯想)을 통해 확대 해석해서는 안 된다.

살펴보건대 고대 노예의 주요 공급원이 전쟁에서 얻은 포로들이라는 것은 역사에서 확인된 사실이다. 서주에 전쟁이 있었으니 서주에는 포로가 있고, 포로가 있으니 포로에서 나온 노예가 있을 것임은 의문의 여지가 없다. 『상서』「목서(牧誓)」에는 "상(商)나라에서 달아나 우리에게 항복해 오는 적을 맞이하여 공격하지 말라. 그 사람들은 우리 서쪽 땅 사람들에게 도움이 된다"[77]라고 되어 있는데 이것은 포로의 용도를 분명하게 보여 준다. 그러나 "인격(人鬲)"과 "격(鬲)"이 포로에서 나온 노예인지는 매우 의심스럽다. "격"은 정(鼎, 세발솥)에 속하는 기물인데, 전적에서는 포로나 노예와 관련된 흔적이 조금도 발견되지 않는다. 더욱이 「격준(鬲尊)」에서는 "격이 왕에게서 패를 사여받았다[鬲錫貝於王]"라고 되어 있어 격이 인명으로 나오는데 그가 노예가 아님은 너무도 명백하다. 절대 다수의 금문학자들은 모두 격을 "헌(獻)" 자의

---

77 『尙書』「牧誓」, "弗迓克奔, 以役西土." 상(商)나라에서 달아나 주나라로 항복해 오는 적을 맞아 싸우지 말고 그들이 우리 서쪽 땅을 위해 일하도록 해야 한다는 뜻이다(「牧誓」孔安國傳, "商衆能奔來降者, 不迎擊之, 如此則所以役我西土之義"). 이와 달리 왕숙은 항복해 오는 적을 맞아 싸우지도 말고 도망가는 적을 막지도 말라, 즉 우리 서쪽 땅 사람들은 오직 서쪽 땅을 위해서만 진력하도록 해야 한다고 해석하였다(孔穎達疏, "王肅讀'御'爲禦, 言'不禦能奔走者, 如殷民欲奔走來降者, 無逆之; 奔走去者, 可不禦止. 役, 爲也, 盡力以爲我西土'. 與孔不同").

간략자로 본다. "인격"은 곧 "민헌(民獻)" 혹은 "헌민(獻民)"이다. 그러자 이검농(李劍農, 1880-1963)은 '인헌(人獻)'을 노예라고 하였다. 그러나 『상서』「대고(大誥)」편에는 "백성 중 현명한 자[民獻] 열 명이 있어"[78]라 되어 있고, 「낙고(洛誥)」편에는 "전장(典章)과 은나라의 현명한 백성[殷獻民]을 크게 두터이 하시며"[79]라 하였다. 『일주서』「상서(商誓)」편에서는 "백관들과 마을에 사는 현명한 백성[獻民]",[80] "왕(무왕)이 천명을 받으니 저 백성(조정관리)과 현명한 백성[獻民]"[81]이라 하였고, 「도읍(度邑)」편에서는 "아홉 제후의 군사들이 은의 교외에서 왕(무왕)을 알현하고 (은나라의) 현명한 백성[獻民]을 치러 갔다"[82]라고 하였고, 「작락(作洛)」편에서는 "은나라의 현명한 백성[獻民]을 포로로 하여 구필(九畢)로 옮겼다"[83]라고 되어 있다. 포로가 되어 구필로 옮겨진 은의 헌민(獻民)이 노예가 될 수는 있다. 그러나 '헌민'의 본래 의미는 인민 가운데 재능을 가진 자를 가리키는 말로 이들이 노예로 해석될 도리는 없다. 이에 어떤 사람은 "격"은 곧 『일주서』「세부(世俘)」편에 나오는 "마(磨)"라고 주장하면서 그것이 포로에서 나온 노예임을 증명하기도 하

---

78 『尙書』「大誥」, "民獻有十夫." 해당 구절의 원문은 다음과 같다. "백성 중 현명한 자 열 명이 있어 나를 도와 (상나라에) 가서 어루만져 편안하게 하여 무왕이 도모하신 공을 잇게 하니[民獻有十夫, 予翼以于, 敉寧武圖功]." 이 분상은 성왕 때 삼숙(三叔)이 무경(武庚)과 더불어 반란을 일으키자 성왕이 주공에게 동쪽으로 가서 정벌할 것을 명하면서 고한 말이다.

79 『尙書』「洛誥」, "其大惇典殷獻民."

80 『逸周書』「商誓」, "及百官里居獻民."

81 『逸周書』「商誓」, "天王其有命爾百姓獻民."

82 『逸周書』「度邑」, "九牧之師, 見王於殷郊, 乃徵顧獻民."

83 『逸周書』「作洛」, "俘殷獻民, 遷于九畢." 진(晉) 공조(孔晁)의 주에 "獻民, 士大夫也. 九畢, 成周之地, 近王化也"라 하였다.

제1장 서주(西周) 정치 사회의 구조 성격 문제

는데 이는 문자 훈고의 관점에서 볼 때 견강부회가 심하다.【원주5】최소한 이 설은 매우 의심스럽다. 설령 이 설이 인정되더라도 그 숫자는 "노예사회"를 구성하기에 충분하지 않다.

고대 전적 중의 "신첩(臣妾)"이란 복합어에 대해서는,『상서』「비서(費誓)」편의 "신첩이 도망하거든"[84]과 앞의 금문 ⑧『대극정』에서의 "그 신첩을 사여하고"의 "신첩"은 확실히 노예를 의미한다. 그러나 이것은 어디까지나 가정(가사)노예이다. "신(臣)"이라는 한 글자만 보면 그 본래의 의미는 생포된 포로[囚俘]【원주6】로서 이들은 노예로 전환될 수도 있었다. 그러나 주나라 초 전적에서의 "신" 자는 "일종의 심부름꾼 혹은 타인에게 사역을 제공하는 사람일 뿐 그 신분은 높을 수도 있고 낮을 수도 있다."【원주7】신분이 낮을 경우 심지어 "신첩"과 같은 수준까지 내려오지만 그렇다 해도 역시 가정노예로서의 성격에는 변함이 없다. 만약에 "가정노예가 있는 것만으로 노예사회가 되지는 않는다"라는 견해를 믿는다면 이 또한 노예사회와는 아무런 관련이 없다. 서주 금문 중에는 몇 부(夫) 혹은 몇 가(家)의 신(臣)을 사여하였다는 기록이 있는데, 이때의 신(臣)은『시경』「대아」'숭고(嵩高)' 시의 이른바 "왕이 부어(傅御)에게 명하사 그 사인(私人)들을 옮겨 가게 하시도다"[85]에서의 "사인"과 동일한 의미라고 나는 생각한다. 「모전(毛傳)」에서는

---

84 『尙書』「費誓」, "말과 소가 바람이 나거나 남자와 여자 신첩이 도망하더라도 감히 경계를 넘어 쫓아가지 말고 삼가 반환하라[馬牛其風, 臣妾逋逃, 勿敢越逐, 祇復之]."

85 『詩』「大雅」'嵩高', "王命傅御, 遷其私人." 정전(鄭箋)에서는 "傅御者, 貳王治事, 謂家宰也. 私人, 家臣也"라 하였고 공영달 소에서는 "王於是又命傅御於王者治事之臣, 謂家宰也. 令使家宰遷徙其申伯之私人, 謂申伯私家之臣在京師者遷之. 使從申伯共歸其國也"라 하였다.

"사인은 가신이다[私人, 家臣也]"라고 하였다. 가신은 한편으로는 "사인"이지만 다른 한편으로는 아직 "왕의 신[王臣]"이기 때문에 형식상 그래도 사여를 기다려야 하고, 그래서 "왕이 부어에게 명하사" 그들을 사여할 때까지 기다린 것이니, 이것을 일률적으로 노예로 해석해서는 안 된다. 『시경』「소아」 '대동(大東)' 시에 "사인의 자식은 백관에 등용되도다"[86]라고 하였으니 사인이 노예가 아니라는 것은 더욱 명백하다.

또한 서주에서는 봉건할 때 토지와 사람을 수여하는 외에도 수레와 의복, 깃발과 활, 악기, 그리고 축복(祝卜)·악공(樂工) 따위를 수여하였다. 만약 약간 명의 신(臣)을 사여하지 않는다면 이러한 사여받은 물건들이 제 기능을 할 수 없게 된다. 그러므로 사여된 신들은 그 절대 다수가 상·중·하의 사(士)들과 같은 급으로서 함께 봉건군주와 귀족들의 정치 및 생활의 골간을 형성하였다. 그들 중 일부가 생산노동을 관리하는 일을 맡을 수는 있었겠지만 그들이 노예 신분으로 생산노동에 종사했다는 흔적은 발견되지 않는다.

당시 전장에서 포로로 잡히면 노예가 되는 것은 아마도 사실인 듯하다. 그러나 피정복 씨족에 대해서는 과연 이들을 노예로 만들어 사여했을까? 앞에 인용한 금문 ⑤ 『정(형)후궤』에서의 "신삼품(臣三品)"은 "부족 노예"인가? 이 문제는 더욱 신중하게 검토할 필요가 있다. 『좌전』「정공(定公) 4년」에 위(衛)나라의 자어(子魚)가 예전에 주나라 성왕(成王)이 노(魯)·위(衛)·진(晉)을 봉건할 때의 정황을 진술한 대목이 있

---

86 『詩』「小雅」 '大東', "私人之子, 百僚是試." 모전(毛傳)에는 "私人, 私家人也. 是試用於百官也"라·되어 있다.

제1장 서주(西周) 정치 사회의 구조 성격 문제

는데, 노나라를 봉할 때는 "은의 유민 6족[殷民六族]"을 내려 주고 "상엄 (商奄)의 백성을 그대로 소유하게 하였으며", 위나라를 분봉할 때는 "은의 유민 7족[殷民七族]"을 내려 주고, 진나라를 분봉할 때는 "회성 9종 (懷姓九宗)"을 내려 주었다고 한다.[87] 위에 언급한 세 나라의 입국(立國) 기반은 모두 정복당했거나 회유당한 다른 씨족·부족들이었다. 『시경』 「대아」 '한혁(韓奕)'의 시에서 한(韓)나라의 수봉에 대해 추술하기를 "선조들이 받은 명을 받들어 오랑캐 나라들까지 다스리니"[88]라고 한 것도 마찬가지 상황이다. "은민 6족의 군장들로 하여금 각자의 종족을 거느리고 흩어져 있는 부족들을 모으게 하였다"[89]라거나, "(은의 옛 땅 에 세운 魯·衛 등의 봉국은) 은나라 풍속에 따라 정치를 베풀고 주나라 법에 따라 토지를 구획하게 하였다"[90] 또는 "하나라 풍속에 따라 정치 를 베풀고 융적의 법에 따라 토지를 구획하게 하였다"[91]라고 하는 상 황으로 볼 때 그들을 노예화했다고 볼 수는 없다. 『좌전』 「민공 2년」 에는 노나라 "성계(成季, 季友, 季孫氏의 개조)의 운명을 예언한 점괘"가 실려 있는데 그에 따르면 성계는 장차 "두 곳의 사(社) 사이에서 공실

---

87 『左傳』 「定公 4年」의 원문은 다음과 같다. "殷民六族, … 因商奄之民. … 殷民七族, … 懷姓九 宗." 원문의 "因商奄之民"은 주 성왕 때 주공(周公)의 섭정에 불만을 품은 관숙(管叔)과 채숙 (蔡叔)이 유언을 퍼뜨리며 상엄(商奄)과 함께 배반, 주공이 이를 정벌하여 그 군주들을 주살 하였는데 상엄 정벌 당시 그 백성들이 노나라로 도망하여 흩어져 있었던 듯하며 이제 이들을 모두 노나라에 귀속시켜 회유하도록 한 것이다.

88 『詩』 「大雅」 '韓奕', "以先祖受命, 因時百蠻."

89 『左傳』 「定公 4年」, "… 使帥其宗氏, 輯其分族, …"

90 강숙(康叔)을 위(衛)나라에 봉할 때의 정황이다. 『左傳』 「定公 4年」, "啓以商政, 疆以周索."

91 『左傳』 「定公 4年」, "啓以夏政, 疆以戎索."

을 보좌하는"[92] 운명을 타고났다는 것이다. 이 점괘는 노나라가 주사 (周社, 주나라 토지신) 외에도 그 땅에 거주하는 상엄(商奄)의 백성들을 위해 별도로 박사(亳社)를 세웠음을 말해 주는데 박사는 곧 은사(殷社) 와 같다. 『좌전』「정공 6년」에는 노나라의 "양호(陽虎)[93]가 또 정공(定 公)·삼환(三桓)[94]과 주사(周社)에서 맹약하고, 국인(國人)과 박사(亳社) 에서 맹약하였다"[95]라고 되어 있다. 이로부터 "국인"은 주로 은나라의 유민이었다는 것을 알 수 있다. "국인"은 주대에 정치적 권리를 보유 한 자유민이었다. 또 『좌전』「애공 7년」에는 "주(邾)나라의 주자(邾子) 익(益)을 잡아 노나라로 데리고 돌아와서 박사에 바쳤다"[96]라고 하고

---

92 『左傳』「閔公 2年」, "成季之將生也, 桓公使卜楚丘之父卜之(杜預註: 卜楚丘, 魯掌卜大夫), 曰 男也, 其名曰友, 在公之右(在右, 言用事). 間于兩社, 爲公室輔(社, 周社亳社. 兩社之間, 朝廷 執政所在). … 成風聞成季之繇(成風, 莊公之妾 僖公之母也. 繇, 卦兆之占辭)." 노나라에는 두 개의 사(社)가 있고 그 사이에 조정이 위치해 있으므로 "두 곳의 사 사이에서 공실을 보좌할 것이다[間于兩社, 爲公室輔]"라는 말은 노나라 조정에서 중요한 인물이 될 것이라는 의미이 다. 주(繇)는 점을 쳐서 나온 점괘이다.

93 양호(陽虎, 미상): 춘추 말기 노(魯)나라 사람. 자는 화(貨)이다. 계씨(季氏)의 가신(家臣)으 로 계평자(季平子)를 섬겼다. 계평자가 죽자 권력을 장악하여 노나라 정공(定公) 8년에 삼환 (三桓)을 제거하고 삼환의 적자(嫡子)들을 모두 죽이려다가 실패하고 양관(陽關)으로 달아났 다. 다음 해 삼환이 양관을 공격하자 제(齊)나라로 달아났고, 다시 진(晉)나라로 달아났다. 조 순(趙盾)에게 귀의하여 조간자(趙簡子)의 모신(謀臣)이 되었다.

94 삼환(三桓): 삼환씨(三桓氏). 춘추 시대 노(魯)나라의 대부였던 중손씨(仲孫氏), 숙손씨(叔孫 氏), 계손씨(季孫氏)를 가리킨다. 모두가 노 환공(桓公)의 아들이었으므로 삼환이라 칭했다. 중손씨는 나중에 맹손씨(孟孫氏)로 불렸다. B.C.562년 삼환씨는 노나라 공실(公室)을 무너 뜨리고 정권을 인수하여 분권정치를 실시했다. 그중 계손씨의 세력이 가장 강했다.

95 『左傳』「定公 6年」, "陽虎又盟公及三桓於周社, 盟國人於亳社."

96 『左傳』「哀公 7年」, "師宵掠, 以邾子益來, 獻于亳社." 익(益)은 주(邾)나라 은공(隱公)이다. 두예는 노나라 군대가 주나라를 침벌(侵伐)하여 주자(邾子) 익을 잡아 노나라로 데리고 돌아 와서 박사(亳社)에 바친 것은 "주자가 나라를 망친 것이 은나라와 같기 때문[以其亡國與殷 同]"이라고 하였다.

「애공 4년」의 『춘추』경문에도 "박사에 화재가 발생하였다"라고 특필하고 있는데, 이로부터 노나라의 박사(亳社)가 주사(周社)보다 더 명성이 높았다는 것을 알 수 있다. 또『좌전』「은공 6년」에는 "익(翼)의 구종오정(九宗五正)[97] 경보(頃父)의 아들 가보(嘉父)가 수(隨)로 가서 진후(晉侯)를 맞이해 와서 악(鄂)에 머물게 하니 진나라 사람들이 그를 악후(鄂侯)라 하였다"라는 구절이 있는데, 두예의 주에서는 "익(翼)은 진나라의 옛 도읍이다. 당숙(唐叔)[98]이 처음 진나라에 봉해질 때 회성(懷姓)구종(九宗)과 직관(職官) 오정(五正)을 받았는데 이들은 마침내 대대로 진나라의 강족[強家]이 되었다"[99]라고 하였다. 생각건대 분봉할 때 받은 "회성구종"이 진후(晉侯)를 옹립할 수 있을 정도라면 그들이 노예가 아니라는 것은 매우 분명한 사실이다. 춘추 시대에는 초나라가 멸망시킨 나라가 가장 많았는데 멸망당한 씨족 또는 부족을 노예로 삼았던 적은 한 번도 없었다. 『좌전』「희공 28년」에 의하면 진(晉)나라와 초

---

97 구종오정(九宗五正): 구종과 오정을 관리하는 관직명이다. 공영달의 소에 의하면 주나라 성왕이 처음으로 당숙(唐叔)을 당(唐)에 봉할 때 회성(懷姓) 9족과 은나라에서 오관(五官)의 장을 지낸 사람의 자손 등을 당숙에게 주었다고 한다. "正義曰, 唐叔始封, 受懷姓九宗, 職官五正者, 謂周成王滅唐, 始封唐叔, 以懷氏一姓九族, 及是先代五官之長子孫賜之. 言五官之長者, 謂於殷時爲五行官長, 今襃寵唐叔, 故以其家族賜之耳."

98 당숙(唐叔, 미상): 주나라 무왕(武王)의 3남이자 성왕(成王)의 동생. 이름은 우(虞), 자는 자오(子於)이다. 진(晉)나라의 개국시조. 주공(周公)이 당(唐)나라를 멸망시킨 후 그 땅을 우에게 하사했으므로 당숙우로 불리게 되었다. 뒤에 그의 아들인 섭부(爕父)가 도읍을 진수(晉水) 가로 옮겨 진(晉)으로 개명하였다.

99 『左傳』「隱公 6年」, "翼九宗·五正·頃父之子嘉父, 逆晉侯於隨, 納諸鄂, 晉人謂之鄂侯." 두예 주의 원문은 다음과 같다. "翼, 晉舊都也. 唐叔始封, 受懷姓九宗, 職官五正, 遂世爲晉強家. 五正, 五官之長. 九宗, 一姓爲九族也. 頃父之子嘉父, 晉大夫." 즉 두예는 오정(五正)은 오관(五官)의 장이고 구종(九宗)은 하나의 성(姓)이 갈라져 9족이 된 것으로 보았다.

나라가 성복(城濮)에서 전투를 벌였을 때 초의 영윤(令尹) 자옥(子玉)[100]이 패하자 초 성왕(成王)이 "사신을 보내 말하기를 '대부(자옥)가 만약 살아서 나라로 들어온다면 무슨 면목으로 신(申)과 식(息)의 부로(父老)들을 대하겠는가?'라고 하였다"고 한다. 신(申)과 식(息)은 초나라에 멸망당한 후 초나라의 2개 현(縣)이 되었는데, 지금 그 자제들 대부분이 자옥을 따라 전투에 참가했다가 전사했으므로 초나라 왕이 이런 말을 한 것이다. 위의 기사는 초나라가 멸망한 나라의 사람들을 노예로 삼지도 않았고 초나라 백성과 평등한 지위를 부여했던 사실을 극명하게 보여 준다. 그렇게 보면 앞의 금문 ⑤『정(형)후궤』에 보이는 "신 삼품, 주인, 중인, 용인을 사여하라[易(錫)臣三品, 州人, 東人, 庸人]"라는 구절은 바로 "은의 6족을 나누어 주다[分殷之六族]", "은의 7족을 나누어 주다[分殷之七族]"와 같은 의미이며, 이를 부족 노예로 단정할 수는 없다. 한편 『좌전』「선공 15년」에서 진(晉)나라가 적적(赤狄)을 멸한 뒤 "환자(桓子)에게 적신(狄臣) 1천 가를 상으로 내렸다"[101]라는 기록이나 제나라가 내이(萊夷)를 멸한 뒤 숙이(叔夷)에게 "내복(萊僕) 305가를 상으로 내렸다"[102]라고 한 명문 기록에 대해서는 『좌전』「성공 2년」에 보이는 아래의 고사로부터 해답을 얻을 수 있다. 『좌전』「성공 2년」 6월에 진

---

100 『左傳』「僖公 28年」, "旣敗, 王使謂之曰, 大夫若入, 其若申 · 息之老何?(杜預註: 申息二邑子弟, 皆從子玉而死, 言何以見其父老.)"

101 『左傳』「宣公 15年」, "晉侯賞桓子狄臣千室(杜預註: 千家)." 저본에는 '千室'이 아닌 '十家'로 되어 있으나 문연각 사고전서본과 십삼경주소정리본(十三經注疏整理本, 北京大)에는 '千室'로 되어 있다. 본 번역에서는 이에 따라 '千室'로 번역하였다.

102 『齊侯鎛鐘(叔夷鐘)』, "釐(萊)僕三百又五家." 제나라 영공(靈公) 15년(B.C.567) 내(萊)나라 멸망에 공을 세운 장군 숙이(叔夷)에게 상을 내릴 때 주조한 명문이다.

(晉)나라가 제(齊)나라를 공벌하여 제나라 군대가 안(鞍)의 전투에서 대패하였다.

진후(晉侯)가 공삭(鞏朔)을 사자로 보내 제나라와의 전투에서 이기고 잡은 포로들을 주(周)나라 왕에게 바치게 하였는데, 주나라 왕이 공삭을 접견하지 않았다. 대신 단양공(單襄公)을 보내어 헌첩(獻捷)[103]을 사절하며 말하기를 "만이(蠻夷)와 융적(戎狄)이 왕명을 봉행하지 않고 주색에 빠져 상도(常道)를 훼손하면 왕이 제후들에게 명하여 그 나라를 정벌하게 하는데 이러한 경우는 헌첩하는 예(禮)가 있다. … 형제 관계의 나라나 생구(甥舅) 관계의 나라가 왕이 정한 법도[王略]를 무너뜨리면 왕이 제후들에게 명하여 그 나라를 토벌하게 하는데 이러한 경우에는 토벌한 일만을 고할 뿐 포로를 바치지 않으니, 이는 가까운 혈연을 존경하고 사악한 일을 행하는 것을 금지하기 위함이다"라고 하였다.[104]

단양공이 말한 것은 바로 주나라의 "선왕의 예[先王之禮]"다. 이 예(禮)로부터 미루어 보면 같은 전쟁이라도 대내적인 전쟁은 그 성질과 처리에 있어 외이(外夷)에 대한 전쟁과 현저히 구별된다. 외이에 대한 전쟁에서는 포로를 노예로 삼을 수 있지만 문화가 발전함에 따라 이러한 일도 점차 특례가 되었다. 대내적인 전쟁에서는 승전 후 포로를 바치는 헌첩(獻捷)을 금지한 이상 적을 포로로 잡는 것을 정당한 행위로

---

103 헌첩(獻捷): 전쟁에서 승리하거나 반란을 진압한 후 돌아와 생포한 포로를 종묘(宗廟)에 바치고 승전을 고하는 의식. 일명 헌부(獻俘)라고도 함.

104 『左傳』「成公 2年」, "晉侯使鞏朔獻齊捷於周, 王弗見. 使單襄公辭焉, 曰, 蠻夷戎狄, 不式王命, 淫湎毁常, 王命伐之, 則有獻捷 …. 兄弟甥舅, 侵敗王略, 王命伐之, 告事而已, 不獻其功. 所以敬親暱, 禁淫慝也."

인정하지 않았고 당연히 이들을 노예로 삼는 것도 허락하지 않았다. 적적(赤狄)과 내이(萊夷)는 이민족이기 때문에 그 포로들을 노예로 삼아 공을 세운 사람에게 상으로 내려 주었던 것이다. 따라서 이것을 일반적인 대내적 전쟁의 전후처리 결과로 보아서는 안 된다.

『좌전』「선공 12년」에서는 초나라가 정(鄭)나라에 승리했을 때 "정나라 제후가 윗옷을 벗어 어깨를 드러내고 양을 끌고 와서 초나라 제후를 영접하여 말하였다. '정나라 백성을 포로로 잡아 강남으로 데려가 해변을 채운다 해도 명대로 따를 것이고 정나라 땅을 잘라서 제후에게 나누어 주고 우리 백성을 제후의 신첩(臣妾)이 되게 하더라도 명대로 따르겠습니다'"[105]라고 하였다. 이것은 동정을 애걸하는 말이다. 만약 당시가 노예시회이고 또 전쟁이 노예의 주요 공급원이라면 초나라가 정나라를 이긴 후 포로로 잡은 정나라 사람을 노예로 삼는 것은 당연한 일인데 무엇 때문에 정나라 제후의 애걸을 기다리겠는가? 더욱이 초나라 왕이 이 말을 듣고는 마침내 "삼십 리를 물러나 정나라에 화평을 허락하였다"고 하니 노예사회라면 이것이 가능한 일이겠는가? 또한 춘추 시대에는 전쟁의 빈도가 증가하고 규모도 날로 커졌으며 각국이 서로 겸병하여 전국 시대에 이르면 겨우 7개국만이 남게 된다. 만약 노예사회론자의 주장대로라면 이와 같은 멸국(滅國)의 전쟁은 응당 노예쟁탈전이 되어야 함은 물론 한 나라를 멸할 때마다 한 차례씩

---

105 『左傳』「宣公 12年」, "鄭伯肉袒牽羊以逆曰(杜預註: 肉袒牽羊, 示服爲臣僕) … 其俘諸江南, 以實海濱, 亦唯命. 其翦以賜諸侯, 使臣妾之, 亦唯命. … 退三十里而許之平." 윗옷을 벗어 몸을 드러내고 양을 끌고 가는 절차는 항복하여 그의 신복(臣僕)이 되겠다는 뜻을 보인 것이다.

노예를 보충했을 것이다. 어째서 멸국은 끊임없이 이어지는데 멸국당한 자를 노예로 만들었다는 흔적은 끝내 보이지 않는가? 또 진(秦)나라는 삼진(三晉)의 농민을 이익으로 유인하여 진(秦)을 위해 경작하도록[106] 한 적이 있는데 장평(長平)의 승리 후에는 40만 명의 조(趙)나라 병사를 땅에 파묻어 버릴지언정[107] 노예로 삼지는 않았으니, 이것은 당시에는 결코 대규모 노예 노동력에 의한 생산의 전통이 없었음을 말해 준다. 전장의 포로들만 노예가 되고 정복당한 씨족 또는 민족은 노예가 되지 않았다면 노예의 수는 제한되어 있었을 것이고 노예사회를 구성하기에 충분하지 않았을 것이다.

민(民)·서민(庶民)·서인(庶人)이 노예가 아닌 것은 더욱 분명하다. 『중국인성론사(中國人性論史) 선진편(先秦篇)』 제2장 4절에서 나는 『상서(尙書)』 중 주나라 초의 믿을 만한 몇 편의 문헌을 분석한 결과 주나라 초의 통치자【주로 주공(周公)】는 이른바 "민(民)"의 지위를 "천명(天命)과 동등한 지위로까지 끌어올렸고, 인민의 의지는 천명의 대변자가

---

106 삼진(三晉)의 … 경작하도록: 진(秦) 효공(孝公) 12년(B.C.350) 상앙(商鞅, B.C.395?-B.C.338)이 건의한 농업생산 증대책. 땅은 넓으나 인구가 적은 진나라의 농업 진흥을 위해 인구는 많지만 땅이 협소한 삼진(三晉)의 백성들을 끌어들여 경작하게 함으로써 농업생산량 증대를 통한 부국강병을 달성하고자 하였다. 『通典』 권1 「食貨」 1 '田制' 上, "秦孝公任商鞅, 鞅以三晉地狹人貧(三晉, 韓趙魏三卿, 今河東道之地), 秦地廣人寡, 故草不盡墾, 地利不盡出. 於是誘三晉之人, 利其田宅, 復三代無知兵事, 而務本於内, 而使秦人應敵於外. 故廢井田, 制阡陌, 任其所耕, 不限多少(孝公十二年之制). 數年之間, 國富兵强, 天下無敵."

107 장평(長平)은 산서성 고평현(高平縣) 지역이다. 전국 말기 진(秦) 소왕(昭王) 47년(B.C.260) 진나라 장수 백기(白起)가 이곳에서 조(趙)나라에 대승을 거둔 후 항복한 조나라 군사 40만여 명을 하룻밤 사이에 구덩이에 파묻어 죽여 천하를 경악케 했던 사건을 말한다. 『史記』 권5 「秦本紀」, "秦因攻趙. 趙發兵擊秦, 相距. 秦使武安君白起擊, 大破趙於長平, 四十餘萬盡殺之."

되었다"라는 결론을 얻을 수 있었다.【원주8】『시경』에는 대략 90개가량의 "민(民)" 자가 출현하는데 절대 다수가 「소아(小雅)」, 「대아(大雅)」, 「주송(周頌)」과 같은 서주 시대의 시에 출현한다. '시월지교(十月之交)' 시에서는 "사람들은 다들 잘 지내는데"[108]라 하였고, '소민(小旻)' 시에서는 "사람이 비록 많지 않으나 명철한 자도 있고 지모 있는 자도 있으며, 엄숙한 자도 있고 잘 다스려진 자도 있으니"[109]라 하였고, '소변(小弁)', '요아(蓼莪)', '사월(四月)' 각 시에서는 모두 "남들은 불행한 사람이 없거늘"[110]이라 하고 있다. '생민(生民)' 시에서는 "맨 처음 주나라 사람을 낳은 것은"[111]이라 하였는데 그때의 '민(民)'이 가리키는 것은 후직이다. 시 가운데 대다수가 '민(民)'의 질고를 호소하는 내용이지만, 단 하나의 '민' 자도 노예로 해석될 수 있는 경우는 없다. 『시경』에는 5개의 "서민(庶民)"이 출현하지만 모두 노예 신분과는 관련이 없다. 2개의 "서인(庶人)"이 출현하지만 "서민(庶民)"과 의미상 아무런 구별이 없다. 「대아」 '권아(卷阿)' 시의 7장에서는 "(사람들이 모두) 천자를 사랑하도다"라 하고, 8장에서는 "(천자가) 서민들을 사랑하도다"[112]라고 하였는데 이들을 노예로 해석할 수 있겠는가?

금문에 보이는 "맹(甿)"은 『주례(周禮)』 「지관(地官)」 '수인(遂人)'조에

---

108 『詩』「小雅」'十月之交', "民莫不逸, 我獨不敢休."
109 『詩』「小雅」'小旻', "民雖靡膴(鄭箋: 膴, 法也), 或哲或謀, 或肅或艾."
110 『詩』「小雅」'小弁', "民莫不穀, 我獨於罹."; '蓼莪', "民莫不穀, 我獨何害."; '四月', "民莫不穀, 我獨何害." 저본에는 '蓼莪'가 '大東'으로 되어 있는데 착오이다.
111 『詩』「大雅」'生民', "厥初生民, 時維姜嫄."
112 『詩』「大雅」'卷阿', "藹藹王多吉士, 維君子使, 媚于天子. … 藹藹王多吉人, 維君子命, 媚于庶人."

보이는 이른바 "맹"에 상응하는 말로 경작을 생업으로 하는 농민을 의미하며, 『맹자』의 이른바 "야인(野人)"과 같은 말이다. 『주례』에서는 '수인'의 직무를 다음과 같이 적고 있다. "무릇 야인(野人)을 다스릴 때는 하제(下劑)로써 백성들을 편제하고[致甿]【정현 주: 그들을 모아서 하제로 편제한다는 것은 한 집에 2인의 역역(力役)을 내는 것을 말한다】, 경지와 택지를 분급하여 백성들을 안정시키고[安甿], 백성들에게 혼인을 권장하여 따르게 하고[擾甿], 백성들에게 토질에 맞게 파종하도록 농사를 가르치고[敎甿], 백성들을 일으켜 서로 도와 이로움을 취하게 하고[利甿], 농기구를 주조하여 백성들을 권면하고[勸甿], 여력 있는 백성들에게 경지를 더 지급하고[任甿], 토지의 비옥도에 따라 세금을 균평하게 한다."[113] 여기서 얘기하고 있는 것은 노예의 상황이 아니다. 『설문』13하에서는 "맹(甿)은 전민(田民)이다"[114]라고 하였는데 이것은 '맹' 자의 의미 중 한 측면을 말한 것이다. 『주례』 '수인'조의 정현의 주에서는 "민(民)을 맹(甿)으로 바꾸어 말한 것은 안과 밖이 다르기 때문이다. 맹은 몽(懜)과 같다. 몽은 어리석고 무지한 모양이다"[115]라고 하였는데 이 또한 '맹' 자의 의미 중 한 측면을 말한 것이다. 이런 의미에서 보면

---

113 『周禮』「地官」'遂人', "凡治野, 以下劑致甿(鄭注: 及會之, 以下劑爲率, 謂家可出二人), 以田里安甿. 以樂昏擾(順)甿, 以土宜敎甿稼穡, 以興鋤利甿, 以時器勸甿, 以彊予任甿, 以土均平政." 여기서 '下劑'란 손이양(孫詒讓)의 『주례정의(周禮正義)』에 "劑即徒役之凡要, 以所任之多少爲上下 … 下劑致甿, 謂依下等役法徵聚遂徒, 輕其力役, 以惠遠也"라 되어 있다. 즉 백성들을 편제하여 요역을 징발하되 비교적 가벼운 하등의 역법(役法)에 따르는 것을 말한다.

114 『說文』13下, "甿, 田民也."

115 『周禮』「地官」'遂人' 鄭玄注, "變民言甿, 異外内也. 甿猶懜, 懜, 無知貌也." 이에 대한 가공언(賈公彦)의 소(疏)는 다음과 같다. "此案大司徒·小司徒主六鄕, 皆云民, 不言甿. 此變民言甿者, 直是異外内而已, 無義例. 以其民者冥也, 甿者懜懜, 皆是無知之貌也."

맹(甿)은 즉 맹(氓)이다. 『회남자』「수무훈(修務訓)」의 고유(高誘)의 주에서는 "야민(野民)을 맹(甿)이라 한다"[116]라고 하였고, 『설문』12하에서는 "맹(甿)은 민(民)이다"라고 하였으며, 『일체경음의(一切經音義)』에서는 "살펴보건대 맹(甿)은 무지몽매한 모양이다. 군중들의 무지함을 말한 것이다. 『한서』에서 '무지한 군중들'[117]이라 한 것과 같다"[118]라고 하였다. 즉 "맹(甿)"은 야민(野民)의 지위가 낮고 지식이 없음을 특칭하는 말이지만 그 때문에 노예가 되는 것은 아니다. 다음은 『시경』「위풍(衛風)」에 있는 '맹(氓)'이라는 제목의 시다.【원주9】

어리석은 한 남자가【원주10】 베[布](화폐)를 안고 실을 사러 왔는데,
실을 사러 온 게 아니라 와서는 바로 나에게 수작을 걸었었지. …
내가 약속을 어긴 것이 아니라 그대에게 변변한 중매인이 없어서이니
'청컨대 그대는 성내지 말고 가을로 기약합시다'라고 했었지.
무너진 담장에 올라서서 그대가 있는 복관(復關)을 바라보았지만
복관에 그대가 나타나지 않아 눈물만 줄줄 흘렸었는데
복관의 그대를 만나자 웃으며 얘기했었지. …
그대의 수레를 몰고 와 나와 내 재물을 옮겨 갔었지. …[119]

---

116 『淮南子』「修務訓」, "湯夙興夜寐, 以致聰明, 輕賦薄斂, 以寬民甿"에 대한 고유(高誘)의 주(注), "野民曰甿."

117 『漢書』권100下「敍傳」, "백성은 무지하니 현능한 관리에 의해 교화가 이루어진다[甿甿羣黎, 化成良吏]." 안사고 주에 "黎, 衆也. 言羣衆無知, 從吏之化而成俗也"라 하였다.

118 『一切經音義』권1, "案甿, 冥昧貌也; 言衆庶無知也. 漢書'甿甿羣黎'也." 『일체경음의』는 일종의 불교사전으로 당(唐)의 승려 혜림(慧琳, 737-820)이 편찬한 책이다. 혜림은 카슈가르[疏勒]國에서 출생, 어려서부터 유교의 고전에 정통하였으나 불교에 뜻을 두고 출가하여 처음에 불공(不空) 삼장(三藏)에게 사사하였고 중국 고전의 훈고와 음운도 연구하였다. 이 연구 성과로 『대장음의(大藏音義)』100권을 저술했는데 『일체경음의』라고도 하고 『혜림음의(慧琳音義)』라고도 한다.

제1장 서주(西周) 정치 사회의 구조 성격 문제

이것은 어떤 노쇠한 부인이 이전에 베[布]를 안고 실을 사러 온 어리석은 한 남자[氓]가 그녀에게 구애하던 당시 상황을 회상하는 시다. 분위기상 여기에 묘사된 어리석은 남자[氓]가 노예일 가능성은 거의 없어 보인다.

곽말약이 앞의 금문자료 ⑥『측궤(夨簋)』중의 "왕인(王人)"에 대해 "왕의 사람들도 이제 노예로 바뀌었다"라고 말한 대목에서는 더욱 황당무계하다. 그가 제시한 증거는 다음과 같다. 먼저 그는『상서』「군석(君奭)」편의 "은나라가 [이윤(伊尹) 등 여섯 신하들을] 이 예(禮)로써 하늘에 배향하여 제사하고 … 백성(百姓)과 왕인(王人)이 덕을 잡고 불쌍히 여기는 마음을 드러내지 않는 이가 없었다"[120]라는 구절을 인용하여 이것이 "주나라 초에 은대의 귀족들을 왕인이라 칭한 증거"라고 한 다음,『측궤』에 보이는 "의(宜) 땅에 있는 왕인은 바로 은나라 왕의 사람들"이라고 하였다【이상은 모두 곽말약의 「측궤명고석(夨簋銘考釋)」, 『고고학보』1956-1에 보인다】.

여기에는 두 가지 문제가 있다. 첫째, 주나라 초에 은의 귀족들을 "왕인(王人)"으로 칭한 것은 주나라에서는 결코 은의 귀족을 노예로 삼지 않았다는 증거이고, 이것은『시경』과『상서』의 관련 자료들 모두 이와 같으므로 곽말약이 인용한『상서』「군석(君奭)」편의 "왕인"은 분명 노예는 아니다. 그런데 어떻게『측궤』중의 은의 왕인(王人)이 노예

---

119 『詩』「衛風」'氓', "氓之蚩蚩, 抱布貿絲; 匪來貿絲, 來即我謀. … 匪我愆期, 子無良謀. 將子無怒, 秋以爲期. 乘彼垝垣, 以望復關. 不見復關, 泣涕漣漣. 既見復關, 載笑載言. … 以爾車來, 以我賄遷. …"

120 『尙書』「君奭」, "殷禮陟配天 … 百姓王人, 罔不秉德明恤."

로 바뀔 수 있다는 말인가? 둘째, 측(矢)은 봉지를 바꾼[改封] 뒤 의후(宜侯)가 되었는데 그곳은 지금의 강소성 단도(丹徒)현이다. 은이 이곳에 왕인을 두었다는 것인가? 명문의 시작 부분 두 구절로 보아 측을 봉한 왕은 성왕(成王)일 수는 없고 강왕(康王)이어야 한다. 오랜 세월이 지났는데도 여전히 과거 은의 귀족을 '왕인'으로 부를 수 있다는 말인가? 나의 합리적인 추측은 다음과 같다. 주나라가 측을 의후(강소성)로 봉할 수 있었다면 과거 은나라 시절 태백(泰伯)과 중옹(仲雍)【『사기』 「주본기(周本紀)」에서는 우중(虞仲)으로 칭함】 형제가 자신의 부친 태왕(太王, 古公亶父)이 그들의 아우인 계력(季曆)을 세우려는 것을 알고 주나라를 떠나 오(吳) 지역으로 숨어 들어갔다는 설[121]을 믿어도 될 것이다. 『측궤』 중의 "왕인"은 어쩌면 태백을 따라 오 지역으로 들어간 주(周)의 동성(同姓)일 수도 있고, 아니면 측이 종주(宗周)로부터 거느리고 간 사람일 수도 있지만, 절대 노예일 수는 없다.

앞의 금문자료 ⑦『송정(頌鼎)』의 "저 20가[貯廿家]"의 '저(貯)'에 대해서는 완원(阮元), 왕국유(王國維), 양수달(楊樹達)이 각각 다른 설을 내놓았지만, 양관(楊寬)이 이를 노예로 해석한 설이 가장 근거가 없어 보인다. 양관이 금문자료 ⑨, ⑩ 중의 "신첩(臣妾), 백공(百工)" 및 "복어(僕御), 백공, 목(牧), 신첩"을 인용하면서 당시 수공업에 종사한 사람들은 모두 노예였다고 단정한 것도 문제가 있다. 주 왕실과 귀족이 경영하

---

121 『史記』 권4 「周本紀」에 전하는 고사이다. 고공단보(문왕의 조부)가 창(昌, 문왕)에 마음을 두자 고공단보의 장자 태백과 차자 우중은 부친이 계력(셋째 아들)을 세워 계력의 아들 창에게 지위를 계승시키려는 것을 알고는 둘이서 형만(荊蠻)으로 달아나 몸에 문신을 하고 머리털을 짧게 자르고서 왕위를 계력에게 양보했다고 한다.

는 수공업에서 노예를 조수로 쓸 수는 있다. 그러나 당시 노예의 공급원은 전쟁에서 포로가 된 이적(夷狄)들인데, 당시 수공업 중에는 극도로 정교한 작품들이 많았던 점에서 수공업 기술이 노예의 손에 장악되었다고 볼 수는 없을 듯하다. 그리고 이른바 "백공"은 결코 수공업 노예를 칭하는 말이 아니었다. 주나라 초에 백공은 그 포괄범위가 매우 넓어서 저급한 악인(樂人)들까지도 백공에 포함되었다. 금문 중 "사(師)"로 칭해지는 자들이 백공을 가리킬 때도 있다. 양수달(1885-1956)은 『사망정발(師望鼎跋)』에서 "태사(大師), 소사(小師) 외에 또 경사(磬師), 종사(鍾師), 생사(笙師), 박사(鎛師), 매사(鞊師), 모인(旄人), 약사(籥師) 등의 직임이 있었다"【『적미거금문설(積微居金文說)』 85쪽】라고 하였다. 『사여정(師艅鼎)』에서는 "… 사여에게 금(金, 구리)을 하사한다. 사여는 그 뜻을 널리 알리고 덕을 칭양하며 돌아가신 아버지를 위해 보정을 만들었다"[122]라고 되어 있다. 『사해궤(師害簋)』에서는 "사해는 돌아가신 아버지를 위해 존귀한 궤(簋)를 만들었다"[123]라고 되어 있다. 여기서 사여와 사해는 기물을 제작하는 백공이지 절대 노예가 될 수는 없다. 『상서』「낙고(洛誥)」편에는 "내 백공을 가지런히 하여 그들로 하여금 주나라에서 왕을 따르게 하고"[124]라 하였는데 여기서의 백공은 당연히 노예가 아니다. 『국어』「주어(周語)」에서는 소공(召公)[125]이 여왕

---

122 『師艅鼎』, "… 錫師艅金, 艅則對揚畢德, 其乍(作)畢文考寶鼎."

123 『師害簋』, "師害乍(作)文考降簋."

124 『尙書』「洛誥」, "予齊百工, 伻(使)徒王于周."

125 소공(召公, 미상): 소백(召伯). 이름이 호(虎)이며 소백호(召伯虎)로도 쓴다. 소공석(召公奭)의 후예다. 주나라 여왕(厲王)이 폭정을 일삼자 여러 차례 간언하였으나 듣지 않았고 결국 사

(厲王)에게 백성들의 입을 막을 수는 없다고 고하는 말 가운데 "백공은 간언을 올리고 백성은 왕에게 간접적으로 의견을 전달하고"126라는 구절이 있는데, 이것은 『좌전』「양공 14년」에 보이는 "공(工)은 잠간(箴諫)을 음송(吟誦)하며" "공인(工人)들은 기예를 가지고 간하라"127라는 말과 서로 부합하는 점에서 믿을 만한 것이다. 만약 백공이 노예였다면 왕에게 간언할 자격이 있었겠는가? 『좌전』「환공 2년」에서는 "서인(庶人)·공(工)·상(商)은 각각 친소(親疎)에 따라 등차를 나눈다"라고 하였고, 『좌전』「민공 2년」에서는 "물자를 유통시키고 공인(工人)에게 혜택을 주고"라고 하였으며, 『좌전』「선공(宣公) 12년」에서는 "상(商)·농(農)·공(工)·고(賈)가 생업을 폐하지 않고"128라 하였고, 『곡량전』「성공 원년」에서는 "농(農)·공(工)이 모두 직분이 있어 윗사람을 섬긴다"129라고 하였다. 이상의 자료들로부터 보면, 수공업에서 일

람들에 의해 쫓거나 체(彘)로 유배되었다. 그때 여왕의 아들 태자 정(靖)이 소호(召虎) 집에 피신해 있었는데 여왕이 죽자 옹립하여 선왕(宣王)으로 즉위하였다. 선왕 때 회이(淮夷)가 복종하지 않아 소호로 하여금 출정하여 평정하도록 하였다. 시호는 목(穆), 소목공(召穆公)으로도 불린다.

126 『國語』「周語」上, "百工諫, 庶人傳語."

127 『左傳』「襄公 14年」, 진(晉)나라 악대사(樂大師) 사광(師曠)이 진후(晉侯)에게 대답한 말이다. "… 공(工)은 잠간을 음송하며 … 백공은 기예를 바칩니다. 그러므로 「하서(夏書)」에 '주인(遒人)이 목탁을 흔들며 도로를 순행하면서 '관리들은 서로 경계하고 공인들은 기예를 가지고 간하라'라는 명령을 선포한다'라고 하였습니다. 정월 맹춘에 주인이 도로를 순행하며 목탁을 흔드는 것은 사람들로 하여금 상도를 벗어난 군주의 과실을 간(諫)하게 하기 위함입니다[… 工誦箴諫, … 百工獻藝. 故夏書曰, 遒人以木鐸徇于路, 官師相規, 工執藝事以諫. 正月孟春, 於是乎有之, 諫失常也]."

128 『左傳』「桓公 2年」, "庶人工商, 各有分親.";「閔公 2年」, "通商惠工";「宣公 12年」, "商農工賈, 不敗其業."

129 『穀梁傳』「成公 元年」, "古者立國家, 百官具, 農工皆有職以事上." 저본에는 『左傳』으로 되어

부 "신첩(臣妾)"이 조수를 맡을 수는 있겠지만 정식으로 "공(工)" 또는 "사(師)"로 불리는 사람들이 노예일 수는 없다. 앞의 금문자료 ⑨, ⑩에서 백공(百工)과 신첩(臣妾)을 따로 구분하여 호칭하고 있는 것은 백공이 신첩과는 달리 노예가 아니라는 것을 뒷받침한다. 서주노예론자들이 저지른 최대의 잘못은 금문에 나오는 인물을 모두 노예주와 노예 두 계급으로 단순화시켰다는 점에 있다.

『시경』에 묘사된 "만 사람이 짝을 지어 밭갈이를 하네" 구절을 가지고 당시 대규모 노예제 생산이 있었다고 증명하는 방식은 더욱 오해가 심하다. 지금 먼저 관련 자료를 아래에 옮겨 놓는다.

『시경』「주송(周頌)」 '희희(噫嘻)' 시:

아아, 성왕이시여, 신이 밝게 강림하셨네.
농부들을 거느리고 여러 가지 곡식을 심으니,
속히 그대들 밭을 갈아 삼십 리를 마치며,
그대들 밭갈이에 만 사람이 짝을 지어 일하네.[130]

<hr />

있어 바로잡았다.

[130] 『詩』「周頌」 '噫嘻', "噫嘻成王, 既昭假爾. 率時農夫, 播厥百穀. 駿(鄭箋: 駿, 疾也)發爾私(毛傳: 私, 民田也), 終三十里(鄭箋: 周禮曰, 凡治野田, 夫間有遂, 遂上有徑. 十夫有溝, 溝上有畛. 百夫有洫, 洫上有途. 千夫有澮, 澮上有道. 萬夫有川, 川上有路. 計此萬夫之地, 方三十三里少半里也, 詩言三十里者, 舉其成數). 亦服爾耕, 十千維耦(鄭箋: 輩作者千耦, 言趣時也)." 소괄호 안은 서복관이 부기한 내용으로, 번역은 순서대로 다음과 같다. "정전: 준(駿)은 빠르다[疾]의 뜻이다", "모전: 사(私)는 민전(民田)이다", "정전:『주례』에 이르기를 '무릇 교외의 땅[野田]을 다스리는데, 1부(夫)마다 받는 100무(畝)의 전지들 사이에는 수(遂, 작은 도랑)가 있고, 수 옆에는 경(徑, 작은 길)이 있다. 10부(夫)에 구(溝)가 있고, 구 위에 진(畛)이 있다. 1백의 부(夫)에 혁(洫)이 있고 혁 위에 도(途)가 있다. 1천 부(夫)에 회(澮)가 있고, 회 위에 도(道)가 있다. 1만의 부(夫)에 천(川)이 있고, 천 위에 노(路)가 있다. 이 1만 부(夫)의 땅을 계산하면 방 33리에 반(半) 리가 모자란다.『시경』에서 '30리'라 한 것은 성수(成數)를 들어 말한 것이

『시경』「주송」'재삼(載芟)' 시:

풀을 베고 나무를 베어 밭을 갈아 땅을 부드럽게 만드네.
천 짝이 잡풀을 뽑으며 개간지로 밭두렁으로 나아가네.
집안의 가장과 맏아들과 작은아버지와 자제들과,
품앗이꾼과 고용된 일꾼들이 함께 모여 들밥을 먹는데,
밥 날라 온 부인들 온화한 말로 자제들을 위로하네.[131]

오해의 발생은 농업의 '추시성(趨時性)', 즉 농업에서 중요한 작업은
반드시 계절 중 단 며칠만에 서둘러 완료해야 한다는 것을 근본적으로
몰랐거나 아니면 고의로 말살했기 때문이다. 이때는 모든 농민이 동시
에 출동하여 전력을 투구해야만 한다. 그래서 관중 지역의 평원, 황하
유역의 평원에서는 자연히 "만 사람이 짝을 지어 일하는[十千維耦]" 또는
"천 짝의 사람들이 밭을 가는[千耦其耘]" 성황을 이루었던 것이다. '희

다'라고 하였다", "정전: 늘어선 줄이 둘씩 짝을 지어 천 짝이나 된다는 것은 (파종 시기를 놓치
지 않고) 제때에 일을 마치려 함을 말한다."

131 『詩』「周頌」'載芟', "載芟載柞(毛傳: 除草曰芟, 除木曰柞), 其耕澤澤. 千耦其耘(鄭箋: 言趨時
也), 徂隰(鄭箋: 隰謂新發田也)徂畛(鄭箋: 畛謂舊田有徑路者)侯(維)主(正義: 維爲主之家長)
侯伯(正義: 維處伯之長子), 侯亞(正義: 維次長之仲叔)侯旅(正義: 維衆之子弟); 侯彊(正義: 維
弸力之兼士)侯以(正義: 維所以傭賃之人); 有嗿(毛傳: 嗿, 衆貌)其饁, 思媚其婦. 有依(鄭箋: 依
之言愛也)其士(毛傳: 士, 子弟也)." 소괄호 안은 서복관이 부기한 내용이다. 번역은 순서대로
다음과 같다. "모전: 풀을 제거하는 것을 삼(芟)이라 하고 나무를 제거하는 것을 작(柞)이라
한다", "정전: 시기를 놓치지 않고 제때에 일을 마치려는 것이다", "정전: 습(隰)은 새로 개간한
밭을 말한다", "정전: 진(畛)은 기존의 밭에 있는 지름길이다", "후(侯): 유(維)와 같다", "정의:
주(主)는 가장이다", "정의: 백(伯)은 맏이인 장자이다", "정의: 아(亞)는 중부, 숙부이다", "정
의: 여(旅)는 여러 자제들이다", "정의: 강(彊)은 여력이 있어 도우러 온 사람[兼士]이다", "정
의: 이(以)는 품삯을 받고 일하는 사람이다", "모전: 탐(嗿)은 많은 모양이다", "정전: 의(依)는
사랑하다의 뜻이다", "모전: 사(士)는 자제(子弟)들이다."

제1장 서주(西周) 정치 사회의 구조 성격 문제

희' 시의 "속히 그대들 밭을 갈아[駿發爾私]" 구절은 성왕(成王)이 농부들을 거느리고 농부들의 사전(私田)을 서둘러 개간하기 위해 광대한 평원에 1만 부(夫)가 총출동하여 30리 땅을 단숨에 갈아 파종하는 모습을 묘사하고 있다. 그래서 "만 사람이 짝을 지어" 밭갈이하는 광경이 등장한 것이다. 어찌 이것을 노예노동으로 해석할 수 있겠는가? 어떻게 노예가 사전을 소유할 수 있겠는가? 다음 '재삼' 시는 후반부에 풍작을 거둔 후의 제사 장면을 묘사하고 있으므로 「시서(詩序)」에서는 이 시를 "봄에 적전(籍田)의 의례[132]를 올리고 사직(社稷)에 풍년을 기원하는 노래"[133]라고 보았는데 이는 잘못된 해석이다. "적(籍)"이란 공전(公田)에 씨를 뿌리는 것인데 시 안에는 적전의 흔적이 전혀 보이지 않는다. 따라서 공영달[134]의 『정의(正義)』에서는 "경(經)의 내용과 서(序)의 말이 다르다"[135]라고 하였다. 만약 이 시가 말하는 것이 노예노

---

132 적전(籍田)의 의례: 자전(藉田) 또는 '친경(親耕)'이라고도 한다. '적(籍)'은 본래 빌린다[借]는 뜻으로, 민력(民力)을 빌려 밭을 갈아서 종묘에 바친다는 뜻이 있다. 매년 맹춘(孟春) 정월 새벽에 선농단(先農壇)에 제사를 지낸 후 국도 근교에서 천자가 쟁기를 세 차례 밀면 신하들이 차례로 5번 또는 7번을 밀고 속관들이 마무리를 하는 의식이다. 적전 의례는 전국의 주현에 농사의 시작을 알리는 의미를 갖는다.

133 『詩』 「周頌」 '載芟' 詩序, "春籍田而祈社稷."

134 공영달(孔穎達, 574-648): 당 기주(冀州) 형수(衡水) 사람. 자는 충원(沖遠) 또는 중달(仲達)이다. 수 양제 초년 명경과(明經科)에 합격하여 하내군박사(河內郡博士)를 제수받았고, 당 태종 때 국자박사(國子博士), 국자좨주(國子祭酒) 등을 역임했다. 문장·천문·수학에 능통하였으며, 위징(魏徵)과 함께 『수서(隋書)』를 편찬하였다. 태종의 명으로 안사고(顔師古), 사마재장(司馬才章), 왕공(王恭), 왕염(王琰) 등과 함께 『오경정의(五經正義)』 170권을 편찬하였다. 이 책은 송나라 때 합간된 『십삼경주소(十三經注疏)』에 모두 수록되어 있다.

135 공영달의 『모시정의』 전문은 다음과 같다. "載芟詩者, 春籍田而祈社稷之樂歌也. … 詩人述其豐熟之事, 而爲此歌焉. 經陳下民樂治田業, 收獲弘多, 釀爲酒醴, 用以祭祀. 是由王者耕籍田·祈社稷·勸之使然, 故序本其多獲所由, 言其作頌之意. 經則主說年豐, 故其言不及籍·社, 所

동이라면 "다 함께 모여 들밥을 먹는데, 밥 날라 온 부인들 온화한 말로 자제들을 위로하네." 이 같은 정경이 출현할 수 있겠는가?[원주11]

　요컨대 나는 주대에 노예가 없었다고 말하는 것이 아니다. 주 초 이후 3천여 년 동안 중국사회에 노예는 모두 있었다. 또한 농노가 없었다고 말하는 것도 아니다. 『국어』「진어(晉語)」에서 곽언(郭偃)의 말 가운데 "예농(隸農)과 다름이 없어 비록 비옥한 경지를 얻어서 부지런히 가꾼다 해도 자신이 먹지 못하고 남 좋은 일만 시킬 것이다"[136]라는 구절이 있다. 이것은 예농이 사전(私田)을 소유하지 않았음을 분명하게 보여 준다. 하지만 주대 농부의 절대다수는 예농이 아니었는데 그들은 사전을 소유했기 때문이었다. 주대에 노예가 있었다고는 해도 전반적 상황으로 보아 노예는 주대 정권의 기초도 아니었고 당시 사회생산의 주요 성분도 아니었다. 주대를 노예사회로 일컫는 것은 역사사실에 위배되는 일이다.[원주12]

以經 · 序有異也."

136 『國語』「晉語」1, "其猶隸農也. 雖獲沃田而勤易之, 將不克饗, 爲人而已."

2. 주 왕실의 종법제도

　서주의 정치제도는 전통적으로 말하는 봉건정치제도이다. 이러한 봉건정치제도는 당시의 토지제도와 불가분의 관계에 있기 때문에 당시의 사회도 봉건사회의 성격이라고 할 수 있다.

　서주의 봉건과 서구 역사에서의 이른바 봉건의 가장 큰 차이점은, 서주의 봉건정치는 서주의 종법(宗法)을 골간으로 형성되었다는 점에 있다. 심지어 서주의 봉건정치를 종법사회적 정치형태라고 말할 수도 있다. 서주 종법의 출발점은 적장자(嫡長子) 계승이다. 은대 은허(殷墟) 시대의 전반기는 무정(武丁)을 제외하고 전후 3대에 걸쳐 형제간에 왕위가 계승되었다. 후반기 무을(武乙) 이하 5명의 왕은 부자간 계승이었다.【원주13】 그러나 은대에는 적서(嫡庶)의 구분이 없었고, 주(周)의 태왕(太王)137 · 왕계(王季) · 문왕(文王)의 계승에서도 적서의 구분은 없었다.138 그러므로 은대 말기의 부자간 계승은 아직 객관적 제도를 형성

137　태왕(太王): 주나라 문왕(文王)의 조부인 고공단보(古公亶父)의 존호. 성은 희(姬), 이름은 단보(亶父)이다. 공류(公劉)의 9세손으로 상(商)나라 시대 주족(周族)의 수장으로 고공(古公)이라고 불러 이름과 함께 고공단보로 칭한다. 증손자인 주나라 무왕(武王)에 의해 태왕(太王)으로 추존되어 주태왕(周太王)으로도 불린다.

138　왕계(王季): 주나라 문왕(文王)의 아버지. 성은 희(姬), 이름은 계력(季歷)이다. 중국 상(商)나라 시대의 제후국이던 주(周)의 군주였으므로 공계(公季)나 주공계(周公季)라고 하며, 손자인 주나라 무왕(武王)에 의해 왕으로 추존되어 왕계(王季) 또는 주왕계(周王季) 등으로도

하지 못하였다. 따라서 가령 은대에 종법이 있었다고 해도 주대의 종법제도와는 같지 않았을 것이다.

주대 종법의 상세한 정황에 대해서는 상고할 방법이 없다. 후대 사람들은 『예기(禮記)』「상복소기(喪服小記)」 및 「대전(大傳)」편의 몇몇 구절에 의거해 추론해 보는 수밖에 없다.

「상복소기」:

"별자(別子)[139]는 시조가 되고, 별자를 계승한 자가 종(宗)이 된다. [별자의 서자(庶子)의 장자로서] 아버지를 계승한 자는 소종(小宗)이 된다.[140] 5세가 되면 바뀌는 종(宗)이 있으니 고조를 계승한 자이다. 그러므로 조(祖)는 위에서 바뀌고 종(宗)은 아래에서 바뀐다. 조를 존숭하므로 종을 공경하는 것이며, 종을 공경하는 것은 할아버지와 아버지를 존숭하는 뜻이다. [적사(適

불린다. 아버지 고공단보에게는 장남 태백(太伯), 차남 우중(虞仲), 삼남인 계력이 있었다. 『사기』에 의하면 계력의 아내가 창(昌, 문왕)을 낳을 때 상서로운 일이 일어나자 그가 주족(周族)을 번성시킬 것을 예측한 고공단보가 뒷날 손자 창이 군주의 자리를 잇도록 하려고 계력을 자신의 후계자로 삼았다고 한다. 아버지의 뜻을 알아차린 태백과 우중은 양자강 남쪽 형만(荊蠻)으로 도피하였고 그곳에서 오(吳)나라를 세웠다고 전한다.

139 별자(別子): 별자는 천자의 서자(庶子)로서 분봉을 받아 처음으로 봉국에 온 제후일 수도 있고, 혹은 제후의 서자 즉 공자(公子)일 수도 있다. 천자의 서자로서 분봉을 받아 제후가 된 별자의 경우 그 계승자는 백세불천(百世不遷)의 종(宗)이 되고, 제후의 서자로서 공자가 된 별자의 경우 그 계승자는 소종(小宗)이 된다.

140 "아버지를 계승하는 자는 소종이 된다[繼禰者爲小宗]"에 대해 정현은 "별자(別子)의 서자(庶子)의 장자(長子)는 형제들에게 종(宗)이 된다. 소종(小宗)이라고 일컫는 것은 장차 옮기기 때문이다[別子庶子之長子, 爲其昆弟爲宗也. 謂之小宗者, 以其將遷也]"라 하고 있다. 그러므로 본문의 "繼禰者爲小宗"에서 '禰(아버지)'는 별자의 서자이고, '繼禰者(아버지를 계승한 자)'는 별자의 서자의 장자이다. 이 '繼禰者'는 할아버지(別子)를 제사하지 못하고 오직 아버지만을 제사할 수 있다. 소종에는 넷이 있는데 고조를 계승한 자, 증조를 계승한 자, 조부를 계승한 자, 아버지를 계승한 자이다. 백세불천(百世不遷)의 대종(大宗)과 달리 소종은 5세가 되면 묘(廟)에서 옮긴다.

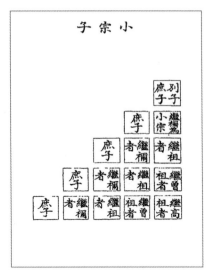

대종자 　　　　　　　　소종자

출처: (宋) 聶崇義, 『三禮圖集注』 권4

士)는 두 개의 묘(廟)를 세울 수 있지만 그가 서자(庶子)라면 할아버지의 제사를 지낼 수 없으니[141] 이는 그 종(宗)이 있는 곳을 밝히기 위함이다."[142]

"친근한 이를 친근하게 대하고, 존귀한 자를 존귀하게 대하고, 연장자를 연장자로 대하며, 남녀 사이에 구별을 두는 것은 인도(人道) 중에서도 큰 것이다."[143]

---

141 이에 대해 원(元) 진호(陳澔)의 『예기집설(禮記集說)』에서는 "지금 형제 두 사람이 하나는 적자이고 하나는 서자인데 다 같이 적사(適士)가 되었으면, 적자로서 적사가 된 자는 본디 할아버지와 아버지에게 제사를 지낸다. 서자는 비록 적사가 되었을지라도 단지 아버지 사당만 세울 수 있다. 할아버지 사당을 세워서 할아버지에게 제사할 수 없는 것은 그 종(宗)이 있는 곳을 밝힌 것이다[今兄弟二人, 一適一庶而俱爲適士, 其適子之爲適士者, 固祭祖及禰矣. 其庶子雖適士, 止得立禰廟, 不得立祖廟而祭祖者, 明其宗有所在也]"라고 설명한다.

142 『禮記』「喪服小記」, "別子爲祖, 繼別爲宗. 繼禰者爲小宗. 有五世而遷之宗, 其繼高祖者也. 是故祖遷於上, 宗易於下. 尊祖故敬宗, 敬宗所以尊祖禰也. 庶子不祭祖者, 明其宗也."

「대전」:

"위로 조녜(祖禰)의 질서를 바로잡는 것은 존귀한 이를 존귀하게 대하는 뜻이다. 아래로 자손의 질서를 바로잡는 것은 친근한 이를 친근하게 대하는 뜻이다. 옆으로 곤제(昆弟)의 친족을 다스리고, 음식의 예로 족인들을 회합하며, 소목(昭穆)의 차례로 질서를 세우니, 예의(禮義)에 따라 구별을 두어 인륜의 도리를 다하게 된다."[144]

"군주는 족인(族人)들을 회합하여 연회하는 도리가 있으나, 족인들이 군주와 친족관계임을 내세워 군주를 친족으로 대할 수 없는 것은 지위 때문이다."[145]

"서자(庶子)는 제사를 주관할 수 없으니 그 종통을 밝히기 위함이다. … 별자(別子)는 시조가 되고, 별자를 계승한 자는 대종(大宗)이 된다. [별자의 서자(庶子)의 장자로서] 아버지를 계승한 사는 소종(小宗)이 된다. 백세(百世)가 되어도 옮기지 않는 종이 있고, 5세가 되면 옮기는 종이 있다. 백세가 되어도 옮기지 않는 자는 별자의 후사이다. 별사를 계승한 자를 종으로 삼는 경우가【주원회(朱元晦)는 '지소자출(之所自出)'이 연문이라고 했다】백세가 되어도 옮기지 않는 경우이다. 고조를 계승한 자를 종으로 삼는 경우가 5세가 되면 옮기는 경우이다. 선조를 존숭하므로 종자를 공경하는 것이며, 종자를 공경하는 것은 선조를 존숭하는 뜻이다."[146]

---

143 『禮記』「喪服小記」, "親親尊尊長長, 男女之有別, 人道之大者也."

144 『禮記』「大傳」, "上治祖禰, 尊尊也. 下治子孫, 親親也. 旁治兄弟, 合族以食, 序以昭穆, 別之以禮義, 人道竭矣."

145 『禮記』「大傳」, "君有合族之道. 族人不得以其戚戚君, 位也." 정현 주에서는 "군주의 은혜는 아래로 베풀어질 수 있으나 족인(族人)들은 모두 신하이므로 부형(父兄)·자제(子弟)의 친속으로서 스스로 군주를 척속(戚屬)으로 대할 수 없다. '위(位)'는 서열을 말한다. 군주를 높이고 혐의를 변별하기 위함이다[君恩可以下施, 而族人皆臣也, 不得以父兄子弟之親自戚於君. 位, 謂齒列也. 所以尊君別嫌也]"라 하고 있다.

"그러므로 인도(人道)는 친한 이를 친하게 여기는[親親] 도리이다. 친한 이를 친하게 여기므로 조상을 존숭하게 되고, 조상을 존숭하게 되므로 종을 공경하게 된다. 종을 공경하므로 족인들을 거둬들이고[收族]【수(收)는 오늘날의 '결속시키다[團結]'와 같은 의미다】, 족인들을 거둬들이므로 종묘가 엄숙해지며, 종묘가 엄숙해지므로 사직이 중하게 된다. 사직이 중하게 되므로 백성을 사랑하게 되며, 백성을 사랑하므로 형벌이 중도에 맞게 된다. 형벌이 중도에 맞게 되므로 서민들이 편안하게 되고, 서민들이 편안하게 되므로 재용이 넉넉하게 된다. 재용이 넉넉하므로 백 가지 뜻이 이루어지게 되고, 백 가지 뜻이 이루어지게 되므로 예속이 완성되며, 예속이 완성된 후에 즐겁게 된다."[147]

『설문』 7하에서는 "종은 조묘를 높이는 것이다[宗, 尊祖廟也]"라 하였고, 단옥재의 『설문해자주』에서는 "무릇 대종, 소종이라 함은 모두 나온 바가 같은 형제들에 의해 존숭되는 것을 말한다[凡言大宗小宗, 皆謂同所出之兄弟所尊也]"라고 하였다. 많은 형제들 가운데 적장자(嫡長子)가 제사를 주관하는데, 이 제사를 주관하는 적장자는 조종(祖宗)이 흐트러짐 없이 하나로 이어져 내려온 상징이자 대표라고도 할 수 있으며 그 때문에 그 밖의 다른 형제들로부터 존숭을 받는 것이다. 다른 형제들에 의해 존숭을 받는 이상 그는 반드시 다른 형제들을 보호하고 양육할 책임이 있다. 이러한 일련의 규정을 종법(宗法)이라 한다. 정요전

---

146 『禮記』「大傳」, "庶子不祭, 明其宗也. ⋯ 別子爲祖, 繼別爲宗. 繼禰者爲小宗. 有百世不遷之宗, 有五世則遷之宗. 百世不遷者別子之後也. 宗其繼別子之所自出者(朱元晦曰'之所自出'衍文), 百世不遷也. 宗其繼高祖者, 五世則遷者也. 尊祖故敬宗. 敬宗, 尊祖之義也."

147 『禮記』「大傳」, "是故人道, 親親也. 親親故尊祖. 尊祖故敬宗. 敬宗故收族(收猶今所云'團結'). 收族故宗廟嚴. 宗廟嚴故重社稷. 重社稷故愛百姓. 愛百姓故刑罰中. 刑罰中則庶民安. 庶民安故財用足. 財用足故百志成. 百志成故禮俗刑(正義: 刑亦成也). 禮俗刑, 然後樂."

(程瑤田)[148]이 "종의 도리는 형의 도리이다[宗之道, 兄道也]"【원주14】라고 한 것은 정확한 말이다. 이른바 "5세가 되면 옮기는 종[五世則遷之宗]"은 무릇 아버지를 함께하는 형제들, 할아버지를 함께하는 형제들, 증조부를 함께하는 형제들, 고조부를 함께하는 형제들이 모두 그를 종으로 삼고, 이 혈연관계를 넘어서는 자들은 그를 종으로 삼지 않는데, 이를 소종(小宗)이라 한다. 이른바 "백세가 되어도 옮기지 않는 종[百世不遷之宗]"은 무릇 시조를 함께하는 사람들이 모두 그를 종(宗)으로 삼는 것으로, 이를 대종(大宗)이라 한다. "별자는 시조가 되고[別子爲祖]"에서 별자는 주 왕실의 적장자에 대비하여 말한 것이다. 주 왕실의 적장자는 그가 태어난 소자출(所自出)[149]에 대한 제사를 주관하는 동시에 주나라 희성(姬姓) 전체의 총종(總宗)으로서의 위치에 있지만, 이 점에 대해서는 『예기』「상복소기」 및 「대전」편에서 모두 생략하고 있기

148 정요전(程瑤田, 1725-1814): 청 안휘성 흡현(歙縣) 사람. 자는 역전(易田) 또는 역주(易疇), 백역(伯易)이며, 호는 양당(讓堂) 또는 즙하(葺荷)이다. 대진(戴震), 김방(金榜)과 함께 강영(江永)에게 수학했으며 명물(名物)과 훈고(訓詁)에 정통하고 고증에 뛰어났다. 저서로 의리(義理)와 제도, 훈고, 명물, 성률(聲律), 상수(象數) 등을 상세히 고증한『통예록(通藝錄)』과 정현의『예기주(禮記注)』를 바로잡은『의례상복문족징기(儀禮喪服文足徵記)』가 있다. 그밖에 『의례경주의직(儀禮經注疑直)』,『종법소기(宗法小記)』등이 있다.

149 소자출(所自出): 자신이 태어난 근본을 말한다.『禮記』「大傳」편에 의하면 "예(禮)에 왕이 되지 않으면 체(禘)제사를 드리지 못한다고 하였는데, 왕자(王者)는 시조의 소자출에 체제사를 드리고 그 시조를 배향한다[禮, 不王不禘, 王者禘其祖之所自出, 以其祖配之]"라고 하였고, 정현 주에서는 "왕자(王者)의 선조는 모두 태미성(大微星)의 오제(五帝)의 정(精)에 감응하여 태어나며 오제의 이름은 각각 영위앙·적표노·함추뉴·백초거·협광기이다[王者之先祖, 皆感大微五帝之精以生, 蒼則靈威仰, 赤則赤熛怒, 黃則含樞紐, 白則白招拒, 黑則汁光紀]"라고 하였다. 즉 왕조마다 각기 '所自出'을 달리하므로 자기 왕조에 해당하는 '所自出'에게 한 번씩 크게 제사를 올리는데 이를 체제사라 하며 오직 왕자만이 지낼 수 있다. 위 본문에서의 '所自出'이 태미성 오제를 가리키는지 아니면 주 왕실의 시조를 가리키는지는 확실하지 않다.

때문에 후세의 유자들이 종종 소홀히 지나쳐 왔다. 주 왕실의 적장자 이외의 "별자(別子)"는 분봉되어 나가면 그 봉국에서 별도로 하나의 지족(支族)을 열고 그 나라의 시조(始祖)가 된다. "별자를 계승한 자가 종이 된다[繼別爲宗]"라는 것은, 그 나라(제후국)를 계승한 적장자가 그 나라의 백세불천(百世不遷)의 대종이 된다는 뜻이다. "아버지를 계승한 자가 소종이 된다[繼禰爲小宗]"라는 것은, 그 대종의 동생 및 서출(庶出) 형제 소생의 적장자가 각기 자기의 동생과 서출형제에 의해 종으로 받들어지는 것을 말하며, 이것이 곧 "5세가 되면 옮기는" 소종이다. 녜(禰)는 아버지의 사당[廟]을 뜻한다. 대종의 동생 및 서출형제 소생의 적장자는 아버지가 죽어서 사당에 들어간 후 제사를 지낼 때 제사를 주관하게 되는데, 이것이 바로 "아버지를 계승한 자가 소종이 된다[繼禰爲小宗]"라는 말의 의미이다. 주준성(朱駿聲)[150]은 『설문통훈정성(說文通訓定聲)』에서 종자(宗子)에 대해 "살펴보건대 대종은 하나이니 시조를 계승한 자이다. 소종은 넷이니 고조를 계승한 소종, 증조를 계승한 소종, 조부를 계승한 소종, 부친을 계승한 소종이 그것이다"[151]라고 하였다. 대종은 이 씨족혈통이 흐트러짐 없이 계속 전승될 수 있도록 한다. 대종은 시조의 대표이므로 오직 한 사람만 있을 뿐이다. 소종은

---

150 주준성(朱駿聲, 1788-1858): 청 강소성 오현(吳縣) 사람. 자는 풍기(豊芑), 호는 윤천(允倩) 또는 석은(石隱). 가경(嘉慶) 23년(1818)에 거인(擧人), 양주교수(揚州敎授) 등을 지냈다. 전대흔(錢大昕)에게 수학했으며 문자학과 성운학(聲韻學), 천문학에 뛰어났다. 함풍(咸豊) 연간 초에 『설문통훈정성(說文通訓定聲)』, 『설아(說雅)』를 저술하여 국자박사(國子博士)가 되었다. 그 밖에 『상서고주편독(尙書古注便讀)』, 『시전전보(詩傳箋補)』, 『대대례기교정(大戴禮記校正)』, 『하소정보전(夏小正補傳)』, 『이아보주(爾雅補注)』 등이 있다.

151 朱駿聲, 『說文通訓定聲』, "按大宗一, 爲始祖後也. 小宗四, 高曾祖父後也."

이 대종의 씨족혈통으로부터 퍼져 나간 지파들이다. 고조, 증조, 조부, 부친 4대에 각각 대종 이외 (다른 아들) 소생의 적장자가 있으면 각각 하나의 소종이 있게 되므로 소종은 네 가지가 동시에 존재한다. 대종은 소종을 포함하며, 대종은 그 근본이 되고 소종은 그 가지를 이룬다. 소종은 많은 오복(五服) 내의 족인들[152]을 포함하고 있으며 이 족인들을 통솔하여 대종을 보위한다. 소종을 5세대가 지나서도 체천하지 않으면 대종·소종에 구별이 없게 되어 씨족혈통의 본줄기가 드러나지 않는다. 대종의 위에 또 하나의 총(總) 대종이 있는데 이것이 바로 천자다. 『시경』「대아」'판(板)' 시의 「모전(毛傳)」에서 "왕자는 천하의 대종(大宗)이다"[153]라고 한 것은 이를 가리키는 말이다. 왕은 천하의 대종이고, 제후는 한 나라의 대종이다. 분봉을 받아 나간 제후는 별자(別子)이다. 천자는 별자에 대해 말하면 "원자(元子)"이다. 『상서』「소고(召誥)」편에서는 "아! 왕은 비록 나이가 적으시나 원자이시니"[154]라고 하였다. 대종과 소종의 수족(收族)으로 말하면 각 구성 분자는 모두 혈

---

152 오복(五服): 5등급의 상복제도. 상복은 옷을 짓는 방식[喪裝], 즉 상복의 재료와 가공 정도에 따라 참최(斬衰)·자최(齊衰)·대공(大功)·소공(小功)·시마(緦麻)로 나누기도 하고, 상복을 입는 기간[喪期]에 따라 3년(25개월)·1년·9개월·5개월·3개월로 나누기도 한다. 상복의 경중은 혈연의 친소(親疎)와 신분의 존비(尊卑)에 따라 상기(喪期)와 상장(喪裝)을 결합하여 다음 9가지로 규정하고 있다. 참최삼년복(斬衰三年服)·자최삼년복(齊衰三年服)·자최장기복(齊衰杖期服)·자최부장기복(齊衰不杖期服)·자최오월복(齊衰五月服)·자최삼월복(齊衰三月服)·대공구월복(大功九月服)·소공오월복(小功五月服)·시마삼월복(緦麻三月服). 본문의 "오복의 범위 내에 있는 족인"이란 대체로 고조를 같이하는 친속관계에 있는 사람들을 말한다.

153 『詩』「大雅」'板", "價人維藩, 大師維垣, 大邦維屏, 大宗維翰." 毛傳, "王者天下之大宗."

154 『尚書』「召誥」, "嗚呼, 有王雖小, 元子哉."

통으로 연결되어 있어 정서적인 결속을 이루고 있는데 이것을 "친친 (親親)"이라 한다. 각 구성 분자마다 존귀하게 여기는 바가 있고 윗사 람으로 섬기는 바가 있어 지배 종속의 체계를 이루고 있는데 이것을 "존존(尊尊)", "장장(長長)"이라 한다.

여기서 「대전(大傳)」편의 "군주는 족인(族人)들을 회합하여 (연회를 하는) 도리가 있으나, 족인들이 군주와 친족관계임을 내세워 군주를 친족으로 대할 수 없는 것은 지위 때문이다"[155]라는 구절을 둘러싼 한 대 이후 유학자들의 오해를 살펴보자. 그들 생각에 종법은 대부(大夫) 로부터 아래로 서인에게까지 이르며, 천자와 제후는 종법 밖에 있다고 보았다.【원주15】모기령(毛奇齡)[156]은 다시『곡량전』「은공 7년」의 "제후 의 존귀함은 형과 동생이라도 감히 친족관계로 통하지 못한다"[157]라는 기사를 인용하여 이를 증명하고 있다.【원주16】근대의 왕국유[158]는 이에

---

155 『禮記』「大傳」, "君有合族之道, 族人不得以其戚戚君, 位也."

156 모기령(毛奇齡, 1623-1716): 명말 청초 절강 소산(蕭山) 사람. 본명은 신(甡), 자는 대가(大可) 또는 제우(齊于), 우일(于一)이고, 호는 초청(初晴) 또는 추청(秋晴)이다. 서하선생(西河先生) 으로도 불렸다. 명나라의 제생(諸生)으로 항청(抗淸) 운동에 참여했다. 강희 18년(1679) 박학 홍사과(博學鴻詞科)에 천거되고, 한림원검토(翰林院檢討)에 임명되어 『명사(明史)』 편찬에 참여하였다. 저서로는 주자(朱子)를 비판한 『사서개착(四書改錯)』, 염약거(閻若璩)의 『고문 상서소증(古文尚書疏證)』을 반박한 『고문상서원사(古文尙書寃詞)』 등이 있다.

157 『穀梁傳』「隱公 7年」, "諸侯之尊, 兄弟不敢以屬通."

158 왕국유(王國維, 1877-1927): 청말 민국초 절강 해녕(海寧) 사람. 본명은 국정(國楨), 자는 정 안(靜安), 백우(伯隅), 호는 예당(禮堂), 관당(觀堂), 영관(永觀)이다. 신해혁명이 일어나자 나 진옥(羅振玉)을 따라 일본으로 망명하여 경학, 사학, 금석학 등 연구에 몰두했다. 나진옥과 함께 갑골문을 정리하고 복사(卜辭)의 연대를 고증하여 갑골문학의 기초를 세웠다. 1916년 귀국하여 청화연구원(淸華硏究院), 북경대학 국학연구소에서 후진을 지도했다. 1927년 청나 라 부흥의 가망이 없음을 비관하여 곤명호(昆明湖)에 투신, 자살하였다. 연구업적은 『관당집 림(觀堂集林)』(1921, 전24권)에 수록되어 있다.

대해 다음과 같이 말한다.

그러므로 존(尊)의 정통159으로부터 보면 천자·제후는 종주 관계를 끊은 [絕宗] 자이므로, 왕자(王子)·공자(公子)160는 그들과 종주 관계가 없다[無宗]고 볼 수 있다. 친(親)의 정통으로부터 보면 천자·제후의 아들은 그 자신은 별자(別子)이지만 그 후세가 대종(大宗)이 된 경우 천자를 가장 큰 대종으로 받들지 않음이 없다. 다만 존비가 다르기 때문에 감히 종(宗)이라는 이름을 붙이지는 못하지만 그 실질은 여전히 존재한다. 그러므로 『예기』 「대전(大傳)」편에서는 "군주는 족인들을 회합하여 (연회를 하는) 도리가 있으나"161라 하였고 … 『시경』 「대아」 '행위(行葦)' 시의 「시서(詩序)」에서는 "주나라 왕실이 안으로 구족(九族)을 화목하게 하고"162라 하였으니 … 이것이 천자의 수족(收族, 친족을 거두어들임)이다. 『예기』 「문왕세자」에서는 "군주가 친족과 연회를 가지면 군주와 부형(父兄)은 나이로 서열을 삼는다"163라고 하였으니 … 이것이 제후의 수족(收族)이다. … 그러므로 천자와 제후는 비록 대종이라는 이름을 붙이지 않더라도 대종의 실질을 갖고 있다. 『시경』 「대아」 '독공류(篤公劉)' 시에서는 "밥을 먹이고 술을 마시게 하며,

---

159 존(尊)의 정통: 『儀禮』 「喪服」 '齊衰不杖期' 전(傳)에서는 다음과 같이 말한다. "제후는 그 태조(처음 분봉을 받은 군주)에게까지 제사를 지내고, 천자는 그 시조가 말미암아 나온 바[所自出]에게까지 제사를 지낸다. 신분이 존귀한 자는 존통(尊統)이 멀리까지 미치고, 신분이 비천한 자는 존통이 가까운 데서 그친다. 대종은 존(尊)의 정통이고, 대종은 친족을 거두는 자이므로 끊어져서는 안 된다. 그 때문에 족인들이 지자(支子)로써 대종의 후사를 잇게 하는 것이다 [諸侯及其大祖, 天子及其始祖之所自出. 尊者尊統上, 卑者尊統下. 大宗者尊之統也, 大宗者收族者也, 不可以絶. 故族人以支子後大宗也]."

160 왕자(王子)는 천자의 지위를 계승한 적장자를 제외한 나머지 아들들, 공자(公子)는 제후의 지위를 계승한 적장자를 제외한 나머지 아들들을 말한다. 『禮記』 「大傳」 정현 주, "공자는 선군(先君)의 아들이며 지금 군주의 형제를 말한다[公子, 謂先君之子, 今君昆弟]."

161 『禮記』 「大傳」, "君有合族之道, 族人不得以其戚戚君, 位也."

162 『詩』 「大雅」 '行葦' 詩序, "周家忠厚, 仁及草木, 故能內睦九族, 外尊事黃耇, 養老乞言, 以成其福祿焉."

163 『禮記』 「文王世子」, "若公與族燕 … 公與父兄齒, 族食世降一等."

　　　　　　　　　　　제1장 서주(西周) 정치 사회의 구조 성격 문제

임금으로 받들고 종으로 높이도다"라고 하였고 이에 대해 「모전(毛傳)」에서는 "군주로 삼고 대종으로 삼는 것이다"[164]라고 하였다. 「대아」 '판(板)' 시에서는 "대종은 나라의 기둥이니"라 하였고 이에 대해 「모전(毛傳)」에서는 "왕자(王者)는 천하의 대종이다"[165]라고 하였다. 또 '판(板)' 시의 "종자(宗子)는 나라의 성이니" 구절에 대해 「정전(鄭箋)」에서는 "종자는 왕의 적자(適子)를 말한다"[166]라고 하였다. 이와 같이 예가(禮家)들이 대종을 대부(大夫) 이하로 한정한 것과는 달리 시인(詩人)들은 직접 천자·제후를 대종으로 칭하고 있다. 그러나 천자와 제후는 종통(宗統)과 군통(君統)이 일치하기 때문에 종이라는 이름을 사용할 필요가 없다. 대부와 사(士) 이하는 모두 현덕과 재능에 의해 관직에 나아가고 그 자신이 반드시 적자일 필요는 없기 때문에 종법이 하나의 독립적인 체계를 구성한다.[167][원주17]

왕국유의 논의는 문제의 본질을 건드리기는 했지만 역시 오해한 부분이 있다. 그가 지적한 "예가(禮家)"들은 한대의 예가이다. 이른바 "시인(詩人)"들은 서주 시대의 시인이다. 시인은 서주 정치의 실제 상황에 대해 분명하게 "임금으로 받들고 종(宗)으로 높이도다[君之宗之]"라고

---

164 『詩』「大雅」'篤公劉', "飮之食之, 君之宗之." 毛傳, "爲之君, 爲之大宗也."

165 『詩』「大雅」'板', "大邦維屛, 大宗維翰." 毛傳, "王者天下之大宗."

166 『詩』「大雅」'板', "懷德維寧, 宗子維城." 鄭箋, "宗子, 謂王之適子."

167 王國維, 『觀堂集林』 제10 '殷周制度論', "故由尊之統言, 則天子諸侯絶宗, 王子公子無宗可也. 由親之統言, 則天子諸侯之子, 身爲別子, 而其後世爲大宗者, 無不奉天子以爲最大之大宗. 特以尊卑旣殊, 不敢加以宗名, 而其實則仍在也. 故「大傳」曰, 君有合族之道, 其在 … 「大雅」之'行葦序'曰, 周家能內睦九族也. … 是天子之收族也. 「文王世子」曰, 公與族人燕則以齒. … 是諸侯之收族也. … 是故天子諸侯, 雖無大宗之名, 而有大宗之實. '篤公劉'之詩曰, 飮之食之, 君之宗之. 傳曰, 爲之君, 爲之大宗也. '板'之詩曰, 大宗維翰. 傳曰, 王者天下之大宗. 又曰, 宗子維城. 箋曰, 王者之嫡子謂之宗子. 是禮家之大宗, 限於大夫以下者, 詩人直以稱天子諸侯. 惟在天子諸侯則宗統與君統合, 故不必以宗名. 大夫士以下皆以賢才運, 不必身是嫡子, 故宗法乃成一獨立之統系."

하거나 "대종은 나라의 기둥이니[大宗維翰]", "종자는 나라의 성이니[宗子維城]"라고 하여 서주의 천자·제후가 종법적 결합을 이루고 있음을 분명하게 말하고 있다. 또한 『시경』 「대아」 '문왕(文王)' 시에서는 "문왕의 자손들은 본종(本宗)과 지서(支庶)들이 백세토록 번창하시며"[168]라 되어 있는데, 이것은 주 왕실의 정치기구가 종법의 "본줄기[本]"와 "가지[支]"로 연결되어 있다는 말이다. 주나라 사람들이 풍호(豐鎬)를 "종주(宗周)"로 부르는 이유는 그곳이 바로 종묘의 소재지, 즉 "천하대종(天下大宗)"의 상징이기 때문이다. 『예기』 「대전(大傳)」편에서 "군주는 족인(族人)들을 회합하여 (연회를 하는) 도리가 있으나, 족인들이 군주와의 친족관계[戚]임을 내세워 군주를 친족으로 대할[戚] 수 없는 것은 지위 때문이다"[169]라고 했을 때 앞의 '척(戚)' 자는 친속으로 해석해야 하고 뒤의 '척' 자는 "친근하게 대하다[近]"의 뜻으로 해석해야 하는데 '근(近)'에는 친압(親狎)의 의미가 들어 있다. 이 구절은 군주에게 비록 족인들을 회합하여 연회하는 도리가 있다 해도 족인들은 군주를 자기의 친속으로 여겨 친압하거나 업신여기는 마음을 가져서는 안 된다는 말이다. 이것은 나쁜 싹은 초기에 잘라 억제해야 한다는 의미로, 즉 친친(親親)으로 인해 존존(尊尊)의 일면을 잊어서는 안 된다는 것을 말하고 있다. 만약 군주가 종법(宗法) 안에 있지 않다면 무엇 때문에 족인들을 모아 연회를 하겠는가? 군주가 종법 안에 속하지도 않는데 어떻게 "척(戚)"이라고 부를 수가 있겠는가? 위에 인용한 「대아」 '판(板)'

---

168 『詩』 「大雅」 '文王', "文王孫子, 本支百世."

169 『禮記』 「大傳」, "君有合族之道. 族人不得以其戚戚君, 位也."

제1장 서주(西周) 정치 사회의 구조 성석 문세

시의 「모전(毛傳)」의 해석(王者天下之大宗)에 오히려 원래의 의미가 간직되어 있는 듯하다. 그 밖의 한유(漢儒)들은 항상 한대의 군신관계를 가지고 진·한 이전의 군신관계를 추론하거나 한대 당시의 종법적 상황을 가지고 주 초의 종법 상황을 추론하는 식이어서 서주의 종법을 상반부(천자와 제후)는 잘라 내고 오직 대부 이하에게만 실제로 사용된 것으로 보았다. 사실 주나라 종법은 처음에는 봉건과 동시에 주나라 천자와 제후 사이에 실행되었다가 재차 각국의 귀족들 사이로 확대되었다. 주(周) 이외의 씨족들도 마찬가지로 이 종법의 규정을 받았다. 종법은 본래 씨족사회를 기초로 발전한 것이기 때문이다. 전국 시대에 이르러 정치적으로 중단되었던 종법은 민간 가족이 날로 강대해짐에 따라 일정 정도 사회로 전환되어 유지되었다. 서주에서는 그 조직도 점차 발전하여 갈수록 완비되었다. 심지어 "별자(別子)는 시조(始祖)가 되고, 별자를 계승한 자가 대종(大宗)이 된다"라는 말은 천자와 제후의 관계에만 적용되고 제후와 대부(大夫)의 관계에는 적용되지 않았다고도 할 수 있는데, 왜냐하면 대부는 제후의 대종을 대종으로 삼아야 하고 자기 스스로 대종을 세워서는 안 되기 때문이다. 즉 제후 아래의 대부는 소종(小宗)만 있을 뿐이고 따로 대종을 세우지 않는다. 훗날 예가(禮家)들의 혼란은 모두 이 점에서 착란을 일으켰기 때문에 발생하였다. 왕국유에 이르면 "대부·사 이하는 모두 현덕과 재능으로 관직에 나아가기 때문에 그 자신이 반드시 적자(嫡子)일 필요는 없다", 즉 제후 아래의 귀족들은 종법과 정치적 지위가 일치하지 않기 때문에 종법이 하나의 독립적인 체계를 이루었다고 말한다. 그것이 역사사실과 부합하지 않는다는 것은 더욱 명백하다.

3. 주 왕실의 봉건제도와 그 기본정신

종법에 대해 분명하게 말했으니 이제 봉건제도 문제를 얘기해도 되겠다.

서주 이전에도 당연히 분봉에 의한 건국이 얼마간 있었다. 『시경』「상송(商頌)」'은무(殷武)' 시에 "하국에 명하시어 그 복을 크게 세우셨네[命於下國, 封建厥福]"라 한 것이 그 증거이다. 그러나 규모, 특히 제도적으로는 여전히 서주의 봉건을 봉건제도의 대표로 보아야 할 것이다. 주나라 사람이 상(商)나라를 멸망시킨 후에도 당연히 유구한 역사를 가진 수많은 씨족국가들이 그대로 남아 있었고 주나라와의 상호 인정을 통해 계속 존속하게 된다. 『여씨춘추』「관세(觀世)」편에서는 "주나라가 봉건한 4백여 나라와 주나라에 복종한 8백여 나라"[170]라고 하였는데, 이른바 "복종한 나라[服國]"는 바로 주나라 사람에 의해 봉건되지 않은 나라를 말한다. 그러나 서주 입국(立國)의 특징이라면 역시 그의 봉건제도였다. 이 봉건제도는 우선 간단히 말하면, 종법제도를 근거로 문왕(文王)·무왕(武王)·성왕(成王)·강왕(康王) 등 아직 왕위를 계승하지 않은 별자(別子)【무왕은 적장자가 아니다】들을 계획적으로 기존의 정치세력 안에 분봉하여 자신의 세력 확장의 거점으로 삼음으로써 기

---

170 『呂氏春秋』「先識覽 觀世」, "周封國四百餘, 服國八百餘."

존의 정치세력과 연락하고 그들을 감독, 동화시켜 점차적으로 "넓은 하늘 아래 왕토 아닌 땅이 없다[溥天之下, 莫非王土]"는 목적을 달성하기 위한 것이었다. 분봉된 별자는 봉국의 시조가 되고, 그 별자의 적장자는 봉국의 백세불천(百世不遷)의 종(宗)이 되는데, 이들은 종법에 근거하여 혈통을 유대로 하는 하나의 통치집단을 건립한다. 봉국과 종주(宗周)의 관계는 정치적으로는 제후와 천자의 관계이지만, 종족적으로는 "별자(別子)"와 "원자(元子)"의 혈통관계이며 소목(昭穆)에 따라 배열되는 형제 · 백숙(伯叔)의 대가족관계이다. 각 제후국 내의 정치조직도 이와 마찬가지이다. 통치의 종속 관계를 공고화하기 위해 혈통의 적서(嫡庶) 및 친소(親疎) · 장유(長幼) 등으로 귀천(貴賤)과 존비(尊卑)의 신분을 정해 놓고, 각 개인마다 그 신분에 상응하는 작위와 권리 · 의무를 규정해 둔다. 당시에는 이를 "분(分)"이라고 불렀다. "분을 정하는[定分]" 것은 바로 당시의 정치질서를 확립하는 방법이었다. "분(分)"은 신분에 따라 나뉘어진다. 다양한 의례(儀禮) 제도의 차등화[禮數]를 통해 분(分)을 뚜렷이 드러내고 이를 신성화하기도 한다. 이성(異姓)을 분봉할 때도 반드시 혼인을 통해 인척관계를 맺도록 했는데 이것은 여전히 혈통을 통치조직의 골간으로 삼은 것이다. 종법적 혈통으로 정치의 골간을 형성하는 제도 아래서는, 한편으로는 반드시 하나의 씨족【예를 들면 주(周)족】이 장기간의 생존투쟁과 발전을 통해 혈통상의 인구 역량을 축적해야 했다. 사마천이 『사기』 「진초지제월표서(秦楚之際月表序)」에서 "탕(湯)과 무(武)가 왕을 칭하게 된 것은 설(契)[171]과 후직(后

---

171 설(契, 禼): 은(殷)나라의 시조로 전해지는 전설상의 인물. 황제(黃帝)의 증손 제곡(帝嚳)의

稷)[172]이 인의(仁義)를 닦고 행한 지 10여 세대가 지나서였다"[173]라고 말한 것도 이런 각도에서 해석해 볼 수 있다. 다른 한편으로 이러한 제도에서는 당연히 많은 자손이 요구된다.【원주18】당시 혼인제도에서 "잉(媵)"은 특수한 다처제(多妻制)로 볼 수 있다. 그리고 엄격한 동성 간 혼인 금지는 "자손이 번성하지 못하는"[174] 원인을 방지하는 외에도 이성(異姓)에 대한 정치세력의 확장과 불가분의 관계가 있다. 일정한 토지와 함께 토지에 부착된 인민을 분봉함으로써 통치에 필요한 군사적, 경제적 기초를 형성하는 것, 이것을 "백성이 있으면 이에 토지가 있고, 토지가 있으면 이에 재물이 있다"[175]【원주19】라고 한다. 주나라 사람들의 봉건에 대한 명확한 인상을 쉽게 얻을 수 있도록 약간의 관련 자료를 아래에 발췌해 두었다.

① 『주례』「지관(地官)」 '봉인(封人)': "무릇 제후를 봉건할 때는 사직(社稷)의 담장을 설치하고, 사방의 경계에 흙을 쌓아 올린다."[176]【원주20】

두 번째 부인인 간적(簡狄)이 현조(玄鳥, 제비)의 알을 삼키고 설을 낳았다고 하여 현왕(玄王)이라고도 한다. 우(禹)의 치수(治水)를 도와준 공으로 순(舜)이 사도(司徒)에 임명하고 상(商)에 봉하였으며 자(子) 성을 내렸다고 한다.

172 후직(后稷): 주(周)나라의 전설적 시조. 농경의 신, 오곡의 신이기도 하다. 성은 희(姬)씨, 이름은 기(棄)나. 세곡(帝嚳)의 아내 강원(姜原)이 거인의 발자국을 밟고 잉태하여 후직을 낳았는데, 불길하다고 여겨 세 차례나 내다 버렸지만 그때마다 구조되었고 나중에 요(堯)의 농관(農官)이 되었다고 전한다.

173 『史記』권16「秦楚之際月表序」, "湯武之王, 乃由契·后稷脩仁行義十餘世."

174 『左傳』「僖公 23年」, "男女同姓, 其生不蕃."

175 저본에는 "有土此有人, 有人此有財"로 되어 있는데 착오로 보인다. 『禮記』「大學」, "有人此有土, 有土此有財, 有財此有用."

176 『周禮』「地官」'封人', "凡封國, 設其社稷之壝, 封其四疆." 저본에는 '四疆'이 '四國'으로 되어

②『시경』「대아(大雅)」'숭고(嵩高)':

「시서(詩序)」: "'숭고' 시는 윤길보(尹吉甫)[177]가 선왕(宣王)을 찬미한 시다. 선왕 때 천하가 다시 평화로워져 봉국을 세우고 제후들을 친근히 하여 신백(申伯)을 포상한 것을 읊었다."[178]

"높다란 산악이 하늘에 치솟아 있네.
산악의 신이 내려와 보씨와 신씨를 낳으셨네.
신씨와 보씨는 주나라의 기둥일세.
사방 나라의 울타리 되고 천하의 담이 되네."[179]

"부지런한 신백[180]에게 왕이 선대의 일을 계승케 하니
사(謝)[181]땅에 도읍을 정해 남쪽 나라들의 법식을 삼았네.

있다. 천자는 서주(徐州)에서 공물로 바친 오색(五色)의 흙을 쌓아서 사(社)를 세우고, 제후에게 땅을 분봉할 때는 그중에서 봉국이 위치한 방위에 해당하는 색깔의 흙을 덜어 주어 제후국의 사를 세우도록 하였다. 『尚書』「禹貢」, "厥貢惟土五色." 傳, "王者封五色土爲社, 建諸侯則各割其方色土與之, 使立社."

177 윤길보(尹吉甫, 미상): 혜백길보(兮伯吉父). 서주 선왕(宣王)의 대신. 성은 혜(兮)씨, 이름은 갑(甲)이며, 자는 백길보(伯吉父)다. 윤(尹)은 벼슬 이름이다. 훌륭한 재상의 전형으로 일컬어졌다.

178 『詩』「大雅」'嵩高' 詩序, "嵩高, 尹吉甫美宣王也. 天下復平, 能建國親諸侯, 襃賞申伯焉."

179 『詩』「大雅」'嵩高', "嵩高維嶽, 駿極於天. 維嶽降神, 生甫及申. 維申及甫, 維周之翰. 四國于蕃, 四方于宣."

180 신백(申伯, 미상): 서주 10대 여왕(厲王, 재위 ?-B.C.841)은 신백의 여동생을 후비로 삼아 남쪽의 초나라 세력의 흥기를 막고자 하였다. 선왕(宣王)은 다시 외삼촌 신백을 사읍(謝邑)으로 옮겨 신백으로 삼았으며, 책봉 연대는 『죽서기년(竹書紀年)』에 "宣王七年(B.C.821) 王賜申伯命"으로 기록되어 있다. 선왕은 소백(召伯)에게 명하여 도성을 건조하게 하고, 신백을 남쪽으로 보내 "이초(夷楚)를 방어하고 남토(南土)를 보위"하도록 하였다. 사읍(謝邑)은 원래 옛 사국(謝國, 서주 초년에 이미 멸망)이 있던 곳이었으나 새로 신(申)나라의 수도를 건설하여 신백을 보내 지키도록 하였다. 신백이 새로운 봉국으로 가는 날 선왕은 성대한 환송식을 열었으며 윤길보의 '숭고(崧高)' 시는 그 일을 노래한 것이다.

왕께서는 소백[182]에게 명하여 신백의 거처를 정하시고
남쪽 나라로 가서 대대로 그 일을 지키게 하셨네.
왕께서 신백에게 명하여 남방의 법식이 되게 하시고
이 사(謝) 땅의 사람들로 너의 성을 만들게 하셨네."[183]

"왕께서 소백에게 명하여 신백의 땅의 부세를 정하게 하시고
왕께서 부어에게 명하여 그 사인(私人)들을 옮겨 가게 하셨네."[184]

"신백의 일을 소백이 맡아 경영하셨네.
그곳에 성을 쌓기 시작하여 궁전과 종묘를 완성하였네.
훌륭하게 완성되자 왕께서는 신백에게 하사하셨네.
사마는 건장하고 고리 달린 말 배띠는 산뜻하네[濯濯]."[185]

"왕께서 신백을 보낼 때 큰 수레와 사마를 내리셨네.
내가 그대의 거처를 찾아보니 남쪽 땅만 한 곳이 없소.
그대에게 큰 홀(笏)을 내려 그대의 보배로 삼게 하노니
왕의 외삼촌은 가서 남쪽 땅을 보전하기를."[186]

---

181 사(謝): 서주 이전 봉국의 하나로 지금의 하남성 등주(鄧州) 남양현(南陽縣)에 있다.

182 소백(召伯, 미상): 여기서의 소백은 소호(召虎)를 가리킨다. 이름이 호(虎)이며 소백호(召伯虎)로도 쓴다. 소공석(召公奭)의 후예다. 여왕(厲王)이 폭정으로 쫓거나 죽은 뒤 그 아들 정(靖, 宣土)을 옹립하였다.

183 『詩』「大雅」'崧高', "亹亹申伯, 王纘之事. 于邑于謝, 南國是式. 王命召伯, 定申伯之宅. 登是南邦, 世執其功. 王命申伯, 式是南邦. 因是謝人, 以作爾庸(城)."

184 『詩』「大雅」'崧高', "王命召伯, 徹申伯土田. 王命傳御, 遷其私人."

185 『詩』「大雅」'崧高', "申伯之功, 召伯是營. 有俶其城, 寢廟既成. 既成藐藐(美貌), 王錫申伯. 四牡蹻蹻, 鉤膺濯濯." '濯濯'은 저본에 '躍躍'으로 되어 있다.

186 『詩』「大雅」'崧高', "王遣申伯, 路車乘馬. 我圖爾居, 莫如南土. 錫爾介圭, 以作爾寶. 往近王舅, 南土是保."

제1장 서주(西周) 정치 사회의 十조 성적 문제

"신백이 진실로 가거늘 왕께서는 미(郿)[187]까지 전송하시고
신백은 남쪽으로 돌아서 사 땅으로 삼가 돌아가셨네.
왕께서 소백에게 명하여 신백의 땅에서 부세를 거두어
먹을 양식을 쌓아 놓아 속히 가게 하셨네."[188]

"신백이 늠름한 모습으로 사 땅으로 들어가
많은 부하들 이끄시니 주나라가 모두 기뻐하여
훌륭한 인재를 두었다 하였네. 밝으신 신백께선
왕의 큰외삼촌이니 문무 신하들이 모두 그를 법도로 삼네. …"[189]

③『시경』「대아」'한혁(韓奕)':
「시서(詩序)」: "'한혁'은 윤길보(尹吉甫)가 선왕을 찬미한 시로 선왕이 제후
들에게 명을 내려주었기 때문이다."[190]

"크고 큰 양산(梁山)[191]을 옛날 우임금이 다스렸네.
밝은 그 길에 한(韓)나라 제후가 명을 받으셨네. …"[192]

"한나라 제후가 아내를 취하니 분왕의 생질 되시고
궤보의 따님 되시는 분이네. …"[193]

---

187 미(郿): 지금의 섬서성 미현(郿縣)으로 호경(鎬京)의 서쪽에 있었다.
188 『詩』「大雅」'嵩高', "申伯信邁, 王餞于郿. 申伯還南, 謝于誠歸. 王命召伯, 徹申伯土疆. 以峙
其粻, 式遄其行."
189 『詩』「大雅」'嵩高', "申伯番番, 既入于謝, 徒御嘽嘽, 周邦咸喜, 戎有良翰, 不(丕)顯申伯, 王之
元舅, 文武是憲 …."
190 『詩』「大雅」'韓奕' 詩序, "尹吉甫美宣王, 能錫命諸侯."
191 양산(梁山): 주자의 『시경집전(詩經集傳)』에는 "韓之鎭也, 今在同州韓城縣"이라 되어 있다.
192 『詩』「大雅」'韓奕', "奕奕梁山, 維禹甸之. 有倬其道, 韓侯受命. …"
193 『詩』「大雅」'韓奕', "韓侯取妻, 汾王(鄭箋: 汾王, 厲王也)之甥, 蹶父(毛傳: 蹶父, 卿士也)之子. …"

"커다란 한나라 성은 연나라 사람들이 완성시킨 것.

선조들이 받은 명을 받들어 오랑캐 나라들을 다스렸네.

왕께서는 한나라 제후에게 추나라·맥나라까지 맡기시니,

북쪽 나라들을 모두 맡아 그곳의 백(伯)이 되었네.

성을 쌓고 못을 파고 경지를 다스리고 세금을 정하고,

왕께 비휴[194] 가죽과 붉은 표범, 누런 말곰 가죽 바치네."[195]

④『시경』「노송(魯頌)」'비궁(閟宮)':

"성왕께서 말씀하시기를, 숙부님, 당신의 맏아들을 세워,

노나라의 제후로 삼으니 당신의 나라를 크게 발전시키어

주나라 왕실을 보좌하도록 하십시오.

이에 노공[伯禽]에게 명하여 동쪽 땅의 제후가 되게 하시고

산천과 토지와 부용(附庸)[196]을 내리셨네."[197]

⑤『좌전』「희공(僖公) 24년」: 주(周)나라 왕이 적(狄)의 군사를 거느리고 정(鄭)나라를 토벌하려 하였다.[198] "주나라 대부 부신(富辰)이 간하여 말하

정전에는 "분왕은 여왕(厲王)이다"라 하였고 모전에는 "궤보는 경사(卿士)이다"라 하였다.

194 비휴(貔貅): 표범의 일종.

195 『詩』「大雅」'韓奕', "溥彼韓城, 燕師所完. 以先祖受命, 因時百蠻. 王錫韓侯, 其追其貊(毛傳: 追·貊, 戎狄國也), 奄受北國, 因以其伯. 實墉實壑, 實畝實藉. 獻其貔皮, 赤豹黃羆." 모전에는 "추와 맥은 융적의 나라이다"라 하였다.

196 부용(附庸): 큰 제후국에 붙어 있는 작은 나라.

197 『詩』「魯頌」'閟宮', "王曰叔父, 建爾元子, 俾侯于魯, 大啓爾宇, 爲周室輔. 乃命魯公, 俾侯于東. 錫之山川, 土田附庸."

198 『사기』권4 「주본기(周本紀)」에 따르면 동주(東周) 양왕(襄王)은 B.C.639년에 정(鄭)나라가 활(滑)나라를 공격하자 대부 유손(游孫)과 백복(伯服)을 정나라로 보내 활나라와 화해할 것을 요구하였다. 그러나 주나라 왕실의 홀대에 불만을 품고 있던 정나라 문공(文公)이 두 사람을 가두어 버리자 이에 분노한 양왕은 적(翟)의 도움을 받아 정나라를 공격하려 했다. 부신(富辰)이 만류했지만 양왕은 B.C.637년 적나라 군대를 이끌고 정나라를 공격했고, 적나라 출

제1장 서주(西周) 정치 사회의 구조 성격 문제

기를 '안 됩니다. 신이 듣건대 최상의 방법은 덕으로 백성을 어루만지는 것
이요, 그 다음은 친속을 친애[親親]하여 소원한 사람에게까지 은혜가 미치도
록 하는 것이라고 합니다. 옛날에 주공은 하나라·은나라의 말세[199]에 친척
을 소원히 하여 멸망에 이른 것을 가슴 아파하였습니다. 그리하여 친척을 봉
건하여 주나라 왕실의 울타리로 삼았으니, 관(管)·채(蔡)·성(郕)·곽
(霍)·노(魯)·위(衛)·모(毛)·담(聃)·고(郜)·옹(雍)·조(曹)·등(滕)·
필(畢)·원(原)·풍(豐)·순(郇)은 문왕의 소(昭) 항렬이고, 우(邘)·진
(晉)·응(應)·한(韓)은 무왕의 목(穆) 항렬이며, 범(凡)·장(蔣)·형(邢)·
모(茅)·조(胙)·제(祭)는 주공의 후손입니다. 소목공(召穆公)은 주나라의
덕이 선하지 못함을 상심하여 성주(成周)에 종족을 규합해 놓고 (예전에 주
공이 지은) 시를 읊기를 '아가위 꽃은 꽃송이가 울긋불긋하네. 세상 사람들
에게 형제보다 더한 이는 없네'라고 하였습니다. 그 시의 4장에는 '형제가 집
안에서 다툰다 해도 밖에서 모욕을 가해 오면 함께 대적하네'라는 구절이 있
습니다.[200]【원주21】 그러한즉 형제간에는 비록 사소한 분원(忿怨)이 있더라
도 지친[懿親]을 버려서는 안 되는 것입니다. … 주나라에 아름다운 덕이 있
을 때에도 오히려 형제만한 이가 없다고 하면서 형제를 봉건하였고, 천하를
회유할 때도 오히려 밖으로부터의 모욕을 우려하여 그 모욕을 막는 데는 친
속을 친애하는 것만 한 것이 없다고 하면서 친속을 제후로 봉해 주나라의 울
타리로 삼았습니다. 소목공도 그렇게 말했습니다.'"[201]

신의 적후(翟后)를 왕비로 맞이했다.

199 하나라·은나라의 말세: 원문은 "이숙(二叔)"으로 되어 있는데 두예는 이를 하나라·은나라
의 숙세(叔世, 末世)로 풀이하였다. "弔, 傷也. 咸, 同也. 周公傷夏殷之叔世, 疏其親戚, 以至滅
亡, 故廣封其兄弟."

200 『詩』「小雅」'常棣', "常棣之華, 鄂不韡韡. 凡今之人, 莫如兄弟. … 兄弟鬩於牆, 外禦其侮."

201 『左傳』「僖公 24年」, "富辰諫曰, 不可. 臣聞之, 大上以德撫民. 其次親親, 以相及也. 昔周公弔
二叔之不咸, 故封建親戚, 以藩屏周室. 管·蔡·郕·霍·魯·衛·毛·聃·郜·雍·曹·
滕·畢·原·豐·郇, 文之昭也. 邘·晉·應·韓, 武之穆也. 凡·蔣·邢·茅·胙·祭, 周公
之胤也. 召穆公思周德之不類, 故紏合宗族于成周而作詩曰, '常棣之華, 鄂不韡韡. 凡今之人,

⑥ 『좌전』「소공(昭公) 26년」: 주나라 왕자 조(朝)[202]가 왕위[당시 경왕(敬王)]를 탈취하려다 실패한 후 "왕자 조와 소씨(召氏)의 종족, 모백득(毛伯得)·윤씨고(尹氏固)·남궁은(南宮嚚)이 함께 주나라의 전적을 가지고 초나라로 달아났다. … 왕자 조가 제후국에 사자를 보내어 다음과 같이 고하였다. '옛날 무왕(武王)이 은나라를 정벌하여 승리하고, 성왕(成王)이 사방을 평안케 하였고, 강왕(康王)이 백성을 쉬게 하고 동모제(同母弟)들을 나란히 제후로 세워 주나라 왕실의 울타리로 삼았소. 그리고 말하기를 '(동모제들을 제후로 봉한 것은) 나 혼자서 문왕 무왕의 공덕을 누리기 위함이 아니다 …'라고 하였소. 이왕(夷王)에 이르러 왕의 몸에 악질이 생기자 제후들은 그 경내의 명산대천에 두루 제사하여[望][203] 왕의 병이 낫기를 기구하지 않는 자가 없었소. 여왕(厲王)에 이르러서는 왕의 마음이 사납고 모질어 백성들이 참지 못하고 왕을 내쳐 체(彘)에 살게 하였소. 그러자 제후들은 자신의 군주 자리는 버려두고 주나라로 가서 왕정에 참여하였다가 선왕(宣王)이 장성하여 지식을 갖추자 국정을 왕에게 돌려주었소. 유왕(幽王)에 이르러시는 하

莫如兄弟. 其四章曰, 兄弟鬩於牆, 外禦其侮. 如是, 則兄弟雖有小忿, 不廢懿親 … 周之有懿德也, 猶曰'莫如兄弟', 故封建之. 其懷柔天下也, 猶懼有外侮. 擇禦侮者莫如親親, 故以親屏周. 召穆公亦云."

202 왕자 조(朝, ?-B.C.505): 동주 경왕(景王)의 장서자(長庶子)로 경왕의 총애를 받았다. 노(魯) 소공(昭公) 22년 경왕이 죽고 태자 맹(猛)이 도왕(悼王)으로 즉위하였으나 곧 왕자 조(朝)에게 살해되었고, 왕자 조는 스스로 왕위에 올랐다. 그러자 진(晉)에서는 도왕의 동모제(同母弟)인 왕자 개(匄)를 경왕(敬王)으로 세웠는데, 경왕은 주나라 도성으로 들어가지 못하고 진(晉)나라 땅에 머물러야 했다. 이처럼 이 시기에 주나라는 동과 서에 두 명의 왕이 있었으므로 서쪽의 조를 서왕(西王), 동쪽의 경왕을 동왕(東王)이라 불렀다. 동·서 양 세력은 3년 동안 주나라의 지배권을 놓고 다투다가 B.C.516년 진(晉)의 경사(卿士)인 조앙(趙鞅)이 경왕에 대한 제후들의 지지를 이끌어 내 순력(荀躒)과 함께 주나라 공격에 나서 도성을 점령하였고, 이에 왕자 조는 주나라의 전적(典籍)을 가지고 초(楚)나라로 달아났다. 그때 제후들에게 고한 말이 본문 『좌전』의 인용문이다. 왕자 조는 B.C.505년 초나라의 도읍인 영(郢)이 오(吳)나라에 함락되었을 때 경왕이 보낸 사람에게 살해되었다.

203 제사하여[望]: '망(望)'이란 멀리서 산천을 바라보며 지내는 제사의 이름이다. 『周禮』「地官」'牧人'조 정현 주에 "望祀五嶽·四鎮·四瀆也"라 하였다.

늘이 주나라를 돕지 않아 왕이 혼미하여 도리를 따르지 않으니 이로 인해 그
왕위를 잃었소. 휴왕(攜王)[204]【두예 주: 유왕의 작은아들 백복(伯服)】이 천
명을 범하자【적장자를 세우는 명(命)을 범함】제후들이 그를 폐출하고 왕사
(王嗣, 平王)[205]를 세우고 겹욕(郟鄏, 낙양)으로 천도하였으니 이는 형제나
라가 능히 왕실의 안정에 힘을 쓸 수 있음을 보여 준 것이오. … 지금 왕실이
혼란하여 … 이에 나는 난리를 피해 형만(荊蠻)으로 도망하여 … 감히 나의
심중과 선왕의 상법(常法)을 모두 고하는 바이니 그대 제후들은 실로 깊이
생각하기 바라오. 옛 선왕의 명(命)에 이르기를 '왕후에게 적자(嫡子)가 없
으면 서자(庶子) 중에 연장자를 택하여 세우고, 나이가 같으면 덕행으로 택
하고, 덕행이 같으면 점을 쳐서 결정한다'고 하였으니, 왕은 총애하는 아들
을 후사로 세우지 않고 공경(公卿)은 사사로이 왕의 서자를 편들지 않는 것
이 옛날의 제도였소. …'"[206]

---

204 휴왕(攜王, ?-B.C.750): 성은 희(姬), 이름은 여신(余臣) 또는 여(余)다. 휴혜왕(攜惠王), 혜왕
(惠王)이라고도 한다. 선왕(宣王)의 아들이자 유왕(幽王)의 동생으로 알려져 있다. 서주 말기
유왕은 신후(申后)와 신후 소생의 태자 의구(宜臼)를 폐하고, 포사(褒姒)와 그 소생 백복(伯
服, 또는 伯盤)으로 뒤를 잇게 했다. 신후의 아버지 서신후(西申侯)가 이에 반발하여 증(繒)나
라 등의 제후와 견융(犬戎)과 연합하여 수도인 호경(鎬京)으로 쳐들어가 유왕과 백복을 죽였
다. 그 뒤 신후는 아들 의구를 주나라 평왕(平王)으로 세우고, 평왕은 도읍을 낙읍(洛邑, 하남
성 낙양)으로 옮겨 동주(東周) 시대가 시작되었다. 한편 유왕이 살해된 후 서괵(西虢, 산서성
寶鷄 일대)의 제후들은 낙읍의 평왕을 인정하지 않고 왕자 여신(余臣)을 왕으로 세워 호경에
서 유왕의 뒤를 잇게 했는데 역사에서는 이를 휴왕이라 부른다. 이로써 주나라는 동서로 나뉘
어 낙읍의 평왕과 호경의 휴왕이 각각 주나라의 정통을 내세우며 다투게 되었다. 몇 년간의
동서 병립 상황은 진(晉)나라 문후(文侯)가 휴왕을 살해함으로써 종지부를 찍었다.
205 왕사(王嗣): 유왕(幽王)의 신후(申后)가 낳은 태자 의구(宜臼). 동주의 평왕(平王).
206 『左傳』「昭公 26年」, "王子朝及召氏之族, 毛伯得 · 尹氏固 · 南宮囂, 奉周之典籍以奔楚. …
使告於諸侯曰, '昔武王克殷, 成王靖四方, 康王息民, 並建母弟, 以蕃屛周, 亦曰, 吾無專享文武
之功 … 至於夷王, 王愆於厥身, 諸侯莫不並走其望, 以祈王身. 至於厲王, 王心戾虐, 萬民弗忍,
居王于彘; 諸侯釋位, 以間(參與)王政. 宣王有志(年長有知識), 而後效官. 至於幽王, 天不弔周,
王昏不若, 用愆厥位. 攜王(杜注: 幽王少子伯服也)奸命(犯立嫡之命), 諸侯替之, 而建王嗣, 用
遷郟鄏. 則是兄弟之能用力於王室也. … 今王室亂 … 茲不穀震盪播越, 竄在荊蠻 … 敢盡布其

⑦『좌전』「정공(定公) 4년」: 주(周)나라 대신 유문공(劉文公)이 소릉(召陵)에서 제후들과 회합하여 초나라 토벌에 관한 일을 상의하였다.[207] 유문공은 위(衛)나라보다 채(蔡)나라에게 먼저 삽혈(歃血)[208]을 하게 하려고 했는데 채나라의 시조 채숙(蔡叔)[209]이 위나라의 시조 강숙(康叔)[210]에게 형이 되기 때문이다. 이에 위나라 군주는 축타(祝佗, 子魚)를 보내어 사사로이 장홍(萇弘)에게 이렇게 말하였다. "지난날 선왕의 처사를 보면 (나이보다는) 덕을 숭상하였습니다. 예전에 무왕이 상(商)나라를 이기고, 성왕이 천하를 안정시킬 때 밝은 덕이 있는 자를 택하여 제후로 세워서 주나라의 울타리[藩屛]가 되게 하였습니다. 그러므로 주공이 왕실을 도와 천하를 다스리니【두예 주[211]: 윤(尹)은 정(正, 장관)의 뜻이다】제후들이 주나라와 화목하였습니다. 노공(魯公)에게 대로(大路)와 대기(大旂)[212]와 하후씨(夏后氏)의 황(璜)

腹心, 及先王之經, 而諸侯實深圖之. 昔先王之命曰, 王后無嫡, 則擇立長; 年鈞以德, 德鈞則以卜. 王不立愛, 公卿無私, 古之制也. …'"

207 『左傳』「定公 4年」, "春, 三月, 劉文公合諸侯於召陵, 謀伐楚也."

208 삽혈(歃血): 맹세할 때 희생(犧牲)을 잡아 서로 그 피를 마시거나 입가에 발라 서약(誓約)을 꼭 지킨다는 단심(丹心)을 신(神)에게 맹세하는 의식.

209 채숙(蔡叔): 주나라 무왕의 동생. 상(商)을 멸망시킨 무왕은 상의 유민(遺民)들을 통제하기 위해 상의 마지막 임금인 주왕(紂王)의 아들 무경(武庚)을 상의 도읍인 은(殷, 지금의 하남 安陽)에 머무르며 그곳을 다스리게 하였다. 무왕은 그가 반란을 일으키지 못하도록 감시하기 위해 자신의 세 동생들에게 그 주변 지역을 분봉하였다. 즉 관숙(管叔)을 관(管, 하남 鄭州)의 제후로, 채숙(蔡叔)은 채(蔡, 지금의 하남 上蔡)의 제후로, 곽숙(霍叔)은 곽(霍, 산서 霍州)의 제후로 각각 봉하였는데 이를 '삼감(三監)'이라고 한다. 관숙·채숙·곽숙은 주공의 섭정에 불만을 품고 무경과 연합하여 반란을 일으켰는데 이를 '삼감의 난'이라고 한다. 반란 진압 후 주공의 형인 관숙은 처형되고 채숙은 멀리 유배되었으며, 곽숙은 모든 지위를 박탈당하였다.

210 강숙(康叔): 주나라 무왕의 막냇동생. 무왕의 동생들이 '삼감(三監)의 난'을 일으키자 주공은 소공(召公) 희석(姬奭)과 함께 왕실 내부와 제후들을 단속하고 반란 진압 후 삼감을 폐지하고 상(商)의 영토를 둘로 나누어 상의 유민(遺民)들에 대한 통제를 강화하였는데, 유민들을 회유하는 한편으로 강숙을 위(衛)나라 제후로 봉하여 지금의 하남성 북부와 하북성 남부 지역의 지배를 맡겼다.

211 ⑦의 이하 '주(注)'는 모두 두예의 주이다.

과 봉보(封父)의 번약(繁弱)【주: 대궁의 이름이다】, 그리고 은민(殷民) 6족인 조씨(條氏)·서씨(徐氏)·소씨(蕭氏)·색씨(索氏)·장작씨(長勺氏)·미작씨(尾勺氏)를 나누어 주고, 6족의 장(長)으로 하여금 각자의 종족을 거느리고 흩어져 있는 부족들을 모으도록 하였으며, 그 족류의 무리들【주: 추(醜)는 무리이다】을 거느리고서 주공의 법을 따르게 하였습니다. 이로써 주나라 조정으로 가서 주공의 명을 받으니, 그들에게 노나라로 가서 직무를 맡아 주공의 밝은 덕을 밝히도록 하였습니다. 노공에게 토전과 배돈(陪敦)【원주22】과 축(祝)·종(宗)·복(卜)·사(史)와 비물(備物)과 전책(典策)과 관사(官司)와 이기(彝器)를 나누어 주고 상엄(商奄)의 백성을 노나라에 귀속시키고, [이 명서(命書)를]「백금(伯禽)」으로 명명하고 소호(少皞)의 옛 땅[213]에 봉하였습니다. 강숙(康叔)에게는 대로(大路)·소백(少帛)·천패(綪茷)·전(旃)·정(旌)【주: 소백은 깃발과 가장자리 장식의 색깔이 다른 기(旗), 천패는 대적기(大赤旗), 전은 순색의 실로 짠 베로 만든 기, 정은 새 깃을 쪼갠 깃대 머리에 꽂은 것이다】등의 깃발과 대려(大呂)【주: 종의 이름】의 종, 그리고 은민(殷民) 7족인 도씨(陶氏)·시씨(施氏)·번씨(繁氏)·기씨(錡氏)·번씨(樊氏)·기씨(饑氏)·종규씨(終葵氏)를 나누어 주었습니다. 봉토의 경계를 무부(武父) 이남에서부터 포전(圃田)의 북쪽 경계까지로 정하였습니다. 유염(有閻)의 땅을 취하여 왕실의 직사에 공급하게 하였고, 상토(相土)의 동도(東都)를 취하여 천자의 동방 순수(巡狩) 때 비용을 충당하도록 하였습니다. 빙계(聃季, 주공의 동생)에게 토지를 주고 도숙(陶叔)에게 백성을 주어 이를 「강고(康誥)」로 명명하고 은허(殷虛) 땅에 봉하였습니다. (노공과 강숙에게) 모두 상(商)나라 제도로써 백성을 인도하고 주나라 법으로써 토지를 구획하게 하였습니다【주: 토지의 구획은 주나라의 법에 따름】. 당숙(唐

---

212 대로(大路)와 대기(大旂): 대로는 큰 수레, 대기는 날아오르는 용과 내려오는 용을 그린 붉은 기. 대로와 대기는 모두 동성제후를 봉할 때 하사하였다.
213 소호(少皞)의 옛 땅: 지금의 산동성 곡부(曲阜).

叔)에게는 대로(大路)와 밀수(密須)의 북[214]과 궐공(闕鞏)【주: 갑옷의 이름】의 갑옷, 고세(沽洗)【주: 종의 이름】의 종, 그리고 회성(懷姓)의 구종(九宗)【주: 당(唐)의 여민(餘民, 遺民). 아래 문장을 볼 때 하(夏)의 여민(餘民)이 되어야 한다】과 직관의 오정(五正)을 나누어 주고[원주23] 이를「당고(唐誥)」로 명명하고 하허(夏虛)【주: 지금의 태원 진양】의 땅에 봉하여 하나라 제도로써 백성을 인도하고 융적의 법으로써 토지를 구획하게 하였습니다. ...".[215]

⑧ 『국어』「주어(周語)」상: "목왕(穆王)이 장차 견융(犬戎)을 정벌하려고 하자 채공(祭公) 모보(謀父)[216]가 간언하였다. '… 선왕의 제도를 보면, 방내(邦内, 王畿)는 전복(甸服)【주[217]: 전(甸)은 왕전(王田)이다. 복(服)은 천자를 위해 농사일에 전념한다는 뜻이다】이고, 방외(邦外)는 후복(侯服)입니다【주: 후복은 후기(侯畿)이다. 왕기와 가까운 봉국의 제후는 1년에 한 번 조근(朝覲)한다는 뜻이다】. 후복과 위(衛) 사이는【주: 후기의 경계로부터 위기(衛畿)에 이르기까지 그 사이는 모두 다섯 기(畿)로, 하나의 기는 5백 리이므

---

214 밀수(密須)의 북: 밀수는 나라 이름이다. 옛날 주나라 문왕이 밀수를 정벌하고 밀수의 대고(大鼓)를 노획하였다고 한다.

215 『左傳』「定公 4年」, "以先王觀之, 則尙德也. 昔武王克商, 成王定之, 選建明德, 以藩屏周. 故周公相王室, 以尹(杜注: 正也)天下, 於周爲睦. 分魯公以大路·大旂·夏后氏之璜, 封父之繁弱(大弓名), 殷民六族, 條氏·徐氏·蕭氏·索氏·長勺氏·尾勺氏, 使帥其宗氏, 輯其分族, 將其類醜(杜注: 醜衆也), 以法則周公, 用即命于周, 是使之職事于魯, 以昭周公之明德. 分之土田陪敦, 祝宗卜史, 備物典策, 官司彝器, 因商奄之民, 命以伯禽, 而封於少皞之虛. 分康叔以大路·少帛(杜注: 雜帛)·綪茷(杜注: 人亦)·旃(杜注: 通帛爲旃)·旌(杜注: 析羽爲旌)·大呂(杜注: 鐘名), 殷民七族, 陶氏·施氏·繁氏·錡氏·樊氏·饑氏·終葵氏. 封畛土略, 自武父以南, 及圃田之北竟. 取於有閻之土, 以供王職. 取於相土之東都, 以會王之東蒐. 聃季授土, 陶叔授民, 命以康誥, 而封於殷虛. 皆啓以商政, 疆以周索(杜注: 疆理土地以周法). 分唐叔以大路密須之鼓, 闕鞏(杜注: 甲名) 沽洗(杜注: 鐘名), 懷姓九宗(杜注: 唐之餘民. 按下文當爲夏之餘民), 職官五正, 命以唐誥而封於夏虛(杜注: 今太原晉陽), 啓以夏政, 疆以戎索 …."

216 채공(祭公) 모보(謀父): 채(祭)는 기내(畿内)의 나라이며, 모보는 그의 자(字)이다.

217 ⑧의 이하 '주(注)'는 모두 위소(韋昭)의 주를 가리킨다.

로 5×5=2,500리이며 여기까지가 중국의 경계이다】 빈복(賓服)입니다【주:
정기적으로 주왕에게 조근하고 공물을 바친다】. 만이(蠻夷)족이 사는 곳은
요복(要服)이고【주: 우호관계를 맺어서 복종시켜야 한다】, 서융과 북적[戎
翟]이 사는 곳은 황복(荒服)입니다【주: 복종하고 배반함이 무상하여 일정하
지 않다는 말이다】. 전복(甸服)에 사는 사람들은 일제(日祭)에 필요한 물품
을 공급하고【주: 매일 지내는 제사에 물품을 공급】, 후복(侯服)에 사는 사람
들은 월사(月祀)에 필요한 물품을 공급하며【주: 매월 지내는 제사에 물품을
공급】, 빈복(賓服)에 사는 사람들은 시향(時享)에 필요한 물품을 공급합니
다【주: 계절마다 지내는 제사에 물품을 공급】. 요복(要服)에 사는 사람들은
공(貢)을 바칩니다【주: 세공(歲貢)을 바치는 것을 말한다. 요복은 6년에 한
번 조근한다】. 황복(荒服)에 사는 사람들은 왕이라 합니다【생각건대 왕이란
단지 그를 부족들의 최고군주[共主]로 인정한 것일 뿐 별다른 의미는 없다】.
일제(日祭)【주: 부친과 조부에게 제사, 상식(上食)을 말함】, 월사(月祀)【주:
고조에게 달마다 제사】, 시향(時享)【주: 조묘(祧廟)에 계절마다 제사】, 세공
(歲貢), 종왕(終王)【주: 종(終)은 수종(垂終)을 말한다. 생각건대 죽은 왕을
슬퍼하고 또 새로운 왕의 즉위를 경하한다는 말이다】이 선왕의 법도입니
다.'"[218]

⑨ 『국어』「주어(周語)」중: 주 양왕(襄王)[219] 17년, 적(翟)[220]의 군대를 동

---

[218] 『國語』「周語」上, "穆王將征犬戎, 祭公謀父諫曰, '… 夫先王之制, 邦內甸服(韋注: 甸, 王田也, 服其職業也). 邦外侯服(韋注: 侯圻也, 言諸侯之近者, 歲一來見). 侯衛(韋注: 言自侯圻至衛圻, 其間凡五圻, 圻五百里, 五五二千五百里, 中國之界也)賓服(韋注: 常以服見賓貢於王). 蠻夷要服(韋注: 要結信好而服從之). 戎翟荒服(韋注: 荒忽無常之言也). 甸服者祭(韋注: 供日祭). 侯服者祀(韋注: 供月祀). 賓服者享(韋注: 供時享). 要服者貢(韋注: 供歲貢也. 要服六歲一見). 荒服者王(按王者, 僅承認其爲共主, 他無所事). 日祭(韋注: 祭於祖考, 謂上食也), 月祀(韋注: 月祀於高祖), 時享(時享於二祧), 歲貢, 終王(韋注: 終謂垂終也. 按謂弔已死之王, 並賀新王), 先王之訓也.'"

[219] 양왕(襄王, ?-B.C.619)은 정(鄭)나라가 활(滑)나라를 공격하자 2인의 대부를 정나라에 보내

원하여 정(鄭)나라를 정벌한 후 양왕이 적(翟)의 은덕을 감사하게 여겨 "그의 딸을 왕후로 삼으려 하자 대부 부신이 간언하였다. '옳지 않습니다. … 옛날 지(摯)나라와 주(疇)나라는【두 나라는 임성(任姓)이다】태임(太任)【문왕의 어머니】으로 말미암아 복을 얻었고, 기(杞)나라와 증(繒)나라는【두 나라는 사성(姒姓)으로 하나라 우임금의 후손이다】태사(太姒)【문왕의 비】로 말미암아 복을 얻었으며, 제(齊)·허(許)·신(申)·여(呂) 네 나라는【모두 강성(姜姓)이다】태강(太姜)【태왕(太王)의 비】으로 말미암아 복을 얻었고, 진(陳)나라는【규성(嬀姓)으로 순임금의 후손이다】태희(大姬)【무왕의 맏딸이다. 호공(胡公)의 배필로 삼고 호공을 진(陳)나라에 봉하였다】로 말미암아 복을 얻었습니다. 이는 모두 혼인으로 내부를 이롭게 하고 친근히 해야 할 사람을 친근히 했기 때문입니다.'"[221]

⑩『국어』「주어(周語)」중: "진(晉) 문공(文公)이 이미 양왕(襄王)을 겹(郟, 낙양)으로 호송하여 복위시킴에 양왕이 그 공로를 토지로 보상하려 하였다. 문공이 이를 거절하고 수(隧)【왕의 능묘를 조성할 때 곽실(槨室)에 이르는

화해할 것을 요청했으나 정나라 제후가 대부들을 감금하자 B.C.637년 적(翟)나라 군대를 빌려 정나라를 공격하고 적후(翟后)를 왕비로 맞이하였다. 그러나 다음 해 양왕이 적후를 폐출시키자 불만을 품은 적나라가 쳐들어와 주나라의 대부 담백(譚伯)을 죽였고 양왕은 정나라로 달아났다. 이 틈을 타 양왕의 이복동생 희대(姬帶)가 왕위에 올라 양왕이 폐출시킨 적후를 아내로 맞이했다. 양왕은 진(晉)나라 문공(文公)에게 도움을 요청했고, 문공은 B.C.635년 양왕을 호송하여 주나라의 도성으로 들어가 복위시켰다. 양왕은 문공을 백(伯)으로 봉하는 동시에 하내(河內)의 양번(楊樊) 지방을 주었다. 이로써 문공은 패자가 되어 제 환공의 뒤를 이어 이른바 '춘추오패(春秋五霸)' 중 하나로 불리게 되었다. 진 문공의 정치적 권위는 주(周) 양왕을 뛰어넘어 B.C.632년에는 양왕이 문공의 부름을 받아 직접 하양(河陽)과 천토(踐土)로 가서 제후들의 회맹에 참석하기도 했다.

220 적(翟): 외성(隗姓)의 나라로 섬서 동북부에 있었다.

221 『國語』「周語」中, "以翟伐鄭, 將以其女爲后. 富辰諫曰'不可 … 昔摯·疇(二國名, 任姓)之國也, 由太任(文王之母). 杞·繒(二國姒姓, 夏禹之後)由大姒(文王之妃). 齊·許·申·呂(四國皆姜姓)由大姜(大王之妃). 陳(嬀姓, 舜後)由大姬(武王之女, 配虞胡公封於陳). 是皆能內利親親者也.'"

지하 도로】[222]를 만들게 해 달라고 요청하였다. 왕이 허락하지 않으며 말하였다. '옛날 우리 선왕께서 천하를 소유했을 때 사방 천 리 땅을 전복(甸服)으로 삼아 상제와 산천과 백신(百神)의 제사에 공급하고, 백성(백관)과 억조 백성들의 재용을 마련하고, 제후가 조공하지 않을 때와 불의에 발생하는 환난에 대비하였습니다. 그 나머지 땅은 공(公)·후(侯)·백(伯)·자(子)·남(男)의 제후에게 고루 나누어 주어 각자 편안히 거처하도록 하였습니다.'[223]

⑪ 『국어』「주어(周語)」중: "진후(晉侯, 景公)가 수회(隨會)[224]로 하여금 주 왕실에 빙문(聘問)하게 하였는데, 정왕(定王, 재위 B.C.606-B.C.586)이 효증(殽烝)【위소 주: 희생의 머리·다리를 갈라서 제기에 올림】의 예를 사용하여 향연을 베풀면서 원공(原公, 주나라 대부)으로 하여금 예를 돕도록 하였다. 범자(范子, 수회)가 사사로이 원공에게 물었다. '내가 들으니 왕실의 향연의 예는 희생을 해체하지 않고 통째로 쓴다는데 지금 이것은 무슨 예입니까?' … 정왕이 사계(士季, 수회)를 불러서 말하였다. '그대는 듣지 못했는가? 체제(禘祭)와 교제(郊祭)[225]에는 온전한 몸체를 바치는 전증(全烝)[226]을

---

222 서복관은 이 '수(隧)'를 왕의 능묘 건설 시 곽실(槨室)에 이르는 지하 통도(通道)로 이해하였다. 그러나 위소(韋昭)는 여기서의 '수'를 왕의 직할지인 기내(畿內)에서 육향(六鄕) 바깥에 있는 육수(六隧)의 땅을 가리키는 것으로 보았다. 위소의 주(注)는 다음과 같다. "賈侍中云, 隧, 王之葬禮, 開地通路曰隧. 昭謂, 隧, 六隧也. 周禮, 天子遠郊之地有六鄕, 則六軍之士也. 外有六隧, 掌供王之貢賦. 唯天子有隧, 諸侯則無也."

223 『國語』「周語」中, "晉文公旣定襄王於鄭, 王勞之以地, 辭. 請隧焉(王喪時關地通道), 王弗許, 曰, '昔我先王之有天下也, 規方千里, 以爲甸服, 以供上帝山川百神之祀, 以備百姓兆民之用, 以待不庭不虞之患; 其餘以均分公侯伯子男, 使各有寧宇.'"

224 수회(隨會, 미상): 성은 기(祁), 씨는 수(隨) 또는 범(范)이며 이름은 회(會), 자는 계(季)이고, 시호는 무(武)이다. 수(隨)와 범(范)을 봉지로 받아 범계(范季) 또는 수계(隨季)라고도 하고, 수회 또는 범회(范會)라고도 한다. 또 수씨는 사(士)씨에서 나왔으므로 사회(士會)로도 칭하며 범무자(范武子)·수무자(隨武子), 사계(士季), 무자(武子)로도 불렸다. 문공(文公) 등 4대의 군주를 섬기면서 법제를 정비하는 등 큰 치적을 쌓았으며 선진 시대 현량(賢良)의 전범으로 평가된다.

쓰고, 천자와 제후가 서서 연회할 때는[立飫]【위소 주: 예(禮)를 서서 하는 것을 어(飫)라 한다】 몸체의 반을 갈라서 올리는 방증(房烝)【방(房)은 대조(大俎)[227]이다】을 쓰고, 친척 간의 연향에는 효증(餚烝)을 쓴다. 지금 너는 다른 사람이 아니다. 숙부[景公]가 너 사계를 보내 옛 정의(情誼)를 다지고 왕실을 장려하게 하였으니 … 너는 지금 우리 왕실의 가까운 한두 형제로서[228] 때마다 서로 만나서 화협(和協)하는 전례(典禮)를 행하여 백성들에게 본보기를 보여야 하니 또한 부드럽고 좋은 짐승을 가리고 … 화합하고 우호하는 모습을 보이는 것이 아니겠는가.'"[229]

『좌전』「소공(昭公) 28년」에 의하면 진(晉)나라 대부 성전(成鱄)은 위헌자(魏獻子)[230]에게 다음과 같이 말하였다. "무왕이 상(商)나라를 이

---

225 체제(禘祭)와 교제(郊祭): 모두 왕자(王者)가 하늘에 지내는 제사이다. 『禮記』「大傳」에 "『예』에 왕이 되지 않으면 체(禘)제사를 드리지 못한다고 하였는데, 왕자는 시조의 소자출(所自出)에 체제사를 드리고 그 시조를 배향한다[禮, 不王不禘, 王者禘其祖之所自出, 以其祖配之]'라 하였고 정현(鄭玄)의 주에서는 "무릇 큰 제사를 '체'라 한다. '자(自)'는 말미암는다[由]는 뜻이다. 선조가 태어난 근본에 크게 제사하는 것은 '교(郊)'에서 하늘에 제사하는 것이다[凡大祭曰禘. 自, 由也. 大祭其先祖所由生, 謂郊祀天也]'라고 하였다.

226 전증(全烝): 각을 뜨지 않고, 즉 머리와 다리 등을 가르지 않고 온전한 몸체의 희생을 제기에 올려 제사 지내는 것으로 가장 격이 높은 제사이다.

227 대조(大俎): 제사를 지낼 때 희생을 날것으로 담는 제기이다.

228 가까운 한두 형제로서: 수회(隨會)는 기(祁)성인데, 기성은 희(姬)성에서 유래하였다. 춘추시대 진(晉) 헌후(獻侯)의 4세손이자 당시 대부였던 기해(祁奚)가 기(祁, 지금의 산서 기현) 땅을 식읍(食邑)으로 받으면서 이를 성씨로 삼았다고 한다. 그래서 주나라 왕이 수회를 "가까운 한두 형제"라고 불렀던 것이다.

229 『國語』「周語」中, "晉侯使隨會聘於周, 定王享之殽烝(韋注: 升折俎之殽). 原公相禮, 范子私於原公曰, '吾聞王室之禮無毀折, 今此何禮也?' 王 … 召士季曰, '子弗聞乎? 禘郊之事, 則有全烝. 王公立飫(韋注: 禮之立成者爲飫), 則有房(大俎也)烝. 親戚宴饗, 則有殽烝. 今女非它也. 而叔父使士季實來修舊德以獎王室. … 女今我王室之一二兄弟, 以時相見, 將和協典禮以示民訓則, 無亦擇其柔嘉 … 以示容合好.'" 저본에는 인용문 앞부분 "聘於周"가 "聘於諸侯"로 되어 있는데 바로잡는다.

기고 천하를 크게 소유했을 때 그 형제로서 나라를 분봉받아 간 자가 15인이고 희성(姬姓)으로 나라를 분봉받아 간 자가 40인이었으니 이는 모두 친속을 거용한 것입니다.”[231] 『순자』「유효(儒效)」편에서는 “주공이 천하를 제패하고 71개의 봉국을 세웠는데 희성이 53인으로 이를 독차지하였다”[232]라고 되어 있다. 봉국의 세부적인 숫자는 단정하기 어렵지만 그 봉건이 종법을 위주로 한 것임은 이 두 사료로부터도 매우 분명히 알 수 있다. 상술한 자료들을 요약하면 다음과 같은 몇 가지 결론을 얻을 수 있다.

(1) 상술한 자료들 중 봉건이 누구로부터 시작되었는지에 대해서는 견해가 일치하지 않는다. 『사기』「주본기(周本紀)」에서는 봉건이 무왕(武王)에서 시작된 것으로 보았다. 그러나 자료 ⑥에서는 “옛날 무왕이 은을 이기고, 성왕이 사방을 평안하게 하였다”라 하였고, 자료 ⑦에서는 “옛날 무왕이 상나라를 이기고, 성왕이 이를 안정시켰다”라고 하였다. 제후를 봉건하는 것은 “사방을 평안하게 하고” “이를 안정시키는” 일이다. 무왕은 “상나라를 이겼지만[克商]” 봉건을 실행할 시간과 역량이 없었다. 그가 동생 관숙(管叔)과 채숙(蔡叔)을 봉하여 녹보(祿父)[233]를 도와 은나라의 구세력을 다스리게 한 것은[234] 은나라 백성을 안정

230 위헌자(魏獻子, ?-B.C.509): 위서(魏舒). 춘추 후기 진(晉)나라의 경(卿)으로 저명한 군사가이자 정치가이다.

231 『左傳』「昭公 28年」, “武王克商, 光有天下, 其兄弟之國者十有五人, 姬姓之國者四十人, 皆擧親也.”

232 『荀子』「儒效」, “周公兼制天下, 立七十一國, 姬姓獨居五十三人焉.”

233 녹보(祿父): 은나라 마지막 주왕(紂王)의 아들.

234 『史記』권4 「周本紀」, “武王爲殷初定未集, 乃使其弟管叔鮮·蔡叔度相祿父治殷.”

시키려는 임시 조치일 뿐이며 봉건의 본질과는 무관하다. 둘째, 성왕이 사방을 평안하게 한 것은 사실상 주공(周公)의 동정(東征)으로부터 시작된다. 낙읍(洛邑)을 경영하여 동쪽과 남쪽을 향한 발전의 근거지로 삼은 것도 주공이다. 셋째, 종법의 기초는 아들[子]에게 지위를 물려주고, 정실부인 소생[嫡]을 세우고, 맏아들[長]을 세우는 데 있다. 그러나 성왕 이전의 태왕(太王), 왕계(王季), 문왕(文王)의 지위 계승은 모두 은나라 말기 왕위계승의 상황과 같아서 적(嫡)을 세우고 장(長)을 세우는 관념이 없었다.【원주24】주공은 주 왕실의 왕위계승 관습과 그의 특별한 공적으로 실제 왕위에 올랐던 적이 있다. 적장자에게 지위를 계승하는 제도의 확립, 다시 말해 종법의 기초 확립은 실로 주공이 성왕에게 왕위를 양도하면서부터 시작되었다. 상술한 세 가지 원인을 종합하면 ⑤에서 봉건이 주공에서 시작되었다고 보는 견해가 사실에 가까울지 모른다. 또한 주 초의 수많은 금문 기록과 위에 인용한 자료 ②에 근거하면 주공 이후 선왕(宣王)에 이르기까지 계속해서 봉건이 행해졌음을 알 수 있다. 1954년 강소성 단도(丹徒) 연돈산(煙墩山)에서 강왕(康王) 시대의 『의후측궤(宜侯夨簋)』가 발견되었는데 그 명문을 통해 측(夨)이 원래는 기내(畿內)에 봉해져 우후(虞侯)가 되었다가 그 뒤에 다시 의(宜)로 개봉(改封)되어 의후(宜侯)가 되었던 사실을 알 수 있다. 동시에 요녕성 능원현(淩源縣) 마창구(馬廠溝)에서 『궤후우(匱侯盂)』등 일련의 동기(銅器)가 발견되었는데, 요녕 지역이 서주 초년에 이미 주나라가 봉건한 연(燕)나라의 강역에 속해 있었음을 보여 준다. 이상의 자료들로부터 주 초 봉건이 도달한 지역이 매우 광범위했다는 것을 알 수 있다. 봉건의 실행은 주나라 정치세력의 확장으로 인한 것이고, 봉건의 중단은 주나라 정치세력의 쇠락으로 인한 것이다.

(2) 자료 ⑤의 "최상의 방법은 덕으로 백성을 어루만지는 것이요, 그 다음은 친속을 친애하여 소원한 사람에게까지 은혜가 미치도록 하는 것이라고 합니다" 두 구절은 지금까지 피상적으로 지나쳤던 부분이다. 사실 "덕으로 백성을 어루만지는 방법"과 "친속을 친애하여 소원한 사람에게까지 은혜가 미치도록 하는 방법"은 서로 반대되는 개념으로, 소극적 의미로는 먼 옛날에는 친친(親親)을 골간으로 하는 봉건이 없었다는 것을 설명한다. 전설상의 요·순이나 그 이전 시대 군주는 점차로 형성된 수많은 씨족들에 의해 인정 또는 추대를 받은 공주(共主)일 뿐이었다. 하(夏)나라 우(禹)임금에 와서야 비로소 하나의 성(姓)이 대대로 지위를 물려받는 시대로 진입하게 된다. 각 씨족들 사이에는 당연히 합병도 있고 흥폐도 있었을 터이나, 하(夏)·상(商) 두 시대는 고유한 역사를 가진 고유한 전승을 이어 온 수많은 씨족들이 여전히 각 지역의 정치적 주체를 구성하고 있었다. 하·상 시대의 왕자(王者)는 단지 각 씨족들로부터 천명을 받은 공주(共主)임을 인정받기 위해 노력할 뿐이었다. 당시는 정치의 통일성이 상당히 느슨한 편에 속했다. 주공에 이르러서야 종법의 친친(親親)제도에 따라 계획적으로 친척들을 봉건하여 왕실의 번병(藩屛)으로 삼아 왕실의 정치적 통제력을 확대하고 왕실의 정치적 통일성을 강화하였다. 모든 봉국은 특정 지역에서 특별한 정치적 임무를 수행하였다. 예를 들면 한(韓)나라의 임무는 "북쪽 나라들을 모두 맡아"[235] 관리하는 것이었고, 노(魯)나라

---

235 앞의 『詩』「大雅」'韓奕' 시, "奄受北國."

와 위(衛)나라의 임무는 은나라 유민을 동화시키는 것이었다. 제(齊)나라의 임무는 내이(萊夷)를 진압하고 동화시키는 것이었다. 신(申)나라의 임무는 남방 초나라에 대한 방위를 강화하는 것이었다. 고대 정치의 통일성은 주나라의 봉건에 이르러 크게 강화되었다고 할 수 있다.

(3) 전반적인 자료로 보건대, 봉건이 이루어진 곳은 모두 해당 지역의 씨족을 바탕으로 하고 있었다. 예를 들면 연(燕)나라는 "오랑캐 나라들까지 다스렸고",[236] 노나라는 "상(商)·엄(奄)의 백성을 그대로 소유하였고",[237] 신(申)나라는 "사(謝) 땅의 사람들을 시켜"[238] 성곽을 만들게 하였다. 그렇게 할 수 있었던 이유는 한편으로는 주나라가 상나라를 이긴 후 천명에 의해 공동으로 인정된 공주(共主)의 지위를 얻었기 때문이고, 다른 한편으로는 여전히 무력적인 뒷받침이 있었기 때문이었다. 선왕(宣王)이 한후(韓侯)를 다시 봉할 수 있었던 것은 한나라 성곽이 "연나라 사람들에 의해 완성되었기"[239] 때문이었다. 신백(申伯)을 봉할 때는 "소백(召伯)이 그 일(신나라 도읍 건설)을 맡아 경영하게"[240] 하고 "왕께서 소백에게 명하여 신백의 토지의 부세를 정하도록"[241] 할 필요가 있었으니, 사실상 소백은 왕실의 역량으로 신백이 봉

---

236 앞의 『詩』 「大雅」 '韓奕' 시, "因時百蠻."

237 앞의 『左傳』 「定公 4年」, "因商奄之民."

238 앞의 『詩』 「大雅」 '崧高' 시, "因是謝人". 사(謝)는 봉국의 하나로 지금의 하남성 신양현(信陽縣)에 있었다. 신(申)나라와 사(謝)나라는 거리가 멀지 않고 사나라가 신나라보다 크기 때문에 신백(申伯)을 그곳에 옮겨 봉하였다.

239 앞의 『詩』 「大雅」 '韓奕' 시, "溥彼韓城, 燕師所完."

240 앞의 『詩』 「大雅」 '崧高' 시, "召伯是營."

241 앞의 『詩』 「大雅」 '崧高' 시, "王命召伯, 徹申伯土田."

토에 나아갈 수 있는 토대를 마련하였다. 1956년 섬서성 미현(郿縣) 이가촌(李家村)에서 출토된 일련의 주대 청동기 중에는 『이방이(瘨方彝)』와 『이준(瘨尊)』이 있는데, 그 명문에 의하면 주나라 왕이 이(瘨)에게 종주(宗周)의 6사(六師)를 관장할 것을 명하는 외에 "은팔사(殷八師)"도 겸하여 관장하도록 하고 있음을 알 수 있다.【원주25】 금문 가운데 『?저궤(陵貯簋)』와 『남궁유정(南宮柳鼎)』은 모두 육사(六師)를 언급하고 있다.【원주26】「요호(曶壺)」에서는 "성주팔사(成周八師)"라는 말이 나온다.「소극정(小克鼎)」에서는 "성주(成周)"와 "팔사(八師)"가 하나로 연결되어 있지는 않지만 이 또한 "성주팔사"를 가리키는 것으로 단언할 수 있다. 『경유(競卣)』에 보이는 "성사(成師)"는 "성주팔사"의 약칭으로 볼 수 있다. 『소신래궤(小臣謎殷)』 명문에는 "?(叡)! 동이가 크게 반란을 일으켜 백무보가 은팔사(殷八師)를 거느리고 동이를 정벌하였다"[242]라는 구절이 있다. 『우정(禹鼎)』에서는 "서육사(西六師)"와 "은팔사(殷八師)"를 나란히 들고 있다. "서육사"는 즉 "종주육사(宗周六師)"로서 서주의 수도 풍호(豐鎬)를 지키는 군대이다. "은팔사(殷八師)"는 내 생각에 "성주팔사(成周八師)"를 가리키는 것으로 보인다.【원주27】 "성주팔사"는 주공이 낙양에 건립한 방대한 병력이다. 더욱이 위의 관련 금문으로부터 보면 이 팔사(八師)는 모두 동방 정벌과 남방 토벌에 동원되고 있다.【원주28】이 방대한 군단이 바로 주공과 성왕(成王)·강왕(康王) 등이 서에서 동을 향해, 또 서에서 남을 향해 봉건으로 세력을 신장해 갈 때의 무장역량이었다는 것은 짐작하기 그리 어렵지 않다. 아울러 봉건할 때 한 가

---

242 『小臣謎簋』, "叡! 東夷大反, 白懋父以殷八自(師)征東夷."

지 중요한 일은 왕실의 역량으로 피봉자를 위해 견고한 성곽을 쌓아 봉국의 근거지로 삼게 하는 것이다. 이것은 앞에 든 자료 속에서 쉽게 찾아볼 수 있다.

(4) 대부분의 자료들은 봉건이 주 왕실의 형제와 자질(子姪)을 대상으로 시행되었음을 보여 준다. 자료 ⑤에서는 "문왕의 소(昭)" 항렬과 "무왕의 목(穆)" 항렬을 제시하고 있는데, 이것은 종법의 배열순서에 따라 봉건이 행해졌다는 강력한 증거이다. 주공의 아들들의 수봉에 대해서는 단지 "주공의 후손[周公之胤]"이라고만 하였는데, 왜냐하면 소목(昭穆)은 왕위를 계승한 대종(大宗)들의 종묘 내 배열순서로서 주공은 성왕에게 왕위를 반환하여[243] 종묘의 소목에 배열될 수 없었기 때문이다. 봉건의 목적은 주 왕실을 울타리처럼 둘러싸고 보호하는 데 있다. 봉건의 연결고리는 바로 종법의 친친(親親)이다. 주 왕실은 봉건된 여러 나라 중에서 노나라를 가장 도탑게 여겼는데 이는 물론 주공이 왕위에 올랐던 적이 있고 또 공훈도 가장 컸기 때문이다. 그러나 자료 ⑦과 같이 "제후들이 주나라와 화목하게 지내도록" 만든 주공의 공로 역시 주 왕실이 노나라를 도탑게 여긴 중대한 요인이다. 자료 ⑨는 이성(異姓)을 분봉하는 경우를 설명하였다. 이로부터 이성에 대한 분봉은 모두 인아(姻婭)【후대의 이른바 외척】 관계를 맺어 친친(親親) 정신에 따른 종법을 확대하기 위한 것이었음을 알 수 있다. 분봉된 이성(異姓)의 나라들도 내부적으로는 종법에 기초한 통치의 골간을 수립해야 했다. 주나라는 정치적 · 도덕적 요구에 따라 당우(唐虞, 요순) 및 하 · 은

---

243 주공의 즉위와 칭왕(稱王) 문제에 대해서는 부록3과 4에 저자의 상세한 논증이 있다.

왕조의 후손들을 예우하는 "삼각(三恪)"[244]의 제도를 두었는데, 그 내면을 보면 역시 인척관계를 하나 더 추가한 것이나 다름없다. 종법에 의해 봉건된 나라와 주 왕실의 관계는, 한편으로는 군신(君臣) 관계이지만 다른 한편으로는 형제·백숙(伯叔)·생구(甥舅)의 관계였다. 기본적인 의미에서 백숙·형제·생구의 관념은 군신의 관념보다 더 중요하다. 『좌전』「희공(僖公) 9년」규구(葵丘)에서 제후들이 회합을 가졌을 때 주나라 왕이 재공(宰孔)을 제(齊)나라 환공에게 사신으로 보내어 제사 지낸 고기[胙]를 하사하면서 말하기를 "천자가 문왕·무왕에게 제사를 지냈으니 재공을 보내어 백구(伯舅)에게 제사 지낸 고기를 내리노라"[245]라고 하였는데 이는 제 환공을 구(舅)[246]로 칭한 예다. 『좌전』「희공 28년」 겨울 진(晉) 문공이 하양(河陽)으로 왕을 조근(朝覲)했을 때 왕이 진후(晉侯)를 책명하여 "후백(侯伯)"으로 삼으면서 그 명사(命辭)에 이르기를 "왕이 숙부(叔父)에게 이르노니 삼가 왕명에 복종하라"[247]라고 하였는데 이는 진 문공을 숙부로 칭한 예이다. 주나라로부

---

244 삼각(三恪): 주나라는 순(舜)의 후손을 진(陳)에 봉하고 뒤에 다시 하(夏)왕조의 후손을 기(杞)에 봉하고 은(殷)왕조의 후손을 송(宋)에 봉하여 이를 '삼각'이라 하여 예우하였다. 그 후 서진(西晉)에 가면 하·은·주의 후손을 삼각으로 하고 서진 바로 앞에 존재했던 두 왕조 한(漢)과 위(魏)의 후손을 이왕후(二王後)로 삼아 예우하였다. '각(恪)'에는 공경하다[敬]의 뜻이 있다.

245 『左傳』「僖公 9年」, "夏, 公會宰周公·齊侯·宋子·衛侯·鄭伯·許男·曹伯于葵丘." 전(傳)에서는 "夏, 會于葵丘尋盟, 且脩好, 禮也. 王使宰孔賜齊侯胙曰, 天子有事於文武, 使孔賜伯舅胙"라 하였다.

246 백구(伯舅): 두예 주에서는 "천자가 이성(異姓)제후를 칭할 때 백구라고 한다[天子謂異姓諸侯曰伯舅]"라고 되어 있다.

247 『左傳』「僖公 28年」, "王謂叔父, 敬服王命."

터 분봉받은 백숙·형제·생구의 각 나라들은 당시의 이른바 "중국(中國)"을 구성하였다. 『상서』「재재(梓材)」편에서는 "황천(皇天)이 이미 중국(中國)의 백성과 그 강토를 선왕에게 맡기셨으니"[248]라 하였고, 『시경』「대아」'탕(蕩)' 시에서는 "[아, 슬프다, 그대들 은상(殷商)이여!] 그대들은 나라 안[中國]에서 기세등등하게"[249]라 하였고, "안으로는 온 나라[中國]가 성을 내고"[250]라 하였으며, '상유(桑柔)' 시에서는 "애통하게도 나라 안[中國] 사람들은"[251]이라 하였으니 당시의 이른바 "중국(中國)"은 구체적인 내용을 가진 말이었다. "중국" 사이에 끼어 있던 약간의 이적(夷狄)과 융적(戎狄)들은 춘추 말까지 거의가 소멸되거나 동화되었다. 물론 그중에는 무왕이 은나라를 이기기 훨씬 전에 건립된, 주 왕실의 봉건 국가가 아니면서 주 왕실의 정삭(正朔)만 받드는 오래된 나라도 있었는데 이들은 "중국(中國)"의 범위 안에 있으면서도 점차 주 왕실의 봉건 국가들에 의해 소멸되었다. 자료 ⑥으로부터 보면 봉건은 실로 주 왕실의 번병(藩屏)으로서의 책임을 다하였다. 그리고 춘추 시대가 끝날 무렵 봉건과 무관한 나라는 단지 월(越)나라뿐이었다. 이로부터 주공이 종법과 친친으로 건립한 봉건정치질서가 실제로 매우

---

248 『尙書』「梓材」, "황천이 이미 중국의 백성과 강토를 선왕에게 밑기셨으니[皇天旣付中國民, 越厥疆土于先王]."

249 『詩』「大雅」'蕩', "그대들은 나라 안에서 기세등등하게 사람들 모아 원한 사는 짓 하는 것을 덕으로 아네[女炰烋于中國, 斂怨以爲德]."

250 『詩』「大雅」'蕩', "안으로는 온 나라가 성을 내고 귀방(서북의 오랑캐 狄)까지 뻗어 가고 있네[內奰於中國, 覃及鬼方]."

251 『詩』「大雅」'桑柔', "애통하게도 나라 안 사람들 모두 병역(兵役)에 나가 집집마다 황폐해졌으니[哀恫中國, 具贅卒荒]."

오랫동안 큰 영향을 미쳤다는 것을 짐작하기 어렵지 않다. 왕실의 권위가 실추된 것은 주로 애첩의 총애나 일시적 분노로 융적(戎狄)을 끌어들여 동성(同姓) 제후를 토벌함으로써 정치적 결속의 기본 요소인 친친(親親)의 관계를 스스로 파괴하고, 이로 인해 자신의 번병(藩屛)을 잃어버리면서 종법에 근거한 구심력이 와해되었기 때문이라고 말할 수 있다.

(5) 분봉을 할 때는 주나라 왕으로부터 세 가지를 엄숙히 사여받는데 첫째는 토지, 둘째는 인민, 셋째는 수봉자의 신분【명위(名位)】에 적합한 수레·의복·기물 등이다. "왕이 제후에게 내리는 작명(爵命)은 명칭과 지위가 같지 않으니 예수(禮數) 또한 달라야 한다."[252]【원주 29】 각종 신분에 따라 각각의 구성원이 전체 봉건구조, 즉 전체 종법구조의 운행 속에서 마땅히 해야 할 의무와 향유할 수 있는 권리를 확정하여 서로 조화를 이루고 충돌하지 않도록 하는 것, 이것이 예(禮)의 가장 큰 기능이며, 그것은 봉건질서의 신경계통이다. 이렇게 혈통 신분으로 이루어진 신경계통, 즉 이른바 "예(禮)"는 왕실의 중추로부터 곧장 제후·경·대부·사로 이어지고 서인에게까지 이른다.【원주30】 공자는 "주나라는 이대(二代, 하나라와 은나라)를 본받았으니 그 문화가 매우 찬란하다. 나는 주나라를 따르겠노라"(『논어』)[253]라고 하였는데, 이는 예(禮)가 주나라에 와서 최고로 완비되었다는 말이다. 이것은 문화 자체의 발전이라는 관점에서만 볼 것이 아니라 실은 종법과 봉건에 의해

---

252 『左傳』「莊公 18年」, "王命諸侯, 名位不同, 禮亦異數."
253 『論語』「八佾」, "周監於二代, 郁郁乎文哉, 吾從周."

예(禮)가 요구된 것이라고도 할 수 있다. 이른바 "주나라 문화[周文]"의 의미는 이러한 견지에서 이해해야 한다. 수레·의복·기물 등등에 차등적으로 적용하는 예수(禮數)는 실제로 이러한 신경계통을 상징하는 징표이다. 그러므로 분봉 심지어 평시에 상사(賞賜)로 내리는 이 같은 물품들은 실용적인 의미가 아니라 신성한 의미가 부여된 보물로서의 성격을 갖는다.

(6) 분봉하는 토지의 대소는 작위에 따라, 즉 수봉자의 신분에 따라 등차를 두었다. 여러 상이한 견해들 중에서 『맹자』와 『예기』「왕제(王制)」편의 견해가 서로 일치한다.【원주31】『좌전』「양공(襄公) 25년」에 의하면 진(晉)나라 사람이 정(鄭)나라 자산(子産)[254]에게 "무슨 이유로 소국[陳]을 침공하였는가"라고 묻자 자산은 이렇게 대답했다고 한다. "… 또 예전에는 천자의 땅은 1기(圻)이고【두예 주: 1기는 방(方) 천 리이다】, 열국(대국)은 1동(同)이고【두예 주: 방(方) 백 리이다】, (나머지 중·소 나라는) 이로부터 점차 줄여 나간다【두예 주: 차등을 두어 줄인다】. 지금 대국 중에는 그 땅이 수천 리에 이르는 나라도 많으니 소국을 침공하여 얻지 않았다면 어떻게 이에 이르렀겠는가?"[255] 이를 통해 『맹자』의 말이

---

254 자산(子産, B.C.580?~B.C.522): 춘추 말기 정(鄭)나라의 정치가이자 사상가. 자는 자산, 자미(子美), 성은 국(國)씨며, 이름은 교(僑)다. 공손교(公孫僑) 또는 공손성자(公孫成子)로도 불린다. 간공(簡公) 때 경(卿)이 되어 23년간 집정하였다. 정치 경제 개혁을 실시하여 토지제도를 정돈하고 토지와 인구에 따른 부세(賦稅)를 부과하는 등 내정에서 성과를 거두었을 뿐 아니라 지리적으로 북쪽의 진(晉)과 남쪽의 초(楚) 등 대국 사이에 위치하여 어려움을 겪던 정나라의 외교를 성공적으로 이끌었다. 또 중국 최초의 성문법을 공포하여 인습적인 귀족정치를 배격하였다. 시호는 성자(成子)다.

255 『左傳』「襄公 25年」, "何故侵小, … 且昔天子之地一圻(杜注: 方千里也), 列國一同(杜注: 方百里也); 自是以衰(杜注: 差降也), 今大國多數圻矣; 若無侵小, 何以至大焉."

믿을 만하다는 것을 알 수 있다. 물론 이것은 원칙적인 규정일 뿐이다. 『예기』「대학(大學)」편에는 "인민[人]이 있으면 여기에 토지가 있고, 토지가 있으면 여기에 재물이 있다"[256]라는 말이 있는데 이 두 구절은 고대 봉건의 정황을 전하는 내용일 가능성이 높다. "인민[人]"은 주로 농민을 가리킨다. 이론적으로 토지는 왕에게 속하고 토지를 경작하는 인민도 왕에게 속한다.【원주32】 그러므로 토지를 수여하는 것은 동시에 인민을 수여하는 것을 의미한다. 앞의 자료에서 보면 수여받은 민(民)은 바로 그 지역의 인민들이다. 그들에 대한 통치는 "은나라 풍속에 따라 정치를 베풀고"[257] 혹은 "하나라 풍속에 따라 정치를 베풀고"[258] 혹은 "오랑캐의 풍속에 따라 정치를 베풀고"[259] 등과 같이 그 지역의 '속(俗)에 따라' 다스렸던 정황으로 보아 결코 수여받은 인민을 집단노예로 만들었을 리는 없고 또 그렇게 할 역량도 없었다. 앞에서 이미 지적했듯이 노나라는 은나라 유민 6족을 사여받은 후 노나라 경내에 박사(亳社)를 세웠는데 박사 주위에 집결한 자들은 "국인(國人)"이지

---

256 『禮記』「大學」에는 "有土此有人, 有人此有財"란 구절은 없고 "有德此有人, 有人此有土, 有土此有財, 有財此有用"이라 되어 있다. 여기서는 저본의 인용문을 『禮記』「大學」편의 원문 "有人此有土, 有土此有財"로 바꾸어 번역하였다.

257 강숙(康叔)을 위(衛)나라에 분봉할 때의 정황이다. 『左傳』「定公 4年」, "은나라 풍속에 따라 정치를 베풀고 주나라 법에 따라 토지를 구획하게 하였습니다[皆啓以商政, 疆以周索]." 두예 주에서는 "皆, 魯·衛也. 啓, 開也. 居殷故地, 因其風俗, 開用其政, 疆理土地以周法. 索, 法也"라고 하였다.

258 『左傳』「定公 4年」, "하나라 풍속에 따라 정치를 베풀고 융적의 법에 따라 토지를 구획하게 하였습니다[啓以夏政, 疆以戎索]." 두예 주에서는 "亦因夏風俗, 開用其政. 大原近戎而寒, 不與中國同, 故自以戎法"이라고 하였다.

259 『左傳』「定公 4年」에는 "啓以商政, 疆以周索", "啓以夏政, 疆以戎索"이라고 되어 있을 뿐 저본의 이른바 "啓以戎政"이란 구절은 없는데 "疆以戎索"에서 유추한 말로 보인다.

노예가 아니었다. 주공은 강숙(康叔)을 위(衛)나라에 봉하여 은의 여민(餘民, 유민)을 관할하도록 했는데, 은의 여민에 대한 통치의 성패는 곧 주나라 왕업의 성패와 관련되므로 특별히 강숙을 위해 「강고(康誥)」, 「주고(酒誥)」, 「재재(梓材)」편을 지어 경계로 삼도록 하였다. 「강고」에서 주공은 강숙에게 "은나라의 지혜로운 선왕의 도를 널리 구하고" "상나라의 나이 많고 어질고 슬기로운 사람들을 생각할 것" 그리하여 힘써 "은나라 백성들을 화합시키고 보호하여" 그들을 결속시킴으로써 "은나라 백성들을 거느리고 대대로 (분봉받은 제후국을) 누릴 수 있도록[殷民世享]"[260] 할 것을 가르치고 있다. 「주고」에서는 주나라 사람들이 떼를 지어 술을 마시면 "내가 그들을 죽일 것이다"라고 하면서도 은나라 신하들과 관리들이 술에 빠지면 "죽이지 말고 우선 가르쳐라"[261]라고 하였으니, 이것이 은나라 사람들을 집단노예로 만든 것이라고 할 수 있는가? 「강고」의 "은나라의 떳떳한 법으로 처벌을 결단하되"[262]라는 말에서 볼 때 자료 ⑦의 이른바 "은나라 풍속에 따라 정치를 베풀고"라는 말은 믿을 만하다. 노나라가 주공의 특별한 덕망으로 인해 주나라의 법에 따라 통치한 것을 제외하고 일체의 봉건 지역을 모두 그 땅의 기존 정치와 본래의 풍속에 따라 다스렸다는 것은 절대 그들을 노예화하지 않았다는 것을 말해 준다. 주나라가 낙양을 중심으로 설치한 팔사(八師)가 때로는 "성주팔사(成周八師)"로 불리고 때로는 "은팔사(殷八師)"로 불

---

260 『尚書』「康誥」, "往敷求於殷先哲王 … 惟商考成人 … 應保殷民 … 乃以殷民世享."
261 『尚書』「酒誥」, "厥或誥曰羣飮, 汝勿佚, … 予其殺. 又惟殷之迪諸臣惟工, 乃湎于酒, 勿庸殺之, 姑惟敎之."
262 『尚書』「康誥」, "王曰汝陳時臬事, 罰蔽殷彝."

제1장 서주(西周) 정치 사회의 구조 성격 문제

렸던 점은 팔사를 구성하는 골간이 은나라 유민이었을 가능성을 짐작하게 하며, 다시 말하자면 그들이 절대 노예는 아니었다고 단정할 수 있다. 직접적으로 적대적인 은민(殷民)에 대해 이와 같이 할 정도면 그 밖의 모든 종족·씨족에 대해서도 이와 같이 했을 것이다.

(7) 봉건제후가 주 왕실에 부담하는 의무로는 정삭(正朔)을 받들고 정기적으로 조빙(朝聘)하고 술직(述職)[263]하는 외에 비상시에 왕실을 위해 정벌을 가거나 성곽을 지킬 의무가 있지만, 자료 ⑧이 말해 주듯 평시에는 사시(四時) 제사에 필요한 제사용품을 공급하기만 하면 되므로 부담은 가벼운 편이었다고 할 수 있다. 주 왕실과 각 봉건제후국의 관계는 주(周) 이전 왕조보다는 강화되었지만 만약 "집권"과 "분권"을 권력 분배의 기준으로 삼는다면 봉건정치는 2단계의 분권적 정치라고 할 수 있다. 왕실이 특정 토지와 인민을 분봉한다는 것은 그에 대한 통치 권력도 나누어 주는 것이며 이는 왕기(王畿) 내의 채읍(采邑)의 경우에도 사정은 마찬가지였다. 제후는 수봉한 토지와 인민을 종법적 요구에 따라 경(卿)·대부(大夫)에게 분급하여 식읍(食邑)으로 삼게 한다. 그때 해당 식읍에 대한 통치권도 경·대부에게 분급되기 때문에 경·대부들도 각자 가신(家臣)을 두고 읍재(邑宰)를 둘 수 있었다. 제후들은 당연히 대외적으로 독립적인 정치단위가 될 수 있었지만 경·대부의 경우는 그렇지 않았다. 그래서 왕실 내의 경대부와 제후국의 경대부는 항상 왕실 또는 그가 속한 제후와 함께 하나의 정치단위로서 활동하였

---

263 술직(述職): 제후가 천자에게 가서 직무를 보고한다는 뜻으로 『孟子』「梁惠王」下에 "天子適諸侯曰巡狩, 巡狩者, 巡所守也. 諸侯朝於天子曰述職, 述職者, 述所職也"라 되어 있다.

다. 따라서 제후의 경대부에 대한 권력은 천자의 제후에 대한 권력을 훨씬 능가하였다.

(8) 봉건의 골간은 종법이기 때문에 비록 종법이 적서(嫡庶)·친소(親疏)·장유(長幼)에 따라 신분의 존비귀천을 결정한다고 해도 그 기본 정신은 역시 "친친(親親)"이었다. 그러므로 천자로부터 아래로 대부·사에 이르기까지 상하관계는 정치적 권위에 의해 직접 통제되는 것이 아니라 "예악(禮樂)"을 통해 유지되었다. 예(禮)에 규정된 "분(分)"은 매우 엄격하지만 예가 요구하는 사항들은 행위의 예술화, 즉 이른바 "문식(文飾)"을 통해 실현되고 이것은 정치적 상하관계의 첨예하고도 대립적인 성격을 크게 완화시킨다. 춘추 시대에는 조빙(朝聘)이나 회동(會同)을 하는 동안 피차간 의사소통을 하거나 요구사항을 표현할 때 종종 말로 직접 진술하는 방법을 쓰지 않고 가시(歌詩)의 방식을 통해 자신의 의사를 완곡하게 드러내곤 했는데,『한서』「예문지」'시부략서(詩賦略序)'의 이른바 "옛날에는 제후·경·대부가 이웃 나라와 교류할 때 미언(微言)으로 상대방을 감동시켰다"[264]는 말도 이러한 종법제에서 형성된 정치적 특징으로 이해해야 할 것이다. 동시에, 예(禮)가 성립되는 기본조건은 "공경[敬]"과 "절도[節]"이다. 그러므로『순자』는 항상 "예는 공경을 행함에 있어 문식(文飾)을 갖추어야 한다"[265] 혹은 "예는 절도를 행함에 있어 문식을 갖추어야 한다"라고 말한다. 공경과 절도【절제, 겸양】는 서로에 대한 요구이지 어느 한쪽의 일방적인 요구

---

264 『漢書』권70 「藝文志」'詩賦略序', "古者諸侯卿大夫交接鄰國, 以微言相感."
265 『荀子』「勸學」, "禮之敬文也."

가 아니므로 이 또한 각 통치자의 통치 욕구를 억제하는 측면이 있다. 노나라 정공(定公)이 공자에게 "군주가 신하를 부리고 신하가 군주를 섬기는 일은 어떻게 하면 좋겠소?"라고 묻자 공자가 "군주가 신하를 부릴 때에는 예로써 대하여야 한다"[『논어』「팔일(八佾)」][266]라고 대답한 것은 바로 이러한 의미이다. 그러므로 예는 상하의 분(分)을 규정하는 동시에 상하의 정(情)을 통할 수 있게 한다. 반드시 이 두 가지 측면에서 파악해야 비로소 예가 정치적으로 갖는 기본적인 의미를 파악할 수 있다. 서주 초에서 춘추 시대에 이르기까지 예와 악은 나란히 행해졌다. 예(禮)는 구별함으로써 다르게 하고 악(樂)은 화합함으로써 같게 만든다. 예악 안에서는 백숙(伯叔)·형제·생구(甥舅) 간의 혈통 감정을 유지할 수 있기 때문에 앞의 자료들에서 보듯 그들 상호 간의 모임은 언제나 친족들 사이에 표출되는 정서적 분위기를 실현하거나 그렇게 하기를 요구한다. 통치계급 상호 간의 요구도 그러했고, 통치계급이 피통치 인민들을 다스릴 때도 예악의 가르침 속에서 통치 목적을 달성하기를 바랐다. 공자가 "백성을 다스리기를 예로써 한다"[267]라고 주장한 것은 역사적 근거가 있다. 『좌전』「소공(昭公) 6년」 3월에 정나라 사람이 형서(刑書)를 주조하자 숙향(叔向)[268]이 사람을 시켜 정나

---

266 『論語』「八佾」, "君使臣, 臣事君, 如之何? 孔子對曰, 君使臣以禮."
267 『論語』「爲政」, "齊之以禮."
268 숙향(叔向, ?-B.C.528?): 춘추 말기 진(晉) 평공(平公) 때의 정치가. 성은 희(姬), 씨는 양설(羊舌), 이름은 힐(肹) 또는 숙힐, 자는 숙향이다. 진나라의 공족(公族)이자 상대부(上大夫)로서 특히 B.C.546년에 진나라를 대표하여 초나라와 강화 회맹을 맺어 잠시나마 전쟁을 종식하고 양국이 소강상태를 유지하게 하기도 하였다. 『좌전』에서는 법가사상의 선구를 이룬 자산(子産)과 대비하여 유가사상의 전통적인 대변자로 평가하고 있다. 정(鄭)나라 자산이 형서(刑

라 자산(子産)에게 다음과 같은 편지를 보냈다.

"… 옛날에 선왕은 사정의 경중을 헤아려 죄를 판단하였고 미리 형법을 제정하지 않았으니 … 그리하여 도의를 가르쳐 범죄를 방지하고, 제도와 금령(禁令)을 세워 범죄를 단속하고, 예(禮)로써 공경하게 시행하고 … 형벌로써 엄단하여 방종하는 자를 두렵게 하였으니 … 백성들이 이에 일을 맡기고 부릴 만하게 되어 … 백성들이 형법【공포한 형법조문】이 있는 줄 알면 윗사람을 두려워하지 않고 모두 송사하려는 마음이 생겨 형서(刑書)에서 조문을 끌어다 요행이 성공하기를 바랄 것이니 이렇게 된다면 나라를 다스릴 수 없습니다. 하나라 때 정치가 혼란해지자 우형(禹刑)이란 형법을 만들었고, 상나라 때 정치가 혼란해지자 탕형(湯刑)이란 형법을 만들었습니다. 주나라 때 정치가 혼란해지자 구형(九刑)이란 형법을 만들었습니다. 세 형서가 일어난 것은 모두 말세 때였습니다. 그런데 지금 그대(자산)는 정나라 국정을 보좌하면서 … 형서를 주조하여 백성을 안정시키려 하니 또한 어렵지 않겠습니까? … 장차 예(禮)를 버리고 형서의 조문을 끌어다가 사소한 이익도 모두 송사로 해결하려 들 것이므로 … 정나라는 아마 패망하게 될 것입니다." … 자산(子産)이 답서를 보내어 말하였다. "진실로 그대(숙향)의 말씀과 같지만 나는 재능이 없어 후손을 위해서까지 생각할 수는 없으니 우선 이 법으로 당세(當世)를 구제하려는 것뿐입니다."[269]

書)를 주조하여 법의 공개를 단행하자 덕(德)과 예(禮)에 의한 징지를 방기히는 것이라면서 비난했다. 제 안영, 정 자산, 오(吳)의 계찰(季札)과 함께 당대의 대표적인 현인으로 불렸다.
269 『左傳』「昭公 6年」, "… 昔先王議事以制, 不爲刑辟 … 是故閑之以義, 糾之以政, 行之以禮, … 嚴斷刑罰, 以威其淫 … 民於是乎可任使也 … 民知有辟(公布的刑法條文), 則不忌於上, 並有爭心, 以徵於書, 而徼幸以成之, 弗可爲矣. 夏有亂政而作禹刑, 商有亂政而作湯刑, 周有亂政而作九刑. 三辟之興, 皆叔世也. 今吾子相鄭國 … 鑄刑書, 將以靖民, 不亦難乎 … 將棄禮而徵於書, 錐刀之末, 將盡爭之. … 鄭其敗乎 … (子産)復書曰, 若吾子之言, 僑不才, 不能及子孫, 吾以救世也."

제1장 서주(西周) 정치 사회의 구조 성격 문제

『좌전』「소공(昭公) 29년」에는 다음과 같은 기사가 있다.

겨울에 진(晉)나라 조앙(趙鞅)[270]과 순인(荀寅)[271]이 군대를 이끌고 가서 여수(汝水) 가에 성을 쌓고 마침내 진나라 백성들에게 1고(鼓)[272]씩의 철을 거두어 형정(刑鼎)을 주조하였는데 범선자(范宣子)[273]가 제정한 형서(刑書)를 여기에 새겨 넣었다. 중니가 이에 대해 말하기를 "진나라는 망하려는가, 나라를 다스리는 법도를 상실하였구나. 대저 진나라는 처음에 당숙(唐叔)이 전한 법도를 지켜 그 백성을 다스리고 … 백성은 이리하여 존귀한 사람을 받들고, … 지금 이 법도를 버리고서 형정을 만들었으니 백성들은 정(鼎)에 형법이 있음을 알고 형정만 살필 것이다. … 귀천(貴賤)에 질서가 없으면 어떻

270 조앙(趙鞅, ?-B.C.475): 성은 영(嬴), 씨는 조(趙)이다. 진(晉)나라 6대 세경가(世卿家)의 하나인 조씨(趙氏) 문벌 중 진양(晉陽) 조씨의 종주로 시호는 조간자(趙簡子)이다. 지부(志父) 혹은 조맹(趙孟)으로도 불린다. 진 소공(昭公) 때 공족(公族)이 약화되고 대부 세력이 강성해짐에 따라 조앙은 대부로서 진나라 정권을 상악한 뒤 B.C.490년 진양 조씨의 경쟁세력인 한단(邯鄲) 조씨를 멸하고 그 근거지인 한단 · 조가(朝歌) 등을 진양에 합병함으로써 조씨 일문을 통일해 세력을 더욱 공고히 하였다. 조씨는 B.C.453년 진(晉)이 조(趙) · 한(韓) · 위(魏)로 삼분되면서 제후국의 하나가 되었다. 조앙은 집정 때 개혁에 주력하여 후세 위(魏)나라 문후(文侯) 때의 이회(李悝)의 변법, 진(秦)나라 효공(孝公)때의 상앙(商鞅)의 변법, 조(趙)나라 무령왕(武靈王, ?-B.C.295)의 개혁의 선구를 이루었다. 그 아들 조무휼(趙無恤, 趙襄子)과 함께 '간양지열(簡襄之烈)'로 칭해진다.

271 순인(荀寅, 미상): 춘추 시대 진(晉)나라 사람으로 중항문자(中行文子)로도 불린다. 순오(荀吳, ?-B.C.519)의 아들로 진나라 육경(六卿)의 하나이다. 경공(頃公) 때 하경(下卿)이 되어 중군(中軍)을 관할했다. 조앙(趙鞅)을 따라 여수(汝水)의 강가에 성을 쌓을 때 진나라 각 고을에 철을 부과하여 형정(刑鼎)을 주조했다.

272 『孔子家語』「正論」편의 주(注)에 의하면 30근(斤)이 1균(鈞), 4균이 1석(石), 4석이 1고(鼓)이다. 따라서 1고는 480근이다.

273 범선자(范宣子, ?-B.C.548): 춘추 시대 진(晉)나라 사람으로 성은 기(祁), 씨는 사(士), 봉지(封地)를 따서 범씨(范氏)라고도 한다. 이름은 개(匄), 사개(士匄) 또는 사개(士丐)로도 쓰며, 시호는 선(宣)이다. 범선자로 칭한다. 범문자(范文子) 사섭(士燮)의 아들로 진(晉)나라의 국경(國卿)을 지냈다. 진나라 법가의 선구자로 형서(刑書)를 제정하고 형정(刑鼎)을 주조해 공포하였다.

게 나라를 다스리겠는가? 또한 저 범선자가 제정한 형서는 이(夷)에서 군사 훈련을 할 때 만든 것으로 진나라를 어지럽힌 제도이니[274] 어찌 그것을 법으로 삼을 수 있겠는가"라고 하였다.[275]

위의 두 고사는 실로 역사 전환의 일대 관건이다. 주나라 제도에서 일찍이 형벌을 사용하지 않았던 적은 없으나 중점은 예(禮)에 있었다. 진(晉)나라는 형정(刑鼎)을 주조한 이후로도 계속 존귀한 지위를 누렸으나 이것은 종법적 예제에 기초한 존귀함은 아니었다. 평상시 백성들은 종법적 예제의 규제를 받았고 백성들의 화복(禍福)은 귀족의 수중에 있는 예(禮)에 의해 결정되었다. 지금 형정을 주조하게 되면 백성들의 화복은 형법 조문이 주조된 정(鼎, 세발솥)에 의해 결정될 것이다. 이러한 역사적 뿌리를 모르고서는 숙향과 공자가 무엇 때문에 이처럼 형정의 주조에 반대 의견을 보였는지 이해하는 것이 불가능하다. 주나라 초의 원시종교는 이미 쇠퇴하기 시작했지만 서주 시기 내내 조종(祖宗)에 대한 제사는 정치행사 중에서도 특히 중요한 지위를 유지하였다. 그리고 모든 중대한 정치적 행위와 귀빈들의 연향은 종묘(宗廟) 안에서 행해졌다. 심지어 귀중한 손님들은 종묘 안에서 숙박도 하게 했는데, 이것은 종교적인 의미가 아니라 사람들로 하여금 제사와 종묘

---

274 이(夷)는 진(晉)나라 땅이다. 이(夷)에서의 군사훈련은 문공(文公) 6년에 있었다. 『좌전』두예 주에 "范宣子所用刑, 乃夷蒐之法也. 夷蒐在文六年, 一蒐而三易中軍帥, 賈季箕鄭之徒遂作亂, 故曰亂制"라 되어 있다.

275 『左傳』「昭公 29年」"冬, 晉趙鞅荀寅帥師城汝濱, 遂賦晉國一鼓鐵, 以鑄刑鼎, 著范宣子所爲刑書焉. 仲尼曰, 晉其亡乎, 失其度矣. 夫晉國將守唐叔之所受法度, 以經緯其民, … 民是以能尊其貴; … 今棄是度也, 而爲刑鼎, 民在鼎矣. … 貴賤無序, 何以爲國. 且夫宣子之刑, 夷之蒐也, 晉國之亂制也. 若之何以爲法."

제1장 서주(西周) 정치 사회의 구소 성격 문제

를 통해 "본종(本宗)과 지서(支庶)들이 백세토록 번창하는"[276] 종법적 감각을 보지하게 함으로써 정신적 결속 및 정치적 결속 의식을 유지하도록 하려는 것이었다. 주나라 천자가 거주하는 곳을 "종주(宗周)"라 칭하고, 제후가 거주하는 곳을 "종국(宗國)"이라 칭하고, 경·대부가 거주하는 곳을 "종읍(宗邑)"이라 칭하는 것은 모두 여기에서 유래한다. 한마디로 요약하면 종법의 친친(親親)은 주나라 봉건정치의 골수(骨髓)이다. 효제(孝悌)·예양(禮讓)·인애(仁愛)를 기저로 하는 도덕적 요구는 모두 여기서 발전한 것이다. 주나라 정치는 후세와 비교하여 특히 인도적 의미가 풍부한데 이 또한 "친친(親親)"의 뿌리에서 발전된 것이다. 고고학 발굴로 드러난 은나라 귀족의 무덤에는 항상 많은 수의 순장자가 있었다. 그러나 근년 대량 발굴된 주대의 무덤에는 거의 이러한 현상이 없다고 할 수 있는데 이는 바로 은·주 교체기에 정신상의 대전환이 있었음을 시사한다. 이 골수가 고갈되면 봉건정신은 파멸되고 만다.

---

276 『詩』「大雅」'文王', "文王孫子, 本支百世."

4. '국인(國人)'의 성격, 지위 문제

종법귀족 통치의 직접적인 지주를 형성하고 봉건정치의 무력적 기반을 형성하는 동시에 종법귀족에 항거하고 그들을 제약할 수 있는 힘을 가진, 결코 홀시해서는 안 될 이른바 "국인(國人)" 계급의 존재가 있다. 아래에 이 문제에 대해 탐구하고자 한다.

"역(或)"과 "국(國)"은 주나라 시대의 고금자(古今字)[277]이다【이는 단옥재설이다】. 그런데 주준성(朱駿聲)의 『설문통훈정성(說文通訓定聲)』에서는 다음과 같이 말한다. "역(或)은 경내의 봉지이다. 국(國)은 교(郊) 안의 도읍이다. 『주례』「고공기(考工記)」 '장인(匠人)'조에 '국중(國中)에는 9경(經)과 9위(緯)가 있다'라고 하였고 주(注)에 '국중은 성(城)안을 말한다. …'[278]라고 하였다. 『국어』「제어(齊語)」에서는 '(옛날 성왕께서 천하를 다스릴 때) 그 국(國)을 셋으로 나누고 그 비(鄙)를 다섯으로 나누었다'라 하였고 주에 '국은 교(郊)의 안쪽이다'[279] 라고 하였다."[280] 이로

---

277 고금자(古今字): 한자 중에 시대의 전후에 따라 의미는 같으나 형체가 다른 글자가 있는데 처음에 쓰던 글자를 고자(古字), 나중에 나온 글자를 금자(今字)라 한다.

278 『周禮』「考工記」'匠人', "國中九經九緯(鄭玄注: 國中, 城內也. 經緯謂涂也)."

279 『國語』「齊語」, "參其國, 而伍其鄙(韋昭注: 國, 郊以內也)."

280 朱駿聲, 『說文通訓定聲』, "或者, 竟內之封; 國者, 郊內之都也. 考工匠人, 國中九經九緯, 注, 城內也 … 國語齊語, 參其國而伍其鄙, 注, 郊以內也."

부터 당시의 이른바 "국인"은 바로 도읍(都邑)의 안과 도읍 근교(近郊)에 거주하는 사람이라는 것을 알 수 있다. 『좌전』과 『국어』에서 "국인"이라 부를 경우 그들은 비야(鄙野)에 거주하는 농민과는 구별된다. 『좌전』에서 "국인"을 칭한 예는 약 80번가량 된다. 이 밖에 단지 "국(國)"이라고만 칭하는 경우도 있고, 단지 "인(人)"이라고만 칭하는 경우도 있으며, 단지 "중(衆)"이라고만 칭하는 경우도 있는데, 사실은 모두 "국인"을 가리킨다. "민(民)"의 범위는 "국인"보다 넓지만, 그러나 "민"이라 칭할 때는 "국인"을 가리키기도 한다. 무릇 문헌에서 "국인"을 언급할 때는 모두 정치 및 군사와 직접적 관련이 있을 뿐만 아니라 정치·군사적으로 맨 마지막에 항상 결정적인 역할을 하는 것도 국인들이었다. 이것은 당시의 통치자들로 하여금 늘 국인에 대한 쟁취를 고려하지 않을 수 없게 만들었다. "국인"들 자신이 능동적으로 행동할 때도 종종 있었다. 『국어』「주어(周語)」상에는 "여왕(厲王)이 가혹한 정치를 하자 국인들이 왕을 비방하였다"[281]라고 하였고, 『좌전』「양공 31년」에는 "정나라 사람들이 향교(鄕校)에서 노닐면서 집정대신의 득실을 비판하였다"[282]라고 하였는데 이것은 국인들이 직접 정치를 비판할 수 있었음을 말해 준다. 심지어 이렇게 말할 수도 있다. 춘추 시대 242년 동안 정치 상층부의 치열한 활동이 제후·경대부의 몫이었다면, 상층의 아래에서 세찬 격류를 일으키고 있던 자들은 국인이었다고. 이제 약간의 자료를 간추려 아래에 적어 둔다.

---

281 『國語』「周語」上, "厲王虐, 國人謗王."
282 『左傳』「襄公 31年」, "鄭人遊於鄕校, 以論執政(杜預注: 論其得失)."

① 『좌전』「민공 2년」: "겨울 12월에 적인(狄人)이 위(衛)나라를 침공하였다. 위나라 의공(懿公)은 학을 좋아하여 학 중에는 대부의 지위를 얻어 헌(軒) 수레를 타는 학도 있었다. 장차 전쟁을 하려는데 국인으로 갑옷을 지급받은 자들이 모두 말하기를 '학에게 싸우도록 하라. 학은 실로 대부의 녹(祿)과 지위가 있으니 우리가 어찌 싸울 수 있겠는가?' … 적인과 형택(熒澤)에서 전쟁하여 위나라 군사가 대패하니 적인이 마침내 위나라를 멸망시켰다."[283]

② 『좌전』「희공 15년」: 11월, 임술일에 진후(晉侯, 혜공)와 진백(秦伯, 목공)이 한(韓)에서 전투를 벌였는데 진후가 포로가 된 후에 "대부 각걸(郤乞)을 보내어 하려이생(瑕呂飴甥)에게 알리고 그를 진(秦)나라로 불러오게 하였다. 자금(子金, 하려이생)은 각걸에게 다음과 같이 일러 주었다. '국인들을 조정에 모아 놓고 군주의 명으로 상을 주고, 또 군주의 명으로 저들【생각건대 국인을 가리킴】에게 알리기를 '과인이 비록 돌아간다 하더라도 사직을 욕되게 하였으니 태자 어(圉)로 하여금 나를 대신하게 하라'고 밀하라.' 자금의 말대로 하자 사람들이 모두 통곡하였다. 진(晉)나라는 이때 처음으로 원전(爰田)제도를 만들었다."【『좌씨회전』: "복건(服虔)[284]·공조(孔晁)[285] 모두 원(爰)은 역(易)이라고 하였다. … 『국어』「진어(晉語)」에는 원전(轅田)

---

283 『左傳』「閔公 2年」, "冬十二月, 狄人伐衛, 衛懿公好鶴, 鶴有乘軒者. 將戰, 國人受甲者皆曰, 使鶴. 鶴實有祿位, 余焉能戰. … 及狄人戰于熒澤, 衛師敗績, 遂滅衛." 저본에는 "文公 2年"으로 되어 있으나 오기이다.

284 복건(服虔, 미상): 후한 하남 형양(滎陽) 사람. 초명은 중(重) 또는 기(祇), 자는 자신(子愼)이다. 효렴으로 천거되어 구강태수(九江太守)를 시냈다. 고문경학을 숭상하여 금문경학자인 하휴(何休)의 설을 비판했다. 저서에 『춘추좌씨전해(春秋左氏傳解)』가 있는데, 동진(東晉) 때 그의 춘추좌씨학이 학관에 세워졌으며, 남북조 시대에는 그의 주석이 북방에 성행했다. 그러나 당(唐) 공영달(孔穎達)이 『춘추정의(春秋正義)』를 저술할 때 『춘추좌씨전』은 두예(杜預)의 주(注)만 채용함으로써 복건의 주석은 없어지고 말았다. 옥함산방집일서(玉函山房輯佚書)에 『춘추좌씨전해의(春秋左氏傳解誼)』와 『춘추성장설(春秋成長說)』 등이 수록되어 있다.

285 공조(孔晁, 미상): 서진(西晉)의 박사. 『일주서(逸周書)』에 주를 달았다.

이라 되어 있다. 가시중(賈侍中)[286]은 원(轅)은 역(易)이라고 하였다. 역전 (易田)의 법을 말한다. 많은 사람에게 토지를 상으로 주기 위해 기존 토지의 경계를 바꾸는 것이다."】[287]

③ 『좌전』 「희공 24년」: 주나라 대부 퇴숙(頹叔)과 도자(桃子)가 적인(狄人) 의 군사를 거느리고 왕을 공격하였다. "왕이 드디어 경사를 떠나 감감(坎欿, 하남성 鞏縣 동쪽)으로 가니[288] 국인들이 그를 받아들였다."[289]

④ 『좌전』 「희공 28년」: 진(晉)나라가 위(衛)나라를 토벌하였다. "위후(衛 侯)가 진후(晉侯)와 제후(齊侯)의 결맹에 자신도 참여하기를 요청하였으나 진나라 사람이 허락하지 않았다. 이에 위후가 초나라에 붙으려고 하자 국인

---

286 가시중(賈侍中, 賈逵, 30-101): 후한 부풍(扶風) 평릉(平陵) 사람. 자는 경백(景伯)이다. 명제 때 『춘추좌씨전해고(春秋左氏傳解詁)』와 『국어해고(國語解詁)』를 저술하여 헌상하였다. 또 『좌전』과 참위(讖緯)를 결합한 글을 올려 박사가 되었고 좌중랑장(左中郎將), 시중(侍中)을 역임하였다. 천문에도 조예가 깊어 장제·화제 때 이범(李梵), 이숭(李崇) 등과 『사분률(四 分律)』을 정정하여 천문에 관한 문제들을 해결했다. 구양(歐陽)과 대소하후(大小夏侯) 『고문 상서(古文尙書)』 간의 이동(異同), 제(齊)·노(魯)·한(韓) 삼가의 시와 『모시(毛詩)』 간의 이동을 밝혔으며, 『경전의고(經傳義詁)』와 『논란(論難)』을 저술하여 마융(馬融)과 정현(鄭 玄)에 영향을 미쳤다. 저술 대부분이 산일되었다.

287 『左傳』 「僖公 15年」, 경문 "十有一月壬戌, 晉侯及秦伯戰於韓, 獲晉侯"에 대한 전(傳), "使卻 乞告瑕呂飴甥(杜預注: 郤乞, 晉大夫也. 瑕呂飴甥, 卽呂甥也. 蓋姓瑕呂, 名飴甥, 字子金), 且召 之. 子金敎之曰, 朝國人而以君命賞; 且告之(按指國人)曰, 孤雖歸, 辱社稷矣, 其卜貳圉也. 衆 皆哭. 晉於是乎始作爰田." 『左氏會箋』, "服虔·孔晁皆云: 爰, 易也. …『晉語』作轅田. 賈侍中 云: 轅, 易也. 爲易田之法. 賞衆以田, 易疆界也."

288 동주(東周) 양왕(襄王)은 B.C.639년에 정(鄭)나라가 활(滑)나라를 공격하자 대부들을 정나 라로 보내 활나라와 화해할 것을 요청했으나, 정나라가 대부들을 감금하자 B.C.637년 적(翟) 나라 군대를 빌려 정나라를 공격하고 적후(翟后)를 왕비로 맞이하였다. 그러나 다음 해 양왕 이 적후를 폐출시키자 불만을 품은 적나라가 공격해 와 양왕은 주나라 땅인 감감(坎欿)으로 갔다가 다시 정나라로 가서 머물렀으며 뒤에 진(晉)나라 문공(文公)의 도움을 받아 다시 복위 하였다. 위 본문은 양왕이 경사를 떠나 감감으로 갔을 때의 일이다.

289 『左傳』 「僖公 24年」, "王遂出, 及坎欿, 國人納之."

들이 원하지 않았다. 그리하여 그 군주(위후)를 축출하여 진나라의 환심을 샀다. 위후는 국외로 나가 양우(襄牛)에서 거주하였다." "6월에 진나라 사람이 위후를 복위시켰다. (위후를 따라 국외로 나갔던) 영무자(寧武子)[290]가 위나라 사람들과 완복(宛濮)에서 맹약하여 말하기를 '… 국내에 남은 자[居者]가 없었으면 누가 사직을 지켰겠는가. 군주를 따라간 자[行者]가 없었으면 누가 군주의 우마(牛馬)를 보호했겠는가. … (오늘 결맹한 이후로는) 군주를 따라 국외로 갔던 자들은 자신들의 공로를 믿지 말고, 국내에 남아 있던 자들은 죄를 받을까 두려워하지 말라. …' 국인들은 이 맹약을 듣고 나서야 두 마음을 품지 않았다."[291]

⑤『좌전』「문공 7년」: 송(宋)나라의 "소공(昭公)이 (즉위 직전 자신에게 위협이 될 것을 두려워하여) 여러 공자(公子)들을 제거하려 하자, … 목공(穆公)과 양공(襄公)의 족인(族人)들이 반란을 일으켜 국인들을 거느리고 소공을 공격하여 공손고(公孫固)와 공손정(公孫鄭)을 공궁(公宮)에서 죽였다. 육경(六卿)이 나서서 이들을 공실과 화해시켰다."[292]

⑥『좌전』「문공 16년」: "송나라 공자 포(鮑)[293]는 국인들에게 예(禮)로 대

---

290 영무자(寧武子, 미상): 춘추 시대 위(衛)나라 사람으로 이름은 유(兪)이다. 영자(寧子), 영무(寧武)로도 불렸다. 무자(武子)는 시호이다. 위 문공(文公)과 성공(成公) 때 대부를 지냈다. 성공이 무도하여 당시의 패자(覇者) 진(晉) 문공의 공격을 받고 초(楚)나라와 진(陳)나라로 달아났다가 결국 진후(晉侯)에게 사로잡혔는데, 영무자가 충심을 다해 그를 복위시키는 데 성공하였다. 훗날 공자는 그에 대해 "나라에 도(道)가 있을 때는 지혜로웠고 나라에 도가 없을 때는 어리석었으니, 그 지혜는 미칠 수 있으나 그 어리석음은 미칠 수 없다"라고 평하였다.

291 『左傳』「僖公 28年」, "衛侯請盟, 晉人弗許. 衛侯欲與楚, 國人不欲. 故出其君以說于晉. 衛侯出居于襄牛."; "六月, 晉人復衛侯. 寧武子與衛人盟於宛濮曰, '… 不有居者, 誰守社稷. 不有行者, 誰扞牧圉 … 行者無保其力, 居者無懼其罪 ….' 國人聞此盟也, 而後不貳."

292 『左傳』「文公 7年」, "昭公將去群公子, … 穆襄之族, 率國人以攻公, 殺公孫固 · 公孫鄭于公宮. 六卿和公室." 저본에는 '昭公'이 '明公'으로 되어 있다.

293 포(鮑): 소공(昭公)의 서제(庶弟)로 뒤에 문공(文公)이 된다.

하였고 … 소공(昭公)이 무도하니 국인이 공자 포를 받들고 부인[294]에게 의지하였다. … 부인이 소공에게 맹저(孟諸)로 사냥을 가도록 하고 그 틈에 죽이려 하였다. 소공이 이를 알고 보물을 다 가지고 사냥을 갔다. 탕의저(蕩意諸)가 말하기를 '어찌 다른 제후국으로 도망가지 않는 것입니까?'라고 하자 소공은 '나의 대부(大夫)로부터 군조모(君祖母)와 국인에 이르기까지 나를 신임하지 않는데 제후 중에 누가 나를 받아 주겠는가?'라 하였다. … 겨울 11월 갑인일에 송나라 소공이 맹저(孟諸)로 사냥을 가려 하는데 아직 도착하기 전에 부인 왕희(王姬)가 수전(帥甸)을 보내어 소공을 공격해 죽이게 했다. … 문공(文公)이 즉위하였다."[295]

⑦『좌전』「문공 18년」: "거(莒)나라 기공(紀公)이 태자 복(僕)을 낳고 또 계타(季佗)를 낳았다. 계타를 총애하여 태자 복을 폐출하고 또 국인들에게 무례한 행동을 많이 하므로 복이 국인의 도움을 받아 기공을 시해하였다."[296]

⑧『좌전』「선공 12년」: "봄에 초나라 군주[楚子]가 정(鄭)나라를 17일 동안 포위하자 … 국인들이 모두 종묘로 가서 통곡하고, 성 위의 성가퀴(낮은 담)를 지키는 자들도 모두 통곡하니 초자는 군대를 물리고서 …"[297]

---

294 부인: 양부인(襄夫人)을 말한다. 주나라 양왕(襄王)의 누이이므로 왕희(王姬)라고도 칭해졌다. 공자 포(鮑)의 적조모(嫡祖母)이다. 포가 얼굴이 아름다워 통정(通情)하려 했으나 공자가 예로써 스스로를 방어하여 뜻을 이루지 못했다. 국인들은 적통의 군조모(君祖母)인 양부인의 세력에 의지해 공자 포를 임금으로 세우고자 하였다.

295 『左傳』「文公 16年」, "宋公子鮑禮於國人 … 昭公無道, 國人奉公子鮑以因夫人. … 夫人將使公田孟諸而殺之. 公知之, 盡以寶行. 蕩意諸曰, '盍適諸侯?' 公曰, '不能其大夫, 至於君祖母, 以及國人, 諸侯誰納我?' … 冬十一月甲寅, 宋昭公將田孟諸, 未至, 夫人王姬使帥甸攻而殺之 … 文公即位."

296 『左傳』「文公 18年」, "莒紀公生太子僕, 又生季佗. 愛季佗而黜僕, 且多行無禮於國. 僕因國人以弑紀公."

297 『左傳』「宣公 12年」, "春, 楚子圍鄭, 旬有七日 … 國人大臨, 守陴者皆哭, 楚子退師 …"

⑨『좌전』「성공 13년」: 조(曹)나라 선공(宣公)이 진후(晉侯)를 따라 진(秦)나라를 토벌하다가 군중에서 졸하였다. "조나라 사람이 공자 부추(負芻)에게 도읍을 지키게 하고 공자 흔시(欣時)[298]를 보내어 조백(曹伯)의 영구를 맞이해 오게 하였다. 가을에 부추가 태자를 죽이고 스스로 군주가 되었다. … 겨울에 조나라 선공을 장사 지냈다. 장사를 마친 후 자장(子臧)【두예 주: 자장은 공자 흔시이다】이 장차 출분하려는데 국인들이 모두 그를 따라가고자 하였다. 성공(成公)【두예 주: 성공은 부추이다】이 두려워하며 자신의 죄를 고하고 출분하지 말기를 요청하니 자장은 돌아와서 자기 채읍을 부추에게 돌려주었다."[299]

⑩『좌전』「성공 15년」: 송나라 화원(華元)[300]이 진(晉)나라로 출분하였다. "좌사(左師) 어석(魚石)이 화원의 출분을 만류하려 하자 어부(魚府)가 말하기를 '우사(右師, 화원)가 돌아오면 반드시 [환씨의 일족인 탕택(蕩澤)을] 토

---

298 흔시(欣時, 미상): 성은 희(姬), 이름은 흔시(喜時로 쓰기도 한다), 자는 자장(子臧)이다. 춘추시대 조(曹)나라의 공족(公族)으로 선공(宣公)의 아들이다. 그래서 '공자흔시(公子欣時)'로 칭해진다. 선공이 죽자 공자 부추(負芻)는 태자를 죽이고 스스로 즉위했는데 그가 조성공(曹成公)이다. 각국 제후와 조나라 사람 모두 그를 불의(不義)하다고 여겼다. 진(晉)나라에서 성공(成公)을 붙잡아 주나라 천자에게 흔시를 군주로 세우도록 하려고 했으나 흔시는 조나라를 떠남으로써 성공이 계속 재위할 수 있게 하였다. 후세에 자장이 나라를 사양한 일을 들어 "자장지절(子臧之節)", "자장사국(子臧辭國)"이라 하며 그 품덕의 고상함을 칭찬하였다.

299 『左傳』「成公 13年」, "曹人使公子負芻守, 使公子欣時逆曹伯之喪. 秋, 負芻殺其太子而自立 … 冬, 葬曹宣公. 既葬, 子臧(杜注: 子臧公子欣時)將亡, 國人皆將從之. 成公(杜注: 成公, 負芻) 乃懼, 告罪, 且請焉, 乃反而致其邑."

300 화원(華元, 미상): 춘추 시대 송(宋)나라 대부. 화독(華督)의 증손. 송 문공(文公)·공공(共公)·평공(平公) 세 군주를 섬겼다. 문공 4년 초(楚)나라가 정(鄭)나라로 하여금 송나라를 공격하게 하자 군사를 이끌고 싸우다 포로가 되었으나 나중에 달아나 송나라로 돌아왔다. 16년 초나라 군사가 송나라를 포위하여 다섯 달이나 갇혀 있다가 성안의 식량까지 바닥나자 밤에 몰래 초나라 장수 자반(子反)을 찾아가 요청한 끝에 마침내 포위가 풀리게 되었다. 공공이 죽은 후 경대부들 사이에 내홍이 일어났는데, 사마(司馬) 탕택(蕩澤)을 공격해 살해하고는 공공의 어린 아들 성(成)을 옹립했으니 이가 바로 평공이다.

　　　　　제1장 서주(西周) 정치 사회의 구조 성격 문제

벌할 것이니 (그 화가 환씨 6족에게 미쳐) 우리 환씨 일족이 없어질 것이다'[301]라고 하였다. 어석이 말하기를 '우사는 … 또 큰 공을 많이 세워서 국인이 그의 편을 드니, 그를 돌아오게 하지 않으면 우리 환씨가 (국인의 공격을 받아 멸족되어) 송나라에서 조상 제사를 지내지 못하게 될까 두렵다. …'라고 하였다. 어석이 직접 황하 가로 가서 화원의 출분을 만류하자 화원은 탕택(蕩澤)을 토벌하는 일을 허락해 달라고 요청하였고 어석이 이를 허락하니 화원은 돌아와서 화희(華喜)와 공손사(公孫師)로 하여금 국인을 거느리고 가서 탕씨를 공격하여 자산(子山, 탕택)을 죽이게 하였다. … 낙예(樂裔)를 사구(司寇)로 삼아 국인을 안정시켰다[以靖國人]."[302]【살펴보건대 『좌전』에는 "국인을 안정시켰다"라는 말이 모두 5번 나온다.】

⑪『좌전』「양공 10년」: "… 그러므로【정나라의】다섯 종족이 불만을 품은 무리들을 모아 공자의 족당(族黨)[303]에 의지하여 반란을 일으켰다. … 자산[子産, 당시 사마(司馬)였던 자국(子國)의 아들]은 반란이 일어났다는 소식을 듣고 … 수비를 완전히 갖추고 군대를 편성한 뒤에 출동하였는데 병거(兵車)가 17승(1,275인)이었다. 아버지 시신을 수습한 뒤에 북궁(北宮)으로 가

---

301 전(傳)에 의하면 "秋八月, 葬宋共公, 於是華元爲右師, 魚石爲左師, 蕩澤爲司馬, 華喜爲司徒, 公孫師爲司城, 向爲人爲大司寇"라 하고 또 "二華, 戴族也. 司城, 莊族也, 六官者皆桓族也"라 하였다. 주(注)에서는 "魚石, 蕩澤, 向爲人, … 魚府皆出桓公"이라 하였다. 다시 말해 화원(華元)은 송나라 대공(戴公)의 자손이고, 어석(魚石), 탕택(蕩澤), 어부(魚府) 등은 모두 송나라 환공(桓公)의 자손이다.

302 『左傳』「成公 15年」, "魚石將止華元. 魚府曰, 右師反, 必討; 是無桓氏也. 魚石曰, 右師 … 且多大功, 國人與之; 不反, 懼桓氏之無祀於宋也. … 魚石自止華元於河上; 請討, 許之, 乃反. 使華喜・公孫師率國人攻蕩氏, 殺子山 … 樂裔爲司寇, 以靖國人."

303 공자의 족당: 자사(子駟)가 죽인 공자 이(嫛) 등의 당을 말한다. 정나라는 희공 5년(B.C.566) 12월에 재상 자사가 희공을 시해하고 희공의 아들인 5세의 간공(簡公)을 옹립하였는데, 이듬해 여러 공자들이 희공을 시해한 자사를 죽이려고 모의하다가 자사가 미리 알아채고 공자들을 모두 죽인 사건이 있었다. 이에 간공 3년(B.C.563) 10월, 자사에게 불만을 가진 무리들이 공자의 족당에 의지해 반란을 일으켜 자사를 살해하였다. (다음의 각주 참조.)

서 반란군을 공격하니 자교(子蟜)[304]가 국인을 거느리고 와서 자산을 도와 … 반군의 무리를 모두 죽였다."[305]

⑫ 『좌전』 「양공 16년」: 송나라에서 "… 11월 갑오일에 국인들이 미친개를 뒤쫓고 있었는데 그 미친개가 화신(華臣)[306]씨 집으로 들어가므로 국인들이 따라 들어갔다. 화신은 두려워하며 마침내 진(陳)나라로 도망갔다."[307]

⑬ 『좌전』 「양공 19년」: "정(鄭)나라 자공(子孔)[308]이 집정이 되어 국정을

---

304 자교(子蟜, ?-B.C.554): 성은 희(姬), 이름은 채(蠆), 자는 자교, 시호는 환(桓), 공손채라고도 한다. 공자 언(偃)의 아들, 정 목공(穆公)의 손자이다. 정나라 사마(司馬)를 지냈다. 정나라는 희공 5년(B.C.566) 12월에 재상 자사(子駟)가 희공을 시해하고 희공의 아들 간공(簡公)을 옹립하였으나, 간공이 나이가 어려 자사·자국(子國)·자이(子耳) 3인이 국정을 장악하였다. 간공 원년(B.C.565) 여러 공자들이 희공을 시해한 자사를 죽이려고 모의했으나 자사가 미리 알고서 공자들을 모두 죽였다. 간공 3년(B.C.563), 자사에게 원한을 품은 위지(尉止)·사신(司臣)·후진(侯晉)·도녀보(堵女父) 등이 반란분자들을 이끌고 정나라 수도로 진입하여 이른 새벽 서궁(西宮)의 조정에서 자사·자국·자이를 죽이고 정나라 간공을 위협하여 북궁(北宮)으로 끌고 갔다. 자사의 아들 자서(子西)와 자국의 아들 자산(子産)이 집안을 수습하고 반란군과 싸웠으며, 이때 자교는 국인(國人)들을 거느리고 자산을 도와 반란자들을 전부 죽였다.

305 『左傳』 「襄公 10年」, "… 故(鄭)五族聚群不逞之人, 因公子之徒以作亂 … 子產聞盜 … 完守備, 成列而後出, 兵車十七乘, 屍而攻盜於北宮; 子蟜帥國人助之 … 盜衆盡死."

306 화신(華臣, 미상): 성은 자(子), 씨는 화(華), 춘추 시대 송(宋)나라의 사도(司徒)를 지냈다. 화원(華元)의 아들이다. B.C.556년(魯襄公 17년, 宋平公 20년) 화신은 형인 우사(右師) 화열(華閱)이 죽자 그 아들 화고비(華皐比)를 핍박해 도적을 시켜 화고비의 가재(家宰) 화오(華吳)를 살해하고 화오의 처자를 유폐하였다. 그해 11월에 국인들이 미친개를 뒤쫓고 있었는데 미친개가 화신의 집으로 들어가므로 국인늘이 따라 들어가자 화신은 지레 겁을 먹고 진(陳)나라로 달아났다.

307 『左傳』 「襄公 16年」, "… 十一月甲午, 國人逐瘈狗, 瘈狗入於華臣氏, 國人從之. 華臣懼, 遂奔陳."

308 자공(子孔, 미상): 춘추 시대 정(鄭)나라 간공(簡公, B.C.570-B.C.530) 시기의 집정(執政)이었으나 사치를 일삼았다. 또 노(魯) 양공(襄公) 18년(B.C.555)에 진(晉)을 맹주로 하는 노(魯)·위(衛)·정(鄭)의 연합군이 제(齊)나라를 공격할 때 정나라에서는 정백(鄭伯)이 대부(大夫)인 자교(子蟜)와 백유(伯有)·자장(子張) 등을 거느리고 출정하고, 자공(子孔)과 자전

전횡하니 국인들이 이를 걱정하였다. … 갑신일에 자전(子展)[309]과 자서(子西)[310]가 국인을 거느리고 토벌하여 자공을 죽였다.”[311]

⑭ 『좌전』「양공 26년」: “2월 경인일에 영희(寧喜)[312]와 우재(右宰) 곡(穀)이 손씨(孫氏)를 공격하여 이기지 못하고 … 영자(寧子, 寧喜)는 (출분하려고) 국도를 나와 교(郊)에 머물렀는데 … 국인들이 영자를 불러서 영자가 다시 손씨를 공격하여 그들을 이겼다.”[313]

(子展)·자서(子西) 등의 대부들이 국내를 지키고 있었다. 자공은 이 틈을 타 남쪽의 초(楚)나라 군대를 끌어들여 다른 대부들을 내쫓고 권력을 장악하려 했다. 자공은 초나라 재상 자경(子庚)에게 사자를 보냈고 마침내 자경이 군대를 이끌고 정나라로 공격해 들어갔지만 당시 자전과 자서가 그의 야심을 미리 알고 수비를 강화했기 때문에 초나라 자경의 군대는 도성 공략에 실패하고 또 철수 도중에 비와 추위를 만나 많은 동사자(凍死者)를 냈다. 정나라 간공은 12년에 자공을 죽이고, 자산(子産)을 경(卿)에 임명하여 정나라는 유지될 수 있었다.

309 자전(子展, ?-B.C.544): 정나라 목공(穆公)의 손자, 자한(子罕)의 아들. 시호는 환(桓)이다. 공손사지(公孫舍之)로도 불린다. 여러 차례 정나라의 내란을 평정했으며, 대외적으로는 송나라를 침공하고 진(陳)나라를 정벌한 일 등이 있다.

310 자서(子西, ?-B.C.544): 공자하(公子夏), 공손하(公孫夏). 성은 희(姬), 이름은 하(夏), 자는 자서, 시호는 양(襄). 정나라 목공(穆公)의 손자, 공자 비(騑, 자는 子駟)의 아들이다. 정나라 경(卿)을 지냈고 자산(子産)의 동종형제이다. 간공 3년(B.C.563) 희공을 시해한 자사(子駟)에게 원한을 품은 위지(尉止) 등이 반란을 일으키자 자산(子産)과 함께 집안을 수습하여 반란군과 싸우고, 자교(子蟜)가 국인들을 거느리고 자산을 도와 반란자들을 모두 죽였다. 반란진압 후 정나라는 자사를 대신한 자공(子孔)이 국정을 전횡하였다. 국인들이 이를 염려하여 B.C.563년 자공에게 위지 등의 반란발생을 알면서도 자사에게 알리지 않은 일과 B.C.555년 초나라 군사를 도성으로 불러들여 대부들을 제거하고 권력을 장악하려 했던 일을 문죄하자 자공은 수비를 강화하였다. 이에 자전(子展)과 자서(子西)가 국인들을 거느리고 자공을 죽였으며, 이후 정나라는 자전이 집정하고 자서가 정무를 보고 자산은 경이 되었다.

311 『左傳』「襄公 19年」, “鄭子孔之爲政也專, 國人患之 … 甲辰, 子展·子西率國人伐之, 殺子孔.”

312 영희(寧喜, ?-B.C.546): 춘추 시대 위(衛)나라 사람. 영도자(寧悼子)로도 불린다. 위 헌공(獻公)이 영식(寧殖)과 손림보(孫林父)에 의해 쫓겨나 제(齊)나라에 있었는데, 나중에 사람을 시켜 그와 약속하기를 만약 자신을 복위시켜 준다면 “정치는 영씨가 하고, 제사만 자신이 맡겠다[政由寧氏, 祭則寡人]”라고 했다. 이에 영희는 손림보를 공격해 상공(殤公)을 살해하고 헌공을 맞아 복위시켰으나 영희의 정권 독점을 싫어한 헌공의 공격을 받아 살해당했다.

⑮ 『좌전』「양공 27년」: 제나라 경봉(慶封)³¹⁴이 "노포별(盧蒲嫳)³¹⁵에게 군대를 거느리고 최씨를 공격하게 하였으나 … 이기지 못하였다. 국인으로 하여금 공격을 돕게 하여 마침내 최씨를 멸망시켰다."³¹⁶

⑯ 『좌전』「양공 29년」: "정(鄭)나라 자전(子展)이 졸하여 그 아들 자피(子皮)³¹⁷가 집정에 올랐다. 당시 정나라에는 기근이 들고 보리는 아직 수확할 때가 아니어서 백성들의 고통이 심했다. 자피는 자전의 명으로[부친 상중이라 부명(父命)으로 한 것이다] 국인들에게 곡식을 한 집당 1종(鍾)씩 나누어

313 『左傳』「襄公 26年」, "二月庚寅, 寧喜・右宰榖伐孫氏, 不克 … 寧子出居於郊 … 國人召寧子, 寧子復攻孫氏, 克之."

314 경봉(慶封, 미상): 춘추 시대 제(齊)나라 간신. 최저(崔杼)와 공모하여 제 장공(莊公)을 시해한 후 좌상(左相)이 되어 국정을 농단했다. 장공 시해 후 2년 만에 최저의 전처 아들들인 최성(崔成), 최강(崔彊)과 후처 소생의 최명(崔明)이 종주(宗主) 지위와 영읍(領邑) 승계 문제를 놓고 분란을 일으키자, 이 틈을 이용해 최저 가문을 멸망시키는 간악한 행위를 저질렀다. 이 듬해인 B.C.545년에 경봉 일파의 전횡과 황음무도에 불만을 품은 대부 고채(高蠆)와 난조(欒竈)가 노포별(盧蒲嫳)・노포계(癸) 형제 및 왕하(王何)와 공모해 경씨(慶氏) 일족을 멸문하고 재산을 몰수했다. 경봉은 노(魯)나라로 도망했다가 다시 오(吳)나라로 도망하여 오나라 군주 구여(句餘)에게서 주방(朱方) 땅을 분봉받고 정착했으나 6년 만인 B.C.539년에 초나라 대부 굴신(屈申) 등의 연합군에 의해 처형당했다.

315 노포별(盧蒲嫳, 미상): 춘추 시대 제(齊)나라 대신. B.C.548년 제나라 장공(莊公)이 최저(崔杼)와 경봉(慶封)에 의해 살해되자 노포별의 형이자 장공의 심복인 노포계(盧蒲癸)는 진(晉)나라로 도망하였다. 노포별은 처음에 경봉에게 의탁, 최저 일족을 멸망시키는 데 중요한 역할을 하였다. 그러나 경봉의 전횡과 황음무도함을 보고는 진(晉)나라로 도망갔던 형 노포계를 불러들여 B.C.545년 가을 태묘(太廟)에서 강태공(姜太公)에 제사를 지낼 때 고채(高蠆)・난조(欒竈)와 공모하여 경봉의 아들 경사(慶舍)를 죽이고 경봉은 노나라로 도망가 경씨(慶氏) 집안도 몰락하고 말았다. 그 후 노포별은 관직의 복위를 바랐으나 결국 받아들여지지 않아 연(燕)나라로 추방되었다.

316 『左傳』「襄公 27年」, "使盧蒲嫳率甲以攻崔氏 … 弗克. 使國人助之, 遂滅崔氏."

317 자피(子皮, ?-B.C.529): 춘추 시대 정(鄭)나라 사람으로 한호(罕虎)로도 불리며 자전(子展)의 아들이다. 아버지의 자리를 이어 집정(執政)이 되었다. 당시 기황(饑荒)이 들자 나라 사람들에게 양식을 공급했다. 다음 해 자산(子産)이 현명하고 재능이 있는 것을 보고 집정 자리를 자산에게 양보하였다.

제1장 서주(西周) 정치 사회의 구조 성격 문제

주었다. 이 일로 정나라 백성들의 신망을 얻었다."[318]

⑰ 『좌전』「양공 31년」: "거(莒)나라 여비공(犂比公)[319]이 거질(去疾)과 전여(展輿)를 낳았다. 이미 전여를 세자로 세워 놓고 다시 폐출하였다. 여비공이 포학하여 국인들이 이를 근심하였다. 11월에 전여가 국인들에 의지하여 거자(莒子, 여비공)를 공격해 시해하였다."[320]

⑱ 『좌전』「소공 14년」: "가을 8월에 거나라의 저구공(著丘公, 去疾)[321]이 졸하였는데 아들 교공(郊公)이 슬퍼하지 않으니 국인들이 순종하지 않고서 [저구공의 동생 경여(庚輿)를 군주로 세우고자 하였다]",[322] "겨울 12월에 … 교공이 제(齊)나라로 출분하였다."[323]

⑲ 『좌전』「소공 23년」: "거나라 제후[莒子] 경여(庚輿)는 포학한 데다 검을 좋아하여 검을 주조하면 반드시 사람에게 시험하여 국인들이 이를 근심하였

---

318 『左傳』「襄公 29年」, "鄭子展卒, 子皮即位. 於是鄭饑而未及麥, 民病. 子皮以子展之命, 餼國人粟, 戶一鐘; 是以得鄭國之民."

319 여비공(犂比公, ?-B.C.542): 춘추 시대 거(莒)나라 군주. 성은 기(己), 이름은 밀주(密州)이다. B.C.577년 정월 거자(莒子) 주(朱)를 계승하여 35년간 재위하였다. 여비공에게는 거질(去疾)과 전여(展輿) 두 아들이 있었는데 처음에 전여를 후계로 세웠다가 폐립하였다. B.C.542년 전여는 국인들에 의지하여 여비공을 공격하여 시해하고 스스로 국군(國君)이 되었다. 거질은 제나라로 도망갔는데 제나라 여자의 소생이기 때문이다.

320 『左傳』「襄公 31年」, "莒犂比公生去疾及展輿. 既立展輿, 又廢之. 犂比公虐, 國人患之. 十一月, 展輿因國人以攻莒子, 弑之."

321 저구공(著丘公, 去疾, ?-B.C.528): 거나라 여비공(犂比公)의 아들 전여(展輿)가 부친을 시해하고 스스로 국군이 되어 공자들의 권리를 박탈하자 공자들은 불만을 갖고 제나라로부터 동생 거질(去疾)을 불러들여 군주로 세웠는데 그가 저구공이다. 거질이 죽은 뒤 아들 교공(郊公)이 계위하였으나 부친의 죽음을 슬퍼하지 않아 국인들이 따르지 않았고, 이에 제나라로부터 거질의 동생인 경여(庚輿)를 맞아들여 군주로 세웠으니 이가 공공(共公)이다.

322 『左傳』「昭公 14年」, "秋八月, 莒著丘公卒, 郊公不戚, 國人弗順."

323 『左傳』「昭公 14年」, "冬十二月 … 郊公奔齊."

4. '국인(國人)'의 성격, 지위 문제   155

다. … 오존(烏存, 거나라 대부)이 국인들을 거느리고 그를 축출하였다."[324]

⑳ 『좌전』 「정공 8년」: 진(晉)나라 군사가 전택(鄟澤)에서 위(衛)나라 제후와 맹약을 맺으려 할 때 위나라 제후를 모욕하였다. "위나라 제후가 진나라를 배반하고자 하였으나 대부들이 자기의 뜻을 따르지 않을까 걱정되었다. 대부 왕손가(王孫賈)[325]가 위후를 진나라 국도의 교(郊)에 머물게 하였다. 대부들이 그 까닭을 묻자 공(위후)이 진나라에게 치욕을 당한 일을 말하고, 또 말하기를 '과인은 사직을 욕되게 하였으니 다른 공자를 택하여 선군의 뒤를 잇게 하면 과인은 이를 따르겠노라'라고 하였다. 대부들이 말하기를 '이는 위나라의 화(禍)이지 어찌 군주의 잘못이겠습니까?'라고 하였다. 공이 말하기를 '또 하나 걱정거리는 진나라에서 과인에게 말하기를 반드시 너의 아들과 대부들의 아들을 인질로 보내라고 했다'라고 하였다. … 왕손가가 말하기를 '위나라에 어려움이 생기면 공인(工人)과 상인(商人)이 환난을 일으키지 않은 적이 없으니 그들의 자제도 모두 함께 가도록 해야만 합니다'라고 하였다【두예 주: 국인들을 격노시키려고 한 것이다】. … 공이 국인들을 조정으로 불러 놓고 왕손가를 보내어 묻기를 '만약 우리 위나라가 진나라를 배반한다면 진나라는 우리를 다섯 번 공벌할 것이니 그 괴로움이 어떻겠는가?'라고 하니 모두 말하기를 '다섯 번 우리를 공벌하더라도 우리는 여전히 싸울수 있습니다'라고 대답하였다. … 이에 진나라를 배반하였다."[326]

---

324 『左傳』 「昭公 23年」, "莒子庚輿, 虐而好劍. 苟鑄劍, 必試諸人, 國人患之 … 烏存率國人逐之."

325 왕손가(王孫賈, 미상): 춘추 시대 위(衛)나라 영공(靈公) 때의 대부(大夫). 공자가 위나라에 오자 "아랫목 귀신에게 아첨하느니 차라리 부뚜막 귀신에게 아첨하는 것이 낫다고 하는데, 그것은 무엇을 말하는 것입니까?"라고 하며 영공보다는 권신인 자기에게 잘 보이라고 은근히 회유하였고, 공자는 "그렇지 않다. 하늘에 죄를 지으면 용서를 빌 곳이 없다"라는 말로 거절하였다. 『논어』 「팔일(八佾)」편에 나온다.

326 『左傳』 「定公 8年」, "衛侯欲叛晉, 而患諸大夫. 王孫賈使次於郊. 大夫問故, 公以晉詬語之, 且曰, '寡人辱社稷, 其改卜嗣, 寡人從焉.' 大夫曰, '是衛之禍, 豈君之過也.' 公曰, '又有患焉, 謂寡人必以而子與大夫之子爲質.' … 王孫賈曰, '苟衛國有難, 工商未嘗不爲患, 使皆行而後可.' (杜

㉑『좌전』「정공 13년」: "겨울 11월에 진(晉)나라의 순력(荀躒)·한불신(韓不信)·위만다(魏曼多)가 진나라 정공(定公)을 받들고 범씨(范氏)와 중항씨(中行氏)를 공격했으나 이기지 못하였다. 두 사람[범씨와 중항씨, 즉 범길사(范吉射)와 중항문자(中行文子, 荀寅)]은 … 마침내 진나라 정공을 공격하였으나, 국인들이 정공을 돕자[327] 두 사람은 패배하였다."[328]

㉒『좌전』「애공 원년」: "오나라 군대가 초나라로 쳐들어갔을 때, [노 정공(定公) 4년에 있었던 일로 그때의 오왕은 합려(闔廬)였다] 오자(吳子, 합려)가 사람을 보내 진(陳)나라 회공(懷公)을 불러오게 하였다. 회공은 국인들을 조정에 불러 놓고 묻기를 '초나라에 붙고자 하는 자는 오른쪽에 서고 오나라에 붙고자 하는 자는 왼쪽에 서라. 진나라 사람으로서 토지가 있는 자는 토지의 소재지에 따라 서고, 토지가 없는 자는 족당(族黨)의 토지의 소재지에 따라 서라'라고 하였다.【두예 주: 도읍 사람으로 토지가 없는 자들은 족당을 따라 서게 하였다. 어디에 붙을지 모르는 사람들은 바로 거주하는 곳을 따라 서게 하였다.】"[329]

注: 欲以激怒國人也) … 公朝國人, 使賈問焉曰, '若衛叛晉, 晉五伐我, 病何如矣?' 皆曰, '五伐我, 猶可以能戰.' … 乃叛晉."

327 B.C.497년 진양 조씨의 종주(宗主)인 조앙(趙鞅, 趙簡子)이 위(衛)나라가 이전에 사죄의 뜻으로 바쳤던 한단(邯鄲) 땅 500호(戶)를 진양으로 합병시키려고 하자 한단 조씨의 종주 조오(趙午, 일명 邯鄲午)와 한단인(邯鄲人)들이 반대하였다. 격노한 조앙은 조오를 진양으로 유인해 죽이고 한단 조씨를 멸문시켰다. 조오의 외숙 중항인(中行寅, 中行文子, 荀寅)은 조오의 아들 조직(趙稷), 범길사(范吉射) 등과 공모해 조카의 원수를 갚고자 조앙을 공격했고, 이에 조앙은 일단 진양으로 도피했으나 지역의 순력(荀躒)·한불신(韓不信)·위만다(魏曼多) 등이 조앙을 원조하여 함께 중항인·범길사 일파를 격파, 이에 중항인·범씨 일파는 조가(朝歌)로 달아났다.

328 『左傳』「定公 13年」, "冬十一月, 晉荀躒·韓不信·魏曼多奉公, 以伐范氏·中行氏, 弗克. 二子 … 遂伐公, 國人助公, 二子敗."

329 『左傳』「哀公 元年」, "吳之入楚也, 使召陳懷公. 懷公朝國人而問焉曰, 欲與楚者右, 欲與吳者左. 陳人從田. 無田從黨(杜注: 都邑之人無田者隨黨而立也. 不知所與, 故直從所居)."

㉓ 『좌전』「애공 11년」: "여름에 진(陳)나라 원파(轅頗)가 정(鄭)나라로 출분하였다. 처음에 원파가 사도(司徒)였을 때 봉지 안의 토지에 세금을 징수하여 공녀(公女)를 시집보내는 비용으로 쓰고【두에 주: 봉지 내의 전토에 모두 세금을 부과하였다】 남은 것이 있자 그것으로 자기의 대기[大器, 종이나 정(鼎) 따위]를 만들었다. 이 때문에 국인들이 그를 축출하였기에 출분한 것이다."330

㉔ 『좌전』「애공 24년」: 노나라 공자 형(荊)의 모친이 군주의 총애를 받았다. 애공(哀公)이 그녀를 부인(夫人)으로 책립하고 "형을 태자로 삼으니 국인들이 애공을 미워하기 시작하였다."【생각건대 이것이 노 애공이 노나라에서 죽지 못한 원인이다.】331

---

330 원파(轅頗, 미상)는 춘추 시대 진(陳)나라의 사도(司徒)다. 원파는 봉읍 내의 토지에 세금을 부과하여 진(陳)나라 애공(哀公)의 딸을 출가시키는 비용으로 쓰고, 남은 돈을 자기를 위해 종(鐘)이나 정(鼎)을 주조하는 데 사용하였다. 이에 국인들이 그를 축출하여 B.C.484년(魯哀公 11년, 陳湣公 18년) 여름 원파는 정나라로 달아났다. 도중에 목이 말랐는데, 일족 중에 원훤(轅咺)이라는 자가 쌀로 빚은 술과 기장으로 만든 마른 밥, 그리고 고기로 만든 포(脯)를 올렸다. 원파가 기뻐하며 어찌 이렇게 준비를 잘 했느냐고 묻자 원헌은 '종과 정이 완성되었을 때 이미 준비를 했다'고 대답했다. 원파가 왜 진작 내게 간언하지 않았느냐고 하자 원훤은 만약 반대했다가는 자신이 먼저 추방당할까 봐 두려웠기 때문이라고 하였다. 전문은 다음과 같다. 『左傳』「哀公 11年」, "夏, 陳轅頗出奔鄭. 初, 轅頗爲司徒, 賦封田以嫁公女(杜注: 封內之田悉賦稅之也). 有餘, 以爲已大器. 國人逐之, 故出. 道渴, 其族轅咺進稻醴·粱糗·腶脯焉. 喜曰, 何其給也? 對曰, 器成而具. 曰, 何不吾諫, 對曰, 懼先行."

331 공자 형(荊)은 노나라 애공의 서자(庶子)로, 나중에 대자로 세워졌다. 진문은 다음과 같다. 『左傳』「哀公 24年」, "애공이 공자 형의 모친을 총애하여 그녀를 부인(夫人)으로 삼고자 종인(宗人, 禮官) 흔하(釁夏)에게 부인을 책립하는 예(禮)를 상고해 올리라고 하자, 흔하가 '그런 예는 없습니다'라고 대답하였다. 애공이 노하여 말하기를 … 흔하가 대답하기를 '주공과 무공은 설(薛)나라에서 아내를 맞이했고 효공과 혜공은 상(商, 宋)나라에서 아내를 맞이했고 환공 이하로는 제나라에서 아내를 맞이하였으니 이에 관한 예라면 있지만 첩을 부인으로 삼는 경우는 본래부터 그런 예가 없습니다'라고 하였다. 애공은 끝내 그 여인을 부인으로 세우고서 형(荊)을 태자로 삼았다. 국인이 비로소 애공을 미워하기 시작하였다【公子荊之母嬖, 將以爲夫人, 使宗人釁夏獻其禮. 對曰, 無之. 公怒曰, 女爲宗司, 立夫人, 國之大禮也, 何故無之? 對曰,

이제 국인에 대해 좀 더 알아보면, 도읍과 근교에 거주하는 구성분자인 국인은 어떤 사람인가? 우선, 국인은 씨족사회 단계에서부터 통치귀족과 소원한 혈통 관계에 있는 사람일 수도 있고, 일부는 몰락한 종법귀족에서 유래한 사람일 수도 있다. 그러나 결코 당시 종법귀족의 일부를 직접 구성하고 있는 구성원들은 아니었다. 위에 인용한 자료 ⑤의 "목공과 양공의 족인들[穆襄之族]"과 "국인들"은 하나가 아니라 두 개의 집단이다. ⑨에서 자장(子臧)을 따라 망명한 국인들이 만약 자장의 족인이라면 조(曹)나라 성공(成公)으로 하여금 두려워하며 자신의 죄를 고하게 만들지는 않았을 것이다. 자료 ⑮의 노포별(盧蒲嫳)이 거느린 군사와 그를 도운 국인들 역시 하나가 아니라 두 개의 집단이다. ㉑에서 순력(荀躒) 등 3인이 진(晉)나라 정공(定公)을 받들고 범씨(范氏)와 중항씨(中行氏)를 공격했으나 이기지 못한 것은 국인들이 전투에 참가하지 않았기 때문이다. 범씨와 중항씨가 진나라 정공을 공격했을 때에는 국인들이 격분하여 일어나 "정공을 도왔고[助公]" 그리하여 범씨·중항씨를 패배시킬 수 있었다. 이로부터도 국인이 종법귀족의 일부를 구성하는 구성원들이 아니었음을 증명할 수 있다.

둘째, 국인은 당시 군사력의 기초였다. 그러나 결코 전쟁을 전업으로 하는 사람은 아니었다. 자료 ①로 볼 때 국인들이 작전할 때의 갑옷[甲]은 임시로 지급받은 것이다. 고동고(顧棟高)[332]의 『춘추대사표(春

周公及武公娶於薛, 孝·惠娶於商, 自桓以下娶於齊, 此禮也則有. 若以妾爲夫人, 則固無其禮也. 公卒立之, 而以荊爲太子. 國人始惡之]."

332 고동고(顧棟高, 1679-1759): 청 강소 무석(無錫) 사람. 자는 진창(震滄), 복초(復初), 호는 좌여(左畬)다. 강희 60년(1721) 진사가 되고, 내각중서(內閣中書)에 올랐으나 파직당하자 저술

秋大事表)』 14 「구갑전부론(邱甲田賦論)」에서도 "갑장(甲仗)과 병기(兵器)는 모두 위에서 나왔다"[333]라고 주장하였다. 당시의 귀족은 왕·제후로부터 경·대부에 이르기까지 직접 장악한 군사와 병거(兵車)를 상시로 보유하여 대내적인 자기 방어와 동원시의 군사적 골간으로 삼았다. 자료 ⑪에서 자산(子産)의 병거가 17승(1,275인)이었다고 한 것이한 예다. 따라서,『국어』「제어(齊語)」에 나오는 "(국도 21향 중에) 사(士)의 향이 15였다"[334]라는 구절을 원용하여 "국인(國人)"을 "사(士)"로규정하는 것은 곤란하다고 본다. 사(士)를 전사(戰士)로 간주해서도 안된다. 나는『좌전』중의 이른바 사(士)를 대략 조사해 보았는데 용법상대체로 다음 4가지 성격으로 분류할 수 있다. 첫째, "경사(卿士)"와 같이 연접해서 쓸 경우 각종 신분의 귀족을 가리킬 때가 있다. 둘째, 귀족 중 고정적인 하위직을 가진 사람을 가리킬 때가 있다. 이런 의미의사(士)는 국인으로부터 충임될 수는 있지만 결코 그들이 바로 국인인것은 아니다. 셋째, 전쟁에 참가하는 전사(戰士) 전체를 가리키기도 한

에만 전념했다. 건륭 15년(1750) 경명행수(經明行修)로 천거되어 국자감사업(國子監司業)을
제수받았으나 70세의 연로한 나이로 직임 수행이 어려워 나가지 않자 다시 국자감좨주(國子
監祭酒)를 내렸다.『좌전』에 조예가 깊었다.『춘추대사표(春秋大事表)』에서는 춘추 열국의
사사(史事), 천문역법, 세계(世系)와 관제, 지리 등에 대해 상세히 설명했다. 그 밖에『상서질
의(尙書質疑)』에서는 동진 때 매색(梅賾)이 바친『고문상서(古文尙書)』가 위작이라 주장했
고,『주례(周禮)』는 한유(漢儒)들이 견강부회하여 만든 책이며,『의례(儀禮)』는 주공(周公)
이 지은 것이 아니라고 했다. 그 밖의 저서에『모시정고(毛詩訂詁)』등이 있다.

333 顧棟高,『春秋大事表』권14 "邱甲田賦論", "甲仗兵器, 皆出自上."

334『國語』「齊語」, "管子於是制國以爲二十一鄕, 工商之鄕六, 士鄕十五." 위소(韋昭)의 주에서
는 "여기서의 사(士)는 군사(軍士)이다. [관자가 말하는 1향은 2천 가(家)이므로] 15향은 도합
3만 명이다. 이것이 3군이 된다[此士軍士也, 十五鄕合三萬人, 是爲三軍]"라고 하였다.

다. 전체 전사 중 일부분은 귀족이 평소에 양성한 고정된 전사들이지만, 나라와 나라 간의 전쟁에서 다수를 차지하는 것은 동원된 "국인" 출신의 전사들이다. 이때의 국인은 모두 사(士)로 칭할 수 있지만, 그러나 이것은 전시의 칭호에 지나지 않으며 평상시의 칭호는 아니다. 넷째, 내가 「봉건정치사회의 붕괴와 전형적 전제정치의 성립」에서 조사한 바에 의하면 사(士)는 원래 농민 가운데 건장한 남자를 뜻하는 말이었다. 그러나 춘추 중기에 이르면 점차 독립적이고 유동성을 띤 사(士) 계급이 출현하게 되는데, 예컨대 『좌전』「문공 14년」에 "제(齊)나라의 공자(公子) 상인(商人, 桓公의 아들)은 자주 국인들에게 은혜를 베풀고 많은 사(士)를 모았다"[335]라는 기사가 그것이다. 사(士)들이 자주 은혜를 베푸는[驟施] 곳을 좇아 모여들었다면, 이러한 사들은 특정 경대부 집단에 고정되어 있지 않고 더 이상 고정된 직업에 얽매여 있지도 않으며 독립적이기 때문에 대우의 좋고 나쁨을 좇아 자유롭게 유동할 수 있는 자들임을 알 수 있다. 사(士)는 변천 과정에서 당연히 국인(國人)의 일부를 형성했다. 또한 그들의 지위는 초기에는 귀족과 평민 사이에 끼여 있었으나 만기에 이르면 몰락귀족의 유입으로 그 수가 계속 확대됨과 동시에 점차 평민 지식인으로서의 성격을 띠게 되었다. 『논어』에 등장하는 이른바 "사(士)"는 이러한 성격에 속하는 자들이었다. 그다음, 자료 ②, ㉒, ㉓으로부터 국인은 "토지[田]"와 밀접한 관계가 있으며 도읍과 근교에 거주하는 농민들이 국인을 구성하는 중요한 일부라는 것을 알 수 있다. ②의 "원전(爰田)"은 복건(服虔)과 가규(賈

---

335 『左傳』「文公 14年」, "公子商人驟施於國, 而多聚士."

遠)의 해석에 의하면 "많은 사람들에게 토지를 상으로 주기 위해 기존 토지의 경계를 바꾸는"[336] 것을 말한다. 이로부터 국인을 구성하는 농민들은 그 토지에 원래 일정한 경계가 있었음을 알 수 있다. 살펴보건대 『맹자』 「등문공」편에서 "국중(國中)에는 1/10세를 적용하여 스스로 부세를 납입하도록 한다"[337]라고 한 것은 국인 중의 농민은 공전(公田) 경작의 부담을 지지 않고 1/10세만을 납입했다는 뜻이다. 이것은 정전제(井田制)와는 다른 것이다. 그다음, ⑳으로부터는 수공업·상업에 종사하는 자들이 국중에 거주하면서 국인의 또 다른 일부를 구성했다는 것을 알 수 있다. 총괄해서 말하면 국인은 사(士), 자유농민, 상공업자 세 부분으로 구성되어 있으며, 고대 그리스 시대 도시국가의 자유민과 유사하다고 볼 수 있다.

이상 국인(國人) 문제에 관한 고찰에서는 모두 춘추 시대의 자료를 들었다. 춘추 시대의 국인이 서주 시대에도 통할 수 있을까? 내가 보기에 국인의 일부를 구성하는 사(士)는 서주와 춘추 시대에 성질이 크게 변했다. 그러나 국인이라는 계층의 존재와 그 정치적 역할은 춘추 시대가 서주로부터 물려받은 것이므로 그것은 서주의 개국과 입국의 기초가 되었다고 볼 수 있다. 『국어』 「주어(周語)」에 국인이 여왕(厲

---

336 『左傳』 「僖公 15年」, "晉於是乎作爰田(注: 分公田之稅應入公者, 爰之於所賞之衆)." 正義, "服虔孔晁皆云爰易也, 賞衆以田, 易其疆畔. 杜言爰之於所賞之衆, 則亦以爰爲易, 謂舊入公者乃改易與所賞之衆."

337 『孟子』 「滕文公」上, "國中什一使自賦." 『주자집주(朱子集註)』에서는 "國中, 郊門之內, 鄉遂之地也. 田不井授, 但爲溝洫, 使什而自賦其一, 蓋用貢法也. 周所謂徹法者, 蓋如此. 以此推之, 當時非惟助法不行, 其貢亦不止什一矣"라 하였다.

王)을 체(彘) 땅으로 추방하여 유배시킨 고사[338]가 그 명백한 예이다.

거듭 추론하면, 공류(公劉)가 빈(豳) 땅으로 옮기고 태왕(太王)이 기산 (岐山) 아래로 옮길 때 "국인" 계급도 필시 그를 따라 함께 옮겨 갔을 것이고, 문왕이 천하의 2/3를 차지할 때도 필시 이 국인계급을 확대함으로써 그들의 무력적 기반을 확대했을 것이다. 그들은 고대사회에서 정치적 자유와 권리를 보유한 자유민이자 고대 사회정치의 직접적인 지주이기도 했다.

---

338 『國語』「周語」上, "厲王虐, 國人謗王. 邵公告曰, '民不堪命矣!' 王怒, 得衛巫, 使監謗者. 以告, 則殺之. 國人莫敢言, 道路以目 … 王不聽, 於是國人莫敢出言, 三年, 乃流王于彘."

5. 토지제도와 농민

　서주 봉건정치의 골간을 형성하는 것은 종법제도이고 봉건통치의 직접적인 기반을 형성하는 것은 국인(國人)이다. 그러나 국인보다 더욱 광범위하고 심원한 사회적 의의를 갖는 것은 도읍 이외의 "토지와 부용(附庸)",339【원주33】 그리고 이와 밀접한 관계를 가진 농민들이다. 『맹자』는 주 왕실이 작록(爵祿)을 나눌 때의 "대략(大略)"을 기술하기를 "50리가 못 되는 작은 나라들은 직접 천자에게 조근하지 않고 부근에 있는 제후에게 부속시켰으니 이를 부용(附庸)이라 한다"340라고 하였다. 『주례』「하관(夏官)」'사훈(司勳)'조에서는 "백성들이 수고하는 것을 용(庸)이라 한다"341라고 하였다. 『이아(爾雅)』「석고(釋詁)」에서는 "용(庸)은 수고하다의 뜻이다"라 하였고, 「석훈(釋訓)」에서는 "용용(庸庸)은 수고하다의 뜻이다"342라고 하였다. 용(庸)의 본의는 인민의 노동력, 즉 이른바 "역역(力役)"으로 보아야 한다. 따라서 부용(附庸)의 본의는 토지에 부속된 인민의 노동력으로 보아야 한다. 『맹자』에서 말하

---

339 『詩』「魯頌」'閟宮', "錫之山川, 土田附庸."

340 『孟子』「萬章」下, "不能五十里, 不達於天子, 附於諸侯, 曰附庸."

341 『周禮』「夏官」'司勳', "民功曰庸."

342 『爾雅』 권3「釋詁」, "庸, 勞也.";「釋訓」, "庸庸·慴慴, 勞也." 진(晉) 곽박(郭璞)의 주에서는 "皆勤勞也"라고 하였다.

는 부용(附庸)은 그것의 파생된 의미이다. 금문『소백호궤(召伯虎簋)』[343] 안에는 "복용토전(僕庸土田)"이라는 구절이 있는데, "복(僕)"과 "부(附)" 는 옛날에 서로 통용되었다. 분봉할 때 수봉자에게 토지와 토지에 부속된 노동력을 사여하는 것, 이것이 이른바 "토전부용(土田附庸)"이다. 그렇다면 그 토지에 부속된 노동력은 곽말약이 말한 것처럼 "경작노예"였을까? 이는 주나라 초의 토지제도와 관련이 있다. 그렇다면 주나라 초에는 토지제도가 있었는가?『좌전』「정공(定公) 4년」에는 위(衛)나라 자어(子魚)가 (옛날에 무왕이 그 동생인) 강숙(康叔)을 위나라에 봉할 때의 정황을 말하는 내용 중에 "모두 은나라 풍속에 따라 정치를 베풀고 주나라 법에 따라 토지를 구획하게 하였다【두예 주: 주나라 법에 따라 토지를 구획하는 것이다. 색(索)은 법이다】"[344]라는 구절이 있다. 당숙(唐叔)[345]을 봉할 때의 정황에 대해서는 "하나라 풍속에 따라 정치를 베풀고 융적의 법에 따라 토지를 구획하게 하였다【두예 주: 태원(太原) 근방은 융(戎)족이 거주하는 데다 기후가 추워 중국과 같지 않으므로 융족의 법을 따라야 한다】"[346]라고 하였다. 위의 자료로부터 보면, 강숙은 은의 유민

343 『소백호궤(召伯虎簋)』: 소백호를『詩』「大雅」'江漢' 시에 나오는 소호(召虎)로 보아 서주 11대 선왕(宣王) 때의 기물로 보는 설(곽말약)이 있는 한편 서주 8대 효왕(孝王) 때로 보는 설이 있다.

344 『左傳』「定公 4年」, "皆啓以商政, 疆以周索(杜預注: 皆, 魯·衞也. 啓, 開也. 居殷故地, 因其風俗, 開用其政, 疆理土地以周法. 索, 法也)."

345 당숙(唐叔, 미상): 주나라 무왕(武王)의 3남이자 성왕(成王)의 동생. 이름은 우(虞), 자는 자어(子於)이다. 진(晉)나라의 개국시조. 무왕 사후 성왕이 어려 주공(周公)이 섭정할 때 당(唐)나라를 멸망시킨 후에 그 땅을 우에게 하사했으므로 당숙우로 불리게 되었다. 뒤에 그의 아들인 섭보(燮父)가 도읍을 진수(晉水) 가로 옮겨 진(晉)으로 개명하였다. 그의 후대는 도읍을 신전(新田)으로 이주했지만 나라명은 그대로 진으로 사용했다.

이 거주하는 위(衛)나라에 봉해졌던 관계로 은나라 풍속에 따라 정치를 베풀기는 했지만, 그러나 토지에 대해서는 반드시 주(周)나라 법에 따라 경계를 구획하였다. 노(魯)나라의 경우는 주공의 특별한 명망으로 인해 곧바로 "주나라 법을 따르도록" 하였으니 그 토지를 주나라 법에 따라 구획했을 것임은 말할 필요도 없다. 다만 당숙(唐叔)의 봉토는 북방 변경의 벽지에 있었기 때문에 주나라 법과는 다른 융적의 법을 적용하였다. 이로부터 당시 "중국(中國)"의 범위 내에서 주나라는 자체의 토지제도를 보유했던 것으로 추단할 수 있다. 이 토지제도는 한 번에 전면적으로 실시할 수 있는 것은 아니며, 실시 정황도 완전히 동일하지는 않았을 것이다. 그러나 봉건으로 토지와 인민을 수여하는 즉시 토지제도를 시행하고, 봉건이 이르는 곳마다 이를 추행함으로써 봉건제도의 사회적 기초를 형성한 점, 토지제도와 봉건적 정치제도가 불가분의 관계에 있다는 점, 이것은 의심할 여지가 없다. 『시경』「대아」 '면(綿)' 시에 "집 짓는 일 맡은 사공을 부르고[乃召司空]" "백성을 맡은 사도를 불러[乃召司徒]"라는 말이 있는데, 사도(司徒)는 "사토(司土)"의 음이 변하며 나온 말로 금문에서는 "사토(嗣土)"와 "사도(嗣徒)"의 명칭이 함께 사용되고 있다.【원주34】사도(司徒)는 위로는 천자로부터 아래로는 크고 작은 제후에 이르기까지 모든 나라에 실치된 관식으로서 토지를 주관하는 관직임에 틀림없다고 본다. 『시이(訧彝)』의 명문에 보이는 "너를 사토(司土)에 임명하니 적전을 맡아 관리하도록 하라[命女

---

346 『左傳』「定公 4年」, "啓以夏政, 疆以戎索(杜預注: 亦因夏風俗, 開用其政. 大原近戎而寒, 不與中國同, 故自以戎法)."

(汝)作훼土, 官司耤田"라는 구절이 그 분명한 증거이다. 『주례』는 진위(眞僞)가 반반인 책이다. "지관사도제이(地官司徒第二)"의 "지관(地官)" 두 글자도 "천관(天官)", "춘관(春官)", "하관(夏官)", "추관(秋官)", "동관(冬官)"과 마찬가지로 왕망(王莽) 등이 갖다 붙인 것이고, "나라의 교화를 관장하였다[掌邦敎]"에 관한 부분들도 모두 왕망 등이 이후의 사도(司徒) 직책의 변천에 의거하여 추가한 것이다. 그러나 "나라의 토지의 지도를 관장하였다[掌建邦之土地之圖]" 관련 부분은 주나라 초 사도의 직책에 대한 개략적인 진술로 나중에 왕망 등이 편집과 분식(粉飾)을 더해 완성한 것이라고 보아야 한다.【원주35】

『맹자』라는 책은 선진 전적 중 지금까지 진위(眞僞) 문제가 발생하지 않은 책으로, 삼대(三代)의 토지와 부세 제도를 논한 대목에서는 비록 이상적인 요소가 섞여 있기는 하나 그럼에도 반드시 근거가 있다. 지금 먼저 관련 문장을 아래에 재록하여 둔다.

하후씨는 50무를 주고 공법(貢法)을 실시하였고, 은나라 사람들은 70무를 주고 조법(助法)을 실시하였고,[347] 주나라 사람들은 1백 무를 주고 철법(徹法)을 실시하였는데, 실은 모두 1/10세를 내게 한 것입니다. 철(徹)이란 거두어들인다는 뜻이고, 조(助)란 (노동력을) 빌린다는 뜻입니다. 용자(龍子, 옛 현인)는 "토지를 다스리는 데는 조법보다 좋은 것이 없고 공법보다 나쁜 것이 없다"라고 했습니다. … 시(詩)에 이르기를 "우리 공전(公田)에 비를 내

---

347 하나라의 공법(貢法)은 한 집에 50무의 토지를 주고 수년간의 평균수확량을 산출하여 그 1/10을 조세로 납부하게 하는 것으로, 풍흉을 고려하지 않아 흉년이 들 때 백성들에게 고통을 주었기 때문에 용자(龍子)를 비롯하여 맹자의 심한 비판을 받았다. 은나라의 조법(助法)은 70무를 주고 그 1/10에 해당하는 7무의 공전을 경작하여 조세로 내는 것이다.

려 주시고 그런 다음 우리 사전(私田)에도 내려 주소서"[348]라고 하였습니다. 오직 조법에만 공전이 있다고 하는데 이 시로 미루어 보면 주나라에도 조법 이 있었습니다.(「등문공」상)[349]

위의 인용문은 맹자가 삼대의 "백성들에게 거두어들임에 제도가 있 었다"[350](같은 곳), 즉 삼대의 세법을 설명하는 대목이지만 토지를 다스 리는 전제(田制)에 대해서도 언급하고 있다.

필전(畢戰)을 시켜 정전법에 관하여 물어보게 하였다. 맹자가 말하기를 "… 청컨대 야[野, 교외(郊外)]에서는 9백 무 중 하나(1백 무)를 공전으로 두어 조 법을 실시하고 국[國, 교문(郊門) 안]에서는 1/10세법을 적용하여 스스로 부 세를 납입하도록 하십시오. 경(卿) 이하의 관작을 가진 자에게는 반드시 규 전(圭田)[351]을 갖도록 하는데 규전은 50무씩입니다. 여부[餘夫, 1가구에 수 전(受田)자를 제외한 남자 성인]는 25무씩입니다. … 사방 1리에 정전(井田) 하나씩을 두는데 하나의 정전은 9백 무입니다. 그 가운데를 공전으로 하고, 8가구가 각각 사전 1백 무씩을 경작합니다. 8가구가 다 함께 공동으로 공전 을 경작합니다. 공전의 농사일을 마친 뒤라야 사전의 농사일을 돌볼 수 있으 니 이는 (군자와) 야인(野人)을 구별하기 위한 것입니다."(「등문공」상)[352]

---

348 『詩』「小雅」'大田', "雨我公田, 遂及我私."

349 『孟子』「滕文公」上, "夏后氏五十而貢, 殷人七十而助, 周人百畝而徹. 其實皆什一也. 徹者, 徹 也. 助者藉也. 龍子曰, '治地莫善於助, 莫不善於貢. …' 詩云, '雨我公田, 遂及我私.' 惟助爲有 公田, 由此觀之, 雖周亦助也."

350 『孟子』「滕文公」上, "是故賢君必恭儉禮下, 取於民有制."

351 규전(圭田): 제사에 쓸 곡식을 마련하기 위한 전지(田地). 『孟子』 조기(趙岐, ?-201) 주는 다 음과 같다. "古者, 卿以下至於士, 皆受圭田五十畝, 所以供祭祀也. 圭, 潔也. 上田, 故謂之圭 田."

352 『孟子』「滕文公」上, "使畢戰問井地. 孟子曰, … 請野, 九一而助, 國中什一使自賦. 卿以下必有 圭田, 圭田五十畝; 餘夫二十五畝. … 方里而井, 井九百畝. 其中爲公田, 八家皆私百畝, 同養公

가장 먼저 따져 볼 것은 맹자가 말하는 "주나라 사람은 1백 무를 주고 철법을 실시했다" 이것이 사실인가 하는 점이다. 『논어』「안연」편에는 다음과 같은 대목이 있다. "애공(哀公)이 유약(有若)[353]에게 묻기를 '흉년이 들어서 나라의 비용이 부족하니 어쩌면 좋은가?'라고 하자 유약이 대답하기를 '어찌하여 철법[徹]을 쓰지 않으십니까?'라고 하였다. 애공이 말하기를 '둘을 거두어도 오히려 부족한데 어찌 철법을 쓰겠는가?'라고 하였다."[354] 애공의 말을 보면 유약이 철법 시행을 주장했을 때 그것은 곧 1/10세를 거두는 것임을 알 수 있는데, 이는 맹자의 "실은 모두 1/10세를 내게 한 것이다"라는 견해와 서로 부합한다. 그리고 유자(有子)가 "어찌하여 철법을 쓰지 않으십니까?"라고 말할 때의 어조는 이미 과거지사가 된 철법을 회복하기를 기대하는 듯한 말투이다. 『좌전』「선공(宣公) 15년」에서는 "처음으로 경지에 세금을 매겼으니[初稅畝], 이는 예(禮)가 아니다. 세곡(稅穀)은 적전(藉田)을 경작하여 수확한 곡식을 내는 데 불과했으니 이는 백성들의 재산을 풍족하게 하려는 것이다"[355]라고 하였다. 살펴보건대 여기서의 "무(畝)"는 사전(私田)을 가리키는 말이다. "적(藉)"은 백성들의 노동력을 빌려서 경작하는 "공전(公田)"을 가리키는 말이다. 주대의 금문 『영정(令鼎)』에는 "王

田. 公事畢, 然後敢治私事, 所以別野人也."

353 유약(有若, B.C.518-?): 춘추 말기 노(魯)나라 사람. 자는 자유(子有). 유자(有子)로 불린다. 공자보다 43살 연하다. 공자가 죽은 뒤 공자의 모습을 닮았다고 해서 그를 공자처럼 섬기려고 했지만 증자의 반대로 이루어지지 않았다.

354 『論語』「顏淵」, "哀公問於有若曰, '年饑用不足, 如之何?' 有若對曰, '盍徹乎?' 曰, '二, 吾猶不足, 如之何其徹也?'"

355 『左傳』「宣公 15年」, "初稅畝, 非禮也. 穀出不過藉, 以豐財也."

大耤農於諆田, (觸)王射…"라는 구절이 있는데 이 명문의 뜻은 주나라 왕이 기전(諆田)이란 곳에 가서 크게 농민의 힘을 빌려 공전을 밭갈이 하고 씨를 뿌린 다음 향사례(饗射禮)를 거행했다는 내용이다. 이 공전 은 백성들의 힘을 빌려 경작하기 때문에 그래서 이를 "적(耤)"이라 한 다. 천자가 직접 밭에 가서 농사를 장려하고 아울러 향사 의례를 거행 하는 것, 이것이 이른바 "적례(耤禮, 藉田禮)"이다. "세무(稅畝)"는 공전 의 수입 외에 사전에도 토지면적[畝]에 따라 세금을 징수한다는 뜻이 다. 노나라 선공(宣公)은 이미 공전에서 전체 토지의 1/10에 해당하는 세금을 거두었는데 그 위에 또 사전에서 1/10을 거두었으니, 이것이 바로 훗날 노 애공의 이른바 "둘을 거두어도 오히려 부족한데[二, 吾猶 不足]"의 '둘[二]'이다. 『좌전』에서 "세곡은 적전(藉田)을 경작하여 수확 한 곡식을 내는 데 불과했으니"라 한 것은 유약의 이른바 "어찌하여 철 법을 쓰지 않으십니까?"에서 말하는 '철(徹)'과 같다. "철(徹)"은 곧 "적 (耤)"이다. 맹자는 "조(助)라는 것은 (노동력을) 빌린다[藉]는 뜻이다"라 고 하였는데, "적(藉)"과 "적(耤)"은 옛날에 통용되었으므로 노나라의 토지제도는 농민의 사전(私田)과 백성의 힘을 빌려 경작하는 공전(公 田)으로 이루어져 있었음을 알 수 있다. 이것이 바로 정전제도이다. 그 러므로 맹지기 "주나라에도 조법(助法)이 있었습니다"[356]라고 한 말은 근거가 있다. 따라서 주나라 토지제도를 정전제라고 말하는 것도 근거 가 있다. 『국어』「주어(周語)」에서는 "선왕이 즉위하고 천 무의 땅을

---

356 앞의 『孟子』「滕文公」上, "… 詩云, '雨我公田, 遂及我私.' 惟助爲有公田, 由此觀之, 雖周亦助 也."

갈지 않았다[不藉千畝]"라고 하였고 이에 대한 위소[357]의 주에서는 "적(藉)은 빌리다[借]의 뜻이다. 백성의 힘을 빌려 천 무의 땅을 갈았다"[358]라고 하였다. 이 1천 무의 적전에서 천자가 친히 "한 차례 밭갈이를 하는" 의례를 행하는 것은 농업생산을 장려하는 의미가 있으며, 적전(藉田)이란 명칭도 백성의 힘을 '빌려서[借]' 공전을 경작한다는 데서 유래하였다. 『시경』「소아」'대전(大田)' 시에서 "우리 공전에 비를 내려 주시고 그런 다음 우리 사전에도 내려 주소서"라고 한 것은 바로 주나라의 "철(徹)"이 1:8의 비율을 가진 공전과 사전으로 구성된 토지제도임을 설명한다. 주나라의 부세제도는 바로 이 토지제도 위에 성립되었다. 그러므로 『시경』「대아」'공류(公劉)' 시의 이른바 "토지의 부세를 거두어 양곡을 장만하며[徹田爲糧]"[359] 구절은 백성들의 힘을 빌려 공전을 경작하고 그것을 취하여 양곡을 장만했다는 뜻이다. '숭고(崧高)' 시의 "(왕께서 소백에게 명하여) 신백의 토지의 부세를 정하도록 하시고[徹申伯土田]"[360] 및 "(왕께서 소백에게 명하여) 신백의 땅의 부세를 걷게 하시

---

357 위소(韋昭, 204-273): 삼국 오나라 오군(吳郡) 운양(雲陽) 사람으로 위소가 본명이나 사마소(司馬昭)의 휘를 피해 위요(韋曜)라 하였다. 자는 홍사(弘嗣). 황문시랑(黃門侍郎), 태사령(太史令), 박사좨주(博士祭酒) 등을 역임하였다. 손호(孫皓) 때 고릉정후(高陵亭侯)에 봉해지고 중서복야(中書僕射)·시중(侍中)으로 있으면서 좌국사(左國史)를 겸령하였다. 저서로는 『국어주(國語注)』가 있고, 그 밖에 『한서음의(漢書音義)』, 『관직훈(官職訓)』, 『삼오군국지(三吳郡國志)』 등이 있지만 산일되었다. 일찍이 『오서(吳書)』(合著)를 편찬했는데 후세의 『삼국지(三國志)』는 대부분 여기서 자료를 취하였다.

358 『國語』「周語」上, "宣王即位, 不藉千畝(韋昭注: 藉, 借也, 借民力以爲之)."

359 『詩』「大雅」'公劉', "度其隰原, 徹田爲糧." 모전(毛傳)에서는 "徹, 治也"라 하였다.

360 『詩』「大雅」'崧高', "王命召伯, 徹申伯土田." 모전(毛傳)에서는 "徹, 治也"라 했고, 정전(鄭箋)에서는 "治者, 正其井牧, 定其賦稅"라 하였다.

고[徹申伯土疆]"361 두 구절은 신백(申伯)이 처음에 봉토를 받은 후 철법(徹法)으로 신(申)나라의 토지제도를 정했다는 말이며, 이것이 이른바 "주나라 법에 따라 토지를 구획하게 하였다"라는 것이다. 『시경』「대아」 '강한(江漢)' 시의 "우리 땅에 부세를 걷도록 하셨네[徹我疆土]"362 구절은 강수와 한수에 있는 회이(淮夷)를 평정한 후 새로 수복한 강토를 철법으로 바꾸었다는 말이다. 「모전(毛傳)」과 「정전(鄭箋)」에서 "철(徹)"을 "다스리다[治]"로 해석한 것은 잘못이 매우 크다.

주나라의 철법(徹法)은 『맹자』가 지적했듯이 실은 상나라의 조법(助法)을 답습한 것이다. 그러나 주나라가 철(徹)이라 하고 조(助)라고 칭하지 않은 데는 짐작컨대 현재로서는 분명히 알 수 없는 어떤 개선이 당연히 있었음에 틀림없다. 『방언(方言)』363 3에서 "철(徹)은 순서에 따라 가지런히 나열하다의 뜻이다"364라 하였으니, 이른바 철이란 생각건대 "남동으로 이랑이 뻗어 있네[南東其畝]"365【원주36】와 같이 일렬로

---

361 『詩』「大雅」 '崧高', "王命召伯, 徹申伯土疆." 정전(鄭箋)에서는 "王使召公治申伯土界之所至, 峙其糧者 …"라 하였다.

362 『詩』「大雅」 '江漢', "강수와 한수 가에서 왕[宣王]이 소호에게 명하여 사방을 평정하여 나라 땅의 부세 걷게 하셨네[江漢之滸, 王命召虎, 式辟四方, 徹我疆土]." 소호는 소공석(召公奭)의 후예로 호(虎)는 이름이다. 소백호(召伯虎)로도 쓰며 소목공(召穆公)으로도 불린다. 정전(鄭箋)에서는 "王於江·漢之水上命召公, 使以王法征伐開辟四方, 治我疆界於天下"라 하여 '철(徹)'을 치(治)로 해석하였다.

363 『방언(方言)』: 전한 양웅(揚雄, B.C.53-18)이 저술한 책으로 각 지방의 언어를 집성해 놓았다. 『설문해자(說文解字)』, 『이아(爾雅)』, 후한의 유희(劉熙)가 저술한 『석명(釋名)』과 더불어 한자의 어원과 용례를 연구하는 데 매우 중요한 문헌이다. 양웅은 사천성 성도(成都) 사람으로 자는 자운(子雲)이며 『방언(方言)』 외에도 『태현경(太玄經)』, 『법언(法言)』, 『훈찬편(訓纂篇)』 등을 저술했다.

364 『方言』 권3, "徹, 列也."

가지런히 뻗은 행렬을 가리키는 말로 보인다. 또『설문(說文)』3하에
서는 "철(徹)은 통(通)의 뜻이다"라 하였고 청대 학자 서호(徐灝)[366]의
『설문해자주전(說文解字注箋)』에서는 "철(徹)은 '척(彳)'의 의미를 따르
는 글자로 원래는 도로가 막힘없이 통해 있다[通徹]는 말이다. 그러므
로 막힘없이 통해 있는 것은 모두 철(徹)이라고 한다. 1백 무(畝)가 철
(徹)로 되어 있는 경우, 폭 1보(步) 길이 1백 보가 1무가 된다. 무와 무
사이에는 견(甽, 밭도랑)이 있으며, 이들은 모두 수(遂)[367]로 곧장 통하
고, 수로부터 구(溝)·혁(洫)·회(澮)[368]·천(川)으로 통한다. 그러므로
천맥(阡陌)제도를 시행할 수 있고 전체적으로 1/10 조세를 시행할 수
있었다"[369]라 하고 있다. 살펴보건대『주례』「지관(地官)」'수인(遂人)'
조에 "수인은 나라의 야(野)를 관장한다. … 무릇 야를 다스리는 제도
는, 부(夫)【1부는 1백 무】와 부 사이에 수(遂)가 있고, 수 옆으로 경(徑, 좁
은 길)이 있다. 10인의 부(夫)마다 구(溝)가 있고, 구 옆으로 진(畛, 두렁
길)이 있다. 1백 인의 부(夫)마다 혁(洫)이 있고, 혁 옆으로 도(涂, 길)가

---

365 『詩』「小雅」'信南山', "我疆我理, 南東其畝."

366 서호(徐灝, 미상): 청 광둥 번우(番禺) 사람으로 자는 자원(子遠) 또는 백주(伯朱), 호(號)는
영주(靈洲)다. 공생(貢生)으로 광서지부(廣西知府)의 관리를 지냈고, 주요작품으로『설문해
자주전(說文解字注箋)』이 있다. 이 책은 단옥재(段玉裁)의『설문해자주』의 탈와(脫訛)를 교
정하고 상세하게 풀이한 청대『설문』연구의 역작으로 꼽힌다.

367 수(遂): 매우 좁고 작은 수로.

368 구(溝), 혁(洫), 회(澮): 모두 논이나 밭 사이에 있는 작은 도랑이다. 봇물을 대거나 빼도록 만
든 도랑이라 하여 봇도랑(洑도랑)이라고도 한다.

369 徐灝, 『說文解字注箋』, "徹從彳, 本言道路之通徹. 故凡通徹者皆曰徹. 百畝爲徹者, 廣一步,
長百步爲畝; 其間爲甽, 皆直徹于遂; 由遂以徹于溝·洫·澮·川, 故阡陌之制得施焉, 什一之
政得通焉."

있다. 1천 인의 부(夫)마다 회(澮)가 있고, 회 옆으로 도(道)가 있다. 1만 인의 부(夫)마다 천(川)이 있고, 천 옆으로 노(路)가 있으며, 이로부터 기(畿)에 이른다"[370]라 하였고 이에 대한 정현 주에서는 "수(遂)·구(溝)·혁(洫)·회(澮)는 모두 천(川)으로 통하는 수로이다"라고 하였다. 서씨(徐氏)의 설은 여기『주례』에 근거하고 있다.『주례』「고공기(考工記)」에서는 이에 대해 더욱 자세히 서술하고 있다.「고공기」에 기록된 청동기 주조 시의 합금 성분은 최근에 화학 분석한 은주 시대 동기의 조성 성분과 서로 일치한다. 그러므로 수로에 관한「고공기」의 설은 신뢰할 만하다. 그렇다면 주나라의 '철(徹)'과 은나라의 '조(助)'의 차이는 수리(水利) 및 도로 시설의 완비와 그 규모의 확대에 있을지도 모르겠다. 또『주례』「지관」'대사도(大司徒)'를 보면, "5가(家)를 1비(比)로 하여 서로 지키게 하고, … 5주(州)를 1향(鄕)으로 한다"[371]라고 하였는데 이것은 6향(六鄕)의 조직이다. '수인(遂人)'조에서는 "5가를 1린(鄰)으로 하고 … 5현(縣)을 1수(遂)로 한다"[372]라고 하였는데 이것은 6수(六遂)의 조직이다. 이러한 조직은 평상시에는 정령(政令) 실시를 위한 조사와 검열을 용이하게 하고, 전시에는 모두 군대 및 군역 동원의 단위가 된다. 한편 철(徹) 토지제도에서 구(溝)·혁(洫)·회(澮)·천(川)은

---

370 『周禮』「地官」'大司徒', "遂人, 掌邦之野 … 凡治野, 夫(一夫百畝)間有遂, 遂上有徑; 十夫有溝, 溝上有畛; 百夫有洫, 洫上有涂; 千夫有澮, 澮上有道; 萬夫有川, 川上有路, 以達於畿." 이에 대한 정현 주는 "遂·溝·洫·澮, 皆所以通水於川也"라 되어 있다.

371 『周禮』「地官」'大司徒', "令五家爲比, 使之相保, … 五州爲鄕." 가공언(賈公彦) 소(疏)에 의하면 "故令六鄕之內, 使五家爲一比, 則有下士爲比長主之, 使五家相保, 不爲罪過"라 하였다.

372 『周禮』「地官」'遂人', "五家爲鄰, 五鄰爲里, … 五縣爲遂."

제1장 서주(西周) 정치 사회의 구조 성격 문제

병거전(兵車戰) 시대에 적에 대한 방어물로 쓰이기도 했다. 그래서 『좌전』「성공(成公) 2년」에서는 진(晉)나라가 안(鞍, 제나라 땅)의 전투에서 제(齊)나라 군사를 대패시킨 후 제나라에 화해를 허락하는 중요 조건의 하나로 "제나라 경내 경지의 이랑을 모두 동쪽 방향으로 바꿀 것"[373]을 내걸었다. 두예 주에서는 "밭두렁을 동서로 내게 한 것이다"라고 하였다. 즉 구(溝)·혁(洫)·회(澮)·천(川)과 그 도로를 모두 동서 방향으로 바꾸도록 한 것으로 이는 곧 제나라의 서쪽 방어막을 완전히 제거함으로써 진(晉)나라의 "융거가 진행하기에 편리하게만"[374]【제나라 사신 빈미인(賓媚人)이 대답하는 말】하려는 것이므로 제나라는 차라리 "성을 등지고 최후의 일전을 할지언정" 진나라의 요구를 따를 수 없다고 하였다. 『상군서(商君書)』「상형(賞刑)」편,[375] 『한비자』「외저설우상(外儲說右上)」,[376] 『여씨춘추』「간선(簡選)」편[377]에는 모두 진(晉)나라 문공이 위(衛)나라를 정복한 후 "그 밭두렁을 동서 방향으로 나게 하였다"라는 기록이 있는데 바로 위나라를 압박하여 정전(井田)의 ▓▓▓▓▓▓를 동서 방향으로 바꾸게 함으로써 이후 진나라의 병거 ▓▓에 편리하도록 한 것이다. 시(詩)를 보면 주나라 농민을 노래하는 시에 종종 '남무(南畝)'라는 표현이 나오는데, 남무는 구혁(溝洫)이 남북 방향으로 나

---

373 『左傳』「成公 2年」, "使齊之封內盡東其畝(杜預注: 使壟畝東西行)."

374 원문은 다음과 같다. 『左傳』「成公 2年」, "今吾子疆理諸侯, 而曰'盡東其畝'而已, 唯吾子戎車是利, … 請收合餘燼, 背城借一, 敝邑之幸, 亦雲從也, 況其不幸, 敢不唯命是聽?"

375 『商君書』「賞刑」, "擧兵伐曹·五鹿, 及反鄭之埤, 東衛之畝."

376 『韓非子』「外儲說右上」, "伐衛, 東其畝, 取五鹿."

377 『呂氏春秋』「仲秋紀 簡選」, "反鄭之埤, 東衛之畝."

있기 때문에 주로 서방과 동방을 방어하는 역할을 하였다. 어떤 곳은 "남동으로 이랑이 뻗어 있네[南東其畝]"[378]라고 하여 남동에서 서북 방향으로 나 있는 구혁도 있는데, 이는 북방에 대한 방어를 담당하였다. 1953-1957년에 발굴된 서안 반파(半坡) 유적은 신석기 시대 앙소(仰韶) 문화의 중대 발견에 속한다. 발굴된 촌락의 전체 면적은 약 5만㎡, 거주 중심부는 약 3만㎡이다. 중심부 주위에는 안전을 보장할 목적으로 깊이와 폭이 각각 5-6m 되는 도랑[溝]이 둘러싸고 있는데, 이로부터 구혁(溝洫)을 방어 목적으로 겸용한 것은 그 유래가 매우 오래되었음을 알 수 있다. 이상으로부터 주나라의 토지제도는 정치·경제·군사를 일체로 하는 제도이며, 따라서 봉건이 실시된 곳은 즉 "그 경지를 철법(徹法)으로 구획한" 토지제도가 실시된 곳임을 알 수 있다.

그렇다면 철전(徹田)의 토지분배 상황은 맹자가 말하는 정전제와 같은 것일까? 우선 맹자는 토지를 "국중(國中)"과 "야(野)"로 구분하였다. "국중"은 국도와 근교를 포함하며 『주례』의 이른바 "도(都)", "향(鄕)"과 같은 것으로서 이 구역에서는 정전제도를 시행하지 않았다. 야(野)는 근교 바깥의 토지로 『주례』의 이른바 수(遂)와 같은 것으로서 정전제는 이 구역에서 실행되었다. 맹자가 말하는 국중(國中)과 야(野)는 『주례』의 향(鄕)·수(遂) 제도와 정황상 대체로 일치한다. 상술한 토지제도는 지리적 환경과 강역의 대소에 따라 차이가 없을 수 없는데, 맹자

---

378 『詩』「小雅」'信南山', "我疆我理, 南東其畝." 모전(毛傳)에는 "或南或東"이라 하여 밭이랑이 남북으로 혹은 동서로 뻗어 있다고 보았다. 여기서는 서복관의 견해에 따라 "남동에서 서북 방향으로" 뻗어 있는 것으로 해석하였다.

가 정전제에 관한 필전(畢戰)의 질문에 대해 "윤택하게 하는 것은 국군과 선생에게 달려 있다"[379]라는 대답으로 끝맺음한 것은 바로 이러한 의미이다. 또한 토지제도 운용을 위해서는 강력한 행정능력이 뒷받침되어야 한다. 행정능력이 저하되면 토지제도도 그로 인해 무너지게 된다. 인구의 변동, 국가 간 상호쟁탈과 귀족 간 상호쟁탈 모두 이러한 토지제도를 일정 정도 파괴할 수 있으며 주 초의 토지제도가 요구하는 상태를 유지할 수 없게 한다. 그러나 아래와 같은 경우도 있다.

(1) 『좌전』「양공(襄公) 25년」: "초나라의 위엄(蔿掩)이 사마(司馬)가되었다. 영윤인 자목(子木)[380]이 그에게 부세를 관장하고【살펴보건대 인민들에게 갑옷과 병기를 부세로 내게 함】갑옷과 병기의 수량을 점검하도록 하였다. 갑오일에 위엄은 토지의 면적과 토질을 기록하고, 산림의 목재를 헤아리고, 수택(藪澤)의 물산을 모으고, 고지와 구릉을 분별하고, 메마른 땅을 표시하고, 토지경계의 침수 지대를 조사하고, 물이 고이는 웅덩이【두예 주: 땅이 낮아 물기가 많은 곳】의 수와 크기를 알아보고, 원방(原防)【물가의 땅으로 파종이 가능한 곳】의 경계를 정하며[町【밭을 구획함】, 진펄과 습지를 목지로 하고【두예 주: 추목(芻牧)지로 삼았다는 말이다】, 넓고 비옥한 땅에는 토지를 정(井)으로 구획하고【연(衍)은 넓다는 뜻이다. 옥(沃)은 기름진 땅이다. 두예 주: 『주례』의 제도와 같이 정전(井田)으로 구획한 것이다】, 수입을 헤아려 부세를 관리하고, 전차(戰車)의 공납

379 『孟子』「滕文公」上, "若夫潤澤之, 則在君與子矣."
380 자목(子木, ?-B.C.545): 춘추 시대 초(楚)나라 사람으로 굴건(屈建)이라고도 한다. 초나라의 영윤(令尹)을 지냈으며 위엄(蔿掩)을 사마(司馬)로 삼아 세금을 걷고 군대를 지휘하게 했다.

을 할당하고 말의 분류상황을 기록하며,[381] 거병(車兵)과 보졸이 사용할 갑옷과 방패를 일정 수량 징발하였다."[382]

살펴보건대 위엄(薳掩)은 군사(軍事)를 정비하기 위해 먼저 토지제도를 정비하는 것으로부터 시작했는데, 이것을 『주례』'사도(司徒)'조의 관련 문장과 서로 참조해 보면 『주례』에 보이는 주나라의 토지제도·군사제도의 규정이 전부 후대인의 가탁에서 나온 것만은 아니라는 점, 또 주나라 제도가 일찍이 초나라까지 영향을 미쳤기에 위엄이 그에 따라 자국의 제도를 정비할 수 있었다는 점을 알 수 있다. "넓고 비옥한 땅에는 토지를 정(井)으로 구획하고[井衍沃]" 이 구절은 광대하고 비옥한 땅에는 정전제를 부활시켰다고 보는 것이 자연스러운 해석이다. 공영달의 『좌전정의』에서는 가규(賈逵)의 주석 중 "9년 주기의 역전(易田)"과 "도(度)·구(鳩)의 등급을 모두 9부(夫)의 이름으로 해석한" 부분이 『주례』 및 경전(經傳)에 합치하지 않는다고 지적했을 뿐, 여기서의 "정연옥(井衍沃)"의 '정(井)'이 정전제라는 것은 부정하지 않았다.[383] 부정할 경우 이 '정(井)' 자를 달리 해석할 방법이 없기 때문이다. 이검농

---

381 말의 분류: 털색과 연령에 따라 말을 분류함.

382 『左傳』 「襄公 25年」, "楚薳掩爲司馬, 子木使庀(治)賦(按使人民出甲兵爲賦)數甲兵 甲午, 薳掩書土田, 度山林, 鳩藪澤, 辨京陵, 表淳(漬)鹵, 數疆潦, 規偃豬(杜注: 下溼之地), 町(田之區劃)原防(水旁之地可種藝者) 牧隰皐(杜注: 爲芻牧之地), 井衍沃(衍, 廣也. 沃, 膏腴之地. 杜注: 如周禮制以爲井田也). 量入修賦, 賦車籍馬, 賦車兵徒卒甲楯之數."

383 『左傳』 「襄公 25年」에 대한 공영달의 소(疏)는 다음과 같다. "正義曰 ⋯ 衍是高平而美者, 沃是低平而美者, 二者竝是良田, 故如周禮之法制之, 以爲井田. 賈逵云 ⋯ 其注云, 山林之地, 九夫爲度, 九度而當一井也. 藪澤之地, 九夫爲鳩, ⋯ 衍沃之地, 畝百爲夫, 九夫爲井 ⋯ 案周禮所授民田, 不過再易, 唯有三當一耳, 不得以九當一也. ⋯ 且以度·鳩之等, 皆爲九夫之名, 經傳未有此目, 故杜不用其説."

(李劍農, 1880-1963)이 『좌전정의』를 원용하여 이 '정(井)' 자가 정전임을 부정한 것은 일종의 선입견이다.【원주37】

(2) 『좌전』 「양공 10년」: "처음에 자사(子駟)【정나라 대부】가 전지의 수로를 정비할 때 사씨(司氏), 도씨(堵氏), 후씨(侯氏), 자사씨(子師氏)의 네 가문이 모두 토지의 일부를 상실했다. 그래서 이 다섯 씨족【네 가문에 위씨(尉氏)를 더한 씨족임】이 불량배들을 모아 난리를 일으켰다."[384]

살펴보건대 정전제의 구혁(溝洫)제도는 고대농업의 수리제도일 뿐만 아니라 주나라 토지제도의 경계이기도 했다. 네 가문은 평소에 "경계를 바로잡는 일을 게을리하여"[385] 다른 사람의 토지를 침탈하였으므로 자사가 사혁(司洫)이 되어 구혁을 정비하는 동시에 토지의 경계를 바로잡았고 이 때문에 네 가문이 토지를 잃게 되었다. 이로부터 정(鄭)나라의 토지제도는 원래 종주(宗周)의 성법(成法)을 따르고 있었다는 것을 알 수 있다.

(3) 『좌전』 「양공 30년」: 정나라 자산(子産)이 정사를 돌볼 때 "도(都)·비(鄙)는 신분의 존비에 따라 수레·의복을 구분하고, 관작이 있는 자들은 지위의 상하에 따라 복식을 달리하고【두예 주: 공·경·대부는 복식 규정을 서로 넘지 않는다】, 경지에 두둑을 쌓고 수로를 만들게 하고 【『회전(會箋)』[386]: 『주례』 '대사도(大司徒)'에 '기내(畿內)의 경계를 정하고, 수

---

384 『左傳』 「襄公 10年」, "初子駟(鄭大夫)爲田洫, 司氏·堵氏·侯氏·子師氏, 皆喪田焉. 故五族(按: 加尉氏)聚群不逞之徒以作亂. …"

385 『孟子』 「滕文公」上, "夫仁政必自經界始. 經界不正, 井地不均, 穀祿不平, 是故暴君汙吏, 必慢其經界, 經界既正, 分田制祿, 可坐而定也."

386 『좌전회전(左傳會箋)』: 일본의 저명한 한학자이자 외교관으로 갑신정변(甲申政变) 당시 일

로를 파서 그 흙으로 두둑을 쌓는다'[387]라고 하였다. 정현 주에서는 '봉(封)은 흙을 쌓아 올려 경계를 만드는 것이다'라고 하였다. 5가지 수로와 5가지 도로를 설치하는 것은 정전법이다.[388] 『좌전』에서는 이를 '봉혁(封洫)' 두 글자로 포괄하였다. 이에 따르면 당시 정나라의 정전법은 이미 파괴되었는데 양공(襄公) 10년 자사(子駟)가 구혁(溝洫)을 정비하였고 자산(子産) 또한 자사가 하던 일을 이어서 이를 정비했을 뿐이다】 여정(廬井)은 5가(家)를 하나로 묶어 서로 지키게 하였다[有伍]【『시경』「소아」'신남산(信南山)' 시에 "밭 가운데 여막이 있고[中田有廬]"라고 하였다. 정(井)은 즉 정전이다. 『주례』'수인(遂人)'조에 "5가를 1린(鄰)으로 한다"라고 하였으니 여기서의 이른바 "유오(有伍)"가 그것이다. 이것은 정전제의 사회 기본 조직이다】. 자산이 정사를 돌본 지 1년이 되자 사람들이 노래하기를 '우리의 (사치스러운) 의관을 몰수하여 쌓아 두고 우리의 경작지【조기(趙岐)[389]의 『맹자주』에 "주(疇)는 정(井)이다"라고 하였다】를 거두어 5가를 하나로 묶어 놓았네. 누가 자산을 죽여 준다면 내

본 주조선공사(駐朝鮮公使)로 있었던 다케조에 신이치로[竹添进一郎](1842-1917, 자는 光鴻)가 편찬한 『좌전』주석서. 오늘날 『좌전』연구의 필독서로 일컬어진다.

387 『周禮』「地官」'大司徒', "制其畿疆, 而溝封之." 鄭注: "封, 起土界也."

388 『周禮』「地官」'小可徒' 정현 주에 "立其五溝五塗之界, 其制似井之字, 因取名焉"이라 되어 있다.

389 조기(趙岐, 108?-201): 후한 경조(京兆) 장릉(長陵, 咸陽) 사람으로, 초명은 가(嘉), 자는 빈경(邠卿) 또는 대경(臺卿)이다. 환제 영흥(永興) 2년(154) 사공연(司空掾), 경조윤공조(京兆尹工曹) 등을 지냈다. 환관 당형(唐衡)에 대해 비판하다가 가속과 친척들이 살해당하자 화를 피해 성명을 바꾸어 북해(北海)에서 떡을 팔며 생활했다. 당형이 죽고 병주자사(幷州刺史)에 올랐으나 당파에 연좌되어 면직되었다. 영제 때 당고(黨錮)로 10여 년을 보낸 후 헌제 때 의랑(議郎), 태상(太常)에 올랐다. 당시의 학문 조류와는 달리 『논어』와 『맹자』의 가치를 매우 높게 평가했다. 저서에 『맹자장구(孟子章句)』가 십삼경주소(十三經注疏)에, 『삼보결록(三輔決錄)』이 묘반림(茆泮林)의 십종고일서(十種古逸書)에 각각 수록되어 있다.

그 편을 들어주리'라고 하였다. 그러나 3년이 되자 사람들은 다시 이렇게 노래하였다. '우리의 자제를 자산이 잘도 가르치셨네【사치함이 규정을 넘지 않도록 함】. 우리 경작지의 생산을 자산이 불려 주셨네【정전은 수리(水利)로 경계를 획정하는데 정전을 회복하려면 수리시설을 정비해야 한다. 그러므로 생산이 증가하게 됨】. 자산이 죽고 나면 누가 그 뒤를 이을까?'"390

생각건대 자산(子産) 정치의 주요 내용 중 하나는 자사(子駟)의 뒤를 이어 정전제를 정돈했다는 데 있다.

(4) 『국어』「제어(齊語)」: "환공이 '비(鄙, 교외)를 다섯 등급으로 나누는 것은 어떤 것이오?'라 묻자 관자(管子)391가 대답하였다. '땅의 (비척도를) 살펴서 세금을 차등 있게 징수하면 백성이 다른 곳으로 가려 하

---

390 『左傳』「襄公 30年」, "使都鄙有章(車服有尊卑之等), 上下有服(杜注: 公卿大夫服不相踰), 田有封洫(『會箋』: 『周禮』'大司徒', "正其畿彊, 而封溝之." 鄭注, "封, 起土界也." 五溝五塗, 井田法也. 傳以'封洫'二字包之. 據此義, 當時鄭國井田之法已壞, 十年子駟爲田洫, 子産亦因子駟之故, 而修之耳). 廬井有伍(『詩』'信南山', "中田有廬." 卽卽井田, 『周禮』'遂人', "五家爲鄰" 卽此處所謂'有伍'. 此乃井田制之社會基本組織). 爲政一年, 輿人誦之曰, 取我衣冠而褚(同貯)之, 取我田疇(趙岐『孟子注』: 疇, 井也) 而伍之; 孰殺子産, 吾其與之. 及三年, 又誦之曰, 我有子弟, 子産誨之(使不奢侈踰制). 我有田疇, 子産殖之(井田以水利劃經界, 復井田卽係修水利, 故生産增加). 子産而死, 誰其嗣之."

391 관자(管子, B.C.719-B.C.645): 춘추 시대 제(齊)나라 영상(潁上, 안휘성 부양시) 사람. 이름은 이오(夷吾), 자는 중(仲)이다. 처음에 공자규(公子糾)를 섬겨 노(魯)나라로 달아났는데 양공(襄公)이 피살된 후 공자규와 공자소백(公子小伯, 桓公)이 자리를 두고 다툴 때 패배함으로써 공자규는 살해당하고 자신은 투옥되었다. 환공이 지난날의 원한을 잊고 발탁하여 노 장공(魯莊公) 9년 경(卿)에 오르고, 높여 중부(仲父)라 불렀다. 춘추 시대 법가의 대표적인 인물로, 환공을 도와 군사력의 강화, 상업·수공업의 육성을 통하여 부국강병을 꾀하였다. 대외적으로는 아홉 차례에 걸쳐 제후들과의 회맹(會盟)을 주선하여 환공의 신뢰도를 높이고 춘추오패(春秋五覇)의 한 사람이 되게 하였다.

지 않고 … 산림과 천택을 각각 계절에 따라서 개방 또는 금지하면 백성이 구차히 나무를 베거나 고기를 잡으려 하지 않고, 평평한 고원과 언덕과 구릉지에 도랑 길을 내고, 정전(井田)의 곡식 심는 전답과 삼[麻]을 재배하는 전답을 고르게 분배하면 백성들이 원망함이 없을 것입니다.'"[392]

살펴보건대 관자는 이에 앞서 "옛날에 성왕이 천하를 다스릴 때는 그 국도(國都)를 셋으로 나누고 그 교외[鄙]를 다섯으로 나누었다"라고 말했는데 위소(韋昭)의 주에서는 "국도를 셋으로 나누어 3군(軍)을 만들고 그 비(鄙)를 다섯으로 나누어 5속(屬)을 만든 것이다"[393]라고 하였다. 그러므로 관자의 이른바 '국(國)'은 대체로 『주례』의 "도(都)", "향(鄉)"과 같다. 그리고 "비(鄙)"는 대체로 『주례』의 이른바 "수(遂)"와 같고 또한 맹자의 이른바 "야(野)"와도 같다. 비(鄙)에 대한 언급에서 "정전의 곡식 심는 전답과 삼[麻]을 재배하는 전답을 고르게 분배하면[井田疇均]"이라 한 것은 『주례』와 『맹자』의 정전제와 대략 같으나, 비(鄙)의 편제에 대해 "30가(家)를 1읍(邑)으로 삼는다. …"[394]라고 주장한 것은 『주례』와 『맹자』의 정전제와 같지 않은데, 이것이 바로 관자의 이른바 "구법(舊法)을 정비하여 좋은 법을 골라서 창시해서 쓴다【위소 주: 업(業)은 창(創)의 뜻이다】"[395]라는 것이다. 관자에게 정전(井田)은 "구법을

---

392 『國語』「齊語」, "桓公曰, '伍鄙若何?' 管子對曰, '相地而衰(差)征, 則民不移. … 山澤各致其時, 則民不苟. 陸阜陵墐, 井田疇均, 則民不憾.'"

393 『國語』「齊語」, "昔者, 聖王之治天下也, 參其國而伍其鄙." 위소 주, "謂三分國都以爲三軍, 五分其鄙以爲五屬."

394 『國語』「齊語」, "制鄙, 三十家爲邑 …"

정비한 제도"이고, 정전의 조직이 구법과 완전히 동일하지 않은 것은 "(구법을 기본으로 하면서도) 새로 창시해서 쓰기[而業用之]" 때문이다. 그렇다고 이 때문에 제나라에서의 정전제도의 존재를 부정할 수는 없을 것이다.

(5)『국어』「노어(魯語)」: "계강자(季康子)[396]가 전토에서 군세(軍稅)를 거두려고 염유(冉有)[397]를 시켜서 중니에게 묻게 하였는데, 중니가 대답하지 않고 염유에게 사사로이 말하였다. '구(求)야, 오너라. 너는 듣지 못하였느냐? 선왕께서 토지의 법을 제정하실 적에, 전토에 부과할 때는 나이에 따른 노동력에 따라 매기되 지역의 멀고 가까움의 차등을 고르게 하였고, 이(里)에 부세를 매길 때는【살펴보건대『주례』'수인(遂人)'조에 "5가를 1린(鄰)으로 하고 5린을 1리(里)로 한다"라고 하였고,『논어』에서는 "인리향당(鄰里鄉黨)에게 주면 어떻겠느냐?"[398]라고 하였다】수입[入]

---

395 『國語』「齊語」, "修舊法, 擇其善者而業用之." 위소 주, "業猶創也."

396 계강자(季康子, ?-B.C.468): 춘추 말기 노(魯)나라 사람. 계손사(季孫斯)의 아들이고, 계손비(季孫肥)로도 불린다. 아버지를 이어 대부가 되어 국정을 전담했다. 제(齊)나라가 여러 차례 노나라를 공격했는데, 염유(冉有)를 재(宰)로 삼고 좌사(左師)를 이끌고 나가 싸워 공을 세웠다. 나중에 공자(孔子)를 맞아 위(衛)나라에서 노나라로 돌아오게 했지만 등용하지는 못했다. 시호는 강(康)이다. 그가 공자에게 정치에 대해 물은 내용이『논어』「안연(顏淵)」편에 나온다.

397 염유(冉有, B.C.522-?): 염구(冉求). 춘추 말 노(魯)나라 사람으로 자는 자유(子有) 또는 염유며, 염옹(冉雍)·염경(冉耕)과 친족이다. 공자의 제자로 정사에 밝아 계손씨(季孫氏)의 가신(家臣)이 되었다. 계씨를 위해 재물을 모으고 세금을 거두었는데, 공자는 제자들에게 그를 성토하게 했다.

398 『논어』「옹야(雍也)」편에 나온다. "[공자가 노나라 사구(司寇)가 되었을 때] 원사(原思, 原憲, 子思)를 재(宰)로 삼고 녹봉으로 곡식 900을 주려고 하자 원사가 사양하였다. 공자가 말하기를 '그러지 말고 (남는다면) 네 이웃에게 주면 어떻겠느냐?'라고 하였다[原思爲之宰, 與之粟九百. 辭. 子曰, 毋以與爾隣里鄕黨乎]."

에 따라 매기되 그 재산의 유무를 헤아렸다.[399] 요역을 부과할 때는 집안의 장정의 수에 따라서 매기되 그 노유(老幼)를 가려서 하였다. 홀아비·과부·고아·폐질자(廢疾者)는 요역을 면제하였다. [군세(軍稅)를 거두는 것은] 군대의 출동이 있으면 징수하고 없으면 그만두었다【평시에는 적전(藉田)에서 거둬들인 수확물만 수취할 뿐 따로 징수하는 것은 없다】. 그해의【위소 주: 군대가 출동하는 해】 세수는 경지 1정(井)에서 직화(稷禾)·병추(秉芻)·부미(缶米)[400]를 내게 하고 이를 넘지 않았다.'"[401]

살펴보건대 적전(藉田)은 곧 적전(耤田)이고, 적전(耤田)은 곧 백성들의 힘을 빌려 경작하는 공전(公田)이다. "전토에 부과할 때는 나이에 따른 노동력에 따라 매기고[藉田以力]", 이것은 공전은 백성들의 역역(力役)으로써 경작한다는 말이다. "요역을 부과할 때는 집안의 장정 수에 따라서 매기고[任力以夫]", 이것은 요역을 사용할 때는 1백 무의 토지를 받은 장정을 단위로 한다는 말이다. 부(賦)는 군부(軍賦)이다. "이(里)에 부세를 매길 때는 수입[入]에 따라 매기고[賦里以入]", 이것은 적

---

399 여기서의 '리(里)'를 저자는 5린(隣), 즉 25가(家)의 리로 보았으나 위소(韋昭)의 주에서는 점포[廛]로 보았다. 다음은 위소 주이다. "里廛也, 謂商賈所居之區域也. 以入, 計其利入多少, 而量其財業有無, 以爲差也. 周禮, 國宅無征, 園廛二十而一, 漆林二十而五."

400 위소의 주에 의하면 직화(稷禾)는 640곡(斛)의 벼, 병추(秉芻)는 160두(斗)의 마초(馬草), 부미(缶米)는 16두의 쌀이다.("其歲有軍旅之歲也. 缶, 庾也. 聘禮曰, 十六斗曰庾, 十庾曰秉, 秉一百六十斗也. 四秉曰筥, 十筥曰稷, 稷六百四十斛也.")

401 『國語』「魯語」下, "季康子欲以田賦, 使冉有訪諸仲尼, 仲尼不對, 私於冉有曰, '求來, 汝不聞乎? 先王制土, 藉田以力, 而砥平其遠邇, 賦里(按『周禮』'遂人', "五家爲鄰, 五鄰爲里"; 『論語』, "與鄰里鄉黨")以入, 而量其有無. 任力以夫, 而議其老幼, 於是乎有鰥寡孤疾. 有軍旅之出則徵之, 無則已(平時僅收藉田之所入而不另有所徵). 其歲(韋注: 有軍旅之歲)收, 田一井, 出稷禾秉芻缶米, 不是過也.'"

제1장 서주(西周) 정치 사회의 구조 성격 문제

전(藉田) 외에 부세를 거둘 일이 있으면 1백 무의 토지를 받은 장정을 단위로 하지 않고 이(里)를 단위로 했다는 말이다. 그러나 부세는 반드시 군대가 출동할 때에만 비로소 징수할 수 있었다. 1정(井)에서 내는 부세는 "직화(稷禾)·병추(秉芻)·부미(缶米)를 넘지 않으며", 이것은 정에서는 갑옷과 무기를 내지 않았다는 말이다. 갑옷과 무기는 도(都)·향(鄉)의 국인(國人)으로부터 나왔고 야인(野人)인 농부로부터 나오지는 않았다. 공자의 말로 보면 노나라가 정전제를 시행한 것은 분명하지만 그 정전제는 "경지에서 거두는 세[稅畝]"와 "전토에 대한 부세[田賦]"[원주38]의 중압으로 파괴되고 있었다. 『좌전』「애공(哀公) 11년」에 기록되어 있는 공자의 말은 『국어』「노어」에 기재된 것과 다소 차이가 있다.[402] 이것은 『좌전』과 『국어』가 결코 한 사람의 손에서 나오지 않았음을 증명한다. 그러나 내용은 전혀 다르지 않다. 특히 『좌전』「애공 11년」에서 공자가 염유에게 "장차 자네의 계손씨(季孫氏)가 정치를 법도에 맞게 하고자 한다면 주공(周公)의 법이 있으니 (참조하면 될 것이다)"[403]라고 말한 대목은 주공이 분명 토지제도와 세법을 갖고 있었다는 것을 증명해 준다. 『한서』「식화지」에 인용된 이회(李悝)의 말 "지금 1부(夫)의 전토로 다섯 식구를 부양하는데 1백 무의 전토를

---

402 (5)의 내용이 『좌전』「애공 11년」에는 다음과 같이 되어 있다. "군자가 정사를 행함에 있어 … 부렴은 박한 쪽을 따라야 한다. 이렇게 하면 구부(丘賦)만으로도 충분하지만, 만약 예를 헤아리지 않고 탐욕을 부려 만족을 모른다면 비록 전부(田賦)를 징수하더라도 도리어 부족할 것이다[君子之行也, … 斂從其薄, 如是則以丘亦足矣(杜預註: 丘十六井, 出戎馬一疋, 牛三頭, 是賦之常法). 若不度於禮而貪冒無厭, 則雖以田賦, 將又不足]."
403 『左傳』「哀公 11年」, "且子季孫若欲行而法, 則有周公之典在."

경작하면",404 그리고 맹자가 여러 번 말한 "1백 무의 전토", 또 『순자』
「대략(大略)」편에 나오는 "1가에 5무의 택지와 1백 무의 전토",405 그리
고 『여씨춘추』「악성(樂成)」편에서 위(魏)나라 양왕(襄王) 때 업령(鄴
令)이었던 사기(史起)가 "우리 위나라의 토지제도는 1백 무를 단위로
구획하는데 업(鄴)에서만 2백 무를 단위로 나누니 이는 토질이 나쁘기
때문입니다"406라고 한 말, 토질이 나빠 토지분배를 증액한 일, 이상에
예거한 자료들은 모두 『주례』 '대사도(大司徒)' 및 '수인(遂人)'조에서
말한 원칙과 서로 부합한다. 낙양 금촌(金村)에서 출토된 전국 시대 동
척(銅尺)과 상앙량(商鞅量, 상앙 때 만든 부피 측정 용기)에 근거하여 추산
하면 당시의 1m는 지금의 0.23m로 추정된다. 6척이 1보(步)가 되고,
1백 보가 1무(畝)가 되므로, 당시의 1백 무는 지금의 31.2무407에 해당
한다.【원주39】 이것은 대체로 당시의 5인 혹은 8인 가족의 정상적인 생
산력에 해당되므로 1백 무가 당시 토지제도의 표준이 된 것이다. 만약
주나라 초에 토지제도가 없었거나 아니면 토지제도가 있어도 그것이
정전제도를 기준으로 하지 않고 지형, 인원수 등의 상황에 따라 변통
운용되었다고 한다면 상술한 자료들 그리고 "1백 무"라는 말의 보편적
인 유행을 해석할 방법이 없다.

---

404 『漢書』 권24 「食貨志」, "今一夫挾五口, 治田百畝."

405 『荀子』 「大略」, "家五畝宅, 百畝田."

406 『呂氏春秋』 「先識覽 樂成」, "魏之行田以百畝, 鄴獨二百畝, 是田惡也."

407 중국의 1무는 약 666.7m²이므로 31.2무는 약 20,801m², 평수로는 6292평 정도가 된다.

제1장 서주(西周) 정치 사회의 구조 성격 문제

6. 농민의 지위와 생활 형편

마지막으로 따져 보고 싶은 문제는, 정전제도를 중심으로 한 서주 토지제도하에서 경작에 종사하는 농민은 과연 농업노예였을까 하는 점이다. 우선 내가 보충 설명해야 할 것은, 노예의 가장 큰 특징은 노예주가 마음대로 물건처럼 매매를 할 수 있다는 점이다. 서주 금문에 이러한 정황들이 기록되어 있다.【원주40】 그러나 봉건 시 토지와 백성을 수여하는 것은 절대 노예 매매로 간주될 수 없다. 둘째, 농업노예의 노동력은 노예주가 그들의 노동을 계속 유지하기 위해 음식물을 공급하는 외에는 자기의 도구를 소유할 수 없고 개인적으로 처분가능한 재물을 소유할 수 없다. 살맹무(薩孟武)[408] 씨는 봉건제도 아래 "농민이 토지에 속박된" 정황을 농노제도(農奴制度)로 간주하였는데,【원주41】 이것은 직업상의 생활의 속박을 법률상의 인신 구속으로 여기는 것으로, 마치 오늘날 노동자가 공장에 속박된 정황을 공노(工奴)로 간주하는 것처럼 그다지 합리적인 견해는 아닌 듯하다. 현재 비교적 믿을 만한 자료에 근거하여 서주 농민의 생활 형편을 살펴보기로 한다.

---

408 살맹무(薩孟武, 1897-1984): 이름은 본염(本炎), 자는 맹무이다. 복건성 복주(福州) 사람. 정치학자로서 중국의 전통정치사상, 제도, 이론을 연구, 중국정치학 형성에 큰 영향을 주었다.

『상서』:

① 「반경(盤庚)」상: "농부가 부지런히 힘들여 밭에 심어야 또한 가을의 결실이 있는 것과 같다."[409]

"게으른 농부가 스스로 편안하여 힘써 노력하지 않고 밭이랑에서 일하지 않으면 서직(黍稷, 기장)을 거두지 못할 것이다."[410]【원주42】

② 「대고(大誥)」:【살펴보건대 이 편은 주공이 성왕을 도와 군사를 일으켜 동쪽으로 관숙(管叔)·채숙(蔡叔) 및 회이(淮夷)를 정벌할 때 지은 글이다.】 "아버지가 밭을 일구었는데【땅을 갈아엎는 것을 치(菑)라 한다】그 아들은 씨를 뿌리려고도 하지 않으니 하물며 기꺼이 수확하려고 하겠는가?"[411]

"(하늘이 은나라를 망하게 하심이) 농부가 잡초를 제거하는 것과 같으니 내가 어찌 감히 나의 밭이랑의 일을 마치지 않을 수 있겠는가?"[412]

③ 「주고(酒誥)」:【주공이 강숙(康叔)에게 가르쳐 고한 글이다.】 "매토(妹土)【은나라 주(紂)의 옛 도읍 조가(朝歌)】의 백성들아! 너희들의 사지를 계속 움직여서 크게 기장을 심어 분주하게 부모와 어른을 섬기며, 민첩하게 수레와 소를 끌고 멀리 장사하여 이로써 부모를 효도로 봉양하라."[413]

④ 「재재(梓材)」:【주공이 강숙에게 가르쳐 고한 글이다.】 "이르건대 밭을 다스림에 이미 풀과 가시나무를 널리 제거했으면 땅을 평평하게 고르고 닦아 밭두둑과 도랑을 만들고."[414]

---

409 『尙書』「盤庚」上, "若農服田力穡, 乃亦有秋."

410 『尙書』「盤庚」上, "惰農自安, 不昏(勉也)勞作, 不服田畝, 越其罔有黍稷."

411 『尙書』「大誥」, "厥父菑(反土曰菑), 厥子乃弗肯播(播種), 矧肯穫(更不肯收穫)."

412 『尙書』「大誥」, "若穡夫, 予曷敢不終朕畝."

413 『尙書』「酒誥」, "妹土(紂之故都朝歌)嗣爾股肱, 純(專)其藝黍稷, 奔走事厥考厥長, 肇(敏也)牽車牛遠服賈, 用孝養厥父母."

414 『尙書』「梓材」, "惟曰若稽(考查)田, 既勤敷菑, 惟其陳修, 爲厥疆畝."

⑤「낙고(洛誥)」:【주공이 성왕에게 고한 글이다.】 "이에 저는 (전야로 물러나서) 오직 농사지을 것을 밝힙니다."[415]

⑥「무일(無逸)」:【주공이 성왕에게 고한 글이다.】 "주공이 말하였다. '군자는 편안함이 없음[無逸]을 자기 처소로 삼으니, 먼저 농사일[稼穡]의 어려움을 알고 나서 편안하게 하면 백성들의 고충을 알 것입니다. 백성들을 살펴보면 부모는 농사일에 부지런히 힘쓰는데 그 아들은 농사일의 어려움을 알지 못하고 편안히 지냅니다.'"[416]

"이로부터 그 뒤에【은나라 조갑(祖甲)[417] 이후로】 즉위한 왕들은 태어나면 편안하게 지냈습니다. 태어나면 편안하게 지냈기 때문에 농사일의 어려움을 알지 못하고 백성들의 수고로움을 듣지 못하고 오직 즐거움에 탐닉하기만을 좇았으니 이로부터 그 뒤로는 또한 장수하는 왕이 없었습니다."[418]

"주나라의 태왕(太王)과 왕계(王季)께서는 스스로 억제하고 두려워하셨습니다. 문왕은 거친 의복을 입고 백성을 편안하게 하는 일과 백성들이 농사짓는 일에만 전념하셨습니다. 선량하고 인자한 마음과 온화하고 정중한 태도로 백성들을 품어 보호하시며 홀아비와 과부들에게 은혜를 베풀어 삶의 기운을 북돋아 주었습니다."[419]

위에 인용한 자료 ①과 ⑥에는 "부지런히 농사일에 힘쓰는[力穡]" 농

---

415 『尙書』「洛誥」, "茲予其明農哉."

416 『尙書』「無逸」, "周公曰, 君子所其無逸, 乃知稼穡之艱難, 乃逸, 則知小人之依. 相小人, 厥父母勤勞稼穡, 厥子乃不知稼穡之艱難, 乃逸."

417 조갑(祖甲): 조갑은 은나라 고종(高宗)의 아들이고 조경(祖庚)의 동생이다. 고종이 조경을 폐위하고 조갑을 세우려 하자 조갑은 이를 의롭지 않다 하여 민간으로 도망한 후 오랫동안 일반 백성으로 지내면서 농사일의 어려움을 체득하였고, 그 뒤에 33년을 재위하였다.

418 『尙書』「無逸」, "自時厥後(殷自祖甲之後), 立王生則逸, 不知稼穡之艱難, 不聞小人之勞, 惟耽樂之從; 自時厥後, 亦罔或克壽."

419 『尙書』「無逸」, "太王王季自抑畏. 文王卑服, 即康功田功, 徽柔懿恭, 懷保小民, 惠鮮鰥寡."

민도 있고 또 "게으른 농민[惰農]"도 있어 은·주 농민이 부지런할 수도 게으름을 피울 수도 있음을 알 수 있는데 이는 노예노동의 정황을 반영하는 것이 아니다. 자료 ②를 보면 근면하게 농사짓는 아버지가 근면하지 못한 자식을 둘 수도 있으며, 여기에 반영된 생산관계도 아버지와 아들의 관계이지 노예주와 노예의 관계는 아니다. 그래서 이 또한 노예노동의 정황을 반영하는 것이 아니다. 자료 ③을 보면,『위공전(僞孔傳)』420에서는 "민첩하게 수레와 소를 끌고 멀리 장사하는[遠服賈]" 일을 "크게 기장을 심는[藝黍稷]" 농부의 부업으로 해석하는데,421 이는 당연히 노예가 할 수 있는 일이 아니다. 설사 두 가지로 나누어 해석한다 해도(장사하는 일과 기장을 심는 일) 여기서의 농민과 상인은 모두 자기가 벌어들인 소득으로 자기 부모를 봉양하고 있으니 이것이 반영하는 것도 노예생활의 상태는 아니다. 자료 ④, ⑤, ⑥은 은상과 서주의 농업 중시를 반영하는 자료들이다. 요컨대『상서』에서 주 초를 중심으로 한 믿을 만한 자료 가운데 농노의 흔적을 찾을 수는 없다.

---

420 『위공전(僞孔傳)』: 원래『상서(尚書)』는 진(秦)나라의 박사였던 복생(伏生)이 전한 29편의 『금문상서(今文尚書)』 외에 한(漢)나라 때 새로 발견되어 공안국(孔安國)이 정리하여 전했다는『고문상서(古文尚書)』기 있었으나, 이는 일마 지나시 않아 없어셨다. 그 후 동진(東晉) 원제(元帝) 때 매색(梅賾)이라는 사람이『고문상서』를 발견하여 헌상하였는데(모두 58편) 이 판본 중『금문상서』에도 있는 29편을 제외한 나머지는 송(宋)나라 때부터 위작이라는 의심을 받았고, 이후 염약거(閻若璩)의『상서고문소증(尚書古文疏證)』으로 위작임이 거의 증명되었다. 이 때문에『공안국전(孔安國傳)』을『위공전』이라 부르기도 하지만, 당나라 때 공영달(孔穎達)이『상서정의(尚書正義)』를 편찬할 때 이것을 정본으로 삼았기 때문에 널리 세상에 통용되었다.

421 『尚書正義』「酒誥」孔安國傳, "農功既畢, 始牽車牛, 載其所有, 求易所無, 遠行賈賣, 用其所得 珍異孝養其父母."

사실 『상서』의 주나라 초기 문헌에서는 전술했듯이 "민(民)"의 지위를 하늘의 대변자로까지 승격시키고 있기 때문에 만약 농부가 "민(民)"의 범위에 포함된다면 서주 농민이 노예가 아니라는 것은 논쟁의 여지가 없다고 말할 수 있다.

농민의 생활을 자세히 묘사한 문헌으로는 『시경』이 있다. 그중 「빈풍(豳風)」은 「모전(毛傳)」에서 설명하기를 주공의 왕업을 읊은 시라고 한다. 그러나 『사기』 「유경열전(劉敬列傳)」[422]에 의하면 유경의 입으로 진술한 빈(豳)은 공류(公劉)가 하나라 걸(桀)왕을 피해 거주했던[423] 곳이라고 하므로, 이 시가 반영하는 농민의 생활 상황은 곧 하나라와 상나라 시절의 상황이며 적어도 태왕(太王)이 기(岐) 땅으로 옮기기 이전의 상황으로 보아야 한다. 이 시에 관련된 월령(月令)의 문제는 마서진(馬瑞辰)[424]의 『모시전전통석(毛詩箋傳通釋)』에 비교적 합리적인 설명이 있으므로 여기서는 언급하지 않겠다.

---

422 유경(劉敬, 미상): 전한 제(齊) 사람. 본성은 누(婁)이다. 유방(劉邦)이 천하를 통일한 뒤 낙양에 수도를 정하려 하자 누경이 산동의 불리함과 천부지국(天府之國)인 진(秦)나라 땅의 이로움을 거론하면서 장안(長安)을 도읍지로 정하도록 건의하여 그 공으로 유씨 성을 하사받았다. 유방이 평성(平城)의 백등산(白登山)에서 흉노 묵특선우(冒頓單于)에게 패한 뒤 화친정책을 제안하고 사신으로 가서 조약을 매듭지었으며 6국 귀족들의 후예와 호강대족(豪强大族) 10여만 명을 관중으로 이전시키는 계획을 건의하기도 했다.

423 『史記』 권99 「劉敬列傳」, "周之先自后稷, 堯封之邰, 積德累善十有餘世, 公劉避桀居豳. 太王以狄伐故去豳杖馬箠居岐."

424 마서진(馬瑞辰, 1782-1853): 청 안휘 동성(桐城) 사람. 자는 원백(元伯) 또는 헌생(獻生)이다. 가경 8년(1803) 진사가 되고 도수사낭중(都水司郎中)과 공부원외랑(工部員外郞) 등을 지냈다. 백록동서원(白鹿洞書院), 역산서원(嶧山書院) 등에서 강학했으며 『모시(毛詩)』에 정통하였다. 태평군이 동성을 함락했을 때 항복하지 않다가 피살되었다. 저서에 『모시전전통석(毛詩傳箋通釋)』이 있다.

"7월에 대화성이 서쪽으로 내려오고 9월에는 겹옷을 준비한다네.
동짓달에 찬바람 일고 섣달에는 추위 닥치는데
옷 준비가 없다면 어떻게 이해를 넘길 건가?"[425]

"1월엔 쟁기 손질하고 2월엔 밭을 가네.
아내는 자식들과 함께 남향 밭이랑으로 밥을 나르고
권농(勸農)은 이를 보고 몹시 기뻐하네."[426]

"봄날은 길어져 수북이 쑥 뜯노라면
여인네 마음 서글퍼지니 공자님과 더불어 돌아가고 싶다네."[427]

"7월엔 왜가리가 울고 8월엔 길쌈을 하는데
검은 천 누런 천 짜고 제일 고운 붉은 천으로는
공자님 바지 지어 드린다네."[428]

"동짓달엔 짐승사냥 가는데
여우와 살쾡이 잡아 공자님 갖옷 지어 드린다네."[429]

"섣달엔 다 함께 사냥을 나가 무술을 계속 연마하는데
햇돼지는 자기가 갖고 세 살 난 돼지는 공소(公所)에 바친다네."[430]

---

425 『詩』「豳風」'七月', "七月流火(大火星), 九月授衣. 一之日觱發(風寒), 二之日栗烈. 無衣無褐, 何以卒歲?"

426 『詩』「豳風」'七月', "三之日於耜. 四之日擧趾. 同我婦子, 饁彼南畝, 田畯至喜."

427 『詩』「豳風」'七月', "春日遲遲, 采蘩祁祁. 女心傷悲, 殆及公子同歸."

428 『詩』「豳風」'七月', "七月鳴鵙, 八月載績(績麻), 載玄載黃. 我朱孔陽(深纁), 爲公子裳."

429 『詩』「豳風」'七月', "一之日於貉, 取彼狐狸, 爲公子裘."

430 『詩』「豳風」'七月', "二之日其同(同出田獵), 載纘武功, 言私其豵(豕一歲曰豵), 獻豜(豕三歲曰豜)於公."

"10월엔 귀뚜라미가 침상 밑으로 들어온다네. …
아아 처자들이여 해가 바뀌려 하고 있으니,
방으로 들어와 편히 쉬기를."431

"6월엔 아가위와 머루를 따 먹고 … 10월엔 벼를 베어
춘주(春酒) 담가서 노인들 장수 빌며 잔 올린다네. …
(9월엔) 씀바귀 캐고 가죽나무 베어 농사일꾼 먹인다네."432

"아아 농부들이여, 우리 곡식은 다 모아들였으니
고을로 들어가 집일을 하세.
낮에는 띠풀을 거둬들이고 밤에는 새끼를 꼬아
빨리 지붕을 이어야지, 내년에는 온갖 곡식 씨 뿌려야 하니."433

"9월엔 된서리 내리고, 10월엔 타작마당 치우는데
두어 통 술 마련해 동네 분들 대접하고 새끼양 잡아 안주 마련하여
저 공당(公堂)으로 올라가 저 뿔잔을 들어
만수무강을 빈다네."434

위 시의 어조로 보아 이것은 어떤 늙은 농부가 "수고로운 자는 자기
일을 노래한다"는 말처럼 농사일을 흥얼거리듯이 부르던 노래가 구전

---

431 『詩』「豳風」'七月', "十月蟋蟀, 入我床下 … 嗟我婦子, 曰爲改歲, 入此室處."
432 『詩』「豳風」'七月', "六月食鬱及薁 … 十月穫稻. … 爲此春酒, 以介眉壽 … 采荼薪樗, 食我
農夫."
433 『詩』「豳風」'七月', "嗟我農夫, 我稼既同, 上入執宮功. 晝爾于茅, 宵爾索綯. 亟其乘屋, 其始
播百穀."
434 『詩』「豳風」'七月', "九月肅霜, 十月滌場. 朋酒斯饗, 曰殺羔羊, 躋彼公堂, 稱彼兕觥, 萬壽
無疆."

되어 내려오다가, 주 왕실의 통치자 혹은 주공에 의해 채록되어 윤색이 가해진 후 농부의 노고를 반영하는 가사내용 때문에 정치적 훈계용으로 사용되었던 것이 아닐까 한다. 시의 내용으로 볼 때 "농인(農人)"과 뽕잎을 따서 담는 여인은 "공(公)" 또는 "공자(公子)"와 생활 면에서 큰 차이가 있다. 그러나 "9월에는 겹옷을 준비한다네", "공자님과 더불어 돌아가고 싶다네", "농사일꾼 먹인다네" 혹은 "섣달엔 다 함께 사냥을 나가", "고을로 들어가 집일을 하세", "공당(公堂)으로 올라가" 등의 구절로부터 보면 농민의 생활이 비록 고달프기는 하지만 그래도 여전히 최소한의 보장이 있었고, 최소한의 사유재산이 있었으며, 일을 마친 후의 편안함이 있었다. 더욱이 이 시에서는 상하 신분의 한계가 그다지 엄격하지 않아 일을 시키면서도 상하 간에 생활과 정서적 교류가 가능하여 현저한 계급적 억압을 반영하고 있지는 않다. "공자님과 더불어 돌아가고 싶다네" 이 구절에 대해서는 두 가지 다른 해석이 있는데, 「모전(毛傳)」에서는 "빈공(豳公)의 아들이 그 백성들을 몸소 거느리고 함께 나갔다가 함께 돌아간 것이다"[435]라고 해석하였다. 다른 하나 「정전(鄭箋)」에서는 "여인네 마음이 서글퍼진 것은 비로소 공자와 함께 돌아갈 마음이 생겼기 때문이다, 즉 그에게 시집을 가기로 마음먹었기 때문이다"[436]라고 하였다. 주희의 『시경집전』에서는 한층 명백하게 "대개 이때는 공자가 아직도 국중(國中, 성안과 근교)에서 장가를 들었으므로 귀족과 대족(大族) 집안에서 공실과 인척을 맺으려는 자들은 뽕잎

---

435 『詩』 「豳風」 '七月', 毛傳, "豳公子躬率其民, 同時出, 同時歸也."
436 『詩』 「豳風」 '七月', 鄭箋, "悲則始有與公子同歸之志, 欲嫁焉."

따는 일에도 신경을 쓰지 않을 수가 없었다"[437]라고 말하고 있다. 어느 해석을 취하든 이 상심한 여자와 공자 사이에 계급의식이나 계급제도가 형성되어 있었다고 볼 수는 없다. 동시에 농부들은 귀족과 함께 공동으로 군사훈련을 하거나 사냥을 하러 나갔으며【"섣달엔 다 함께 사냥을 나가[二之日其同]"】, 또 "공당(公堂)으로 올라가 (술잔을 들어 만수무강을 축원할)" 수도 있었는데 이것은 모두 생활상의 차이만 있을 뿐 엄격한 계급제도 현상은 나타나 있지 않다. 그러므로 시에 묘사된 시대는 씨족사회의 농민의 생활 형태로 추정된다. 생활의 고달픔은 아마도 당시 생산력의 유치함 때문일 것이다. 주 왕실의 통치자는 당시 농부들의 고달픔과 상하 간 생활 및 정서적 교류를 계획적으로 통치계층에 반영하여 그들의 주요한 정치교재로 삼고자 했는데 이것은 매우 의미 있는 일이다.

『시경』「소아(小雅)」, 「대아(大雅)」, 「주송(周頌)」 중의 농민생활에 관한 시들은 내 생각에 주 왕실이 봉건에 따라 토지제도를 확립한 이후의 농민의 생활 형태로 보인다. 「소아」의 '초자(楚茨)' 및 '신남산(信南山)' 시에 묘사된 풍성한 수확의 정경 및 경지 관리의 정황은 토지를 분여받은 귀족들의 상황을 반영하고 있다. 특히 '신남산'의 "밭두둑 경계를 정리하여 남동으로 이랑이 뻗어 있네", "밭 가운데 오두막이 있고 밭에는 오이가 자라네"[438] 구절에는 "경지에 철(徹)법을 시행한" 흔적

---

437 『詩經集傳』, "蓋是時, 公子猶娶於國中, 而貴家大族連姻公室者, 亦無不力於蠶桑之務, 故以將及公子同歸而遠其父母, 爲悲也."
438 『詩』「小雅」'信南山', "我疆我理, 南東其畝. … 中田有廬, 疆場有瓜."

이 반영되어 있다. 아래에 다시 약간의 자료를 초록해 둔다.

① 「소아(小雅)」 '보전(甫田)':

"훤한 큰 밭에서 해마다 많은 세를 취하네.
내 묵은 곡식을 취하여 농부들을 먹이니
오래전부터 연달아 풍년이로다."[439]

"우리 밭이 이렇게 좋은 것은 농부들의 복이네."[440]

"증손자가 오시는데 농부의 아내와 자식들이
남향 밭이랑으로 밥을 날라 오네.
권농관이 이를 보고 몹시 기뻐하며
좌우의 음식을 들어 맛이 어떤지 먹어 보네.
한 벼 밭을 끝까지 다 베니 훌륭하고 풍성하네.
증손자는 성낼 일 없고 농부는 민첩히 일하네."[441]

"메기장 차기장 벼 수수 잘되어 농부들 복이니,
큰 복으로 보답하여 만수무강하리로다."[442]

② 「소아」 '대전(大田)':

"넓은 밭에 농사 많이 지으니
씨 고르고 농구 갖추어 농사일 다 준비하고

---

439 『詩』 「小雅」 '甫田', "倬彼甫田, 歲取十千. 我取其陳, 食我農人, 自古有年."

440 『詩』 「小雅」 '甫田', "我田既臧, 農夫之慶."

441 『詩』 「小雅」 '甫田', "曾孫來止, 以其婦子, 饁彼南畝. 田畯至喜, 攘其左右, 嘗其旨否. 禾易長畝, 終善且有. 曾孫不怒, 農夫克敏."

442 『詩』 「小雅」 '甫田', "黍稷稻粱, 農夫之慶; 報以介福, 萬壽無疆."

날카로운 쟁기로 남쪽 이랑에 일을 시작하여 …
증손자는 만족하네."⁴⁴³

"구름이 뭉게뭉게 일어나 비가 흠뻑 내려
우리 공전을 적셔 주고 우리 사전도 적셔 주기를."⁴⁴⁴

"저기 베지 않은 어린 벼, 여기 베어 놓고 볏단을 묶지 않은 벼,
저기엔 남은 벼 다발, 여기엔 빠뜨린 벼이삭 있으니,
과부 같은 이들 차지일세."⁴⁴⁵

"증손자가 오시는데 농부의 아내와 자식들이
남향 밭이랑으로 밥을 날라 오니 권농관이 매우 기뻐하네."⁴⁴⁶

③「주송(周頌)」 '희희(嘻嘻)':
"아아, 성왕이시여, 신이 밝게 강림하셨네.
농부들을 거느리고 여러 가지 곡식을 심으니
속히 그대들 밭을 갈아 삼십 리를 마치며
그대들 밭갈이에 만 사람이 짝을 지어 일하네."⁴⁴⁷

---

443 『詩』「小雅」 '大田', "大田多稼, 既種既戒, 既備乃事, 以我覃耜, 俶載南畝, … 曾孫是若."
444 『詩』「小雅」 '大田', "有渰萋萋, 興雨祈祈, 雨我公田, 遂及我私." 저본에는 '엄(渰)'이 '엄(弇)'
으로 되어 있다. 모전(毛傳)에서는 "渰, 雲興貌. 萋萋, 雲行貌. 祈祈, 徐也"라 하였고 정전(鄭
箋)에서는 "渰, 本又作弇, 於檢反"이라 하였다.
445 『詩』「小雅」 '大田', "彼有不穫穉, 此有不斂穧, 彼有遺秉, 此有滯穗. 伊寡婦之利."
446 『詩』「小雅」 '大田', "曾孫來止, 以其婦子, 饁彼南畝, 田畯至喜."
447 『詩』「周頌」 '嘻嘻', "嘻嘻成王, 既昭假爾, 率時農夫, 播厥百穀. 駿發爾私, 終三十里. 亦服爾
耕, 十千維耦."

④「주송」'재삼(載芟)':

"풀 베고 나무 베어 밭을 갈아 땅을 부드럽게 만드네.
천 짝이 잡풀을 뽑으며 개간지로 밭두렁으로 나아가네."[448]

"다 함께 모여 들밥을 먹는데,
밥 날라 온 부인들 온화한 말로 자제들을 위로하네."[449]

⑤「주송」'양사(良耜)':

"날카로운 좋은 보습으로 남향의 밭이랑을 갈아엎고
백곡을 파종하니 씨들이 생명의 기운을 머금고 자라나네.
누군가가 와서 그대들 바라보는데
모난 광주리 둥근 광주리에 기장밥 지어다 주네.
삿갓 동여 쓰고 호미로 푹푹 파며 잡초들을 뽑아내네."[450]

"잡초들이 시들어 썩으면 서직이 무성해지네.
서걱서걱 곡식을 베어 수북이 쌓아 놓으니
높기가 성벽 같고 빗 날처럼 즐비하니,
모든 집이 곡식 실어 나르네."[451]

---

448 『詩』「周頌」'載芟', "載芟載柞, 其耕澤澤. 千耦其耘, 徂隰徂畛."

449 『詩』「周頌」'載芟', "有嗿(毛傳: 嗿, 衆貌)其饁, 思媚其婦, 有依(鄭箋: 依之言愛也)其士(毛傳: 士, 子弟也)." 소괄호 안은 서복관이 부기한 내용으로, 번역은 순서대로 다음과 같다. "모전: 탐(嗿)은 많은 모양이다", "정전: 이(依)는 사랑한다는 뜻이나", "모전: 사(士)는 자제(子弟) 들이다(저본에는 출전을 鄭箋으로 적었으나 毛傳으로 바로잡는다)."

450 『詩』「周頌」'良耜', "畟畟良耜, 俶載南畝. 播厥百穀, 實函斯活. 或來瞻(視)女(汝)(鄭箋: 有來 視女, 謂婦子來饁者也), 載筐及筥. 其饟伊黍. 其笠伊糾, 其鎛斯趙(毛傳: 趙, 刺也), 以薅荼蓼." 소괄호로 부기된 내용의 번역은 순서대로 다음과 같다. "정전: '혹래첨녀(或來瞻女)'는 부인들 이 들밥을 내왔다는 뜻이다", "모전: '조(趙)'는 찌르다의 뜻이다."

451 『詩』「周頌」'良耜', "荼蓼朽止, 黍稷茂止. 穫之挃挃(毛傳: 挃挃, 穫聲也), 積之栗栗(毛傳: 栗 栗, 衆多也), 其崇如墉, 其比如櫛, 以開百室." 소괄호로 부기된 내용의 번역은 순서대로 다음 과 같다. "모전: 질질(挃挃)은 곡식을 베는 소리이다", "모전: 율율(栗栗)은 많다는 뜻이다."

"모든 집에 곡식이 차니 처자들이 편히 먹고사네.

입술 검은 누런 소를 잡고 보니 그 뿔이 구부정하네.

제사를 계승하여 옛사람들 뜻을 잇네."⁴⁵²

이상은 모두 주나라 초의 시로 보아야 한다. 「시서(詩序)」의 ①, ②
에 대한 설명은⁴⁵³ 믿을 만한 것이 못 된다. 「모전(毛傳)」에서는 ①, ②
중의 "증손(曾孫)"을 성왕(成王)으로 해석하고 ③ 중의 "성왕(成王)"은
또 "왕사를 이루다[成是王事]"라고 해석하였는데 모두 견강부회가 심하
다. '증손'은 채지(采地)를 분여받은 귀족이고, '성왕'은 즉 무왕을 이어
재위한 성왕이다. 상술한 5건의 자료 중 우리가 주의해야 할 것은 첫
째, 농부가 먹은 음식이다. 이미 앞의 「빈풍(豳風)」에서 농민이 때때로
먹었던 "씀바귀[荼]"가 여기서는 ①의 "진(陳)"과 ⑤의 "서(黍)"가 되어
있다. 진(陳)은 묵은 서직(黍稷)이다. 「빈풍」 중의 농민이 때때로 먹었
던 씀바귀는 여기서는 그것을 뽑아냈다[以薅荼蓼]고 하였다. 둘째, ②
와 ③에서 농부는 분명 사전(私田)을 소유하고 있었다. 셋째, 증손과
농부는 물론 다른 계급이지만 서로 간에 정서적 교류가 있다는 점이
다. 그뿐만 아니라 전준(田畯, 권농관) 외에 증손과 성왕도 부녀자들의
"엽경(饁耕, 들밥을 내옴)"을 따라 직접 경작 상황을 보러 왔으며, 농부에
대한 위로의 마음은 독책의 의미를 훨씬 초과한다. 넷째, 농부들은 경
작을 할 때나 경작을 마친 후에도 모두 가족과 함께하는 즐거움이 있

---

452 『詩』「周頌」'良耜', "百室盈止. 婦子寧止. 殺時犉牡, 有捄其角. 以似以續, 續古之人."
453 「시서」의 내용은 각각 다음과 같다. ① "甫田, 刺幽王也, 君子傷今而思古焉." ② "大田, 刺幽
王也, 言矜(鰥)寡不能自存焉."

는 것은 물론 자기 가정을 계속 유지할 수 있었다. 다섯째, ⑤에서는 박(鎛, 호미)이 출현하고, 앞의 '신공(臣工)' 시에서는 "전(錢, 가래)", "박(鎛, 호미)", "요(銚, 쟁기)"【원주43】가 출현한다. 이것은 주나라 초에 이미 농기구가 목제로부터 소규모의 금속제 단계로 진입하기 시작했다는 것을 말해 준다.【원주44】 그리고 이러한 금속은 철(鐵)일 가능성이 높다. 위에 인용한 자료들은 물론 시인의 윤색을 거쳤겠지만, 경작노예를 상기 자료에 보이는 것과 같이 화목하고 즐겁고 생기 넘치는 모습으로 윤색한다는 것은 절대 불가능한 일이다. 더욱이 통치자들의 노래와 제사에서 경작노예가 상기 자료에 보이는 것과 같이 그렇게 큰 비중을 차지하고 상하 간 정서적 교류가 있는 존재로 등장한다는 것도 불가능한 일이다. 따라서 봉건적 토지제도하의 농민의 특징은 다음과 같이 말할 수 있다.

1. 토지소유권은 없지만 분배된 정액의 토지에 대한 사용권은 있다. 수렵의 경우 비록 수렵물의 일부분을 관계 귀족에게 바쳐야 하지만 그 일부분은 여전히 자신의 몫으로 남겨 놓을 수가 있다. 『예기』「곡례(曲禮)」하에 다음과 같은 말이 있다. "군주의 부(富)를 물으면, 토지의 넓이를 헤아려 대답하고 산림과 천택에서 생산되는 것을 말한다. 대부(大夫)의 부를 물어 오면, '채지(采地)가 있고 백성에게 세를 빌고 있어서 제기(祭器)와 제복(祭服)을 빌리지 않아도 됩니다'라고 말한다. 사(士)의 부를 물어 오면 수레의 수로 대답한다. 서인의 부를 물어 오면 가축을 헤아려 대답한다."454 이 몇 마디 말에는 여전히 봉건 시대의

---

454 『禮記』「曲禮」下, "問國君之富, 數地以對, 山澤之所出. 問大夫之富, 有宰(邑宰)食力, 祭器衣

상황이 반영되어 있는데, 여기서 가축은 전적으로 서인(庶人)의 사유이다.

2. 통치계급에 대한 부담은, 평시에는 그들의 공전(公田)을 경작하였다. 사전(私田)과 공전의 비는 8대 1[455]이고, 농한기에는 약간의 요역을 복역하며, 전시에는 군사상의 부담이 증가되었다. 도읍과 근교에는 정전제를 시행하지 않고 군부(軍賦)를 위주로 하였다. 그러나 이 또한 1/10을 넘지 않았을 것이다.

3. 농민은 토지와 연결되어 있다. 긍정적으로는 생활을 보장하는 면이 있지만 부정적으로는 토지분배를 통한 정치적 속박의 삶을 살아야 한다. 그러나 앞에서 말했듯이 이것을 농노적 속박으로 해석해서는 안된다.

4. 역사상 농민은 착취를 당하지 않았던 적이 없다. 주대의 농민이 착취를 당한 정도는 다른 시대와 마찬가지로 통치자의 인격, 행위와도 불가분의 관계가 있다. 역사적으로 정치가 깨끗하고 투명했던 때는 많지 않지만, 그러나 『시경』 「소아」 '소지화(苕之華, 능초꽃)' 시의 "사람들이 먹을 수는 있지만 배부른 자는 드무네[人可以食, 鮮可以飽]" 두 구절은 정치가 어지러울 때의 일반적인 정황으로 보아야 한다. 그뿐만 아니라 서주 봉건제도에서는 농민에 대한 착취가 제한적이었는데 예컨대 역역(力役)은 3일을 넘지 않도록 한다는 규정이 그것이다. 또 이론

服不假. 問土之富, 以車數對. 問庶人之富, 數畜以對." 저본에는 "山澤之所出"이 "山海之所出"로 되어 있어 바로잡는다.

455 화동사범대학출판사 및 구주출판사본에서는 모두 "10:1"로 고쳐 놓았다.

상으로 인민을 정치의 결정적인 힘으로 인정한 이상 그들을 중시하지 않을 수 없었고 보호하지 않을 수 없었다. 또한 종법의 친친(親親) 정신은 인도(人道) 관념을 불러일으켜 농민들 속으로 유입되기가 쉬웠다. 따라서 주대의 통치는 은대에 비해 훨씬 온화하고 인도적인 측면이 많았다. 이에 대해서는 선진문헌에서 수많은 증거를 찾을 수 있다.

나는 상술한 농민들의 생활상을 긍정적 측면에서 개괄할 만한 적절한 용어를 생각해 내지 못했는데, 혹은 이를 "반자경농(半自耕農)제도"라 칭해도 좋을 것이다. 그러나 부정적 측면에서 그것은 결코 곽말약이 말하는 농업노예는 아니었으며 따라서 주대 또한 결코 노예사회가 아니었다고 결론내릴 수 있다.

『좌전』「소공(昭公) 7년」초나라의 우윤(芋尹) 무우(無宇)[456]는 이렇게 말하였다. "하늘에는 열흘의 날이 있고【두예 주: 갑(甲)에서 계(癸)까지】, 사람은 열 등급의 위계가 있습니다. 아랫사람은 윗사람을 섬기고 윗사람은 신(神)을 섬깁니다. 그러므로 왕은 공(公)을 신하로 삼고, 공은 대부를 신하로 삼고, 대부는 사(士)를 신하로 삼고, 사는 노복[皂]을 신하로 삼고, 노복은 여(輿)를 신하로 삼고, 여는 예(隸)를 신하로 삼고, 예는 요(僚)를 신하로 삼고, 요는 복(僕)을 신하로 삼고, 복은 대(臺)를 신하로 삼습니다."[457] 후세 사람들은 춘추 시대의 사회계급 구조를 언급할 때마다 이 구절을 들고, 이것으로 서주 시대까지 유추한다. 사실

---

456 우윤(芋尹) 무우(無宇): 우윤은 초나라의 관직명이고 무우는 그 이름이다.

457 『左傳』「昭公 7年」, "天有十日(杜注: 甲至癸), 人有十等, 下所以事上, 上所以共神也. 故王臣公, 公臣大夫, 大夫臣士, 士臣皂, 皂臣輿, 輿臣隸, 隸臣僚, 僚臣僕, 僕臣臺."

인즉 바로 『좌전회전(左傳會箋)』에서 말한 바와 같이 여기서의 "10등급의 위계는 모두 왕공(王公)의 입장에서 말한 것으로 재관자(在官者)를 대상으로 하고 있다."[458] 그것은 일반적인 사회 상황을 말한 것이 아니다. 서주에서 춘추 시대까지 정치사회를 구성하는 것은 대략적으로 말해 첫째는 종법을 중심으로 하는 귀족이고, 둘째는 도읍과 근교에 거주하는 국인(國人)이며, 셋째는 비(鄙)·야(野)에 사는 농민이다. 노예는 단지 종법귀족들 사이에서 사역이나 향락 도구로서의 역할을 담당한 데 지나지 않았다.

---

458 『左傳會箋』, "十等俱就王公言之, 爲在官者."

원주

【원주1】 이 일설을 주장하는 자들은 고대 동방형 노예제론과 서주의 전형적 노예제론
으로 나누어진다. 전자의 설은 당시에는 단지 가내노예만 있었고, 그 주요 공급원
은 채무노예였으며, 그 숫자는 많지 않았고, 주요 생산에는 종사하지 않았다고 주
장한다. 이 설의 잘못은, 당시는 교환경제가 발달하지 않았고 채무로 인해 노예가
되는 사람의 숫자가 매우 적었다는 점에 있다. 이 견해는 사실상 서주가 노예사회
였음을 부정하는 것이다. 두 설 모두 양관(楊寬)의 『고사신탐(古史新探)』 54-61쪽
에 약술되어 있다.

【원주2】 이러한 주장을 담은 곽말약의 글은 매우 많지만 여기서는 그의 「즉궤명고석
(矢簋銘考釋)」에 근거하였다. 『고고학보』 1956년 제1기를 볼 것. 또 양향규(楊向
奎)의 『중국고대사회와 고대사상 연구[中國古代社會與古代史上研究]』 38쪽에 인
용된 주곡성(周谷城)의 주장에 의거해도 이와 같다.

【원주3】 양관(楊寬)의 「서주 시대의 노예생산관계를 논함[論西周時代的奴隷制生産
關系]」, 『고사신탐』 수록, 73쪽을 볼 것.

【원주4】 양수달(楊樹達), 『적미거금문설(積微居金文說)』 78쪽.

【원주5】 양관(楊寬), 「신과 격의 해석[釋"臣"和"鬲"]」 및 「인격 · 신 · 신은 노예인가
["人鬲" · "訊" · "臣"是否即是奴隷]」 두 논문을 볼 것. 모두 『고사신탐』에 수록되어
있다.

【원주6】 『예기』 「소의(少儀)」, "평민 포로는 왼손으로 잡는다[臣則左之]." 정현 주: "신
(臣)은 포로를 말한다[臣謂囚俘]."

【원주7】 『학술월간(學術月刊)』 1960년 12월호 김조재(金兆梓)의 「서주사회형태에
관한 토론의 몇 가지 문제[關於西周社會形態討論中的幾個問題]」를 볼 것.

제1장 서주(西周) 정치사회의 구조 성격 문제

【원주8】졸저『중국인성론사(中國人性論史) 선진편(先秦篇)』29-30쪽을 참고할 것.

【원주9】『당석경(唐石經)』에는 맹(甿)으로 되어 있으니, 맹(氓)과 맹(甿) 또한 통용되었음을 알 수 있다.

【원주10】마서진(馬瑞辰),『모시전전통석(毛詩傳箋通釋)』, "『석문(釋文)』에서는『한시(韓詩)』를 인용하여 '맹(氓)은 아름다운 모습이다'라 하였으니 대개 맹막(氓䂿)을 하나의 소리로 전화(轉化)하여 …『이아(爾雅)』에서는 '막막은 아름답다는 뜻이다[䂿䂿美也]'라 하였다. 그러나 '맹(氓)'을 '아름답다'의 뜻으로 보면 '치치(蚩蚩)'와 뜻이 서로 연결되지 않는데, '치치(蚩蚩)'는 대개 어리석은 모습을 극도로 표현한 말이기 때문이다."

【원주11】양향규(楊向奎)는 서주가 노예사회라는 견해에 찬성하지 않는다. 그는 별도의 일설을 세웠는데, 즉 "나는 '천우기운(千耦其耘)', '십천기우(十千其耦)'의 '천(千)' 자는 사람 수 혹은 보습(쟁기)의 수를 가리키는 말이 아니고 이것은 바로 '천무(千畝)'의 '천(千)'을 뜻하며 고유명사로서 적전(籍田)과 같은 말이라고 생각한다. … 공전을 밭갈이하여 파종하고 있다고 말하는 것과 같다"라고 하였다.『중국고대사회와 고대사상 연구』46쪽을 보라. 이러한 해석은 견강부회일 뿐이다.

【원주12】양관(楊寬)의『고사신탐』은 심도 있고 세밀한 연구를 담은 보기 드문 귀중한 책이라고 할 수 있다. 그는 한편으로는 서주의 서인(庶人)은 노예가 아니라고 보았고 서인들이 당시 중요한 지위를 차지하고 있었음을 인정하였지만, 여전히 서주는 "중국노예제사회"임을 역설하고 있으니, 이는 경중이 전도된 결론이며 부자연스러운 결론이기도 하다.

【원주13】카이즈카 시게키[貝塚茂樹],『중국고대사학의 발전[中國古代史學之發展]』64쪽.

【원주14】정요전(程瑤田),『종법소기(宗法小記)』.

【원주15】위와 같음.『예기』「大傳」, "공자에게는 종도(宗道)가 있다[公子有宗道]"에 대한 정현 주, "공자는 군주를 종(宗)으로 삼을 수 없다[公子不得宗君]."

【원주16】모기령(毛奇齡),『대소종통석(大小宗通釋)』.

【원주17】『관당집림(觀堂集林)』제10「은주제도론(殷周制度論)」.

【원주18】『시』「주남(周南)」'종사(螽斯, 메뚜기)' 시의「시서(詩序)」에서는 "후비의

자손이 많음을 읊은 것이다[后妃子孫衆多也]"라고 하였고, 「대아(大雅)」'사제(思齊)' 시에서는 "태사(문왕의 후비)께서 아름다운 명성을 계승하니 많은 아들 낳으시겠네[大姒嗣徽音, 則百斯男]"라고 하였으며, 그 밖에도 시인이 자손의 많음을 노래한 시들이 매우 많은데 모두 당시의 정치적 요구를 반영한 것이다.

【원주19】『예기』「대학(大學)」.

【원주20】『일주서(逸周書)』「작락해(作雒解)」에서는 제후가 주나라로부터 명을 받으면 나라에 대사(大社)를 세우는데 그 흙의 색깔은 모두 그 나라의 방위에 해당하는 색깔을 쓴다고 하였다. 여기에는 추연(鄒衍)의 오행(五行) 사상이 부가되어 있으며 서주의 사실로 믿기는 어려울 듯하다.

【원주21】여기서의 소목공(召穆公)은 소강공(召康公)의 16세손으로 이름은 호(虎)이다. 『국어』「주어(周語)」에서 부신(富辰)이 '상체(常棣)' 시를 인용하며 주문공(周文公, 주공단)이 지은 시라고 하였으니, 여기서의 '작시(作詩)'의 '작(作)'은 수복(修復, 재생하다)의 의미이다. 『국어』「주어」의 위소의 주를 참고할 것.

【원주22】두예 주에서는 "배(陪)는 더하다, 돈(敦)은 후하다의 뜻이다[陪, 增也. 敦, 厚也]"라 하였다. 아마 이것을 비옥한 땅으로 본 듯하다. 다만 근대인의 경우 이것을 '부용(附庸)' 두 글자가 전음(轉音)·변형(變形)되어 나온 것으로 보기도 하는데 확실한지 모르겠다.

【원주23】생각건대 오정(五正)은 어쩌면 하나라의 오행관(五行官), 즉 금·목·수·화·토 다섯 가지 재료를 주관하는 관리와 관련이 있을지도 모른다.

【원주24】『사기』「주본기」에서는 "고공단보는 '나의 시대에 크게 일어날 사람이 있을 것이라고 했는데, 그가 바로 창(昌)이 아닐까?'라고 하였다. 장자인 태백과 우중은 고공단보가 계력을 세워 창(昌)에게 왕위를 계승시키려는 것을 알고는"[459] 운운하고 있는데, 이것은 나중에 주나라 사람들이 종법제도에 근거하여 문식(文飾)을 가했던 말로 사실이 아니다.

---

459 『史記』 권4 「周本紀」, "我世當有興者, 其在昌(文王)乎? 長子太伯·虞仲知古公欲立季曆以傳昌."

【원주25】『신중국의 고고 수확[新中國的考古收獲]』, 57쪽.

【원주26】서주 금문(金文)에서 "사(師)"는 모두 "𠂤"으로 되어 있다.

【원주27】이것을 두 개의 군단으로 보는 사람도 있다. 그러나 당시의 병제는 토지제도와 연결되어 있어 낙양(成周)에 성주팔사(成周八師)가 있고 다시 별도로 은팔사(殷八師)를 설립하는 것은 불가능하다. 성주팔사는 은나라 유민(遺民) 중에서 설립했기 때문에 또한 은팔사라고도 칭해졌다.

【원주28】양관의『고사신탐』에 보다 상세한 연구가 있다. 각 금문의 원문은 양관 156쪽에 전문이 인용되어 있다.

【원주29】『좌전』「장공(莊公) 12년」.

【원주30】『예기(禮記)』「곡례(曲禮)」상, "예는 아래로 서인에게까지 미치지 않는다." 이에 대한 정현 주에 "일하기에 바쁘고, 예에 필요한 수단들을 갖추고 있지 못하기 때문이다"[460]라고 하였다. 그러므로 각종 예의 실행은 사(士)에서부터 시작한다. 그렇지만 서인(庶人)의 정치 사회적 권리와 의무는 실제로 예(禮) 체계 안에 규정되어 있으니, 이것이 바로 공자의 이른바 "예로써 가지런히 한다"[461]는 것이다.

【원주31】『맹자』「만장(萬章)」하, "천자의 제도는 땅이 사방 1천 리이며, 공(公)과 후(侯)는 모두 사방 1백 리, 백(伯)은 70리이며 자(子)와 남(男)은 50리로 무릇 네 등급이 있었다. 50리가 못 되는 작은 나라들은 직접 천자에게 조근하지 않고 근방의 제후에게 부속시켰으니 이를 부용(附庸)이라 한다.[462]

【원주32】『시』「소아(小雅)」'북산(北山)', "넓은 하늘 아래 왕토 아닌 땅이 없고 넓은 땅 위에 왕의 신하 아닌 자가 없다[率天之下, 莫非王土; 率土之濱, 莫非王臣]." 이 두 구절은『좌전』「소공(昭公) 7년」및『맹자』「만장」상에 인용되어 있다.

【원주33】『시』「노송(魯頌)」, '비궁(閟宮)'.

---

460 『禮記』「曲禮」上, "禮不下庶人." 정현 주, "爲其遽於事, 且不能備物."

461 『禮記』「緇衣」, "子曰, 夫民教之以德, 齊之以禮."

462 『孟子』「萬章」下, "天子制地方千裏, 公侯皆方百里, 伯七十里, 子男五十里, 凡四等. 不能五十里, 不達於天子, 附於諸侯, 曰附庸."『禮記』「王制」에도 같은 내용이 있다. "天子之田方千里, 公·侯田方百里, 伯七十里, 子·男五十里. 不能五十里者, 不合於天子, 附於諸侯, 曰附庸."

【원주34】예컨대 「유궤(尤簋)」의 "命尤作嗣(司)土", 『홀호(曶壺)』의 "命曶 乃祖作
家嗣土於成周", 『시이(敔彝)』의 "命女作嗣土, 官司耤田", 『?궤(甗殷)』의 "嗣徒官
白", 『허전정(鄦吏鼎)』의 "嗣徒南中"이 있다. 『산씨반(散氏盤)』에도 "사토(嗣土)"라
는 명칭이 있다. 그 밖에도 "사토(嗣土)" 혹은 "사도(嗣徒)"라 칭해진 자가 있다.

【원주35】『한서』권99상 「왕망전(王莽傳)」상, 유흠과 박사 유생 78인이 공현군(功顯
君, 왕망의 모친)의 상복을 의논하는 중에 말하기를 "섭황제께서 마침내 비부(秘
府)를 열고 여러 유자(儒者)들을 소집하여 …『주례』를 발굴하여 삼대의 계승과
감계(鑑戒)의 근본을 밝히셨습니다"463라고 하였다. 살펴보건대 유향(劉向)·유
흠(劉歆) 부자가 궁중의 비서(秘書)를 교록(校錄)할 당시는 『주례』를 본 적이 없
었는데, 이 책이 유독 왕망에 의해 "발굴[發得]"되었다고 하니 그것이 왕망과 유흠
의 손에서 나왔음은 의심할 여지가 없다. 하지만 여기에는 반드시 근거가 있으며
이것은 별도의 전론에서 논의할 것이다.

【원주36】『시』「소아(小雅)」'신남산(信南山)'.

【원주37】이검농의 저서 『선진양한경제사고(先秦兩漢經濟史稿)』113쪽을 볼 것.

【원주38】선진 시대의 "부(賦)"와 "세(稅)"는 성격이 다르다. 무릇 부(賦)라 할 때는 모
두 군역(軍役) 및 출정에 사용되는 병기와 갑옷·거마(車馬) 등을 가리킨다.

【원주39】이 추산은 양관(楊寬)의 『고사신탐(古史新探)』114쪽에서 재인용한 것이다.

【원주40】노예매매는 『홀정(曶鼎)』의 "我既賣女五夫, 用匹馬束絲" 그리고 "用償征賣
茲五夫, 用百㙕"에 근거한다. 양수달에 의하면 "명문(銘文)에서 매(賣) 자는 속
(贖) 자 대신 사용한다." 이 두 구절의 의미는 "홀(曶)이 처음에 필마와 속사(束絲)
로써 5명의 부(夫)를 찾아오려고 했다. 지금 다시 고쳐서 1백 열(㙕)을 주고 그들
을 찾아오리 한다"라는 내용이다. 『적미거금문설(積微居金文證)』58쪽을 보라.
그러나 양관은 이것을 당시 노예매매의 증거로 보았다. 『고사신탐』75쪽을 보라.

【원주41】살맹무의 저서 『중국사회정치사』15쪽을 볼 것.

【원주42】『상서』는 피석서(皮錫瑞)의 『금문상서고증(今文尙書考證)』본을 사용하

---

463 『漢書』권99上 「王莽傳」上, "攝皇帝遂開秘府, 會群儒 … 發得周禮, 以明因監."

였다.

【원주43】『시』「주송(周頌)」'신공(臣工)', "우리 농부들에게 가래와 호미를 마련케 하
오. 곧 낫으로 수확함을 보리로다."⁴⁶⁴

【원주44】양관,『고사신탐』18쪽을 볼 것.

---

464 『詩』「周頌」'臣工', "命我衆人, 庤(傳: 庤具)乃錢鎛, 奄觀銍艾(傳: 錢, 銚. 鎛, 鎒. 銍, 穫也)."
원문에 소괄호로 부기된 내용의 번역은 순서대로 다음과 같다. "모전: 치(庤)는 갖추다[具]이
다", "모전: 전(錢)은 가래[銚]이다. 박(鎛)은 호미[鎒]이다. 질(銍)은 벼를 수확함이다."

제2장

봉건 정치사회의 붕괴와 전형적 전제정치의 성립

1. 봉건 정치질서의 붕괴

　봉건 정치·사회의 성립은 장기적인 씨족사회의 축적을 거치고 주공이 자신의 이상에 따라 주나라 정치세력의 통제와 확장을 강화하려는 노력을 통해 점차적으로 형성된 것이다. 근대 지하자료의 발견으로 서주 초년의 정치세력은 북으로는 요녕(遼寧)에 미치고 남으로는 강소(江蘇)에 미치고 동으로는 바다에 접근하여 "그 범위가 작지 않았고 매우 컸다"[원주1]는 것이 알려졌다. 범위 안의 수많은 방국(邦國)들은 서주 이전부터 존재했던 나라들이고 종족과 씨족도 매우 복잡하게 얽혀 있어 주공의 정치적 이상은 완전히 실현되지 않았을 수도 있다. 심지어 한편에서는 봉건제도가 형성되고 있었고 한편에서는 어느 정도 그 붕괴가 시작되었다고도 말할 수 있다. 그러나 이 봉건제도가 역사의 특정 단계에서 중요한 기능을 수행했고, 그 붕괴는 의식적이고 무의식적인 두 가지 동력 아래 장기간의 변화를 겪었다는 것은 의심의 여지가 없다. 봉건제도의 점차적인 붕괴 과정은 바로 전제정치의 점차적인 형성 과정이다. 내가 여기서 말하는 "전형적 전제정치"는 진대(秦代)의 단기로 끝난 전제정치를 가리킨다. 왜냐하면 진대의 전제정치는 한편으로는 물론 봉건제도의 붕괴 과정에서 형성된 많은 조건들에 의존하면서도, 다른 한편으로는 법가들이 오랫동안 추구해 온 정치 형태와 진정(秦政, 시황제)·이사(李斯)[465] 등이 달성하려는 정치적 목적에 근거하여 "정치적 창의"로써 수립한 정치제도이기 때문이다. 그들이 6국을 통일한 후에 "군현의 성벽을 허물고 그 무기들을 녹여서 다시는 사용하지 않겠다는 뜻을 보인"(『사기』「이사열전」)[466] 것은 바로 그들이 어떤 정치적 이상을 품고 이러한 정치제도를 건립했음을 증명한다. 진 (秦) 이후의 전제는 한편으로는 진의 전제정치를 기정사실로 계승하면서도 다른 한편으로는 더 나쁘거나 더 나은 요소들이 부단히 그 안에 추가되어 갔다. 비록 신해혁명 때까지 정치의 형식은 모두 전제(專制) 정치였지만, 진(秦)에 의해 건립된 전제는 이미 얼마간 그 원형을 잃고 더 나빠지거나 더 나아지는 쪽으로 변질되었다. 역사 사실의 파악과 관념상의 혼동을 막기 위해 나는 진 이후의 전제정치에 대해 말할 때는 진의 전제정치를 "전형적 전제정치"라고 부를 것이다. 봉건과 전제가 점진적으로 교체되는 장기간의 과정에서 특별한 역사적 과도 단계가 발생했는데 이는 바로 칠웅(七雄)이 대립하여 패권을 다투는 단계였다. 일반 사가들은 이를 전국 시대라고 부른다. 이 글의 목적은 두 제도의 교체 정황을 명확하게 진술하여 전제정치가 어떻게 성립할 수 있었고, 또 전제정치의 특성은 무엇인지 파악할 수 있도록 하는 데 있

---

465 이사(李斯, ?-B.C.208): 전국 시대 말기 초(楚)나라 상채(上蔡, 하남성 상채현) 사람. 자는 통고(通古). 젊었을 때 순자(荀子)에게 제왕치세의 법술을 배웠다. 진(秦)나라로 가 승상 여물위(呂不韋)에게 발탁되어 사인(舍人)이 되었고 진왕(秦王, 시황제)의 장사(長史), 객경(客卿)을 거쳐 진시황 26년 통일 후 정위(廷尉), 승상(丞相)이 되었다. 군현제도의 확립, 도량형의 통일, 분서(焚書), 소전(小篆)에 의한 문자 통일은 모두 그가 주도한 것이다. 시황제 사후 환관 조고(趙高)와 공모하여 조서를 고쳐 막내아들 호해(胡亥)를 2세 황제로 옹립하고 시황제의 맏아들 부소(扶蘇)와 장군 몽염(蒙恬)을 자살하게 했다. 이후 조고의 참소로 투옥되어 함양에서 요참형(腰斬刑)에 처해졌고 삼족이 멸족되었다.

466 『史記』권87「李斯列傳」, "夷郡縣城, 銷其兵刃, 示不復用."

다. 아울러 우리 사회가 왜 오랫동안 정체되어 앞으로 나아가지 못했는지 등의 문제에도 대답해 보고자 한다. 전국 시대는 바로 그러한 교체의 대관건이기 때문에 연구의 주요대상의 하나가 되었다. 동시에 전국 시대는, 봉건제도는 이미 붕괴되었지만 전제정치는 아직 정형화되지 않은 단계로 그 때문에 정치적 압력의 틈새가 가장 큰 개방 시대였다고도 할 수 있다. 이러한 개방 시대에는 사상의 백가쟁명이 출현할 뿐 아니라 정치·사회적 발전에 있어서도 전제 이외의 다른 방향으로 발전할 가능성이 있다. 그래서 이 시대를 비교적 자세히 묘사하는 것은 중요한 의미를 갖는다.

(1) 주 왕실의 봉건적 지도력의 상실과 그 원인

봉건 정치질서의 유지는 "예악과 정벌은 천자로부터 나온다"[467]라는 말처럼 하나의 공주(共主)를 필요로 한다. 봉건정치의 붕괴는 필연적으로 먼저 공주(共主)로서의 주 왕실이 그 지도적 지위를 상실하는 것으로부터 시작된다. 그 원인은 아래의 4가지 점으로 요약할 수 있다.

1. 내가 「서주 정치사회의 구조 성격 문제」에서 이미 말했지만 서주의 봉건정치는 종법제도를 중심으로 건립되었다. 그리고 종법의 "친친(親親)"은 봉건정치를 유지하는 정신적 유대이다. 봉건정치의 붕괴는 무엇보다도 왕실과 제후 간의 이러한 정신적 유대의 해이로부터 시작된다. 『좌전』 「희공(僖公) 24년」에 의하면 주나라 양왕(襄王)이 적

---

467 전문은 다음과 같다. 『論語』 「季氏」, "孔子曰, 天下有道, 則禮樂征伐自天子出. 天下無道, 則禮樂征伐自諸侯."

(狄)의 군사를 거느리고 정(鄭)나라를 토벌하려 하자[468] 부신(富辰)은 이렇게 간언하였다. "소목공(召穆公)[469]은 주나라의 덕이 선하지 못함을 상심하여 성주(成周)에 종족을 규합하여 시를 읊기를 '아가위 꽃은 꽃송이가 울긋불긋하네. 세상 사람들에게 형제보다 더한 이는 없네'[470]라 하였습니다. 그 시의 4장에는 '형제가 집안에서 다툰다 해도 밖에서 모욕을 가해 오면 함께 대적하네'라 하였습니다."[471] 『국어』「주어(周語)」에도 부신의 간언이 기록되어 있는데 거기서는 '상체(常棣)' 시를 "주 문공(文公)의 시"라고 하였다.[472] 주 문공은 곧 주공이니, 이것은 「시서(詩序)」에서 "(무왕의 형제인) 관숙과 채숙[473]이 실도(失道)하였

---

468 『史記』「周本紀」의 기록에 따르면 양왕은 B.C.649년 이복동생인 회대가 융(戎)과 적(翟)의 세력을 끌어들여 반란을 일으키자 진(秦) 목공(穆公)과 진(晉) 혜공(惠公)의 도움을 받아 토벌에 나섰다. 결국 회대는 제(齊)나라로 달아났고, 제나라 환공이 관중(管仲)과 습붕(隰朋)을 보내 융족을 평정하였다. B.C.639년에 정(鄭)나라가 활(滑)나라를 공격하자 양왕은 대부(大夫)인 유손(游孫)과 백복(伯服)을 정나라로 보내 활나라와 화해할 것을 요청했다. 그러나 주나라 왕실의 홀대에 불만을 품고 있던 정나라 문공(文公)은 두 사람을 감금해 버렸고, 분노한 양왕은 적나라의 도움을 받아 정나라를 공격하려 했다. 부신(富辰)이 만류했지만 양왕은 B.C.637년 적나라의 군대를 이끌고 정나라를 공격했고, 적나라 출신의 적후(翟后)를 왕비로 맞이했다.

469 소목공(召穆公, 미상): 이름은 호(虎). 소백(召伯), 소백호(召伯虎)로도 불린다. 소공석(召公奭)의 후예이다. 주나라 여왕(厲王)이 폭정을 일삼아 여러 차례 간언하였으나 듣지 않았다. 여왕은 결국 사람들에 의해 쫓겨나 체(彘)로 유배되었다. 그때 여왕의 아들 태자 정(靖)이 소호(召虎) 집에 피신해 있다가 여왕 사후 옹립되어 선왕(宣王)으로 즉위하였다.

470 『詩』「小雅」'棠棣', "常棣之華, 鄂不韡韡. 凡今之人, 莫如兄弟."

471 『左傳』「僖公 24年」, "周王將以狄伐鄭, 富辰諫曰, '不可. 臣聞之 … 召穆公思周德之不類, 故糾合宗族於成周而作詩曰: '常棣之華, 鄂不韡韡. 凡今之人, 莫如兄弟.' 其四章曰, '兄弟鬩於牆, 外禦其務(侮).'"

472 『國語』「周語」中, "襄王十三年, 鄭人伐滑. 王使游孫伯請滑, 鄭人執之. 王怒, 將以狄伐鄭. 富辰諫曰: '不可! 古人有言曰: '兄弟讒鬩, 侮人百里.' 周文公之詩曰: '兄弟鬩于牆, 外禦其侮.' 若是則鬩乃內侮, 而雖鬩不敗親也.'"

음을 가엾게 여겨 '상체(常棣)' 시를 지었다"[474]라고 한 말과 서로 부합한다. 그렇다면『좌전』의 이른바 소목공(召穆公)이 "시를 짓기를[作詩]"이라고 했을 때의 "작(作)"은 수복(修復, 재생하다)의 뜻으로 봐야 할 것이다.【원주2】 이로부터 주공이 관숙·채숙의 난을 겪으면서 형제간 친친(親親) 정신의 배양과 발휘의 중요성을 더욱 깨닫게 되고 그래서 특별히 이 시를 지었다는 것을 알 수 있다. 서주 말기 "여왕(厲王)이 무도하여 주 왕실의 친친(親親)의 의리가 쇠퇴하였다."【「시서(詩序)」】[475] 소목공이 성주에 규합한 종족들은 주공이 종법에 의해 봉건했던 제후들이다. 따라서 소목공이 다시 제후들을 왕실 주위로 재결속하고자 한다면 그 가장 기본적인 방법은 오직 친친(親親)의 정신을 부활하는 길밖에 없었다.

『시경』「소아」'각궁(角弓)' 시의「시서(詩序)」에서는 다음과 같이 말한다. "'각궁'은 부형들이 유왕(幽王)을 풍자한 시이다. 유왕이 구족(九

---

473 관숙(管叔)과 채숙(蔡叔): 주나라 무왕의 동생들. 상(商)을 멸망시킨 무왕은 상의 유민(遺民)들을 통제하기 위해 상의 마지막 왕인 주왕(紂王)의 아들 무경(武庚)을 상의 도읍인 은(殷, 지금의 하남 安陽)에 머무르며 그곳을 다스리게 하였다. 무왕은 그가 반란을 일으키지 못하도록 세 동생들에게 그 주변 지역을 분봉하여 감시토록 하였다. 즉 관숙을 관(管, 하남 鄭州)의 제후로, 채숙은 채(蔡, 지금의 하남 上蔡)의 제후로, 곽숙(霍叔)은 곽(霍, 산서 霍州)의 제후로 각각 봉하였는데 이를 '삼감(三監)'이라고 한다. 관숙·채숙·곽숙은 주공의 섭정에 불만을 품고 주공이 왕위를 빼앗을 것이라는 말을 사방에 퍼뜨리며 무경과 연합하여 반란을 일으켰는데 이를 '삼감의 난(亂)'이라고 한다. 반란의 진압에는 3년이 걸렸다. 주공의 형인 관숙은 처형되고 채숙은 멀리 유배되었으며, 곽숙은 모든 지위를 박탈당하였다.

474 『詩』「小雅」'棠棣' 詩序, "常棣, 燕兄弟也. 閔管蔡之失道, 故作常棣焉." 이에 대한 모전(毛傳)에는 "周公吊二叔之不鹹, 而使兄弟之恩疏. 召公爲作此詩, 而歌之以親之"라 되어 있다.

475 「시서(詩序)」에는 정확히 "厲王無道, 周室親親之義衰"라는 구절은 보이지 않는다. 다만「大雅」'蕩之什' 중의 '탕(蕩)' 시의 「시서」에 다음과 같이 되어 있다. "蕩, 召穆公傷周至大壞也, 厲王無道, 天下蕩蕩無綱紀文章, 故作是詩也."

族)을 친애하지 않고 아첨 잘하는 간사한 자들을 좋아하여 골육이 서로 원망하므로 이 시를 지었다."[476] 시의 마지막 두 구절은 "오랑캐들처럼 행동하니 내 이 때문에 걱정이라네"[477]라고 되어 있다. 서주는 유왕(幽王) 때 멸망했으며 당연히 골육 간의 원망이 가장 근본적 원인이었다. 유왕이 피살된 후 평왕(平王)은 동쪽으로 수도를 옮기고(B.C.770) 진(晉)나라·정(鄭)나라에 의지하였는데 그 바탕에는 여전히 진나라·정나라와의 친친(親親) 관계가 작용하고 있었다. 제(齊)나라 환공과 진(晉)나라 문공의 패업은 아직 그 안에 친친의 정신을 보유하고 있었다. 환공, 문공 이후로 주 왕실과 제후 간의 친친 정신은 나날이 멀어지고 희박해져 갔으며 봉건제도에서의 주 왕실의 지도적 역할도 더 이상 남아 있지 않게 되었다.

2. 봉건정치에서 왕실이 부세(賦稅)를 거두어들이는 범위는 매우 작다. 그러므로 권력, 병력, 재력의 사용에서 자신을 억제할 수 있는 검약의 정치가 필요하다. 서주 목왕(穆王)의 허영심에 찬 원정은 이미 주 왕실의 힘을 약화시켰다. 그러나 주 왕실의 쇠퇴와 몰락을 가져온 보다 결정적인 관건은 여왕(厲王)이었다. 그 이유는 다음과 같다. 도읍과 근교에 거주하는 "국인(國人)" 계층은 정치적으로 주 왕실의 직접적인 지지 세력이자 무력 편성의 골간이기도 했다. 왕과 왕의 통치를 보좌하는 귀족들은 국인에 대한 부세 및 기타 요구사항에 있어서 모두 일정한 제한이 있었다. 또한 국인과 왕, 국인과 통치귀족 간의 관계도 상

---

476 『詩』「小雅」 '角弓' 詩序, "角弓, 父兄刺幽王也. 不親九族, 而好讒佞, 骨肉相怨, 故作是詩也."
477 『詩』「小雅」 '角弓', "如蠻如髦, 我是用憂."

당히 밀접하여 국인은 정치에 자신의 의견을 반영하거나 정치상 중요한 역할을 수행할 수도 있었다.【원주3】『국어』「주어(周語)」상에서는 다음과 같이 말한다. "여왕(厲王)이 가혹한 정치를 하자 국인들이 왕을 비방하였다. 소목공이 왕에게 고하여 말하기를 '백성들이 왕의 명령을 감당하지 못하여 그러는 것입니다'라고 하였다. 왕이 노하여 위(衛)나라의 무당[巫]을 구해 와서 비방하는 자를 감시하게 했는데 무당이 비방하는 자를 고해 오면 죽여 버렸다. 국인들이 감히 말로 비방하지 못하고 길에 다니면서 눈짓으로 표현하였다."[478] 「주어」상에서는 또 이렇게 말한다. "여왕(厲王)이 영(榮)나라 이공(夷公)을 좋아했는데 예량부(芮良夫, 주나라 대부)가 다음과 같이 말하였다. '왕실이 장차 쇠미해질 것입니다. 영나라 이공은 이익을 독점하기 좋아하고 큰 환난이 닥칠 것은 알지 못합니다. … 이제 왕께서 이익을 독점하는 일을 배워서야 되겠습니까?'"[479] 이 두 가지 일은 사실상 한 가지 일을 나누어 서술한 것이다. 그 결과는 국인들이 "왕을 체(彘) 땅으로 추방하여 유배시키고" "제후는 조공을 바치지 않았다." 여왕(厲王)과 국인의 대립은 주 왕실 정치의 직접적인 지지 세력을 파괴하였고 무력의 기반도 약화시켰다. 『시경』에 보이는 선왕(宣王)의 중흥에 관한 시가들은 어쩌면 작시자의 과장에서 나왔을지도 모른다. 농업은 당시 경제의 근간이었고 그 생산방식은 상하가 일체가 된 협동노동정신에 의존하고 있었다.【원주4】

---

478 『國語』「周語」上, "厲王虐, 國人謗王. 邵公告曰, '民不堪命矣.' 王怒, 得衛巫, 使監謗者. 以告, 則殺之. 國人莫敢言, 道路以目. … 王不聽, 於是國人莫敢出言, 三年, 乃流王于彘."

479 『國語』「周語」上, "厲王說(悅)榮夷公. 芮良夫曰, '王室其將卑乎. 夫榮夷公好專利而不知大難. … 今王學專利, 其可乎?' … 諸侯不享, 王流于彘."

『국어』「주어(周語)」상에 "선왕(宣王)이 즉위하여 천무(千畝)의 적전(籍田)을 친경(親耕)하지 않았다"라 한 것은 바로 이러한 정신의 파괴를 의미한다. 괵(虢)나라 문공(文公)은 선왕에게 간언하며 적전(藉田)의 의의에 대해 이렇게 말하고 있다. "백성의 중대사는 농사짓는 데 있으니 상제(上帝)에게 제사 지내는 곡식이 여기에서 나오고, 백성이 번성하여 불어남이 여기에서 생기며, 나랏일에 쓸 경비의 공급이 여기에 달려 있고, 백성이 화합하고 화목하게 지내는 것이 여기에서 일어나며, 재물의 늘어남이 여기에서 시작되고, 돈후하고 관대하며 순수하고 굳센 덕성이 여기에서 이루어집니다."[480] 그런데도 선왕(宣王)은 적전의 예를 행하지 않고 "선왕(先王)이 공업을 이룬 농사를 방기하였다." 그 결과, "(선왕) 39년에 천무(千畝)[481] 전투에서 왕의 군대가 강(姜)씨의 융(戎)족에게 패배하였다."[482] 위소(韋昭)[483]의 주에서는 "선왕이 농사에 힘쓸 것을 간하는 말을 받아들이지 않고, 신에게 제사하지 않고 백성을 부림으로써 패배의 재앙에 이르게 되었다"[484]라고 하였다. 이것은

---

480 『國語』「周語」上, "宣王卽位, 不籍千畝. 虢文公諫曰, 不可. 夫民之大事在農. 上帝之粢盛於是乎出, 民之蕃庶於是乎生, 事之供給於是乎在, 和協輯睦於是乎興, 財用蕃殖於是始, 敦庬純固於是乎成."

481 천무(千畝): 지명. 지금의 산서성 개휴현(介休縣) 남쪽에 있다(『左傳』「桓公 2年」두예 주).

482 『國語』「周語」上, "今天子欲修先王之緒而棄其大功, … 王不聽. 三十九年, 戰於千畝, 王師敗績於姜氏之戎."

483 위소(韋昭, 204-273): 삼국 오나라 오군(吳郡) 운양(雲陽, 지금의 강소성 丹陽) 사람으로 삼국시기 저명한 사학자이다. 자는 홍사(弘嗣). 진(晉) 문제 사마소(司馬昭)를 피휘하여 위요(韋曜)라 하였다. 저서로는 『국어주(國語注)』가 있고, 그 밖에 『한서음의(漢書音義)』, 『관직훈(官職訓)』, 『삼오군국지(三吳郡國志)』 등이 있지만 산일되었다. 일찍이 『오서(吳書)』(合著)를 편찬했는데 후세의 『삼국지(三國志)』는 대부분 여기서 자료를 취하였다.

484 『國語』「周語」上 韋昭注, "言宣王不納諫務農, 無以事神使民, 以致弱敗之咎也."

봉건경제가 파괴되기 시작하는 단초이다. 더욱이 선왕은 "남쪽 지역의 군사를 잃고 난"485 후에 다시 "태원(太原)에서 백성의 호구를 조사하려고 하였다."(『국어』「주어」상) 이것은 백성의 노동력에 대한 과도한 착취이며 국인들도 감당할 수 없는 일이었다. "왕은 결국 호구조사를 실시하였고, 유왕(幽王)에 이르러 서주는 마침내 멸망하였다."(위와 같은 곳)486

3. 적자(嫡子)를 세우고 장자(長子)를 세우는 것, 이것은 주공이 정한 종법제도 중 대종(大宗)을 중심으로 한 안정 역량으로 봉건 정치질서에서 가장 우선적인 지위를 차지하고 있다. 그러나 주 선왕(宣王)은 이것도 파괴하기 시작하였다. 『국어』「주어(周語)」상에서는 다음과 같이 말한다.

노나라 무공(武公)이 장자인 괄(括)과 작은아들인 희(戲)를 데리고 왕을 뵈었다. 왕이 희를 태자로 세우려고 했다. 번중산보(樊仲山父, 주 왕실의 卿士)가 간하여 말하기를 "희를 세워서는 안 됩니다. (적장자가 지위를 계승하는 법도에) 순응하지 않으면 노나라는 반드시 왕명을 위반할 것이고【위소주: 순응하지 않는다는 것은 작은아들을 세운다는 말이다. '범(犯)'한다는 것은 노나라가 반드시 왕명을 위반하여 따르지 않을 것이라는 말이다】왕명을 위반하면 반드시 주벌해야 할 것입니다. … 아랫사람이 윗사람을 섬기고 연

485 남쪽 지역의 군사를 잃고: 남국(南國)은 장강(長江)과 한수(漢水) 사이 지방을 말한다. 선왕이 39년 강씨 융과 전쟁을 할 때 장강과 한수 유역에 위치한 초(楚), 신(申), 여(呂), 등(鄧), 진(陳), 채(蔡) 등 나라의 군대를 징발하여 싸우다가 패배하여 많은 군사들이 전사하거나 부상을 입었다.

486 『國語』「周語」上, "宣王旣喪南國之師, 乃料民於太原. 仲山父諫曰, '民不可料也! 夫古者不料民而知其少多, … 且無故而料民, 天之所惡也, 害于政而妨于后嗣.' 王卒料之, 及幽王乃廢滅."

소자가 연장자를 섬기는 것이 법도에 순응하는 것입니다. 이제 천자께서 제후를 세우면서 그의 작은아들을 세우면 이는 법도에 거스르는 일을 가르치는 것입니다"라고 하였다.[487]

결과는 "노나라 사람이 의공(懿公)【위소 주: 의공은 희(戲)이다】을 죽이고 백어(伯御)를 세웠다."【위소 주: 백어는 괄(括)이다. 또 『사기』 「노세가(魯世家)」에는 "의공의 형 괄(括)의 아들이 백어다"라고 하여 두 설이 같지 않다.】 이것은 천자의 힘으로 종법에 의한 봉건정치질서를 파괴한 사례이다. 유왕(幽王) 때는 포사(褒姒)를 총애하여 마침내 신후(申后)와 태자를 폐하고 포사를 왕후로 삼고 포사 소생의 백복(伯服)을 태자로 삼았다. 그 결과 신(申)나라 제후가 증(繒)·서이(西夷)·견융(犬戎)과 함께 여산(驪山) 아래에서 유왕을 공격하여 죽였으며, 서주는 마침내 이로 인해 멸망하였다.[488]【원주5】

---

487 『國語』 「周語」上, "魯武公以括與戲見王. 王立戲. 樊仲山父諫曰, 不可立也, 不順必犯(韋昭注: 不順, 立少也. 犯, 魯必犯王命而不從也), 犯王命必誅, … 夫下事上, 少事長, 所以爲順也. 今天子立諸侯而建其少, 是敎逆也."

488 서주는 … 멸망하였다: 서주 말기 유왕(幽王)은 신후(申后)와 신후 소생의 태자 의구(宜臼)를 폐하고, 포사(褒姒)와 그 소생 백복(伯服, 또는 伯盤)으로 뒤를 잇게 했다. 신후의 아버지 신후(申侯)가 이에 반발하여 증(繒)나라 등이 제후와 견융(犬戎)과 연합하여 수도인 호경(鎬京)으로 쳐들어가 유왕과 백복을 죽인 뒤 태자 의구를 주나라 평왕(平王)으로 세웠는데 이로부터 낙읍(洛邑)에 수도를 둔 동주(東周) 시대가 시작되었다. 한편 유왕이 살해된 뒤에 서괵(西虢, 산서성 寶鷄 일대)의 제후들은 낙읍의 평왕을 인정하지 않고 여신(余臣)을 왕으로 세워 호경에서 유왕의 뒤를 잇게 했는데 역사에서는 이를 휴왕(攜王, ?-B.C.750)이라 부른다. 휴왕은 휴혜왕(攜惠王), 혜왕(惠王)이라고도 하며 선왕(宣王)의 아들이자 유왕의 동생으로 알려져 있다. 이로써 주나라는 동서로 나뉘어 낙읍의 평왕과 호경의 휴왕이 각각 주나라의 정통을 내세우며 다투게 되었다. 몇 년간의 동서 병립 상황은 진(晉)나라 문후(文侯)가 휴왕을 살해함으로써 종지부를 찍었다.

4. 종법에 의해 건립된 봉건제도는, 종법에서의 친친(親親)으로 존존(尊尊)의 목적을 달성하고, 존존으로 통치 체제를 수립하여 정치 질서를 확립한다. 친친과 존존은 한 가지 일의 양면이며, 모두 각종 예제(禮制)로 객관화되어 실현된다. 친친 정신은 혈통의 종지(宗支) 관계에서 비롯되었다. 종과 지의 관계는 시간이 흐를수록 점점 소원해지기 때문에 종법제도가 설사 패덕(敗德)과 난행(亂行)에 의해 파괴되지 않더라도 친친의 정신은 현실적 이해(利害)의 뒷받침이 없는 한 원래 오래 지속될 수 없었다. 그러나 존존의 실제 내용은 일종의 통치체제였다. 이러한 통치체제는 또한 각종 예(禮)의 중요 규정을 통해 그 관념을 배양하고 그 행위를 몸에 배도록 하여, 관·혼·상·제의 의례나 수레·의복·기물 등과 같은 것을 모두 정치적 지위에 따른 소정의 각종 등차, 다시 말하자면 예(禮)에 규정된 "명분(明分)"의 "분(分)"에 따르게 함으로써 봉건적 존비상하의 질서를 은연중에 유지하고 보호한다. 그래서 종법제도 중 존존 방면에 있어서는 현실의 중대한 정치적 이해와 충돌하지 않는 한 예(禮)의 관념적·행위적 힘에 의지하여 상당 기간을 유지할 수가 있었다. 낙읍 동천 이후의 주 왕실이 춘추 시대 내내 의연히 명목상의 공주(共主)의 지위를 유지할 수 있었던 것, 그리고 주 왕실이 주왕으로부터 경대부에 이르기까지 부득이한 경우 차라리 토지 등의 현실적 이익을 희생할망정 온갖 방법을 다해 그들이 장악한 예제를 굳게 지키며 긴장을 늦추지 않았던 것도 그 원인은 모두 이러한 관점에서 이해해야 한다.【원주6】 그리고 존존 관념의 예제를 수호함으로써 당시의 정치질서를 유지하는 것은 각 제후국에 있어서도 마찬가지였다. 『좌전』「성공(成公) 2년」에 의하면 위(衛)나라와 제(齊)나라

가 신축(新築)에서 싸웠는데 위나라 군대가 대패하였다. "신축을 지키고 있던 대부 중숙우해(仲叔于奚)가 손환자(孫桓子)를 구원하여 손환자가 이로 인해 곤경을 면하였다. 뒤에 위나라 사람이 중숙우해에게 상으로 읍(邑)을 주려 하자 그는 이를 사양하고 제후가 사용하는 곡현(曲縣)[489]【두예 주: 곡현은 헌현(軒縣)이다.[490] 『회전(會箋)』[491]: 제후의 헌현(軒懸)은 남면에는 걸지 않는다. 모양이 거여(車輿)와 같아 이를 곡(曲)이라 한다】[492]과 번영(繁纓)【두예 주: 말의 장식물로 모두 제후의 복식이다】[493]을 자신도 사용하여 조현(朝見)할 수 있게 해 달라고 청하였고 위나라 제후는 이를 허락하였다. 공자가 뒤에 이를 듣고 말하기를 '애석하도다. (그 처사는) 읍을 많이 주는 것만 못하다. 오직 기물(器物)과 명호(名號)만은 남에게 주어서는 안 되니, 이는 군주가 주관하는 일이기 때문이다. … 만일 이를 남에게 허락한다면 이는 정권을 남에게 넘겨 주는 것이다. 정권을 잃으면 국가도 따라서 잃게 되니 이를 막을 수는 없다'고 하였다."[494] 공자의 말은 바로 이러한 관점에서 이해해야 할 것이다.

---

489 곡현(曲縣): 헌현(軒縣) 또는 헌현(軒懸)이라고도 하며 제후가 악기를 진열할 때 사방의 4면 가운데 3면에 걸어 두는 제도를 말한다. 그에 비해 천자는 4면에 모두 악기를 걸어 두었고 이를 궁현(宮縣)이라 한다. 『周禮』「春官」'小胥', "正樂縣之位, 王宮縣, 諸侯軒縣." 정현의 주에서는 "鄭司農云: '宮縣, 四面縣. 軒縣, 去其一面 …' 玄謂軒縣去南面辟王也"라 하였다.

490 『左傳』「成公 2年」杜注, "軒縣也. 周禮, 天子樂, 宮縣四面, 諸侯軒縣, 闕南方."

491 『좌전회전(左傳會箋)』: 일본의 저명한 한학자이자 외교관으로 갑신정변(甲申政変) 당시 일본 주조선공사(駐朝鮮公使)로 있었던 다케조에 신이치로[竹添進一郞](1842-1917, 자는 光鴻)가 편찬한 『좌전』 주석서. 오늘날 『좌전』 연구의 필독서로 일컬어진다.

492 『左傳會箋』, "諸侯軒懸闕南方, 形如車輿, 是曲也."

493 『左傳』「成公 2年」杜注, "繁纓, 馬飾. 皆諸侯之服." 번영(繁纓)은 제후가 사용하는 말 장식이다.

494 『左傳』「成公 2年」, "新築人仲叔于奚救孫桓子, 桓子是以免. 既, 衛人賞之以邑, 辭. 請曲縣(杜注: 軒縣也. 『會箋』: 諸侯軒懸闕南方. 形如車輿, 是曲也)繁纓(杜注: 馬飾. 皆諸侯之服)以

제2장 봉건 정치사회의 붕괴와 전형적 전제정치의 성립

예(禮)의 "명분(明分)" 작용이 한계에 도달하거나 인위적인 파괴가 극에 달할 때 봉건적 정치질서는 완전히 와해된다. 사마광은 『자치통감』을 편찬할 때 주 위열왕(威烈王) 23년(B.C.401) 진(晉)의 대부 위사(魏斯)·조적(趙籍)·한건(韓虔)을 명하여 제후로 삼았던 사건으로부터 시작하고 있는데, 논평에서 말하기를 "선왕의 예(禮)는 여기서 다하였습니다"[495]라고 슬퍼하였다. 이로써 주 왕실은 명목상의 공주(共主)의 지위조차도 유지할 방법이 없게 되었다.

(2) 봉건정치의 전면적 붕괴

춘추 시대는 봉건정치가 전면적으로 붕괴하는 일대 과정이었다고 할 수 있다. 이 시대의 가장 두드러진 현상으로 각국이 병탄되는 재앙보다 더한 것은 없다.

봉건정치의 관점에서 볼 때, 주 왕실이 봉한 나라든 아니면 이전 시대부터 존속해 오다 주 왕실의 승인을 받은 나라든, 모든 나라는 친친(親親)의 정신을 받아들여야 할 뿐만 아니라 각자가 받은 봉건 내의 지위와 영토에 안주함으로써 상호 화평관계를 유지해야만 했다. 예(禮) 가운데 빙례(聘禮)나 회동(會同)의 예, 심지어 예를 행할 때 사용하는 가시(歌詩)와 음악은 모두 이러한 요구에 따라 규정되고 발전된 것이다. 그러나 춘추 시대를 지나면서 상술한 예의(禮儀) 중의 친친 정신은 나날이 희박해져 갔을 뿐 아니라 권모술수를 쓰거나 약자를 능멸하고 약

朝, 許之. 仲尼聞之曰, '惜也, 不如多與之邑. 惟器與名, 不可以假人, 君之所司也 … 若以假人, 與人政也. 政亡, 則國家從之, 弗可止也已.'"

495 『資治通鑑』「周紀」1, "先王之禮, 於斯盡矣."

소국에 횡포를 부리는 방향으로 변해 갔다. 심지어 봉건 정치질서 내에서 대등한 작위를 가진 제후들 간에 국세(國勢)의 현격한 차이로 인해 약소국이 강대국에게 조공을 바치지 않을 수 없는 상황이 벌어지기도 했다. 설사 이렇게 한다 해도 여전히 상호 겸병의 화를 억제할 수는 없었다. 고동고(顧棟高)[496]의 『춘추대사표(春秋大事表)』4 「열국강역표」에서는 다음과 같이 말한다. "노나라는 춘추 시대에 실로 9개국의 땅을 겸병하였다."[497] "제(齊)나라는 춘추 시대에 10개국의 땅을 겸병하였다."[498] "진(晉)나라가 멸망시킨 나라는 18개국이다. 또한 위(衛)나라가 멸망시킨 형(邢)나라와 진(秦)나라가 멸망시킨 활(滑)나라가 모두 진(晉)에 귀속되었다. 경공(景公) 때는 적(狄)의 종족들을 완전히 소멸시켰고 … 또 동으로 위(衛)나라의 은허(殷墟)와 징(鄭)나라의 호뢰(虎牢)를 손에 넣었다."[499] "초나라는 춘추 시대에 여러 나라를 병탄하였는데 모두 42개국이다.[500] 송(宋)나라는 춘추 시대에 6국의 땅을 겸유하였

---

496 고동고(顧棟高, 1679-1759): 청 강소 무석(無錫) 사람. 자는 진창(震滄), 복초(復初), 호는 좌여(左畬)다. 강희 60년(1721) 진사(進士)가 되었고 건륭 15년(1750) 경명행수(經明行修)로 천거되어 국자감사업(國子監司業)을 제수받았으나 70세의 연로한 나이로 직임 수행이 어려워 나가지 않자 다시 국자감좨주(國子監祭酒)를 내렸다. 특히 『좌전』에 조예가 깊었으며 『춘추대사표(春秋大事表)』에서는 춘추 열국의 사사(史事), 천문역법, 세계(世系)와 관제, 지리 등에 대해 상세히 설명했다. 그 밖에 『상서질의(尙書質疑)』에서는 동진 때 매색(梅賾)이 바친 『고문상서(古文尙書)』가 위작이라 주장했고, 『주례(周禮)』는 한유(漢儒)들이 견강부회하여 만든 책이며, 『의례(儀禮)』는 주공(周公)이 지은 것이 아니라고 했다. 그 밖의 저서에 『모시정고(毛詩訂詁)』 등이 있다.

497 顧棟高, 『春秋大事表』 권4 「列國疆域表」, "魯在春秋, 實兼有九國之地."

498 顧棟高, 『春秋大事表』 권4 「列國疆域表」, "齊在春秋, 兼併十國之地."

499 顧棟高, 『春秋大事表』 권4 「列國疆域表」, "晉所滅十八國. 又衛滅之邢, 秦滅之滑, 皆歸於晉. 景公時剪滅衆狄, … 又東得衛之殷墟, 鄭之虎牢."

다."[501] 병탄과 능멸이 횡행하는 가운데 각국은 오직 힘에만 관심을 두었다. 봉건으로 왕실의 울타리를 삼는다[藩屛]는 주나라 초의 취지는 오래전에 사라져 더 이상 존재하지 않았다. 사마천은 "문왕과 무왕이 포상으로 봉하였던 큰 나라들이 모두 그들의 위협에 굴복하였다"[502]라고 개탄하였는데, 여기서 『사기』 「십이제후연표」에 나오는 12제후(실제로는 13제후이다)는 바로 춘추 시대를 대표하는 나라들이다. 그런데 12나라 중의 진(陳)·채(蔡)·조(曹) 3국은 모두 보잘것없는 나라인 데다 춘추 말기까지 국가를 보존하지도 못했다. 연(燕)나라는 몹시 외진 북방 변경에 위치하여 춘추 시대에도 역시 중요한 역할을 하지 못했다.[원주7] 봉건으로 건립된 중국의 형세는 이미 한 걸음씩 변화를 거듭하여 춘추 시대가 끝날 때쯤에는 완전히 면모를 알아볼 수 없을 정도가 된다. 특히 중요한 것은, 이러한 침릉(侵淩)과 병탄의 진행 속에 자행된 전쟁의 파괴와 잔혹함이 때로는 말로 표현할 수 없을 정도에 이르렀던 점이다.[원주8] 진(秦)과 진(晉) 상호 간의 공벌전이 모두 18회, 진(晉)과 초(楚) 사이에 벌어진 큰 전쟁이 3회, 오(吳)와 초(楚)의 상호 공격이 23회, 오와 월(越)의 상호 공격이 8회, 제(齊)와 노(魯)의 상호 공격이 34회, 송(宋)과 정(鄭) 사이의 교전은 모두 39회에 이른다.[원주9] 진(晉) 도공(悼公) 시기에 송나라와 정나라 양국은 10년 동안 13번의 전쟁을 치렀다. 만약 242년간 있었던 전쟁의 횟수를 통계 내거나 혹은 노·위(衛)·

---

500 顧棟高, 『春秋大事表』 권4 「列國疆域表」, "楚在春秋, 吞併諸國, 凡四十有二."

501 顧棟高, 『春秋大事表』 권4 「列國疆域表」, "宋在春秋, 兼有六國之地."

502 『史記』 권14 「十二諸侯年表」, "文武所襃大封, 皆威而服焉."

송·정 각 나라가 치렀던 전쟁을 통계 낸다면 전쟁의 빈도를 한층 쉽게 발견할 수 있어 더욱더 사람을 놀라게 한다. 고동고(顧棟高)가 「노주거교병표서(魯邾莒交兵表敍)」 첫머리에 "오호라, 내가 춘추의 시대를 보니 봉건이 화(禍)가 됨이 심하다는 것을 알겠다"[503]라고 말한 것도 무리가 아니다. 또 「송정교병표서(宋鄭交兵表敍)」에서는 "내가 춘추 시대 송나라와 정나라 양국 사이에 일어난 전쟁을 통관해 보니 천하에 하루도 백(伯)이 없어서는 안 되겠다는 것을 알겠다"[504]라고 하였다. 봉건의 친친(親親) 정신이 실추된 후의 상호간 부단한 전쟁의 형세로 미루어 볼 때, 분열의 천하는 이치로 보나 대세로 보나 대일통(大一統)의 출현을 요구하지 않을 수 없다는 것이 이미 분명하게 드러났다.

그다음으로, 각국의 내부를 보면 봉건귀족은 필연적으로 부패할 수밖에 없기 때문에 봉건적 예제(禮制)로 상하귀천의 분(分)을 장기간 유지하기는 충분치 않다. 그래서 춘추 시대는 정치권력이 점차 하향 이동하는 시대였다. 군주의 지위로부터 보면 "춘추 시대에는 군주의 시해가 36건, 나라를 잃은 것이 52건, 제후가 도망하여 사직을 보전하지 못한 예는 이루 헤아릴 수가 없는데"[505]【원주10】 이는 바로 정치권력이 하향 이동하는 강력한 신호였다. 공자는 다음과 같이 말하였다. "천하에 도(道)가 있으면 예악(禮樂)과 정벌에 대한 명령이 천자에게서 나오

---

503 顧棟高, 『春秋大事表』 권36 「魯邾莒交兵表敍」, "嗚呼, 余觀春秋之世, 而知封建之爲禍烈也."

504 顧棟高, 『春秋大事表』 권37 「宋鄭交兵表敍」, "乃吾統觀春秋宋鄭之故, 而知天下不可以一日而無伯也."

505 『史記』 권130 「太史公自序」, "春秋之中, 弑君三十六, 亡國五十二, 諸侯奔走不得保其社稷者不可勝數."

고, 천하에 도가 없으면 예악과 정벌에 대한 명령이 제후에게서 나온다. 명령이 제후에게서 나오면 대체로 10대 안에 망하지 않음이 드물고, 대부에게서 나오면 5대 안에 나라가 망하지 않음이 드물고, 배신(陪臣)이 국권을 잡으면 3대 안에 나라가 망하지 않음이 드물다."506【원주11】 공자가 여기에 제시한 숫자는 개략적이긴 하지만 그의 역사지식에 근거하여 도출한 정권 하향 이동의 정황이기도 하다. 유봉록(柳逢祿)507은 『논어술하(論語述何)』에서 다음과 같이 말하고 있다. "제(齊)나라는 희공(僖公)이 소패(小霸)를 이루고 환공(桓公)이 제후들을 회합한 이후로 효(孝)·소(昭)·의(懿)·혜(惠)·경(頃)·영(靈)·장(莊)·경(景)공 등 모두 10세대를 지나 진씨(陳氏)가 나라를 전횡하였다. 진(晉)나라는 헌공(獻公)이 강역을 연 이래로 혜(惠)·회(懷)·문(文)공을 거쳐 제나라를 대신하여 패자가 되었고, 양(襄)·영(靈)·성(成)·경(景)·여(厲)·도(悼)·평(平)·소(昭)·경(頃)공을 지나 공족(公族)이 다시 강신(强臣)에 의해 제거되었으니 모두 10세대이다. 노나라는 은공(隱公)이 예악(禮樂)을 참람하여 법도를 무너뜨린 이후 소공(昭公)이 출분하기까지 모두 10세대였다. 노나라는 계우(季友)508가 정치를 전횡한 이래로 계

---

506 『論語』「季氏」, "孔子曰, 天下有道, 則禮樂征伐自天子出. 天下無道, 則禮樂征伐自諸侯出. 自諸侯出, 蓋十世, 希不失矣. 自大夫出, 五世希不失矣. 陪臣執國命, 三世希不失矣."

507 유봉록(劉逢祿, 1776-1829): 청 강소 상주(常州) 사람. 자는 신수(申受) 또는 신보(申甫), 호는 사오거사(思誤居士)다. 하휴(何休)의 금문경학을 종주로 삼고 고문경학자를 비판했으며, 『좌전』을 유흠(劉歆)의 위작이라고 하는 등 청대학술을 후한의 고증학 중심에서 전한의 금문경학으로 전환시키는 계기를 마련하였다. 저서에 『춘추공양경하씨석례(春秋公羊經何氏釋例)』, 『공양춘추하씨답난(公羊春秋何氏答難)』, 『논어』를 공양가(公羊家)의 설에 의하여 해석한 『논어술하(論語述何)』, 『신하난정(申何難鄭)』, 『의례결옥(議禮決獄)』, 『좌씨춘추고증(左氏春秋考證)』, 『유례부집(劉禮部集)』 등이 있다.

문자(季文子) · 계무자(季武子) · 계평자(季平子) · 계환자(季桓子)를 거쳐 양호(陽虎)가 정권을 잡았다. 제나라의 진씨(陳氏), 진(晉)나라의 3가(家)도 정치를 전횡하였는데 배신(陪臣)의 화는 없었지만 마지막에 나라를 훔친 자는 모두 이성(異姓) 공후(公侯)의 후손들이었다. 그 본국이 멸망했기 때문에 다른 나라로 옮겨 간 것이다."[509] 그는 또 말하기를 "남괴(南蒯), 공산불요(公山不擾), 양호(陽虎)는 모두 자신의 대에서 망했지만 3인이 연속으로 전횡한 점을 감안하여 3대라 한 것이다"[510]라고 하였다. 풍계화(馮季驊, 1753-1818)의 『춘추삼변설(春秋三變說)』에서는 "노나라는 은공(隱公) · 환공(桓公) 이후로는 정치가 제후의 손에 있었다. 희공(僖公) · 문공(文公) 이후로는 정치가 대부의 손에 있었다. 정공(定公) · 애공(哀公) 이후로는 정치가 배신(陪臣)의 손에 있었다"[511]라고 하였다. 이러한 상황은 통치자들을 위에서부터 아래까지 썩어 들게

---

508 계우(季友, ?-B.C.644): 성계(成季)라고도 쓴다. 춘추 시대 노(魯)나라 사람. 장공(莊公)의 동생. 서형(庶兄)으로 경보(慶父)와 숙아(叔牙)가 있었는데 숙아가 경보를 세우려고 하자 성계가 장공의 명을 받들어 숙아를 짐살(鴆殺)했다. 장공이 죽자 그 아들 공자반(公子般, 公子斑)을 군주로 세웠다. 경보가 공자반을 살해하자 계우는 진(陳)으로 달아났다. 경보가 장공의 아들 계방(啓方)을 세우니, 그가 민공(閔公)이다. 계우가 노나라로 돌아왔다가, 경보가 또 민공을 살해하자 계우는 다시 장공의 소자(少子) 신(申)을 데리고 출분하였다. 얼마 뒤 경보는 거(莒)로 달아났고, 계우가 돌아와 신(申)을 세우니 그가 노나라 희공(僖公)이다. 나중에 상(相)이 되었고, 계손씨(季孫氏)로 불리며 삼환(三桓)의 하나가 되었다.

509 劉逢祿,『論語述何』,"齊自僖公小霸, 桓公合諸侯, 歷孝 · 昭 · 懿 · 惠 · 頃 · 靈 · 莊 · 景凡十世, 而陳氏專國. 晉自獻公啓疆, 歷惠 · 懷 · 文而代齊霸, 襄 · 靈 · 成 · 景 · 厲 · 悼 · 平 · 昭 · 頃, 而公族復爲強臣所滅, 凡十世. 魯自隱公僭禮樂滅極, 至昭公出奔, 凡十世. 魯自季友專政, 歷文 · 武 · 平 · 桓 · 子, 爲陽虎所執. 齊陳氏, 晉三家亦專政, 而無陪臣之禍, 終竊國者, 皆異姓公侯之後; 其本國亡滅, 故移於他國也."

510 劉逢祿,『論語述何』,"南蒯 · 公山不擾 · 陽虎, 皆及身而失, 計其相接, 故曰三世."

511 馮季驊,『春秋三變說』,"隱 · 桓以下, 政在諸侯. 僖 · 文以下, 政在大夫. 定 · 哀以下, 政在陪臣."

만든 봉건적 고정 신분제도의 필연적 결과이지만, 동시에 그것은 유세하는 사람[游士]이 경상(卿相)의 자리에 오를 수 있는 길을 터놓았다. 배신(陪臣)들은 정권을 잡은 후 스스로 세경(世卿)의 반열에 오르고 싶어 했지만 종법상의 근거도 없고 전통적인 정치기반도 없었으므로 대개는 자기 대에서 단절되고 말았다. 그러나 이것은 바로 새로운 것이 낡은 것을 대신하는 관건이었던 점에서 우리가 반드시 공자와 탄식을 함께할 필요는 없다.

정권의 하향 이동 과정에는 제일 먼저 국군(國君)으로부터 세경(世卿)으로의 이동이 있다. 그러나 종법적 봉건에서 유래한 세경 자신도 점차 파멸을 향해 치닫지 않을 수 없었다. 『춘추』에서는 제후가 대부를 죽인 것이 47회로 기록되어 있고, 대부가 타국에 잡혀간 것이 14회, 그 대부를 풀어 준 것이 2회로 기록되어 있다. 경·대부·공자(公子)가 출분(出奔)한 경우는 모두 57회【원주12】로 적고 있다. 경·대부들끼리 서로를 죽인 예는 춘추 중기 이후 헤아릴 수 없을 정도다. 상술한 상황에서는 당연히 계급상의 변동이 발생하기 마련이다. 『국어』「주어(周語)」하에 의하면 주 영왕(靈王) 22년【『좌전』「양공(襄公) 23년」, B.C.557년】에 태자 진(晉)은 이미 이렇게 말하였다. "하늘이 존숭하는 사람의 자손이 혹 영락하여 논밭에서 농사를 짓는 것은 저들이 백성을 어지럽히려고 했기 때문이고, 논밭에서 농사짓던 사람이 혹 사직의 관원이 되어 있는 것은 백성들을 편안하게 하려고 했기 때문입니다."512 이것은 그 당시 이미 상하·귀천의 신분 간에 현저한 자리바꿈이 있었던 정황

---

512 『國語』「周語」下, "天所崇之子孫, 或在畎畝, 由欲亂民也, 畎畝之人或在社稷, 由欲靖民也."

을 보여 준다. 『좌전』「소공(昭公) 3년」에 진(晉)나라 숙향(叔向)[513]은 제나라 안자(晏子)[514]에게 다음과 같이 말하였다. "난(欒)·극(郤)·서(胥)·원(原)·호(狐)·속(續)·경(慶)·백(伯)【두예 주: 8성은 진(晉)의 옛 신하들의 씨족이다】 등의 씨족들은 다 몰락하여 그들의 지위는 떨어져 종복들과 같은 처지에 있고 정권은 군주의 손에서 떨어져 나가 세력 있는 가문의 손에 들어갔습니다."[515] 또 이르기를 "진(晉)나라의 공족들은 다 없어졌습니다. 저 힐(肸)【숙향의 이름】이 듣기로는 장차 공실이 쇠미해지려 할 때는 (나무가 말라 죽을 때 그 지엽부터 먼저 쇠락하듯이) 지

---

513 숙향(叔向, ?-B.C.528?): 춘추 말기 진(晉) 평공(平公) 때의 정치가. 성은 희(姬), 씨는 양설(羊舌), 이름은 힐(肸) 또는 숙힐, 자는 숙향이다. 진나라의 공족(公族)이자 상대부(上大夫)로서 특히 B.C.546년에 진나라를 대표하여 초나라와 강화 회맹을 맺어 잠시나마 진쟁을 종식하고 양국이 소강상태를 유지하게 하기도 하였다. 『좌전』에서는 법가사상의 선구를 이룬 자산(子産)과 대비하여 유가사상의 전통적인 대변자로 평가하고 있다. 정(鄭)나라 자산이 형서(刑書)를 주조하여 법의 공개를 단행하자 덕(德)과 예(禮)에 의한 정치를 방기하는 것이라면서 비난했다. 제 안영, 정 자산, 오(吳)의 계찰(季札)과 함께 당대의 대표적인 현인으로 불렸다.

514 안자(晏子, ?-B.C.500): 춘추 시대 제(齊)나라 사람으로 이름은 영(嬰), 자는 평중(平仲)이다. 영공(靈公), 장공(莊公), 경공(景公) 세 군주를 섬겼고 경공 때 재상을 지냈다. 검소한 생활과 충간(忠諫)으로 명성이 높았다. 최저(崔杼)가 장공을 시해하고 경공을 옹립할 때 자신에 대한 충성의 맹세를 강요하자 안자는 "나 안영은 맹세하노니 오직 임금에게 충성하고 사직을 이롭게 하는 자와 함께하지 아니하면 천벌을 받으리라"라는 말로 응수하였다. 경공의 명령으로 진에 사신으로 가서 숙향과 대화하던 중(본문) 본국에 대해서도 언급하게 되었는데 안자는 제가 진씨(陳氏, 田氏)의 나라가 될 것이라고 단언하였다. 왜냐하면 진씨는 경공 때 내부가 된 전걸(田乞) 이후로 백성들에게 양식을 대여할 때 대두(大斗)로 재어 대여하고 소두(小斗)로 재어 거둬들여 민심을 얻은 반면 경공은 안자의 간언에도 아랑곳하지 않았기 때문이다. 그 뒤에 과연 전걸의 아들 전상(田常)이 간공(簡公)을 살해하고 정권을 장악하였으며, 전상의 증손인 전화(田和) 때에 천자의 승인을 받아 정식으로 제후가 되었는데 이것이 바로 전제(田齊)이다.

515 『左傳』「昭公 3年」, "欒·郤·胥·原·狐·續·慶·伯(杜注: 八姓, 晉舊臣之族), 降在皂隸, 政在家門."

엽인 종족이 먼저 몰락하고 나서 공실도 그 뒤를 따른다고 합니다. 저 힐의 종족은 열하나의 씨족이었습니다만 지금 다만 양설씨(羊舌氏)【숙향의 씨족】만이 남아 있을 뿐입니다"[516]라고 하였다. 종법혈통의 신분으로 이루어진 고정된 통치 집단이 사실상 방종과 포악함으로 동요하여 소멸하게 되는 것은 필연적인 추세였다. 이러한 추세는 춘추 말에 이르러 이미 보편적 현상으로 발전하였다. 따라서 종법을 골간으로 한 봉건 통치는 춘추 말에 이르러 대체로 와해되었다.

나는 「서주 정치사회의 구조 성격 문제」라는 글에서 봉건 정치질서를 유지하는 수단은 주로 형벌[刑]이 아니라 예(禮)라는 것을 지적하였다. 춘추 시대는 그 정치사회의 근간이 여전히 봉건제도에 있었기 때문에 나는 『중국인성론사(中國人性論史)』에서 춘추의 세기를 예(禮)의 세기라고 지적하였다. 그러나 춘추의 세기는 또한 봉건제도가 파괴되기 시작한 시대였고, 춘추 후기까지 파괴가 계속되어 봉건제도는 이미 붕괴된 것이나 다름없었으며, 그래서 통치수단도 자연히 예(禮)로부터 형벌[刑]로 옮겨 가게 되었다. 『좌전』「소공(昭公) 6년」3월에 정나라 사람이 형서(刑書)를 주조했던[517] 사건과 『좌전』「소공 29년」겨울에 진(晉)나라에서 1고(鼓)[518]씩의 철을 거두어 형정(刑鼎)을 주조했던 사건[519]은 시대 전환을 알리는 큰 징표였다. 정나라 자산(子産)[520]이 형서

---

516 『左傳』「昭公 3年」, "叔向曰, 晉之公族盡矣. 肸(叔向之名)聞之, 公室將卑, 其宗族枝葉先落, 則公從之. 肸之宗十一族, 惟羊舌氏(叔向之族)在而已."

517 『左傳』「昭公 6年」, "三月, 鄭人鑄刑書."

518 1고(鼓): 30근(斤)이 1균(鈞), 4균이 1석(石), 4석이 1고(鼓)이므로 1고는 480근이 된다.

519 『左傳』「昭公 29年」, "冬, 晉趙鞅荀寅帥師城汝濱, 遂賦晉國一鼓鐵, 以鑄刑鼎, 著范宣子所爲

주조를 바난하는 진(晉)나라 숙향(叔向)에게 편지를 보내어 "우선 이 법으로 당세(當世)를 구제하려는 것뿐입니다"[521]라고 답변한 것은 바로 이러한 시대 전환을 위한 답변이었다. 이로부터 신불해(申不害),[522] 상앙(商鞅)[523]의 법술(法術)이 왜 그 이후의 시대정신을 대표하게 되었는

刑書焉."

520 자산(子産, B.C.580?-B.C.522): 춘추 말기 정(鄭)나라의 정치가이자 사상가. 자는 자산, 자미(子美), 성은 국(國)씨며, 이름은 교(僑)다. 공손교(公孫僑) 또는 공손성자(公孫成子)로도 불린다. 간공(簡公) 때 경(卿)이 되어 23년간 집정하였다. 정치 경제 개혁을 실시하여 토지제도를 정돈하고 토지와 인구에 따른 부세(賦稅)를 부과하는 등 내정에서 성과를 거두었을 뿐 아니라 지리적으로 북쪽의 진(晉)과 남쪽의 초(楚) 등 대국 사이에 위치하여 어려움을 겪던 정나라의 외교를 성공적으로 이끌었다. 또 중국 최초의 성문법을 공포하여 인습적인 귀족정치를 배격하였다. 시호는 성자(成子)다.

521 『左傳』「昭公 6年」, "(子産)復書曰, 若吾子之言, 僑不才, 不能及子孫, 吾以救世也."

522 신불해(申不害, ?-B.C.337?): 전국 시대 정(鄭)나라 경현(京縣, 하남성 滎陽縣) 사람으로 말단 관리로 있다가 학술로 한(韓) 소후(昭侯)에게 발탁되어 15년간 재상을 지냈다. 내치와 외교 모두 성공적으로 이끌어 그가 죽을 때까지 나라는 잘 다스려지고 군대는 강해져 한을 침략하는 자가 없었다. 신불해의 학문은 "황노에 근본을 두고 형명(刑名)을 주로 하였으며[本於黃老, 而主刑名]"(『사기』), 법가사상 중 특히 신하를 통제하는 '술(術)'을 강조하였다. 저서에 『신자(申子)』 2편(『사기』) 혹은 6편(『한서』)이 기록되어 있지만 송나라 때 모두 산일되고 현재는 『군서치요(群書治要)』와 『태평어람(太平御覽)』 등에 있는 일문을 모은 『대체(大體)』 1편이 남아 있다.

523 상앙(商鞅, B.C.395?-B.C.338): 위앙(衛鞅) 또는 공손앙(公孫鞅)이라고도 한다. 성은 희(姬), 씨는 공손(公孫)이며 이름은 앙(鞅)이다. 위(衛)나라 공족(公族)의 서출 출신으로 일찍부터 형명학(刑名學)에 관심을 갖고 연구하였다. 위(魏)나라를 거쳐 진(秦)나라로 가서 효공(孝公)에게 기용된 상앙은 B.C.359년 변법(變法)의 책임자로 발탁되어 두 차례에 걸쳐 부국강병을 위한 대개혁을 단행함으로써 후일 진(秦)제국 성립의 기반을 구축하였다. 부강해진 진나라는 이웃한 위(魏)나라를 공격하여 대승을 거두었으며 그 공적으로 열후(列侯)에 봉해지고 상(商, 섬서성 商縣)을 봉토로 받아 상앙이라 불렸다. 20년간 진나라의 재상으로 있으면서 엄격한 법치주의로 나라를 강국으로 성장시켰으나 한편으로는 그로 인해 많은 사람들의 원한을 샀다. B.C.338년 효공이 죽고 아들 혜문왕(惠文王)이 즉위하자 상앙은 반대파들에 의해 반역죄로 몰려 거열형(車裂刑)에 처해졌다. 저서로는 『상군서(商君書)』를 남겼는데 각 편마다 성립연대가 달라 전국 말기 법가들의 가탁으로 만들어진 책이라는 설도 있다.

지 알 수 있다.

끝으로, 봉건제도의 붕괴 과정에서, 봉건된 봉국과 채읍(采邑)이 병탄으로 인해 현(縣)과 군(郡)으로 바뀐 것도[원주13] 봉건적 분권통치 형식으로부터 국군(國君)의 집권통치 형식으로의 방향 선회를 보여 주고 있으며 이는 진(秦)이 봉건 대신 군현으로 나아가는 길을 열어 주었다. 『광운(廣韻)』[524]에서는 다음과 같이 말한다. "초나라 장왕(莊王)이 진(陳)나라를 멸하고 현(縣)을 만들었는데 현이란 이름은 여기서 비롯되었다."[525] 살펴보건대 초나라가 진(陳)을 멸한 것은 애공(哀公) 16년(B.C.479)이다. 그런데 『좌전』 「희공(僖公) 33년」(B.C.627)에는 진(晉)나라 양공(襄公)이 "재명(再命)[526]으로 구계(臼季)[527]를 (경으로 임명하고) 전에 모융(茅戎)이 살던 현(縣)으로써 서신(胥臣, 구계)을 포상하여 말하기를"[528]이라 되어 있다. 또 『좌전』 「소공(昭公) 3년」(B.C.539)에는 다음

---

524 『광운(廣韻)』: 5권. 북송 대중상부(大中祥符) 원년(1008)에 진팽년(陳彭年)·구옹(邱雍) 등이 칙명에 의해 찬정한 운서(韻書)로서 정식 이름은 『대송중수광운(大宋重修廣韻)』이다. 이전 수(隋)나라 육법언(陸法言)이 지은 『절운(切韻)』(601)과 함께 중고음(中古音) 연구의 기본 자료가 되어 왔다.

525 『廣韻』, "楚莊王滅陳爲縣, 縣名自此始."

526 재명(再命): 『주례(周禮)』 「춘관(春官)」 '대종백(大宗伯)'에 따르면 명(命)은 품계를 가리키는 말로 대종백이 구의(九儀)의 명으로 나라의 품계를 바로잡는다고 한다. "일명(一命)은 직책을 받고, 재명(再命)은 의복을 받고, 삼명(三命)은 작위를 받고, 사명(四命)은 제기를 받고, 오명(五命)은 법칙을 하사하고, 육명(六命)은 관(官)을 하사하고, 칠명(七命)은 국(國)을 하사하고, 팔명(八命)은 목(牧)으로 삼고, 구명(九命)은 백(伯)으로 삼는다[一命受職, 再命受服, 三命受位, 四命受器, 五命賜則, 六命賜官, 七命賜國, 八命作牧, 九命作伯]." 그 밖에 명(命)은 관직자의 작복(爵服)을 더하는 명칭으로, 초명(初命)은 사(士)가 되고, 재명(再命)은 대부(大夫)가 되고, 삼명(三命)은 경(卿)이 된다고 하는 설도 있다.

527 구계(臼季, 미상): 춘추 시대 진(晉)나라 사람으로 성은 서(胥), 씨는 구(臼), 이름은 신(臣)이다. 식읍(食邑)이 구(臼)이고, 자가 계(季)여서 구계로 불린다. 사공계자(司空季子)로도 불린다.

과 같이 되어 있다. "처음에 주현[州縣, 주는(州) 땅이름]은 난표(欒豹)의 채읍이었다. 난씨가 망하게 되자 범선자(范宣子),[529] 조문자(趙文子),[530] 한선자(韓宣子)[531]가 모두 그 땅에 욕심을 냈다. 이에 조문자가 말하기를 '온(溫)은 나의 고을이요【두예 주: 주(州) 땅은 본래 온(溫)에 속했고, 온은 조씨의 읍이다】'라고 하니 범선자와 한선자가 말하기를 '극칭(郤稱)[532]이 주(州) 땅을 채읍으로 받아 온(溫)에서 따로 분리된 이후로 주 땅은 세 가문의 손을 거쳤소. 우리 진(晉)나라에서 현(縣)이 따로 나누어진 것이 단지 주(州) 땅만이 아닌데 누가 이것을 일일이 밝혀내서 취한단 말입니까?'라 하였다."[533] 이 두 건의 기사는 춘추 시대에 진(晉)

---

528 『左傳』「僖公 33年」, "以再命命先茅之縣賞胥臣."

529 범선자(范宣子, ?-B.C.548): 성은 기(祁), 씨는 사(士), 봉지(封地)를 따서 범씨(范氏)라고도 한다. 이름은 개(匃), 사개(士匃) 또는 사개(士丐)로도 쓰며, 시호는 선(宣)이다. 범선자로 칭한다. 범문자(范文子) 사섭(士燮)의 아들로 춘추 시대 진(晉)나라의 국경(國卿)을 지냈으며 진나라 법가의 선구자로 형서(刑書)를 제정하고 형정(刑鼎)을 주조해 공포하였다.

530 조문자(趙文子, B.C.591-B.C.541): 조무(趙武), 조문자(趙文子) 또는 조맹(趙孟)으로도 불린다. 진(晉)의 집정대신 조돈(趙盾)의 손자이자 조삭(趙朔)의 아들이다. 경공(景公) 때 도안고(屠岸賈)가 조씨 집안을 주멸할 때 유복자로 태어나 나중에 조씨의 후사로 세워졌다. 평공 12년(B.C.546) 정경(正卿)이 되었다. 평공 13년에 오나라의 연릉계자(延陵季子)가 진에 사신으로 와서 "진나라의 정치가 끝내는 조무자(趙武子), 한선자(韓宣子), 위헌자(魏獻子)의 후손에게 돌아가겠구나!"라 하였는데, 바로 조문자의 아들 경숙(景叔) 때에 제 안영(晏嬰)이 진에 사신으로 와서 숙향에게 "제나라는 전씨(田氏)의 나라가 될 것이오"라고 하자 숙향 또한 "진나라의 정권은 육경(六卿)에게로 돌아갈 것이오. 육경이 땅을 빼앗고 권세를 부리는데도 우리 국군은 걱정도 하지 않습니다"라고 말한 적이 있다.

531 한선자(韓宣子, ?-B.C.514): 성은 희(姬), 씨는 한(韓), 이름은 기(起), 시호는 선(宣)이다. 한헌자(韓獻子) 한궐(韓厥)의 아들로 아버지를 이어 경(卿)이 되어 도공(悼公)을 보좌했다.

532 극칭(郤稱, 미상): 춘추 시대 진(晉)나라 대부. 씨는 극(郤), 극표(郤豹)의 장자이며, 극백(郤伯)으로도 칭한다.

533 『左傳』「昭公 3年」, "初, 州縣, 欒豹之邑也. 及欒氏亡, 范宣子・趙文子・韓宣子皆欲之. 文子曰, '溫, 吾縣也.'(杜注: 州本屬溫. 溫, 趙氏邑.) 二宣子曰, '… 晉之別縣, 不唯州, 誰獲治之.'"

이 이미 초나라에 앞서 현(縣)을 두었음을 말해 준다. 후세 사람들은 대부분 『주례』에 근거하여 현(縣)을 주(周)나라 제도로 보고 있다. 과연 그렇다면 주나라의 현은 춘추 시대에 출현한 현과는 내용 면에서 차이가 있을 것이다. 청대 학자 석세창(席世昌)의 『독설문기(讀說文記)』에는 다음과 같이 되어 있다. "현사(縣師)는 공읍(公邑)의 땅을 전담 관리하였다. … 그것은 본래 6수(遂) 가운데 소도(小都)와 대도(大都)를 제외한 나머지 땅이다. 소도와 대도는 대부에게 속한 채지(采地)를 구성하고, 공읍(公邑)은 멀리 왕실 관리의 관할 아래 있었다. 그러므로 이것을 현(縣)으로 부르는 것은 마치 물건을 매달아 놓듯이 묶어서 속하게 한다는[繫屬] 의미가 있다."[534] 이와 달리 춘추 시대의 현은 약한 나라가 강한 나라에게 멸망되면서 출현한 것이다.【원주14】 고동고(顧棟高)의 『춘추대사표(春秋大事表)』5 「열국작성급존멸표서(列國爵姓及存滅表敍)」에서는 다음과 같이 말한다. "봉건된 땅을 쪼개어 군현으로 삼는 것은 아마도 진(秦)에서 시작된 일은 아닌 듯하다. 노 장공(莊公) 때부터[535] 초나라 문왕(文王)은 이미 신(申)·식(息)의 현을 두었는데 영토가 여수(汝水)에까지 다다랐다.[536] 그 뒤에 진(晉)나라에서는 40개의 현을 두었다. 노 애공(哀公) 2년(B.C. 493) 조앙(趙鞅)[537]은 갑옷을 입은 군

---

534 席世昌, 『讀說文記』, "縣師專主公邑之地 … 本六遂中小都大都之餘. 小都大都, 屬大夫爲采地; 而公邑則遙屬王官. 故謂之縣者, 如縣物然, 有繫屬之義焉."

535 노나라 장공(莊公) 4년(B.C.690)에 초나라 무왕(武王)이 죽고 아들 문왕(文王)이 즉위, 장공 19년에 문왕이 죽었으므로, 초나라 문왕이 신(申)과 식(息)을 멸하고 현(縣)을 둔 일은 노나라 장공의 재위기간 중에 일어났다.

536 『左傳』 「哀公 17年」에 다음과 같이 되어 있다. "(楚)文王以爲令尹, 實縣申息(杜注: 楚文王滅申息以爲縣), 朝陳蔡, 封畛於汝(杜注: 開封畛, 北至汝水)."

사들에게 서약하여 말하기를 '이번 싸움에서 적을 이긴 사람은 상대부(上大夫)는 현(縣)을 상으로 받고 하대부(下大夫)는 군(郡)을 상으로 받을 것이다'[538]라고 하였다. 춘추 시대가 끝날 무렵 나라가 멸망하여 현읍(縣邑)이 된 것이 천하의 반을 넘었다."[539] 현군(縣郡)과 제후국·채읍의 차이는, 제후국은 본디 천자로부터 권력을 나누어 받아 나라를 통치하고 지위를 세습하였고 채읍의 경대부도 권력을 나누어 받아 통치하며 지위를 세습하였다. 그에 대해 현(縣)의 경우는, 전기에는 사여되었으나 나중에 국군(國君)에게 직속하게 되는데, 국군은 이를 직접 그리고 자유롭게 처분할 수 있었다. 그렇게 하여 봉건귀족의 토지에 대한 정착성, 세습성이 점차적으로 전복되었다. 이것은 봉건제도에서 토지제도의 붕괴를 설명하는 데 중요한 의의를 지닌다.

---

537 조앙(趙鞅, ?-B.C.475): 진(晉) 조무(趙武)의 손자. 지보(志父), 조맹(趙孟) 또는 시호인 조간자(趙簡子)로도 불린다. 진의 6 세경(世卿)의 하나인 조씨(趙氏) 중 진양(晉陽) 조씨의 종주이다. 조간자는 대부로서 진나라 정권을 장악한 뒤 B.C.490년 진양 조씨의 경쟁세력인 한단(邯鄲) 조씨를 멸하고 그 근거지인 한단·조가(朝歌) 등을 진양에 합병함으로써 조씨 일족을 통일하고 세력을 공고히 하였다. 또한 6경 중 범씨(范氏), 중항씨(中行氏)를 멸시킴으로써 기존의 6경 경쟁 체제가 4경 체제로 전환하게 되었다. 이러한 조앙의 활약을 토대로 그 아들 조무휼(趙無恤)[일명 조맹(趙孟), 조양자(趙襄子)] 시기에 진양 조씨는 한씨, 위씨와 함께 진나라를 삼분하여 B.C.453년에 스스로 제후 지위에 올랐다. 조앙은 집정하면서 특히 개혁에 주력하여 후세 위(魏) 문후(文侯) 때의 이회(李悝)의 변법, 진(秦) 효공(孝公) 때의 상앙(商鞅)의 변법, 조 무령왕(武靈王, ?-B.C.295)의 개혁의 선구를 이루었다.

538 『左傳』「哀公 2年」에 보인다. "簡子誓曰, 克敵者上大夫受縣, 下大夫受郡(杜注: 周書作雒篇, 千里百縣, 縣有四郡)."

539 顧棟高, 『春秋大事表』권5「列國爵姓及存滅表」, "封建之裂爲郡縣, 蓋不自秦始也. 自莊公之世, 而楚文王已縣申·息, 封畛於汝. 逮後而晉有四十縣. 哀公二年, 趙鞅爲銕之師, 誓曰, 克敵者上大夫受縣, 下大夫受郡. 終春秋之世, 而國之滅爲縣邑者强半天下."

2. 부세(賦稅) 중압에 의한 봉건사회의 해체

봉건 정치구조가 와해되면서 봉건적인 사회구조도 자연히 와해의 길로 접어들었다. 와해를 촉성한 기본적인 원인은 무엇보다도 통치귀족들의 끊임없는 부세 가중의 중압이 철법(徹法)하의 정전제도를 무너뜨렸고 봉건 제후들도 처음 봉건될 때 수여받은 토지와 인민을 억압했기 때문이다. 이것이야말로 봉건 정권이 붕괴한 보다 기본적인 원인이다. 이 방면의 자료에 관해서는 현재 『춘추』의 노나라 관련 기록에 의거하여 242년의 개략적인 경향을 간략히 살펴볼 수 있을 뿐이다. 공자는 이러한 사실들을 중요시했기 때문에 그 사실들이 노나라에 출현한 경우 이를 기록해 둘 수 있었으나, 다른 나라에서 출현한 경우 이를 알려 주는 자료가 없는 한 그도 기록해 둘 방법이 없었다.

노나라가 1차로 철법(徹法, 즉 助法)을 파괴한 것은 선공(宣公) 15(B.C. 594)년에 "처음으로 경지에 세금을 매기면서[初稅畝]"부터였다. 이에 대한 좌씨의 해석은 "이것은 예(禮)가 아니다. 세곡(稅穀)은 적전(藉田)을 경작하여 수확한 곡식을 내는 데 불과했다"[540]라고 하였다. 적(藉)은 백성의 힘을 '빌려서[借]' 경작하는 공전(公田)이다. 이로부터 여기서의 "무(畝)"가 사전(私田)을 가리키는 말임을 알 수 있다. 좌씨의 의도는 주

---

540 『左傳』「宣公 15年」, "初稅畝, 非禮也. 穀出不過藉, 以豐財也."

나라의 토지제도에는 공전과 사전의 구분이 있으며, 세수(稅收)는 다만 백성들이 공가(公家)를 위해 경작하는 공전의 산물을 취할 뿐 사전에 대해서는 세금을 내지 않았음을 말하려는 것이었다. "초세무(初稅畝)"는 공전의 산물을 수취하는 외에도 사전의 무(畝, 전답의 면적단위)를 조사하여 세금을 거두기 시작했다는 뜻이다. 그래서 두예 주에서는 이를 가리켜 "2/10세를 거두었다[什而取二]"라 하였는데, 이것은 『논어』에서 애공(哀公)이 유약(有若)[541]에게 "둘을 거두어도 오히려 부족한데 (어찌 철법을 쓰겠는가?)"[542]라고 한 말과 서로 부합하며, 또한 『맹자』의 "농사짓는 자에게는 조(助, 공전을 공동경작하여 수확물을 바침)를 부과할 뿐 사전(私田)에 대해서는 세금을 징수하지 않는다면 천하의 농민들이 다 기뻐하여 그 나라의 들에 농사짓기를 원할 것이다"[543][원주15]라는 말과도 서로 부합하므로, 두예의 말은 정당한 해석이라 보아야 한다. 하지만 『공양전』, 『곡량전』 두 전(傳)에서는 이것을 모두 "세금은 1/10세를 거두었으나 옛 조법(助法)은 폐지되었다"라고 보았는데 정확

---

541 유약(有若, B.C.518-?): 춘추 말기 노(魯)나라 사람. 자는 자유(子有). 유자(有子)로 불렸다. 공자보다 43살 어리고(『공자가어』에는 33살 연하) 공문십철(孔門十哲)은 아니지만 증자, 민자건 등과 함께 자(字)가 아닌 자(子)로 불릴 정도로 공문(孔門)에서의 위상이 높다. 성품이 강직하고 박학다식했으며, 옛사람들의 학문을 공부하는 것을 좋아하였다. 공자를 빼닮아 공자 사후 자하, 자장, 자유 등이 공자 대신 유약을 스승처럼 모시려 했으나 증자가 이를 반대하였다(『맹자』). 또 다른 제자가 생전의 공자 언행에 대해 질문했으나 유약이 대답을 하지 못하자 "비키시오. 그 자리는 당신 자리가 아니오"라고 말했다는 일화가 전한다(『사기』 「중니제자열전」). 송나라 진종(眞宗) 대중상부(大中祥符) 2년(1009) 평음후(平陰侯)에 추봉되었다.

542 『論語』 「顔淵」, "哀公問於有若曰: '年饑用不足, 如之何?' 有若對曰: '盍徹乎?' 曰: '二, 吾猶不足, 如之何其徹也?'"

543 『孟子』 「公孫丑」 上, "耕者助而不稅, 則天下之農皆悅, 而願耕於其野矣."

제2장 봉건 정치사회의 붕괴와 전형적 전제정치의 성립

한 해석이 아니다.

선공(宣公) 15년에서 성공(成公) 원년까지는 겨우 3년이다. 『춘추』 경문에는 "(성공 원년) 3월에 구갑법을 만들었다[三月, 作丘甲]"라 기록하고 있다. 이에 대한 두예의 해석은 "1구(丘)는 16정(井)이며 융마 1필, 우(牛) 3두를 낸다. 4구(丘)가 1전(甸)이 되니 1전은 64정(井)이며 큰 수레바퀴[長轂] 1승, 융마 4필, 우 12두, 갑사 3인, 보졸 72인을 낸다. 이 것은 1전(甸)에 부과하는 부세인데, 지금 노나라에서는 1구(丘)로 하여금 이를 내도록 했기 때문에 (부담이 4배로 늘어) 무거운 세금의 부과를 비난하는 뜻에서 이를 기록한 것이다"[544]라고 하였다. 살펴보건대 두예의 주에서는 『사마법(司馬法)』[545]으로 주대의 병제를 해석하고 있는데,[546] 후대의 많은 사람들이 『사마법』은 전국 시대 작품이며 그곳에서 말하는 병제는 대부분 증보와 상상에서 비롯된 것으로 춘추 시대에 볼 수 있는 군사 활동 정황과는 서로 부합하지 않는다고 의심한다.

---

544 『左傳』「成公 元年」杜注, "周禮九夫爲井, 四井爲邑, 四邑爲丘, 丘十六井, 出戎馬一匹, 牛三頭. 四丘爲甸, 甸六十四井, 出長轂一乘, 戎馬四匹, 牛十二頭, 甲士三人, 步卒七十二人, 此甸所賦, 今魯使丘出之, 譏重斂, 故書."

545 『사마법(司馬法)』: 무경칠서(武經七書)의 하나. 중국의 대표적인 일곱 가지 병서를 무학칠서 (武學七書) 또는 무경칠서라 하며 주나라 손무(孫武)의 『손자(孫子)』, 전국 시대 위나라 오기 (吳起)의 『오자(吳子)』, 제나라 사마양저(司馬穰苴)의 『사마법(司馬法)』, 주나라 위료(尉繚) 의 『위료자(尉繚子)』, 주나라 여공망(呂公望)의 『육도(六韜)』, 한나라 황석공(黃石公)의 『삼 략(三略)』, 당나라 이정(李靖)의 『이위공문대(李衛公問對)』 등이다. 이들 병서는 송나라 원풍 (元豊, 1079-1085) 연간에 무학(武學)으로 지정하여 '칠서'라고 칭하게 되었다.

546 이는 공영달이 지적한 바로 『정의』 원문은 다음과 같다. 『左傳』「成公 元年」, "司馬法: '六尺爲步, 步百爲畝, 畝百爲夫, 夫三爲屋, 屋三爲井, 四井爲邑, 四邑爲丘. 丘有戎馬一匹, 牛三頭, 是曰匹馬丘牛. 四丘爲甸, 甸六十四井, 出長轂一乘, 馬四匹, 牛十二頭, 甲士三人, 步卒七十二人. 戈楯具謂之乘馬.' 然則杜之此注多是司馬法文. 而獨以周禮冠之者, 以司馬法祖述周禮, 其所陳者即是周法. 言此是周之禮法耳, 不言周禮有此文也."

둘째, 1구(丘)로 하여금 1전(甸)의 부세를 내도록 했다면 이는 일거에 4배의 중세를 했다는 말인데 이 또한 사리에 맞지 않는다. 그래서 호안국(胡安國)[547]은 "지금 '구갑법을 만들었다[作丘甲]'는 것은 1구(丘)에서 1갑(甲)을 낸다는 말이며 그 부담 수량은 모두 1/3이 증가된 양이다"[548]라고 하였다.【원주16】 이렴(李廉)은 이 설에 의거하여 설명하기를 "'구갑법을 만들었다'는 것은 매 구(丘)마다 1인의 갑사(甲士)를 낸다는 뜻으로 전(甸)에서는 갑사 4인을 낸다. 과거에는 3인이었는데 지금 1인을 더 늘린 것이다"라고 하였다.【원주17】 이 해석은 비교적 합리적이다. 그러나 이로부터 병역이 1/3이 증가되었다면 이 또한 인민의 부담을 크게 가중시킨 것이다.

성공(成公) 원년에서 양공(襄公) 11년까지는 모두 38년이다. 『춘추』 경문에는 "양공 11년 봄, 주왕(周王) 정월에 노나라가 군대를 3군으로 편성하였다"[549]라고 적고 있다. 『좌전』에서는 다음과 같이 말한다. "정월에 3군을 만들어 공실의 군대를 삼분하여 각각 1군씩을 소유하

---

547 호안국(胡安國, 1074-1138): 송 건녕(建寧) 숭안(崇安) 사람. 자는 강후(康侯), 시호는 문정(文定)이며, 호연(胡淵)의 아들이다. 철종 소성(紹聖) 4년(1097) 진사가 되어 태학박사(太學博士)와 제거호남(提擧湖南) 등을 역임했다. 고종이 즉위하자 급사중(給事中)과 중서사인(中書舍人)을 지냈으며 「시정론(時政論)」 21편을 올려 항금(抗金)과 중원회복을 주장하기도 하였다. 20년간 『춘추』를 연구하여 『춘추호씨전(春秋胡氏傳)』 30권을 저술했다. 그 밖에 『자치통감거요보유(資治通鑑擧要補遺)』 100권과 『문집』 15권이 있다.

548 胡安國, 『春秋胡氏傳』 권19, "今作丘甲者, 卽丘出一甲 … 其數皆增三之一耳." 호안국은 또 이렇게도 말하고 있다. "(노나라가) 구갑법을 만든 것은 군사를 늘리기 위한 것이다. (노나라가) 제나라에 의해 어려움을 당하자 구갑법을 만들어 군사를 늘려 적에 대비함으로써 백성을 거듭 곤경에 빠지게 하였으니, 이는 결코 나라를 위한 방안이 아니다[作丘甲, 益兵也. 爲齊難作丘甲, 益兵備敵, 重困農民, 非爲國之道]."(같은 곳)

549 『左傳』 「襄公 11年」 經文, "十有一年, 春, 王正月, 作三軍."

였고【맹손·숙손·계손 3가에서 각각 1군씩을 소유하였다】, 3가는 각자가 원래 소유하고 있던 군대를 폐지하였다【3가는 그들이 원래 소유하였던 사읍(私邑)의 사병을 폐지하였다. 이미 각자 1군씩을 독점 소유했기 때문이다】. 계씨(季氏)는 자기 몫으로 돌아온 병사들에게【군적(軍籍)에 속해 있는 자들을 말한다】읍역(邑役)을 자기에게 바치는 자는【계씨 또는 사읍(私邑)의 가신이 된다는 뜻이다】공실에 바치는 부세를 면제하고【평일에 역역(力役)을 징발하지 않는다는 말이다】, 자기에게 바치지 않는 자는 부세를 두 배로 내도록 하였다. 맹씨(孟氏)는 그 반을 가신으로 삼았는데 혹은 자(子)에서 취하고 혹은 제(弟)에서 취하였다【자제의 반을 자기의 가신으로 삼았다】. 숙손씨는 자제를 모두 가신으로 삼았는데, 그렇지 않았다면 이전 제도를 버리지 않았을 것이다【두예 주: 자제들의 부세를 전부 취하고 부형(父兄)의 부세는 공가(公家)로 돌린 것이다】."[550] 공영달의 『정의』에서는 "3가는 자신들이 얻은 것을 각각 부·형·자·제 넷으로 나누어 그 중에서 3가가 전체의 일곱을 갖고 공가는 전체의 다섯을 가졌다"[551]라고 하였다. 이렇게 해서 노나라 군주는 이미 그 인민의 7/10을 잃게 되었다.

양공(襄公) 11년에서 소공(昭公) 5년까지는 모두 25년이다. 『춘추』

---

550 『左傳』「襄公 11年」, "正月, 作三軍, 三分公室, 而各有其一(孟孫·叔孫·季孫三家各有其一). 三子各毁其乘(三子毁其原有私邑之私乘; 因已各專一軍之故). 季氏使其乘之人(謂隸於軍籍者)以其役邑入者(謂臣於季氏若私邑), 無征(無平日力役之征). 不入者倍征. 孟氏使半爲臣, 若子若弟(使子弟之半於己). 叔孫使盡爲臣, 不然不舍(杜注: 盡取子弟, 父兄歸公也)."

551 저본에는 『정의』의 인용문이 "三家所得, 各以父兄子弟, 分爲四; 三家得七, 公得五"라 되어 있는데 전체 문장은 다음과 같다. "正義曰: 如上所分, 三家所得, 又各分爲四. 季氏盡取四分, 叔孫取二分, 而二分歸公. 孟氏取一分, 而三分歸公. 分國民以爲十二, 三家得七, 公得五也."

경문에는 "5년 봄, 주왕(周王) 정월에 중군(中軍)을 폐지하였다"[552]라고 기록되어 있다. 『좌전』에서는 "(봉건) 처음에 중군(中軍)을 편성하였다. 공실의 군대를 셋으로 나누어 각각 하나씩을 소유하였다. 계씨(季氏)는 자기 몫으로 돌아온 병사들 모두 자신에게 부세를 내도록 했고, 숙손씨는 그 자제들을 가신으로 삼았으며, 맹씨(孟氏)는 그 반을 취하였다"[553]라고 되어 있다. 이로써 토지와 인민을 수여받아 노나라 제후로 봉해진 대종(大宗)은 이미 유명무실한 존재가 되었다.

소공(昭公) 5년부터 애공(哀公)[554] 12년까지는 모두 54년이다. 『춘추』 경문에는 "12년 봄에 경지 면적에 따라 부세를 매기는 제도를 시행하였다"[555]라 기록하고 있다. 그 전년인 애공 11년 『좌전』에는 다음과 같이 되어 있다. "계손(季孫)이 경지의 다과에 따라 부세를 징수하고자 하여 염유(冉有)[556]로 하여금 공자에게 의견을 물어보도록 하였는데, 공자는 '나는 모르겠다'고 하였다. … (나중에 공자는) 염유에게 사사로이 말하기를 '군자가 정사를 행할 때는 예(禮)를 헤아려 베푸는 것은

---

552 『左傳』「昭公 5年」經文, "五年, 春, 王正月, 舍中軍."

553 『左傳』「昭公 5年」經文, "五年, 春, 王正月, 舍中軍." 傳文, "初作中軍也. 三分公室而各有其
一. 季氏盡征之. 叔孫氏臣其子弟. 孟氏取其半焉. 及其舍之也, 四分公室, 季氏擇其二, 二子各
一, 而貢於公."

554 노나라 소공의 재위는 B.C.541-B.C.510년, 정공(定公)의 재위는 B.C.509 B.C.495년, 애공의
재위는 B.C.494-B.C.468년이다.

555 『春秋』「哀公 12年」, "十有二年, 春, 用田賦."

556 염유(冉有, B.C.522-?): 염구(冉求). 춘추 말 노(魯)나라 사람으로 자는 자유(子有) 또는 염유
며, 염옹(冉雍)·염경(冉耕)과 친족이다. 공자의 제자로 정사에 밝아 계손씨(季孫氏)의 가신
(家臣)이 되었다. 계씨를 위해 재물을 모으고 세금을 거두었는데, 공자는 제자들에게 그를 성
토하게 했다. 송나라 진종(眞宗) 대중상부(大中祥符) 2년(1009) 팽성공(彭城公)으로 추봉되
었다.

후한 쪽을 취하고 일처리는 법도에 맞게 하고 부세를 거두는 것은 박한 쪽을 따라야 한다. 이와 같이 하면 구(丘, 16井)의 부세만으로도 충분하다.[557] 만약 예를 헤아리지 않고 탐욕을 부려 만족할 줄 모른다면 비록 경지에 따라 부세를 징수하더라도 역시 부족할 것이다'라고 하였다."[558] 호안국(胡安國)의 『춘추호씨전(春秋胡氏傳)』권30에서는 다음과 같이 말한다. "노나라는 선공(宣公) 때 '처음으로 경지[畝]에 세금을 부과하였고[初稅畝]' 이것은 그 후 마침내 상법(常法)이 되었다. … 이에 이르러 2/10세로도 오히려 부족하여 또 전토에 부세를 부과한 것이다. 무릇 선왕께서 토지의 법을 제정하실 때, 공전은 백성들이 노동력을 내어 경작하되[藉田以力] 지역의 멀고 가까움을 고르게 하였고, 이(里)에는 수입에 따라 부(賦)를 부과하되【호씨전 원주: 이(里)는 점포[廛]이며 상고(商賈)가 거주하는 구역을 말한다】그 재산의 유무를 헤아렸다【생각건대 호씨의 설은 변통이 필요하다. 사실은 "국인(國人)"이 부(賦)를 부담하고, "야인(野人)"은 세(稅)를 부담하였다】. … 전토의 세(稅)는 주로 곡식을 내게 하여 식량을 충족하고, 부(賦)는 주로 군사용 물자를 내게 하여 병기를 충족시켰다. … 지금 2/10세로도 오히려 부족하여 전토에 부(賦)를 부과한다면[用田賦] 이는 농민의 부담을 가중시켜 그 근본을 베어내는 것과 같다."[559] 살펴보건대 호씨의 의도는, 국인은 원래 병부(兵

557 두예 주에 "丘, 十六井, 出戎馬一匹, 牛三頭, 是賦之常法"이라 되어 있다.

558 『左傳』「哀公 11年」, "季孫欲以田爲賦, 使冉有訪諸仲尼. 仲尼曰, '丘不識也.' … 而私於冉有曰, '君子之行也, 度於禮. 施取其厚, 事擧其中, 斂從其薄. 如是, 則以丘亦足矣. 若不度於禮, 而貪冒無厭, 則雖以田賦, 將又不足.'"

559 胡安國, 『春秋胡氏傳』, "魯自宣公初稅畝, 後世遂以爲常. … 至是二猶不足, 故又以田賦也. 夫先王制土, 藉田以力, 而砥其遠邇. 賦里(原注: 里廛也, 謂商賈所居之區域)以入, 而量其有無

賦)만을 부담하고 야인은 단지 공전을 경작하여 세를 바치는 부담만 지고 있었으므로 "전토에 부(賦)를 부과한다[用田賦]"는 것은 야인(野人)【읍과 교외의 농민】에게도 병부(兵賦)를 부담시키겠다는 말임을 보이고자 하였다. 이러한 해석은 『국어』「노어(魯語)」에 기재된 이 사건에 대한 공자의 말과도 서로 부합한다.[560] 이 사건은 두 가지 의의를 갖는다. 하나는 농민의 고통을 가중시킨 점이다. 다른 하나는 병역(兵役)의 보급, 병력 공급원의 확대이다. 이것이 전국 시대의 전쟁 규모가 춘추 시대보다 훨씬 컸던 주요 원인의 하나이다.

이상의 변화를 총결하면 다음과 같다. (1) 부단히 세수(稅收)를 가중시켰다. 이로부터 제나라 안영(晏嬰)이 "(제나라 군주는) 백성들의 노력으로 얻은 재물을 3등분하여 그 둘을 공가(公家)에 납입하게 하고 나머지 하나로 의식을 해결하게 한다"[561]【아래 참조】라고 말한 이유를 유추할 수 있다. (2) 부역(賦役)을 확대하였다. ─즉 병역을 확대하였다. 본래 국인(國人)을 위주로 했던 병역이 일반 농민에게까지 확대되었다. (3) 경대부와 국군이 토지와 인민을 놓고 경쟁하였다. 토지와 인민의 대부분이 국군의 손을 떠나 경대부의 손에 들어감으로써 노나라 군주

_____

(按胡之說, 應稍加變通. 實則'國人'任賦, '野人'任稅). … 田以出粟爲主而足食; 賦以出軍爲主而足兵. … 今二猶不足, 而用田賦, 是重困農民而削其本."

560 『國語』「魯語」下, "季康子欲以田賦, 使冉有訪諸仲尼, 仲尼不對, 私於冉有曰, '求來, 汝不聞乎? 先王制土, 藉田以力, 而砥平其遠邇, 賦里[按『周禮』, '遂人', "五家爲鄰, 五鄰爲里'; 『論語』, "與鄰里鄕黨")以入, 而量其有無. 任力以夫, 而議其老幼, 於是乎有鰥寡孤疾. 有軍旅之出則徵之, 無則已(平時僅收藉田之所人而不另有所徵). 其歲(韋注: 有軍旅之歲)收, 田一井, 出稷禾秉蒭缶米, 不是過也.'"

561 『左傳』「昭公 3年」, "民參其力, 二入於公, 而衣食其一."

는 선왕의 창고[府藏]를 지키는 처지로 전락하고, 진씨(陳氏)가 제나라 정권을 대신하고, 3가(家)가 진(晉)나라를 삼분하는 새로운 국면이 열리게 되었다. 다만 『맹자』의 "그러므로 명철한 군주는 백성들의 생업을 마련하되[制民之産] …" 라거나 "지금은 백성의 생업을 마련하더라도"562【원주18】라는 말로부터 볼 때 전국 중반까지만 해도 토지는 국군과 집정 귀족의 수중에 있었다. 그러나 정치적 혼란으로 인해 일찍부터 규정에 따른 수전(授田)이 불가능해짐에 따라 차츰 방임된 (토지의 점유를 통한) 사유 토지가 생겨났을 것이다.

상술한 변화 과정에는 두 가지 주목할 만한 현상이 있다.

첫째, 봉건제도가 아직 파괴되지 않았을 때 인민은 토지에 정착하여 정태적(情態的)이고 고정된 사회를 형성하였다. 어떤 사람은 농민이 토지에 정착된 존재임을 들어 당시의 농민은 농노였다고 증명하기도 한다.【원주19】 이것은 경제적 조건에 의한 제한과 법률적 조건에 의한 제한을 혼동한 것이다. 이 견해대로라면 노동자는 기계 위에 정착해 있으니 공노(工奴)라 해야 할 것이다. 그러나 노자나 맹자가 인민을 위해 추구하는 삶, 즉 "늙어 죽도록 서로 왕래하지 않고"563 "죽은 자를 장사 지내고 거처하는 곳을 옮겨도 향리 밖으로 떠나가는 일이 없는"564 생활은 일종의 농노(農奴) 생활로 그다지 합리적이지 않은 것 같다. 이러한 정태적 사회는 세금과 부담이 가중되면 인민들이 그 땅을 버리고 향리를 떠나 도망하여 살길을 찾는다. 그리하여 정태적 사회는

---

562 『孟子』「梁惠王」上, "是故明君制民之産 …" "今也制民之産 …"

563 『老子』통행본 80장, "民至老死不相往來."

564 『孟子』「滕文公」上, "死徙無出鄕." 『朱子集註』에서는 "死謂葬也, 徙謂徙其居也"라 하였다.

유동적 사회로 변화하기 시작한다. 『좌전』「소공(昭公) 25년」에서는 노나라의 자가자(子家子)가 소공에게 다음과 같이 말하고 있다. "정령(政令)이 저 사람【계손씨를 가리킨다】에게서 나온 지가 오래되었고 은민(隱民) 중 대부분이 저 사람에게 의지해 살았으므로 저 사람의 무리가 된 자가 많습니다."[565] 이에 대한 두예 주에서는 "은(隱)은 약(約)이니 궁곤(窮困)함을 뜻한다"라고 "은민(隱民)"을 해석하고 있는데 실은 곡해가 의심된다. 『설문(說文)』14하에서 "은(隱)은 은폐(蔽)의 뜻이다"라고 하였으니 은민(隱民)은 곧 도망하여 숨어 사는 백성이다. 『국어』「주어(周語)」상에 의하면 혜왕(惠王) 15년【B.C.662, 노 장공(莊公) 32년】혜왕이 "신(神)이 신(莘) 땅에 내려온" 사건에 관해 묻자 내사(內史) 과(過)는 이렇게 말했다고 한다. "형벌의 시행이 법을 속이고 무고한 사람에게 함부로 죄를 씌우게 되면 백성들의 마음이 떠나고 두 마음을 갖게 됩니다. 그러면 밝은 신명이 불결하게 여겨 제사를 받지 않고, 백성들은 멀리 떠나려는 마음을 두게 됩니다[遠志]."[566] 「주어」하에 의하면 "경왕(景王) 21년【노 소공(昭公) 18년】에 장차 대전(大錢)을 주조하려는데 선목공(單穆公)[567]이 '안 됩니다'라고 하면서" 다음과 같이 간언했다

---

565 『左傳』「昭公 25年」, "政自之(按指季孫氏)出久矣, 隱民多取食焉, 爲之徒者衆矣."

566 『國語』「周語」上, "有神降於莘 … 其刑矯誣, 百姓携貳, 明神不蠲, 而民有遠志."

567 선목공(單穆公, 미상): 춘추 시대 주나라 경왕(景王, B.C.519-B.C.476) 때의 현대부(賢大夫). 선자(單子) 또는 선기(單旗)라고도 한다. 경왕의 태자 수(壽)는 총명했지만 B.C.527년(경왕 18)에 일찍 죽었다. 경왕은 B.C.527년 왕자 맹(猛)을 태자로 삼았으나, 그 후 총애하던 서장자(庶長子) 조(朝)를 태자로 세우려고 하여 주나라 조정은 선목공 · 유문공(劉文公) 등 태자 맹을 지지하는 세력과 소장공(召莊公) · 윤문공(尹文公) 등 왕자 조를 지지하는 세력으로 나뉘었다. 경왕은 B.C.520년에 태자 맹을 지지하는 선목공 등을 죽이고 왕자 조를 태자로 세우려 했으나 갑자기 죽음을 맞았고. 다시 왕자 개(丐)를 지지하는 세력이 왕자 조의 세력과 왕위

제2장 봉건 정치사회의 붕괴와 전형적 전제정치의 성립

고 한다. "(왕이 필요로 하는 바가) 결핍되면 장차 백성들에게서 많이 거두게 될 것이고, 백성들이 이를 공급하지 못하면 (형벌이 두려워) 장차 멀리 떠나려는 마음을 두게 될 것이니[遠志], 이것은 백성들을 이반하게 하는 것입니다."[568] 이른바 "원지(遠志)"란 당연히 먼 곳으로 도망가려는 생각을 말한다. 전국 시대에 이르면 그러한 추세가 더욱더 강화된다. 이에 대해서는 뒤에 다시 거론할 것이다.

둘째, 당시의 인민 특히 그중에서도 "국인(國人)"은 정치적 자주성이 아주 없는 것은 아니었다. 고동고(顧棟高)는 『춘추대사표』「춘추진진교병표서(春秋秦晉交兵表敍)」에서 다음과 같이 말한다. "춘추 당시에는 비록 천자가 사여한 땅이라도 가령 그 민(民)이 복종하지 않으면 또한 소유할 수가 없었다. 은공(隱公) 11년(B.C.712) 주나라 왕[桓王]이 맹(盟)과 향(向) 등의 읍을 정나라에 주는 대신 정나라의 위(蔿)·우(邘) 등의 땅을 취하였다.[569] 얼마 안 있어(B.C.705) 맹과 향이 정나라를 배반하고 왕에게 돌아갔다. 왕은 맹과 향의 백성들을 겹(郟)으로 옮겼다.[570] 주나라 양왕(襄王)이 진(晉)나라에 남양(南陽) 땅을 하사했는데(B.C.635) 온(溫)과 원(原)의 백성들이 진나라에 복종하지 않았다.[571]"[572] 바로 이

를 놓고 다투었다. 선목공 등은 태자 맹을 도왕(悼王)으로 세웠으나, 도왕은 왕자 조에게 죽임을 당했다. 그러자 진(晉)나라는 왕자 개를 따로 경왕(敬王)으로 세웠다. 그 뒤 B.C.505년 왕자 조가 죽을 때까지 왕권을 둘러싼 갈등은 계속되었다.

568 『國語』「周語」下, "乏則將厚取於民, 民不給, 將有遠志, 是離民也."
569 『左傳』「隱公 11年」, "王取鄔·劉·蔿·邘之田于鄭, 而與鄭人蘇忿生之田溫·原·絺·樊·隰郕·欑茅·向·盟…."
570 『左傳』「桓公 7年」, "秋, 鄭人·齊人·衛人伐盟·向, 王遷盟·向之民于郟." 겹(郟)은 왕성이다. 임주(林注)에는 "맹·향의 백성들이 정나라를 따르려 하지 않았기 때문에 주나라 왕이 이들을 겹으로 옮긴 것이다[盟向之民不欲從鄭, 故王遷盟向之民于郟]"라 되어 있다.

와 같았기 때문에 경대부들은 국군에게서 토지와 인민을 탈취할 때 전술한 노나라 계손씨가 읍역(邑役)을 자기에게 바치지 않는 자에게 "부세를 두 배로 내도록[倍征]" 한 예처럼 위협을 가하는 외에, 이익을 미끼로 인민을 회유하는 방법을 병행하기도 하였다. 예를 들면 앞에 들었던 『좌전』 「소공 25년」에서 소공이 계씨(季氏)를 쳐서 이기지 못하고 결국 진(晉)나라 건후(乾侯)로 출분했던[573](25년) 전투 당시 자가자(子家子)가 소공에게 "은민(隱民) 중 대부분이 계씨에게 의지해 살고 있다"[574]라고 말한 것이 하나의 예다. 또한 『좌전』 「소공 27년」(B.C.515) 가을에 대부들이 호(扈)에서 회합을 갖고 노나라 소공을 복위시키는 문제를 논의하였는데,[575] 그때 진(晉)나라의 대부 범헌자(范獻子)가 나서서 말하기를 "노나라 계씨(季氏)는 심히 백성들의 마음을 얻었다"

---

571 『左傳』 「僖公 25年」에 나온다. "夏四月丁巳 … 與之陽樊溫原欑茅之田, 晉於是始啓南陽. 陽樊不服, 圍之, 倉葛呼曰(杜注: 倉葛, 陽樊人), 德以柔中國, 刑以威四夷, 宜吾不敢服也. 此誰非王之親姻, 其俘之也. 乃出其民." 즉 진(晉)은 양번(陽樊) 사람 창갈(倉葛)의 말을 듣고서 이를 강제로 취할 수 없음을 알고 양번의 백성들을 축출한 후에 그 땅을 차지하였다.

572 顧棟高, 『春秋大事表』 권31 「春秋秦晉交兵表敍」, "春秋當日, 雖天子所賜, 苟其民不服, 則亦不得而有. 隱十一年, 王以盟 · 向爲爲邢之田於鄭, 未幾, 盟 · 向叛鄭歸王, 王遷盟向之民於郟, 襄王錫晉以南陽, 而溫原之民不服晉."

573 소공(昭公)이 건후(乾侯, 두예 주에 의하면 건후는 魏郡 斥丘縣에 있는 晉 경내의 읍이다)로 출분한 것은 소공 28년 3월의 일이다. 25년에 이미 소공은 제(齊)나라로 출분하였는데 그곳의 제후(齊侯)가 소공을 멸시했기 때문에 다시 진(晉)나라로 간 것이다. 『左傳』 「昭公 28年」, "二十八年春, 公如晉, 將如乾侯." 이에 대한 두예 주에 "齊侯卑公, 故適晉"이라 되어 있다.

574 『左傳』 「昭公 25年」, "政自之(按指季孫氏)出久矣, 隱民多取食焉, 爲之徒者衆矣."

575 『左傳』 「昭公 27年」, 경문에 "秋, 晉士鞅 · 宋樂祁犂 · 衛北宮喜 · 曹人 · 邾人 · 滕人會于扈"라 하였고, 전문에는 "秋會于扈, 令成周, 且謀納公也. 宋衛皆利納公, 固請之. 范獻子取貨於季孫, 謂司城子梁與北宮貞子, … 魯君守齊, 三年而無成, 季氏甚得其民, 淮夷與之, … 而欲納魯君, 鞅之願也. 請從二子以圍魯, 無成, 死之. 二子懼, 皆辭, 乃辭小國, 而以難復"라 하였다.

라고 하여 마침내 소공 복위의 논의가 중지된 적도 있다. 또 『좌전』 「소공 32년」 12월 소공이 건후(乾侯)에서 죽은 후 사묵(史墨)[576]은 조간자(趙簡子)의 질문[577]에 다음과 같이 대답하고 있다. "하늘이 계씨(季氏)를 내어 노나라 제후를 보좌하게 한 지가 오래이니 백성들이 그에게 복종하는 것도 당연하지 않겠습니까? 노나라 군주는 대대로 잘못(안일함)을 따르고 계씨는 대대로 근면을 수행하였으니 백성들은 자기 나라 군주를 잊었습니다. … 사직(社稷)에 제사하는 자가 항상 고정되어 있지는 않고 군신의 지위가 항상 고정되어 있지는 않다는 것은 예로부터 그러하였습니다."[578] 이로부터 계씨가 인민의 편에서 장기적인 작업을 해 왔고 그 결과 노나라 군주와 맞설 정도의 힘을 갖게 되었다는 것을 알 수 있다. 『좌전』 「소공 3년」에 제나라 안자(晏子)와 진(晉)나라 숙향(叔向)이 대화를 나누면서 숙향이 "제나라는 앞으로 어찌 될까요?"라고 묻자 안자는 대답하기를 "제나라는 아마도 진씨(陳氏)의 나라가 될 것입니다. 제나라 군주는 그 백성을 버려두고 (구휼하지 않아)

---

576 사묵(史墨, 미상): 일명 채묵(蔡墨), 채사묵(蔡史墨), 사암(史黯)으로 칭한다. 춘추 말 진(晉)나라 태사(太史)로 예언을 잘했다. 진 경공(頃公) 13년에 조앙(趙鞅)이 형정(刑鼎)을 주조하고 범선자(范宣子)가 제정한 형서를 새겨 넣자 공자가 이를 보고 진나라는 법도를 상실하였으니 곧 망할 것이라고 하였다. 사묵은 이에 대해 "범씨(范氏)와 중항씨(中行氏)는 아마도 망할 것이다. 그 화가 조씨(趙氏)에게도 미칠 것이나 만약 덕을 닦는다면 화를 면할 수 있을 것이다"라고 하였다.

577 조간자의 질문은 다음과 같다. 『左傳』 「昭公 32年」, "계씨는 그 군주를 출분하게 했는데도 백성들이 그에게 복종하고 제후들이 그를 도우며, 군주가 나라 밖에서 죽었는데도 계씨에게 죄를 묻는 이가 없는 것은 왜 그런가?[季氏出其君, 而民服焉, 諸侯與之, 君死於外, 而莫之或罪也, 何也?]"

578 『左傳』 「昭公 32年」, "天生季氏, 以貳魯侯 … 民之服焉, 不亦宜乎. 魯君世從其失, 季氏世修其勤, 民忘君矣 … 社稷無常奉, 君臣無常位, 自古以然."

백성들이 진씨(陳氏)에게로 돌아갔습니다"[579]라고 하였다. 진씨가 쓰
는 됫박이 제후의 공식 됫박보다 1/3이 더 컸기 때문이다. 안자는 이
어서 말하기를 진씨는 평소에 "백성들에게 곡식을 대여할 때는 자기
집 됫박으로 되어 주고 빌려준 곡식을 회수할 때는 제후의 공식 됫박
으로 받았습니다. 산에서 벌채한 나무를 시장으로 가져와도 산중보다
값을 더하지 않고【진씨가 시장에 운반한 나무의 가격을 산에서의 나무 가격
과 똑같이 하여 운임비를 더하지 않았다는 말. 아래도 이와 같다】, 생선과 소
금과 조개 등을 시장으로 가져와도 바닷가보다 값을 더하지 않았습니
다. (그런데 제나라 군주는) 백성들이 노력하여 얻은 재물을 3등분하여
그 둘을 공가에 납입하게 하고 나머지 하나로 의식을 해결하게 합니
다. 군주의 재화는 쌓여서 썩어 벌레가 생기는데도 삼로(三老)는 추위
와 굶주림에 시달리며, 나라의 모든 시장에서는 신발값은 싼데 용(踊)
【월형(刖刑, 발목을 자르는 형벌)을 받은 자가 신는 신발】의 값은 비쌉니다
(그만큼 월형을 받는 자가 많다는 뜻). 인민들이 고통스러워하면 혹자는
그들을 가슴 아프게 생각하니【진씨를 가리킴】, 백성들은 진씨를 부모처
럼 사랑하여 물 흐르듯이 그에게로 돌아가니, 백성들의 마음을 얻지
않으려 해도 어찌 피할 수가 있겠습니까?"[580]라고 하였다. 은혜를 베풀
어 인민을 쟁취하는 것은 당시 야심가들에게 중요한 수단이 되었고,

---

579 『左傳』「昭公 3年」, "叔向曰, '齊其何如?' 晏子曰, '此季世也, 吾弗知齊其爲陳氏矣. 齊其爲陳
氏矣. 公棄其民而歸於陳氏.'"

580 『左傳』「昭公 3年」, "以家量貸, 而以公量收入. 山木如(往)市, 弗加於山(陳氏運到市上的木價,
與在山的木價一樣, 不加運費. 下同). 魚鹽蜃蛤, 弗加於海. 民參其力, 二入於公, 而衣食其一.
公聚朽蠧, 而三老凍餒. 國之諸市, 履賤踊(刖足者所穿之履)貴; 民人痛疾, 而或燠休之(指陳
氏); 其愛之如父母, 而歸之如流水, 欲無獲民, 將焉辟(避)之."

그 결과 인민들은 고통 속에서도 여전히 정치적 지위를 제고할 수 있었다.

3. 봉건사회 해체 속에서의 국인(國人) 계층의 발전과 전환

봉건사회 해체의 또 다른 의의는 봉건적 속박으로부터의 인민의 해방이라고도 할 수 있다. 일반 농민들은 이러한 해방의 혜택을 거의 얻지 못했지만, 그러나 해방 속에서 발전을 이룬 계층이 있었으니 그들은 바로 국인(國人) 계층이었다. 나는 「서주 정치사회의 구조 성격 문제」라는 글에서 "국인" 계층의 특별한 의의와 그 내용을 지적한 바 있는데, 국인은 주로 도읍 안과 근교에 거주하면서 정치권력을 보유한 자들로 농(農)·공(工)·상(商) 및 사(士)로 구성되어 있었다. 봉건제도가 붕괴하면서 국인들 가운데 공·상·사, 특히 상과 사가 특별한 발전을 이루었다. 국인들 중 농민은 가장 심한 착취를 당했기 때문에 자연히 공·상·사의 길로 들어서거나 아니면 야인(野人)이 되는 농민분화가 일어났다. 상앙(商鞅)의 출생연도는 뒤에 기술한 바와 같이 대략 맹자와 같은데 당시는 바로 제자백가들의 저서가 쏟아져 나오던 때였다. 그러므로 『상군서(商君書)』 중의 「내민(徠民)」과 「약민(弱民)」편에 비록 상앙 사후의 자료가 섞여 있다 해도 이는 선진 제자에 흔히 있는 현상으로, 그 주요부분은 상앙의 손에서 나왔고 상앙의 변법 당시의 정황과 상앙의 정치적 의견을 충분히 반영하고 있다고 봐야 한다.

『상군서』「농전(農戰)」제3에서는 다음과 같이 말한다. 첫째, "(백성들 모두 농업과 전쟁을 피하면서도 관직과 작위를 얻을 수 있는 길이 있다고 말합니다.) 이 때문에 호걸(豪傑)들은 모두 직업을 바꾸고자 『시』와 『서』를 힘써 배우고, 미천한 사람들은 모두 상업과 수공업에 종사하면서 농업과 전쟁을 피하려 합니다."[581] 둘째, "호걸들은 『시』와 『서』를 힘써 배우고, 다른 나라의 권세가를 추종하며, 미천한 사람들은 모두 상업과 수공업에 종사하면서 농업과 전쟁을 피하려 합니다."[582] 셋째, "그러므로 국내의 백성들이 모두 변론하기를 좋아하고, 학문하기를 즐기며, 상업과 수공업에 종사하면서 농업과 전쟁을 피하는 것입니다."[583] 넷째, "무릇 백성들을 농업과 전쟁에 부릴 수 없는 것은, 유세하는 사람들은 교묘한 언변으로 군주를 섬기며 자신의 지위를 높일 수 있고, 상인들은 집안을 부유하게 할 수 있으며, 수공업자들도 충분히 먹고살 수 있는 것을 그들이 보았기 때문입니다. 백성들이 이 세 가지 직업의 편하고도 이익됨을 보게 된다면 반드시 농사짓는 일을 회피할 것입니다."[584] 여기에는 전국 시대에 접어들면서 수공업·상업·사(士)가 사회의 추세가 되고 그래서 당시 사회적으로 활약하는 강력한 힘이 되었던 그간의 사정이 반영되어 있다. 이것은 춘추 말 이후의 대발전이다. 그리고 이러한 발전은 "국인(國人)" 계층의 대발전이라고도 말할 수 있다.

---

581 『商君書』「農戰」, "是故豪傑皆可變業, 務學詩書, 要靡事商賈, 爲技藝, 皆以避農戰."

582 『商君書』「農戰」, "豪傑務學詩書, 隨從外權, 要靡事商賈, 爲技藝, 皆以避農戰."

583 『商君書』「農戰」, "故其境內之民, 皆化而好辯, 樂學, 事商賈, 爲技藝, 避農戰."

584 『商君書』「農戰」, "夫民之不可用也, 見言談游士事君之可以尊身也, 商賈之可以富家也, 技藝之足以糊口也. 民見此三者之便且利也, 則必避農戰."

공인(工人)의 발전 상황에 관해 볼 수 있는 자료는 거의 없다. 『좌전』 「성공(成公) 2년」의 기록에는 초나라가 노나라를 침공하여 양교(陽橋)에까지 이르렀을 때 "맹손(孟孫)이 초나라로 가기를 청하여 초나라에 집착(執斲)·집침(執鍼)·직임(織紝)[585] 등 모두 1백 인을 뇌물로 주고 공형(公衡)을 인질로 보내고서 결맹(結盟)하기를 청하니, 초나라 사람이 화평을 허락하였다"[586]라고 되어 있다. 이 고사를 통해 한편으로 당시 "중국(中國)"이 초나라보다 수공업이 발달했다는 것과 노나라 공실에서 수공업을 독점하고 있었다는 것을 알 수 있다. 다른 한편으로 초나라가 공인(工人)을 중시했다는 사실도 알 수 있다. 이와 같은 공인의 중시로부터 그들(공인)의 생활이 비교적 보장되어 있다는 점, 따라서 생활이 매우 고달픈 농민층을 흡수할 가능성이 충분하다는 점도 미루어 짐작할 수 있다. 새로운 고고학 자료에 따르면 춘추 말기 주철(鑄鐵) 기술이 발명되면서 아직 무기 방면에서 혁명이 일어난 것은 아니지만【원주20】 농기구 방면에서 혁명이 일어났다. 전쟁은 나날이 확대되어 가고, 궁실의 복식은 날로 사치스러워졌으며, 생산력 향상으로 소비품이 증가하게 되었다. 이 모든 것은 공업에 종사하는 인구 비율을 증대시켰을 것이다.

---

585 집착(執斲)·집침(執鍼)·직임(織紝): 두예 주에 의하면 집착은 장인(匠人)이고, 집침은 여공(女工)이고, 직임은 비단을 짜는 사람이다.

586 『左傳』 「成公 2年」, "孟孫請往賂之以執斲·執鍼·織紝, 皆百人; 公衡爲質, 以請盟. 楚人許之平."

(1) '상(商)'의 의미와 유래

상업의 발전은 공업에 비해 더욱 두드러졌다. 이 문제를 이해하려면 먼저 두 가지 잘못된 설을 타파해야 한다. 첫 번째 잘못된 설은『일체경음의(一切經音義)』[587] 권6에 인용된 "고(賈)는 점포에 앉아서 물건을 파는 것이고, 상(商)은 이곳저곳을 다니면서 파는 것이다"[588]라고 하는 전통적인 설이다. 신뢰할 만한 문헌으로부터 조사해 보면 서주 말기와 그 이전 시기에는 이것(점포와 행상)을 모두 "고(賈)"라고 불렀다. 서주 말 특히 춘추 시대에 비로소 상(商) 자를 "상업행위" 및 "상업행위자"의 뜻으로 사용하기 시작했는데, 다만 상(商)과 고(賈)는 대체로 호용(互用)되었고 결코 행상(行商)과 좌고(坐賈)의 뜻으로 구분해서 쓴 경우는 없었다.『사기』「화식열전(貨殖列傳)」에는 상(商) 자를 쓴 것이 5번, 고(賈) 자를 쓴 것이 21번, 상고(商賈)를 연용해서 쓴 경우가 4번 있다. 그 중에는 "[양(楊)과 평양(平陽) 사람들은] 서쪽으로 진(秦)·적(翟) 지방과 교역을 하고[賈], 북으로는 종(種)·대(代) 지방과 교역을 한다[賈]", "(낙양의 상인들은) 동으로는 제(齊)·노(魯) 지방과, 남으로는 양(梁)·초(楚) 지방과 교역한다[賈]"와 같은 구절도 있고, "이 때문에 남양(南陽)의 상인[行賈]들은", "[노 지방의 병씨(邴氏)는] 또 여러 군국을 돌아다니며 대금업도 하고 장사도 하였다[行賈]"[589]와 같은 구절도 있다. 어떻게 이른

---

587 『일체경음의(一切經音義)』: 일종의 불교사전으로 당(唐)의 승려 혜림(慧琳, 737-820)이 편찬한 책이다. 혜림은 카슈가르[疏勒國]에서 출생, 어려서부터 유교의 고전에 정통하였으나 불교에 뜻을 두고 출가하여 처음에 불공(不空) 삼장(三藏)에게 사사하였고 동시에 중국 고전의 훈고(訓詁)와 음운도 연구하였다. 이 연구 성과로『대장음의(大藏音義)』100권을 저술했는데『일체경음의』라고도 하고『혜림음의(慧琳音義)』라고도 한다.

588 『一切經音義』권6, "賈, 坐賣也; 商, 行賣也."

바 "고(賈)는 점포에 앉아서 물건을 파는 것이다"라는 설이 나왔는지 모르겠다.

또 하나의 잘못된 설은 서중서(徐中舒, 1898-1991)에게서 나왔다. 그는 『좌전』「소공 16년」정나라 자산(子産)이 진(晉)나라 선자(宣子)에게 말하면서 언급한 "상인(商人)"에 근거하여 "이 상인은 은나라 사람의 후손으로서 상고(商賈)가 된 자이다"라고 주장하였다. 또 말하기를 "고상(賈商)이란 명칭은 아마도 은나라 사람으로부터 나온 것으로 보인다"라고 하였다. 아울러 한대의 상인 천시는 바로 여기서 유래한다고 보았다.【원주21】 이 설은 호적(胡適)에게 받아들여졌다. 일본인 카마타 시게오[鎌田重雄]는 그의 저서 『한대사회(漢代社會)』에서 말하기를 "상인의 상(商)은 원래 지명과 국호로 사용되었다. 은 왕조는 먼저 상에 도읍했기 때문에 그를 상이라고 하였다. … 주(周)가 은을 멸망시킨 후 … 제후국에 흩어져 있던 이들 은나라 유민들은 습관적으로 상인(商人)으로 칭해졌다. 이 '상인'은 바로 은상민(殷商民) 중의 행상(行商)에서 유래한 것이다"라고 하였다. 카마타 씨도 『좌전』「소공 16년」의 자료를 인용한 다음 이어서 "정(鄭)나라 시조 환공(桓公)을 따라 내왕했던 상인(商人)은 은의 유민집단이고, 그들은 아주 빠르게 행상(行商) 집단이 되었다"라고 말하고 있다.【원주22】 그뿐만 아니라 서씨의 설은 오늘날 거의 정론이 되었다. 그리고 이 설을 인용하는 자들은 서씨가 인용한 한 조목의 근거를 제외하고는 그 어떤 증거도 추가하지 못하고

---

589 『史記』권129 「貨殖列傳」, "西賈秦翟, 北賈種代." "東賈齊魯, 南賈梁楚." "故南陽行賈." "賁貸行賈徧郡國(저본에는 "賁貸行賈遍天下"라 되어 있다)."

있다. 지금 『좌전』「소공 16년」의 자료를 아래에 재록해 둔다.

3월에 진(晉)나라의 한기(韓起)【선자(宣子)】[590]가 정나라를 예방하였다. … 한선자는 옥환[環] 하나를 가지고 있었는데 한 쌍 중의 한 짝이 정나라 상인의 수중에 있었다. 한선자가 정나라 군주에게 그 한 짝을 자신이 갖게 해 달라고 요구했으나 자산(子産)은 구해 주지 않으려 했다. … 한선자는 상인한테 한 짝의 옥환을 사기로 하고 이미 가격을 흥정하였다. 그런데 상인이 말하기를 "이 일은 꼭 정사를 담당한 대부(자산)에게 알려 주십시오"라고 하였다. 그래서 한선자가 자산에게 요청하여 말하기를 "… 이제 상인한테서 옥환을 사기로 하였는데 상인이 말하기를 '이 일을 반드시 대부에게 알려 달라'라고 하는 것이었습니다. 그래서 감히 그리 알고 계시기를 요청드립니다"라고 하니 자산이 다음과 같이 말하는 것이었다. "옛날에 우리 정나라 선대 군주이신 환공(桓公)께서 상인(商人)과 함께 주(周)로부터 나오셔서【두예 주: 정나라는 본래 주나라 기내(畿內)에 있었다. 환공이 동천(東遷)할 때 상인(商人)들과 함께 이 땅으로 나왔다】 … 대대로 지킬 맹서를 맺어 서로 간에 믿어 왔습니다. 그 맹서에 이르기를 '너희들은 나를 배반하지 않고 나는 너희들한테 무리하게 사지[强賈] 않고 ….' 우리는 이 맹서를 믿었고 그래서 서로를 지켜 줄 수 있었고 오늘날까지 잘해 왔던 것입니다. 그런데 당신께서 양국의 우호의 일로 황공하옵게도 여기로 오셨는데 우리나라한테 상인의 물건을 억지로 뺏으라고 하신다면 이는 우리나라한테 상인들과의 맹서를 어기라고 가르치는 것이 됩니다."[591]

---

[590] 한기(韓起, ?-B.C.514): 춘추 시대 진(晉)나라 사람. 한궐(韓厥)의 아들로, 아버지를 이어 경(卿)이 되어 도공(悼公)을 보좌했다. 진 평공(平公) 18년 집정이 되어 노(魯)나라에 사신으로 갔다가 태사씨(太史氏)에게서 『역상(易象)』과 『노춘추(魯春秋)』 등을 보고는 주나라의 예가 모두 노나라에 있다고 하며 감탄하였다. 경공(頃公) 때 죽었고, 시호는 선자(宣子)다.

[591] 『左傳』「昭公 16年」, "三月, 晉韓起(宣子)聘於鄭. … 宣子有環, 其一在鄭商. 宣子謁諸鄭伯, 子産弗與. … 韓子買諸賈人, 既成賈矣. 商人曰, '必告君大夫.' 韓子請諸子産曰, '… 今買諸商人,

살펴보건대 (1) 정나라 환공은 주 선왕(宣王) 22년에 처음 제후로 세워졌다. 자산의 이른바 "옛날에 우리 정나라 선대 군주이신 환공(桓公)께서 상인(商人)과 함께 주(周)로부터 나오셔서" 여기서의 '주(周)'는 바로 호(鎬)에 도읍한 종주(宗周)를 가리키며, 낙양으로 동천한 성주(成周) 또는 동주(東周)가 아니다. 그런데 종주에는 은의 유민집단인 상인(商人)이 없다. (2) 상(商) 왕조는 반경(盤庚)이 은(殷)으로 천도한 후 "은상(殷商)"으로 칭하거나 "상(商)"으로 칭하거나 "상인(商人)"으로 칭해질 때도 있지만, 훨씬 많은 경우 "은(殷)"으로 칭하거나 "은인(殷人)"으로 칭하거나 "은민(殷民)"으로 칭해졌다. 예를 들어 공자는 자칭 "나는 은나라 사람이다"592【원주23】라고 하였다. 만약 상고(商賈)의 상(商)과 상인(商人)이 상 왕조의 상(商)과 상 왕조의 유민에서 유래한 말이라고 한다면 어째서 상고의 상(商)을 은(殷) 또는 은인(殷人)이라 칭하지는 않는가? (3) 만약 은나라가 망한 후 그 유민들이 천사(遷徙) 혹은 억압으로 인해 대부분 직업을 상인으로 바꾸고 이로부터 상대(商代)의 상(商)이 직업(상업)을 칭하는 말이 되었다면 상고(商賈, 상인)를 뜻하는 상(商)이란 명칭이 서주 시대에 크게 유행했어야 할 뿐 아니라 상업은 응당 은나라 유민이 가장 많은 성주【낙양】와 노(魯)·위(衛)·송(宋) 여러 나라에 번성했어야 한다. 그러나 실제로 서주 시대에는 상고(商賈)를 상(商)이나 상인으로 칭한 예가 거의 없다. 『시경』에는 17개의 상(商) 자가

商人曰, 必以聞, 敢以爲請.' 子産對曰, '昔我先君桓公, 與商人皆出自周(杜注: 鄭本在周畿內. 桓公東遷, 並與商人俱.) … 世有盟誓, 以相信也, 曰'爾無我叛, 我無強賈 …' 恃此質誓, 故能相保, 以至於今. 今吾子以好來辱, 而謂敝邑強奪商人, 是教敝邑背盟誓也."

592 『禮記』「檀弓」上, "丘也, 殷人也."

있는데 그중 상업의 상(商)과 관계있는 글자는 하나도 없다. 그러나 "고(賈)"자 2개는 그중 하나가 상고(商賈)의 고(賈, 장사)로 쓰였고【"세배의 이를 남기는 장사[如賈三倍]"】,[593] 또 하나는 상고와 관련이 있다【"팔리지 않는 물건[賈用不售]"】.[594] 그리고 가장 먼저 상업으로 부강을 도모한 나라가 은 유민이 배속되지 않은 제(齊)나라라고 한다면 이것은 또 어떻게 설명할 것인가? (4) 만약 상고의 상(商)이 상(商) 왕조의 상으로부터 유래한 것이라면 제나라에 "공자(公子) 상인(商人)"이 있고 초나라에 "공자 상신(商臣)"이 있고 공자의 학생 중에 "상(商)"이란 이름을 가진 자가 있는데 이것도 상 왕조와 관계가 있는가? (5) 바로 앞 쪽의 자료에서 "상인(商人)"은 분명 "고인(賈人)"으로도 칭해졌다. 『좌전』「성공(成公) 3년」에 "진(晉)나라 순앵(荀罃)이 초나라에 포로가 되어 잡혀 있었을 때 정나라의 상인[賈人]이 그를 짐을 담는 큰 전대에 넣어 초나라를 빠져나가려고 했다. 꾀를 내기는 했으나 아직 실행을 못 하고 있었는데 초나라 사람이 순앵을 진나라로 돌려보냈다. 그 뒤로 그 상인이 진나라에 갔었는데 순앵이 금세 그를 알아보았다"[595]라고 되어 있다. 여기서 고인(賈人)은 곧 장사꾼(상인)이다. 만약 "상인(商人)"이라는 말이 은 유민이 상업을 경영한 데서 유래한 것이라면 "고인(賈人)"이라는 단어는 또 어디서 유래한 것인가? 특히 망국의 백성들은 고대에는 승리자의 통제 범위 밖에서만 떠돌아다니며 장사를 할 수 있을 뿐, 승

---

593 『詩』「大雅 · 蕩之什」'瞻仰', "如賈三倍, 君子是識."

594 『詩』「國風 · 邶風」'谷風', "不我能慉, 反以我爲讎. 旣阻我德, 賈用不售."

595 『左傳』「成公 3年」, "晉荀罃之在楚也(被俘), 鄭賈人有將寘諸褚中以出. 旣謀之, 未行, 而楚人歸之. 賈人如晉, 荀罃善視之."

리자의 통제 범위 안에서는 결코 떠돌아다니며 장사를 할 수 없었다. 그러므로 상당한 자유와 권리를 보유한 "국인(國人)"들만이 상업 활동의 편리를 얻을 수 있었다. 망국의 백성이기 때문에 오히려 상업 활동을 농단할 수 있었다고 본다면 이는 완전히 역사의 내막을 이해하지 못한 환상일 뿐이다. 서중서의 설은 바로 망문생의(望文生義, 글자만 보고 대강 뜻을 짐작함)에서 나온 환상으로 고증작업 시 특히 경계해야 할 금기사항이다. 지금 사람들은 새로운 것과 특별한 것을 좋아하고 실증은 소홀히 넘기는 경향이 있는데 이상의 예도 그중 하나이다.

위에 들었던 자산(子産)의 대화에서 정(鄭)나라 환공을 따라 동쪽의 정나라로 옮겨 간 상인(商人)【당시에는 아마 고인(賈人)이라고만 불렀을 것이다】들은 바로 정치 권리를 보유한 종주(宗周) 국인(國人) 중의 일부 구성원들이었다. 이로부터 상인(商人)은 서주 때 이미 상당히 중요한 지위를 갖고 있었음을 알 수 있다. 동시에 『국어』 「정어(鄭語)」에는 다음과 같은 고사가 있다. "정나라 환공(桓公)이 사도(司徒)가 되어 주나라 무리들[周衆]과 동쪽 지역 사람들의 마음을 깊이 얻었다. 환공은 태사 사백(史伯)에게 '왕실에 재난이 빈번하여 내가 연루될까 두렵습니다. 어느 지역에 나라를 세워야(봉건해야) 죽음을 피할 수 있겠습니까?'라고 물었다."[596] 이 고사로부터 보면 그가 동쪽으로 정나라에 분봉된 것은 사백(史伯)이 그를 위해 상세한 연구를 한 끝에 나온 결정이

---

596 『國語』 「鄭語」, "桓公爲司徒, 甚得周衆與東土之人. 問於史伯曰, 王室多故, 余懼及焉, 其何所可以逃死." 위소의 주에는 "桓公, 鄭始封之君, 周厲王之少子, 宣王之弟, 桓公友也. 宣王封之於鄭. 幽王八年, 爲司徒. 周衆, 西周之民, 東土, 陝以東也. 史伯周, 太史故猶難也"라 되어 있다.

었다. 사백은 "제수(濟水) · 낙수(洛水) · 하수(河水) · 영수(潁水)의 중간 지역이 나라를 세울 만한 곳"이라고 말하였다. 이 지역은 안으로는 굳게 지킬 수 있고 밖으로는 사방으로 교통이 연결된 땅이었다. 정나라 환공은 종주의 상인(商人)들에게 자신의 봉건을 따라 이곳으로 오기를 요구하는 동시에 그들과 동고동락할 것을 맹서했는데, 아마도 정나라가 상고(商賈)의 땅으로 적합하니 상고의 역량을 발전시켜 국력의 일부로 삼을 필요가 있다고 본 듯하다. 과연 희공(僖公) 33년(B.C.627) 진(秦)나라 군사가 정나라를 습격하여 활(滑)에 이르렀을 때 "정나라 상인 현고(弦高)가 주(周)나라로 장사하러 가다가 진나라 군사를 만났는데, 먼저 네 장의 가죽으로 예를 표한 뒤 소 12마리로 진의 군사에게 음식을 주어 위로하면서(시간을 끌며), … 사람을 급히 보내어 정나라에 알렸다."[597] 그래서 정나라는 일찌감치 대비를 하였고 진의 군사로 하여금 형세의 불리함을 알고 물러가도록 했던 일이 있다. 정나라 상인이 실제로 정나라와 고락을 함께했음을 알 수 있다. 자산(子産)이 상인을 무리하게 압박하여 진(晉)의 한선자(韓宣子)에게 옥환을 팔도록 강요하지 않은 것은 실로 상인들을 보호하여 자유무역의 중요 경제정책을 유지하려는 의도에서였다. 춘추 시대에 개인자격으로 출현한 세 명의 상인은 모두 정나라 상인이었는데, 이들은 교역범위가 넓어 남으로는 초나라에 이르고 동으로는 제나라에 이르렀으며【순앵(荀罃)을 구해내려 했던 상인은 나중에 제나라로 갔다】북으로는 진(晉)나라에 이르고 서쪽의 진(秦)나라 땅은 그들의 발원지로서 더 말할 나위도 없다. 그뿐만

---

597 『左傳』 「僖公 33年」, "鄭商人弦高, 將市於周, 遇之, 以乘韋先, 牛十二犒師, … 且使遽告於鄭."

아니라 이들은 경대부와 직접 왕래하며 본국의 정치와 밀접한 관련을 맺고 있었고, 더욱이 국제간의 정치활동에도 관여하였다. 여기에는 실로 경제 세력이 봉건하의 종법적 신분을 대신하여 정치적 지위를 결정한다는 중요한 의미가 담겨 있다. 정나라는 지리적 관계로 인해 상업활동이 특히 두드러졌지만 그 밖의 나라들도 당연히 마찬가지로 상업상의 발전이 있었다. 서중서의 주장은 고증상 전혀 근거가 없을 뿐만 아니라, 인류의 경제발전이 어느 단계에 이르면 어떤 민족 어떤 씨족이라도 자연히 상업행위가 발생하며 특정 민족 특정 씨족에게 국한된 것은 결코 아니라는 점을 모르고 있다. 다만 그 발전의 정도에서 지리와 물산의 제약을 받을 뿐이다.

그렇다면 고(賈), 고인(賈人)은 어떻게 해서 나중에 상(商), 상인(商人)으로 칭해지게 되었을까?『설문』3상에서는 "상(商)은 바깥으로부터 안을 아는 것이다. 뜻을 나타내는 경(冏, 밝음)과, 음을 나타내는 장(章)의 생략형이 합쳐서 이루어진 글자다"[598]라고 하였다. 한인(漢人)들은 "성음만 듣고 대강 뜻을 짐작하는[聞聲生義]" 방식으로 당시의 설에 부회하는 것을 좋아했는데 예를 들면 "왕은 간다는 뜻이다[王者往也]" 혹은 "군(君)은 사람들이 모인다는 뜻이다[君之爲言群也]"와 같은 경우가 모두 그러하다.『한서』「율력지(律曆志)」에서 "상(商)은 뚜렷이 드러난다는 뜻이다[商之爲言章也]"라고 해석한 것도 이러한 경우에 속한다. 허신(許愼)이 상(商) 자에 대해 음을 나타내는 장(章)의 생략형을 취한다고 본 것은 「율력지」의 영향을 받은 것이다. 사실은 주준성(朱駿聲)[599]

---

598 『說文』3上, "商, 從外知內也, 從冏, 章省聲."

의 『설문통훈정성(說文通訓定聲)』의 다음 설에 따라야 할 것이다. "생각
건대 이 글자【상(商)】는 뜻을 나타내는 언(言)의 생략형과 뜻을 나타내
는 내(內)가 합쳐서 이루어진 회의(會意)문자로 추정된다. … 고문에서
는 뜻을 나타내는 언(言)을 조합할 경우 그 생략형을 쓰지 않는다."[600]
『역(易)』「태괘(兌卦)」를 보면 구사(九四)에 "헤아려 기뻐하되 편안하
지 아니하여"라 하였고, 이에 대한 왕필의 주(注)에 "상(商)은 헤아려
재단함을 말한다"[601]라고 되어 있다. 이것이 아마도 그 본의인 듯하다.
은나라는 선조대에 상(商)에 봉해졌는데, 어쩌면 그 땅이 일찍이 씨족
이 모여서 의논하는 장소였기 때문에 상이라는 이름이 붙여졌을 수도
있다. 또 금문에서는 대부분 "상(商)"을 "상(賞)"으로 해석하는데, 어쩌
면 이 땅에 처음 봉해질 때 상사(賞賜)로 받은 땅이기 때문에 상(商)이란
이름이 붙여졌을 수도 있다. 상고(商賈)의 행위는 모름지기 가격을 흥
정하고 물건값을 깎는 것이며 이는 상(商)의 본의와도 서로 부합한다.
상업이 발달함에 따라 상업행위에서 피차간 흥정[商量]의 중요성을 더
욱더 깨닫게 되고, 그래서 상업행위를 상(商)이라 칭하고 상인(商人)이
라 칭하게 되었다고 한다면 정황상 어찌 자연스럽지 않겠는가?

---

599 주준성(朱駿聲, 1788-1858): 청 강소 오현(吳縣) 사람. 자는 풍기(豊芑), 호는 윤천(允倩) 또는
   석은(石隱)이다. 가경 23년(1818)에 거인(擧人), 양주교수(揚州敎授) 등을 지냈다. 문자학과
   성운학(聲韻學), 천문학에 뛰어났다. 함풍(咸豊) 초에 『설문통훈정성(說文通訓定聲)』과 『설
   아(說雅)』를 지어 올려 국자박사(國子博士)가 되었다. 그 밖에 『고금운준(古今韻準)』, 『육십
   사괘경해(六十四卦經解)』, 『상서고주편독(尙書古注便讀)』, 『시전전보(詩傳箋補)』, 『대대례
   기교정(大戴禮記校正)』, 『좌전방통(左傳旁通)』, 『하소정보전(夏小正補傳)』, 『이아보주(爾雅
   補注)』 등이 있다.

600 朱駿聲, 『說文通訓定聲』, "按此字(商)疑從言省, 從內會意 … 古文從言不省."

601 『易』「兌卦」, "商兌未寧." 왕필 주, "商, 商量裁制之謂也."

(2) 춘추 말기의 상업 발전

많은 사람들이 봉건제도 아래서는 상인의 발전에 제약이 있었다고 생각하는데 이것은 근거 없는 상상이다. 제나라 태공(太公)[602]은 입국의 기반을 주로 상업에 두었고【『사기』「제세가(齊世家)」참조】, 관중(管仲)[603]은 농·공·상을 나란히 중시하여 패업을 이루었으며, 위(衛)나라 문공(文公)은 적(狄)의 침략을 당한 후에 "물자를 유통시키고 공인(工人)을 우대함으로써"[604] 부흥을 도모하였고, 정(鄭)나라는 처음 분봉할 때부터 상인들과 동맹을 맺었다. 국인(國人) 계층의 자유민 중에서 상인(商人)은 중요한 구성분자 중 하나였다. 상업발전의 정도는 전체 경제발전의 조건에 상응하고, 전체 경제발전의 정도는 생산의 진보성에 의해 결정된다. 농경에서 철기와 우경(牛耕)의 사용은 춘추 중기 이후 이미 시작되고 확대되었던 것으로 보이며 이는 생산능력을 제고하고 상업의 발전을 촉진하였다. 그러므로 상업의 발전은 춘추 말기에

---

602 태공(太公, 미상): 태공망(太公望), 강태공(姜太公). 동해(東海) 사람으로 성은 강(姜), 이름은 상(尙)이며, 자는 자아(子牙)다. 그의 선조가 여(呂)나라에 봉하여졌으므로 여상(呂尙)이라고도 불렸다. 문왕이 위수(渭水) 강가에서 그를 만나고 기뻐하며 "우리 태공(문왕의 조부 古公亶父)이 그대를 기다린 지 오래입니다[吾太公望子久矣]"라고 말하여, 우리 태공이 바라고 기다린 사람이라는 뜻에서 '태공망'이라는 호칭이 생겼으며 강태공, 여망(呂望)으로도 불렸다. 문왕과 무왕(武王)을 도와 은나라를 치고 주나라를 세운 공으로 제(齊)나라에 봉해져 제나라의 시조가 되었다.

603 관중(管仲, B.C.719-B.C.645): 춘추 시대 제(齊)나라 영상(潁上) 사람. 이름은 이오(夷吾), 자는 중(仲)이다. 환공에 의해 발탁되어 환공을 도와 군사력의 강화, 상업·수공업의 육성을 통하여 부국강병을 꾀하는 한편 대외적으로는 제후들과의 회맹(會盟)을 아홉 차례 주선하여 환공을 춘추오패(春秋五霸)의 한 사람이 되게 하였다. 저서에 『관자(管子)』가 있는데, 후세 사람들에 의해 가필된 것으로 여겨진다.

604 『左傳』「閔公 2年」, "務材訓農, 通商惠工." 이에 대한 두예 주는 "백공에게 혜택을 주고 기물의 사용에 편리하도록 장려한 것이다[加惠於百工, 賞其利器用]"라고 하였다.

제2장 봉건 정치사회의 붕괴와 전형적 전제정치의 성립

이르면 이미 현저한 수준에 도달하게 된다. 『사기』「화식열전(貨殖列傳)」에는 계연(計然)[605]이 월(越)나라 왕 구천(勾踐)[606]에게 "물자는 (항상) 서로 교환해야 한다"라는 계책을 가르쳐 주어 "(이 의견에 따라) 10년을 노력한 결과 월나라는 부유해졌고, … 강대한 오(吳)나라에 복수할 수 있었다"[607]라는 기사가 있다. 이것은 비록 국가에서 경영하는 무역을 말하고 있지만, 계연이 "농민들과 말업[工商]에 종사하는 사람들이 모두 이롭게 되는[農末俱利]" 것을 목표로 물가의 조절과 화폐의 유통 등에 대한 의견을 제시한 것은 모두 경제학적으로 의미가 크다. 이상의 자료들로부터 계연이 이미 풍부한 상업 지식을 축적하고 있었다는 점, 그것은 당시 상업 활동의 정황을 충분히 반영하고 있으며 경제적인 이론적 기초를 제공하기에 충분했다는 점을 알 수 있다.

「화식열전」에는 계연의 제자 범려(范蠡)[608]에 관한 기록도 있다. 범

---

605 계연(計然, 미상): 『사기』「화식열전」에 의하면 계연은 춘추 시대 사람으로 월왕(越王) 구천(勾踐)이 오왕(吳王) 부차(夫差)에게 패배하여 오나라로 붙잡혀 갔다가 돌아와서 범려(范蠡)와 함께 계연을 중용하였다고 되어 있으며 그 밖의 행적에 대해서는 기록이 없다. 사마천의 『사기』에 주석을 단 유송(劉宋) 배인(裴駰)의 『사기집해(史記集解)』에서는 계연을 춘추 시대 유명한 정치가인 범려의 스승으로 기록하고 있다.

606 구천(勾踐, ?-B.C.465): 월왕(越王)인 부친 윤상(允常)을 계위한 후 오왕 합려(闔閭)와 싸워 그를 죽였다. 합려의 아들 부차(夫差)는 아버지의 원수를 갚기 위하여 섶나무 위에서 자며 2년 후인 B.C.494년 마침내 구천을 패배시키고 회계산(會稽山)에 숨어있던 구천의 항복을 받아냈다. 구천은 회계산의 치욕을 씻기 위해 쓸개를 핥으며 부국강병에 힘써 마침내 부차를 꺾어 자살하게 하였고, 서주(徐州)에서 제후들과 회맹하여 패자(霸者)가 되었다. 이른바 '와신상담(臥薪嘗膽)'의 고사는 여기서 유래한다.

607 『史記』 권129 「貨殖列傳」, "以物相貿易, … 修之十年, 國富厚 … 遂報強吳."

608 범려(范蠡, 미상): 춘추 시대 초(楚)나라 완(宛) 사람. 이름은 여(蠡)고, 자는 소백(少伯)이다. 완령(宛令) 문종(文種)을 따라 월나라로 와 월왕 윤상(允常)을 섬겼고, 구천(勾踐)이 등극하자 그의 모신(謀臣)이 되었다. 월나라가 오나라에 패배하자 문종은 나라를 지키고 그는 오나

려는 월왕 구천을 도와 오나라를 파멸시킨 후 "탄식하며 말하기를 '계연의 일곱 가지 계책 중 월나라는 다섯 가지를 이용하여 그 뜻을 달성하였다. 이미 그것은 국가에 시행하였으니 나는 그것을 집안에 적용해 보고 싶다'고 하였다. 범려는 먼저 제(齊)나라로 갔다가 다시 도(陶)【산동 정도현(定陶縣)】로 갔는데, 그는 도(陶)가 천하의 중심지로서 사방으로 제후국과 교통이 연결되고 화물(貨物)의 교역이 이루어지는 곳으로 판단하였다. 그는 사업을 벌여 화물을 축적하였다가 때를 보아 팔아 치우는 방식으로 이득을 얻었으나 상대에게 손해를 끼치는 일이 없었다. … 19년 사이에 세 번씩이나 천금의 재산을 모았다."[609] 살펴보건대 이른바 "화물을 축적하였다가 때를 보아 팔아 치우는 방식으로 이득을 얻었으나 상대에게 손해를 끼치는 일이 없었다"라는 것은 화물을 쌓아 두었다가 유리한 시기를 보아 시장에 출하한다는 의미이다. 유리한 시기에 물건을 팔아 이익을 남기는 것은 직접 고리대를 놓아 사람을 착취하는 방식이 아니므로 이는 당연히 고급 상업 활동에 속했다.

『논어』「선진(先進)」편에서는 다음과 같이 말한다. "공자께서 말씀하시기를, '회(回, 顔淵)[610]는 그 학문이 도에 가까웠으나 뒤주가 비었던

───

라에 화해를 요청하여 구천을 따라 3년간 오나라에서 신복(臣僕)으로 있었다. 귀국해서는 문종과 함께 부국강병에 최선을 다하여 구천 15년 오나라의 도성(都城)을 격파했다. 22년 오나라를 포위한 뒤 3년 뒤에 멸망시켰으며 상장군(上將軍)에 올랐다. 높은 명성을 얻은 뒤에는 구천과 오래 함께하기 어렵다는 사실을 깨닫고 벼슬을 떠나 많은 재물을 모았으나 그 재물을 모두 백성들에게 나누어 준 다음 다시 도(陶) 땅에 가서 호를 도주공(陶朱公)이라 일컫고, 수만 금(金)을 모아 대부호가 되었다. 저서에『범려』가 있었다고 하나 전하지 않는다.

609 『史記』 권129「貨殖列傳」, "喟然而嘆曰, '計然之策七, 越用其五而得意. 旣已施於國, 吾欲用之家.' 於是先往齊, 再往陶, 以爲陶(山東定陶縣), 天下之中, 諸侯四通, 貨物所交易也. 乃治産積居與時逐, 而不責於人 … 十九年之中, 三致千金."

제2장 봉건 정치사회의 붕괴와 전형적 전제정치의 성립

적이 여러 번이었다. 사(賜, 子貢)[611]는 교명(敎命)을 받지 않고도 재물을 불려 갔으니 억측이 매번 적중되었기 때문이다."[612] 자공(子貢)도 마찬가지로 공자 문하의 뛰어난 제자였으며 공자는 비록 그가 안연에 미치지는 못하지만 경시하고 폄하하는 마음은 없었다. 공자가 죽은 후 자공은 홀로 무덤 근처에 여막을 짓고 6년을 살았다.【원주24】 이로부터 공문(孔門)의 학문과 자공의 영리사업[貨殖], 둘 사이에는 충돌이 없었다는 것을 알 수 있다. 또 「화식열전」에 의하면 "자공(子貢)은 공자에게 수업을 받은 후 선생 곁을 떠나 위(衛)나라에서 벼슬하였는데, 조(曹)·노(魯) 사이를 왕래하며 물건을 사재었다가 팔아 치우는 방식으로 부를 쌓아 공자의 70명 제자 중 가장 부유하였다. … 자공은 네 마리 말이 끄는 수레를 타고 호위하는 기병들을 줄줄이 거느리며 비단 예물을 들고 제후와 교제하였으며, 이르는 곳마다 제후들이 모두 뜰 아래로 내려와 그에게 대등한 예를 갖추지 않는 자가 없었다. 공자의 명성이 천하에 널리 퍼진 것은 자공이 애쓴 덕분이었다"[613]라고 되어

---

610 안회(顔回, B.C.521-B.C.490): 춘추 말기 노(魯)나라 사람. 자는 자연(子淵). 안연(顔淵)으로도 불린다. 안무요(顔無繇)의 아들이다. 공자가 가장 신임했던 제자로, 공자보다 30살 어렸지만 공자보다 먼저 죽었다. 학문과 덕이 높아서 공자도 학문을 좋아하는 사람이라고 칭찬했고, 또 가난한 생활에도 불구하고 도를 즐긴 점을 높이 평가하였다. 안회가 죽었을 때 공자가 통곡을 해 제자들의 빈축을 샀던 적이 있다.

611 자공(子貢, B.C.520?-B.C.456?): 춘추 시대 위(衛)나라 사람으로 성은 단목(端木)이고, 이름은 사(賜)며, 자가 자공이다. 공문십철(孔門十哲)의 한 사람이다. 공자가 죽은 뒤 노나라를 떠나 위나라에 가서 벼슬했으며, 제(齊)나라에서 죽었다. 일찍이 제(齊)·오(吳)·진(晉)·월(越) 등 여러 나라에 가서 유세하여 오나라로 하여금 제나라를 공격하게 해 노나라를 구한 적도 있다.

612 『論語』「先進」, "子曰, '回也其庶乎, 屢空. 賜不受命, 而貨殖焉.'"

613 『史記』 권129「貨殖列傳」, "子貢既學於仲尼, 退而仕於衛, 廢著鬻財於曹·魯之間. 七十子之

있다. 살펴보건대 자공은 사업으로 돈을 벌어 제후들과 "뜰 아래에서 대등한 예를 갖춤[分庭抗禮]" 수가 있었으니, 당시 상업을 통한 경제력이 봉건제도 내의 신분지위를 철저히 타파했음을 알 수 있다. 상업적 재화는 자유로운 활동에서 비롯된 재화이다. 상업의 발전은 한편으로 정치세력을 넘어 사회에 새로운 경제세력의 등장을 가져왔다. 동시에, 상인들의 활동범위의 확대는 사회활동의 자유가 확대되는 것이기도 하다. 이것은 바로 봉건제도의 붕괴로 인한 사회의 해방이 다시 반전하여 봉건제도의 붕괴를 촉성하였음을 반영한다.

(3) '사(士)'의 의미와 유래

양수달(楊樹達)[614]의 『적미거소학술림(積微居小學述林)』 권3 「석사(釋士)」에서는 다음과 같이 말한다.

『설문(說文)』에 이르기를 "사(士)는 사(事)의 뜻이다"라고 하였다. 사(士)는 옛날에 남자를 칭하는 말이었고, 사(事)는 경작을 뜻한다. 『한서』 「괴통전(蒯通傳)」에 "감히 공의 배에 칼을 꽂지[事刃] 못하는 이유는"이라는 구절이 있는데, 이기(李奇)의 주석에서는 "동쪽 사람들은 물건을 땅 위에 꽂는 것을

徒, 賜最爲饒益. … 結駟連騎, 束帛之幣, 以聘享諸侯. 所至, 國君無不分庭與之抗禮. 夫使孔子名布揚於天下者, 子貢先後之也."

614 양수달(楊樹達, 1885-1956): 호남성 장사(長沙) 사람. 언어문자학자. 자는 우부(遇夫), 호는 적미(积微), 만년의 호는 내림옹(耐林翁)이다. 평생 한어(漢語)어법과 문자학 연구와 교육에 헌신했고 금석문과 갑골문, 고문자, 훈고, 음운, 수사(修辭) 등에 정통했다. 저서에 『마씨문통간오(馬氏文通刊誤)』, 『한서보주보정(漢書補注補补正)』, 『적미거소학금석논총(積微居小學金石論叢)』, 『적미거금문설(積微居金文說)』, 『적미거소학술림(積微居小學述林)』, 『적미거금문여설(積微居金文餘說)』, 『논어소증(論語疏證)』, 『한서규관(漢書窺管)』, 『중국수사학(中國修辭學)』 등이 있다.

사(事)라고 한다"[615]라고 하였다. 사(事) 자는 또 치(菑)로도 쓴다. 『한서』
「구혁지(溝洫志)」의 주(注)에서는 "치(菑) 또한 삽(畚)의 뜻이다"[616]라고 하
였다. … 아마도 모종 심기[立苗]에서 시작된 것으로 보이며, 이른바 땅 위에
사물을 꽂는 것이다. 사(士)·사(事)·치(菑)의 옛 음은 모두 같다. 남(男)
자는 '역(力)'과 '전(田)'의 의미를 따르며 상형으로 뜻을 얻은 글자이다. 사
(士) 자의 경우는 성음으로 뜻을 얻은 글자이다.[617]

생각건대 양씨의 설이 문자학적으로 성립 가능한지 어떤지는 단정
하기 어렵다. 동시에 '사(士)'가 뇌사(耒耜, 쟁기와 보습)와 음이 같아 뜻
이 통용되었는지의 여부, 그리고 '사(士)'의 형태가 고대에 흙을 가래질
할 때 쓰는 도구의 원시 형태인지, 예컨대 서안 반파(半坡) 유적에서 복
원한 신석기 시대 농기구와 모양이 같고【『신중국의 고고 수확[新中國的考
古收獲]』 참조】, 따라서 그 모양을 본떠 문자가 만들어졌는지의 여부는
모두 연구할 가치가 있다. 곽말약은 갑골문 중의 사(士) 자가 남성 생식
기를 상형한 것이라 보았는데, 이로부터 생겨난 각종 설법들은 내가
보기에 매우 의심스러운 것들이다. 양수달의 설에 영감을 얻어 『시경』
중의 수많은 사(士) 자의 문제를 해결할 수 있었고, 이어서 사의 역사
적 변천에 대해서도 새로운 시사점을 제공받을 수 있게 되었다. 이제

615 『漢書』권45「蒯通傳」, "不敢事刃於公之腹者, 畏秦法也." 안사고 주, "李奇曰, 東方人以物臿
地中爲事. 師古曰, 事音側吏反. 字本作倳, 周官考工記又作菑, 音皆同耳."

616 『漢書』권29「溝洫志」, "隤林竹兮揵石菑." 안사고 주, "石菑者謂臿石立之, 然後以土就塡塞
也. 菑亦臿耳, 音側其反, 義與(制)[揷]同."

617 楊樹達, 『積微居小學述林』권3「釋士」, "說文: '士, 事也'. 士古以稱男子; 事謂耕作也. 漢書蒯
通傳曰, '不敢事刃於公之腹者'. 李奇注'東方人以物臿地中爲事'. 事字又作菑. 漢書溝洫志, 注
云'菑亦臿也' … 蓋作始於立苗, 所謂臿物地中也. 士·事·菑, 古音並同. 男字從力田, 依形得
義. 士則以聲得義."

나는 시론으로 하나의 가설을 제안하고자 한다. 즉, 사(士)는 본래 "국인(國人)" 중의 농민이었다. 철을 사용하기 이전에는 기구를 흙에 꽂아 가래질하려면 반드시 농민 중에 건장한 사람이 있어야 하므로 사(士)는 원래 농민 중에서 특별히 건장한 사람을 가리키는 말이었다. 당시에는 통상 이러한 건장한 농민을 선발하여 갑사(甲士)로 삼았기 때문에 또한 갑사를 사(士)로 칭하기도 했다. 그러나 그들의 평상시 직업은 여전히 농경을 위주로 하였다. 다시 갑사 중에서 선발되어 귀족의 하급 신하가 된 자들, 이른바 상사(上士)·중사(中士)·하사(下士)들은 점차 농경에서 이탈하기 시작했지만 여전히 군대 조직의 기층 골간을 구성하고 있었을 뿐만 아니라 귀족에게 복무하기 위해 농경을 이탈한 자들도 전체 사(士) 중의 일부에 지나지 않았다. 사(士)의 대부분과 그 가속들은 여전히 농경과 연결되어 있었다. 그러나 갑사가 된 자가 사(士)로 칭해지고, 하급신료가 된 자가 사로 칭해지면서, 사(士)라는 단어가 원래 가지고 있던 건장한 농부로서의 본의가 점차 가려지게 되었다. 춘추 말기에 이르면 각종 통치술을 전문적으로 추구하는 정치적 예비군으로서의 사(士)가 출현하기 시작하는데, 이들은 농경과는 유리된 존재이지만 그러나 아직 전투와 완전히 유리되지는 않았다. 『사기』「소진열전(蘇秦列傳)」에서는 소진(蘇秦)[618]이 위(魏)나라 양왕(襄王)에게 유

---

618 소진(蘇秦, 미상): 전국 중엽 낙양(洛陽) 사람. 자는 계자(季子)다. 장의(張儀)와 함께 귀곡자(鬼谷子)에게 가르침을 받았다. 처음에 진(秦)나라의 혜왕(惠王)을 비롯하여 제후 밑에서 유세를 했지만 채용되지 않았다. 당시 강국인 진(秦)나라의 침략을 두려워하던 중원 제국의 상황을 이용해 연(燕)나라 문후(文侯)에게 6국 합종(合縱)의 이익을 설득하여 채택되었다. 다시 조(趙)나라와 한(韓), 위(魏), 제(齊), 초(楚)의 여러 나라를 설득하는 데도 성공하여, B.C.333년 6국의 합종에 성공, 단독으로 6국의 상인(相印, 재상의 인장)을 가지게 되었고, 스

세하기를 "지금 제가 듣기로는 대왕의 군사는 무사(武士) 20만, 창두(蒼頭) 20만, 분격(奮擊) 20만, 시도(厮徒) 10만, 수레 6백 승, 기병 5천 필이라 합니다"[619]라고 하였고, 『순자』「의병(議兵)」편에서는 "위(魏)나라의 무졸(武卒)은 일정한 기준을 가지고 선발합니다. 세 가지 갑옷을 입히고 12석(石)이나 되는 큰 활을 잡게 하고, … 시험에 합격하면 그 호구의 요역을 면제해 주고 편리한 곳에 전택(田宅)을 마련해 줍니다"[620]라고 하였다. 즉 농민 가운데 신체 건장한 자를 선발하여 갑사로 삼았음을 알 수 있는데, 전국 시대의 위나라도 그러하다면 앞에서 서주 시대의 사(士)에 대해 피력한 나의 견해, 즉 사는 본래 국인 가운데 건장한 농민이었으며, 건장하기 때문에 갑사로 선발되었으나 농경에서 이탈하지는 않았다는 견해는 성립할 수 있다.

『예기』안에는 고금의 자료가 뒤섞여 있다. 아래의 3개 자료는 사(士) 변천의 3단계를 설명한다고 볼 수 있다.

사(士)의 아들의 나이를 물었을 때, 성인이면 "밭을 갈 수 있습니다"라고 대답하고, 어리면 "땔나무 지게를 질 수 있습니다", "아직 땔나무 지게를 질 수 없습니다"라고 대답한다.[621][「소의(少儀)」]

스로 무안군(武安君)이라 칭했다. 그러나 합종책은 장의 등이 내세운 연형책(連衡策, 連橫策)에 밀려 실패하였다. 그 후 연나라에 있다가 다시 제나라에 출사했지만, 제나라 대부의 미움을 사 살해당했다. 저서에 『소자(蘇子)』가 있었으나 산일되었다.

619 『史記』권69「蘇秦列傳」, "今竊聞大王之卒, 武士二十萬, 蒼頭二十萬, 奮擊二十萬, 厮徒十萬, 車六百乘, 騎五千匹."

620 『荀子』「議兵」, "魏氏之武卒, 以度取之, 衣三屬之甲, 操十二石之弩 … 中試則復其戶, 利其田宅."

621 『禮記』「少儀」, "問士之子長幼, 長則曰能耕矣; 幼則曰能負薪, 未能負薪."

생각건대 위의 자료는 사(士)가 아직 농경을 벗어나지 않은 단계의
기록이다.

　　토지가 광대한데 잡초가 우거지고 관리되지 않는 것, 이것은 또한 사(士)의
　　치욕이다.[622] [「곡례(曲禮)」]

생각건대 상술한 자료는 사(士) 중에는 농경을 이탈한 자도 있지만
그러나 이탈이 아직 오래되지 않은 단계의 기록이다. 일부 농경을 이
탈한 자가 있기 때문에 토지는 광대한데 잡초가 우거지고 관리되지 않
은 것이다. 이탈이 아직 오래되지 않았으므로 여전히 그 책임을 사(士)
에 돌리고 있다.

　　사(士)의 아들의 나이를 물어 왔을 때, 장성한 나이면 "고하는 일을 맡아서
　　할 수 있습니다"라고 말한다. 어린 나이면 "아직 고하는 일을 맡아서 할 수
　　없습니다"라고 한다.[623] [「곡례(曲禮)」]

생각건대 상술한 자료는 사(士)가 이미 대대로 학문을 숭상하는 가
문이 되어 서인과는 전혀 다른 생활을 하고 있는 모습을 반영한다. 또
『예기』 「곡례(曲禮)」편에서는 "군주가 사(士)에게 활을 쏘게 하였는데
할 수 없다면, 병을 이유로 들어 사양하면서 '저에게는 땔감나무를 등
에 지지 못하는 병이 있습니다'라고 말한다"[624]라고 하였는데 이는 사

---

622 『禮記』 「曲禮」 上, "地廣大, 荒而不治, 此亦士之辱也."
623 『禮記』 「曲禮」 下, "問士之子, 長, 曰能典謁矣. 幼, 曰未能典謁也. 問庶人之子, 長, 曰能負薪
　　矣. 幼, 曰未能負薪也."
624 『禮記』 「曲禮」 下, "君使士射, 不能, 則辭以疾."

(士)가 전쟁에서 벗어난 단계를 반영한다.

(4) 춘추 말기 사(士)의 발전 중의 전환

사(士)가 정치에 참여하는 예비군으로 변모하던 때는 바로 귀족계층이 이미 썩어 문드러져 사의 능력에 의존해 그 통치를 유지해야만 했던 때이기도 하다. 그래서 사(士)는 반드시 정치상의 각종 지식을 추구해야 했고 이것은 사로 하여금 "고대 지식인"의 성격으로 넘어가도록 만들었다. 더욱이 춘추 중엽 이후 귀족들이 대거 몰락하면서 귀족들이 수중에 보유하고 있던 지식이 사회로 해방되었는데, 그 덕분에 공자는 원래 귀족의 수중에 있었던 시서예악(詩書禮樂)을 교재로 삼아 자기 학생들을 교육할 수가 있었다. 이것은 사회에서 정치지식을 전업으로 하는 사(士)의 성장을 더욱 조장하였다. 공자는 이러한 대전환 단계의 가장 위대한 관건적 인물이었다. 그는 본래 송(宋)나라 귀족의 후예였다. 그는 평민 신분으로서 새로운 사(士) 집단에게 정치예비군의 지위를 넘어 인생 가치·인류 운명의 담당자, 학문지식의 전파자가 될 것을 호소하였다. 『논어』에서도 그의 이러한 노력의 발자취를 발견할 수 있다. 『논어』에는 "공자께서 말씀하셨다. … 남【당시의 경대부를 가리킴】이 나를 알아주지 않아도 원망하지 않으면 또한 군자답지 않은가"[「학이(學而)」][625]라는 구절이 있다. 이로부터 그의 학생 중에 아직도 남이 나를 알아주지 않아 원망하는 자가 많이 있었다는 것을 알 수 있다. "자장(子張)[626]이 봉록을 구하는 방법을 배우려 하자"[「위정(爲政)」], "공

---

[625] 『論語』「學而」, "子曰, … 人(指當時之卿大夫)不知而不慍, 不亦君子乎."

자께서 말씀하시기를 '3년 동안 학문을 계속하면서도 벼슬에 뜻을 두지 않는 사람을 얻기는 쉽지 않다'고 하였다."「태백(泰伯)」[627] 이것은 모두 사(士)가 하급관리 예비군으로 전환하기 시작하는 단계의 모습을 반영하고 있다. 그러나 이때의 사(士)는 여전히 갑사(甲士)의 성격과 연결되어 있었다. 즉 『좌전』「애공 8년」에는 다음과 같은 기사가 있다. 오나라가 노나라를 공벌하여 사수(泗水) 가에 주둔했을 때 "미호(微虎) 【두예 주: 노나라 대부】가 밤에 오왕의 본진을 공격하고자 하여 사사로이 병사 7백 명을 집합시켜 군막 앞에 (장애물을 설치하고) 세 차례 뛰어 보게 하고서 마침내 3백 인을 선발하였는데 그중에는 유약(有若)[628]도 끼어 있었다. 그들이 출발하여 직문(稷門) 안에 당도했을 때 누군가 계손씨에게 말하기를 '저 병력으로는 오나라 군사를 위해(危害)하기에 부족하고 단지 국사(國士)들을 많이 죽일 뿐이니 그만두게 하는 것이 좋습니다'라고 하였다. 계손은 즉시 중지시켰다. 오나라의 군주가 이 소문을 듣고서 안심이 안 되어 하루 저녁에 세 차례나 주둔지를 옮겼다.

---

626 자장(子張, B.C.503-?): 춘추 말기 진(陳)나라 양성(陽城, 지금의 하남성 信陽) 사람이다. 성은 전손(顓孫)이고 이름은 사(師), 자는 자장이다. 공자보다 48살 연하다. 원래 자장은 남에게 과시할 수 있는 명성, 출세 등에 관심이 많았으며 공자에게도 녹(祿)을 구하는 방법을 배우려 하였다. 그러나 공자는 "말에 허물이 적고 행실에 후회함이 적으면 녹은 그 가운데 있는 것이다"라고 하여 언행을 삼가는 법에 대해 설명하였다. 공자의 가르침을 받은 자장은 자신의 단점과 잘못을 깨닫고, 공자에게 묻는 질문도 점차 출세나 명성보다는 사물의 이치나 덕을 높이는 방법 등으로 바뀌었다. 공문십철에는 들지 못했다.

627 『論語』「爲政」, "子張學干祿."; 「泰伯」, "子曰, 三年學不志於穀(祿), 不易得也."

628 유약(有若, B.C.518-?): 춘추 말기 노(魯)나라 사람. 자는 자유(子有). 유자(有子)로 불린다. 공자보다 43살 연하다. 공자가 죽은 뒤 공자의 모습을 닮았다고 해서 그를 공자처럼 섬기려고 했지만 증자의 반대로 이루어지지 않았다.

오나라 사람이 화친하기를 요청하였다."[629] 여기서의 이른바 "사속도(私屬徒)"는 사사로이 병사들을 집합시킨다는 뜻으로 집정자의 명령을 받고 하는 것이 아니다. 집합한 사람들은 이른바 "국인(國人)"들이며 유약은 바로 국인 중의 사(士)의 지위로서 여기에 참가하였다. 『좌전』「애공 11년」에 제나라 사람이 노나라를 쳤다. 노나라의 "맹유자(孟孺子) 설(泄)이 우사(右師)를 거느리고 … 염구(冉求)가 좌사(左師)를 거느리고 … 번지(樊遲)가 전차의 오른편 전사가 되었다. 계손(季孫)씨가 말하기를 '수(須)【번지의 이름】는 나이가 어린데 (감당할 수 있을까?)'라고 하였다. 유자(有子)【염구의 자(字)】가 말하기를 '(비록 나이는 어리지만) 명령대로 잘 해낼 것입니다'라고 하였다."[630] 그 결과, 염구와 번지는 큰 전과를 올렸다. 묵자는 일찍이 자하(子夏)의 무리들이 싸움 얘기를 하는 것을 비웃은 적이 있고,[631]【원주25】맹자는 자하와 증자의 용기를 칭찬하였으며,[632]【원주26】한비자는 칠조개(漆雕開)[633]의 용맹에 대해 기록

---

629 『左傳』「哀公 8年」, "遂次於泗上, 微虎(杜注: 魯大夫)欲宵攻王舍, 私屬(集也)徒七百人. 三踊於幕庭(杜注: 於帳前設格, 令士試躍之), 卒三百人, 有若與焉. 及稷門之內, 或謂季孫曰, 不足以害吳, 而多殺國士, 不如已也. 乃止. 吳子聞之, 一夕三遷, 吳人行成." 마지막 구절 "吳人行成"에 대해 두예 주에서는 "노나라와 화친[成]하기를 요구한 것이다[求與魯成]"라고 하였다.

630 『左傳』「哀公 11年」, "孟孺子泄帥右師, … 冉求率左師 … 樊遲爲右. 季孫曰, 須(樊遲之名)也弱. 有子(冉求之字)曰, 就用命焉."

631 『墨子』「耕柱」편에 다음과 같은 내용이 있다. "子夏之徒問於子墨子曰, 君子有鬪乎. 子墨子曰, 君子無鬪. 子夏之徒曰, 狗豨猶有鬪, 惡有士而無鬪乎. 子墨子曰, 傷矣哉, 言則稱於湯文, 行則譬於狗豨, 傷矣哉."

632 『孟子』「公孫丑」上, "(公孫丑問曰)不動心有道乎? (孟子)曰, 有. 北宮黝之養勇也, 不膚橈, 不目逃, 思以一毫挫於人, … 視刺萬乘之君, 若刺褐夫, 無嚴諸侯, 惡聲至, 必反之. 孟施舍之所養勇也, 曰, '視不勝猶勝也, 量敵而後進, 慮勝而後會, 是畏三軍者也. 舍豈能爲必勝哉? 能無懼而已矣.' 孟施舍似曾子, 北宮黝似子夏. …"

하고 있다.634【원주27】 자로가 특히 용맹으로 소문났다는 것은 두말할 필요도 없다. 이상으로부터 공자 문하의 제자 가운데 전투를 할 줄 모르는 사람은 아무도 없었다는 것을 알 수 있다. 또 번지가 곡물을 경작하고 채소 키우는 법을 배우고 싶다고 말하자 공자는 "나는 경험 많은 농부만 못하다", "나는 경험 많은 채소 경작자만 못하다"635【원주28】라고 대답하였다. 이것은 바로 이 과도 시기의 사(士)가 농경에서 멀어지긴 했어도 아직 그렇게 멀리까지는 가지 않았음을 반영한다. 사(士)를 인격적 문화적 담당자로 전환하여 봉건적 신분의 굴레에서 완전히 벗어나 문화적 자유인으로 탈바꿈시킨 것, 나는 이것이 공문(孔門) 교화집단의 노력이자 성취라고 생각한다. "군자(君子)", "소인(小人)"은 본래 귀족과 평민을 일컫는 말이었다. 그러나 『논어』에서의 "군자"는 대부분 "성덕지인(成德之人)"을 가리키고 소인은 대개 "무덕지인(無德之人)"을 가리키는데, 이는 신분을 인격으로 대체한 명백한 증거이다. 번지가 곡물을 경작하고 채소를 키우는 법을 물었을 때 공자가 그런 대답을 한 것은 꼭 농사일을 경시해서가 아니라, 억압과 착취의 정치적 혼란기에는 반드시 일군의 사람들이 나서서 인격과 인류의 운명과 지식

---

633 칠조개(漆雕開, B.C.540-?): 춘추 말기 노(魯)나라 사람. 성은 칠조(漆雕)고, 이름은 개(開)며, 자는 자개(子開) 또는 자약(子若)이다. 공문(孔門) 72현 가운데 한 사람이며, 『한비자』에서 사장(子張, 顓孫師), 자사(子思, 孔伋), 맹자 등과 함께 유가의 여덟 학파의 하나로 거론되기도 했다. 저서에 『칠조자(漆雕子)』 13편이 있었다고 하나 산일되었다.

634 『韓非子』「顯學」, "漆雕之議, 不色撓, 不目逃, 行曲則違於臧獲, 行直則怒於諸侯, 世主以爲廉而禮之. … 夫是漆雕之廉, 將非宋榮之恕也, 是宋榮之寬, 將非漆雕之暴也. 今寬·廉·恕·暴俱在二子, 人主兼而禮之. 自愚誣之學·雜反之辭爭, 而人主俱聽之, 故海內之士, 言無定術, 行無常議."

635 『論語』「子路」, "樊遲請學稼, 子曰, 吾不如老農. 請學爲圃, 曰, 吾不如老圃."

에 대한 책임을 지고 공동체생활의 필요에 부응해야 한다는 것을 깨달았기 때문이다. 바꾸어 말하면 공자는 문화를 정치로 옮겨 와 정치를 대신하여 인류의 운명을 책임지도록 하고 싶었다. 이 의미는 사마천의 『사기』「십이제후연표서(十二諸侯年表敍)」와 「자서(自敍)」에 매우 분명하게 나와 있다. 그래서 공자는 당시 사(土)들의 추세에 맞추어 의도적으로 이러한 전환을 촉성하고자 하였다. 『논어』에는 다음과 같은 대화가 나온다.

> 자장(子張)이 묻기를 "사(土)는 어떻게 해야 달(達)했다 할 수 있습니까?"라고 하자 공자가 말하기를 "이른바 달한다는 것은 무엇을 뜻하는 것이냐?"라 하였다. 자장이 대답하기를 "나라에 나가 있어도 명성이 들리고 집안에 있어도 명성이 들리는 것입니다"라고 하자 공자는 "그것은 명성이지 달함이 아니다. 무릇 달했다는 것은 질박하고 정직하여 의를 좋아하며, 남의 말을 잘 살피고 기색을 잘 관찰하여 신중하게 사람을 대하는 것이다. 그래야 나라에 있어서도 반드시 달하게 되고 집에 있어서도 반드시 달하게 된다. 이와 달리 명성을 얻는 사람은 겉으로는 인(仁)을 가장하지만 실제 행위는 그와 정반대이며, 또한 그것을 당연한 행위라고 믿어 의심하지 않는다. 이런 사람이라면 나라에 나가 있어도 반드시 명성이 들리고 집안에 있어도 반드시 명성이 들린다"라고 하였다.636[「안연(顔淵)」]

생각건대 자장의 질문은 당시 사(土)들 사이에 유행하는 관직 임용을 목적으로 한 지식 추구에 대해 물어본 것이었는데, 공자는 달(達)의

---

636 『論語』「顔淵」, "子張問, '士何如斯可謂之達矣?' 子曰, '何哉, 爾所謂達者?' 子張對曰, '在邦必聞, 在家必聞.' 子曰, '是聞也, 非達也. 夫達也者, 質直而好義, 察言而觀色, 慮以下人. 在邦必達, 在家必達. 夫聞也者, 色取仁而行違, 居之不疑. 在邦必聞, 在家必聞.'"

의미를 "질박하고 정직하여 의를 좋아하는 것"으로 그 방향을 돌려놓고 있다. 다시 『논어』「자로」편에는 다음과 같은 말이 있다.

자공이 묻기를 "어떻게 해야 사(士)라 이를 수 있겠습니까?"라 하자 공자는 "자신의 행위에 모든 책임을 지고, 외국에 사신으로 가서 군주의 명령을 욕되게 하지 않는다면 사(士)라 할 수 있다"고 하였다. 자공이 "감히 그 다음을 묻고자 합니다"라고 하자 공자는 "종족으로부터 효자라는 말을 듣고 마을 사람들로부터 공손하다는 말을 듣는 것이다"라 하였다. 자공이 "감히 그 다음을 묻고자 합니다"라고 하자 "말한 것은 반드시 지키고 해야 할 일은 꾸물대지 않는다. 대국적으로 보면 변통 없는 소인이기는 하지만 그래도 낫다고 할 수 있다"고 하였다. 자공이 묻기를 "요즈음 정치에 종사하는 사람은 어떻습니까?"라고 하자 공자는 "아, 그 도량 좁은 인간들을 어찌 셈에 넣을 수 있겠는가?"라고 하였다.[637]

자공의 질문은 사(士)의 전환기에 사 자신의 존재의의에 대해 갈피를 잡지 못하고 갈팡질팡하던 그들의 곤혹감을 드러내고 있다. 게다가 당시는 실제로 정치에 진출할 수 있는 사람을 사(士)의 기준으로 삼고 있었다. 공자의 답변은 새롭게 변신한 이들 계층으로 하여금 전적으로 인격 행위와 지식을 위해 분발하도록 하려는 것으로, 다시 말하자면 이것을 그들의 새로운 기본성격으로 삼으려는 것이었다. 공자의 사(士)에 대한 성격의 전환은 '군자'에 대한 성격의 전환과 완전히 동일하다. 『논어』에서 공자는 또 다음과 같이 말한다. "사(士)가 도(道)에

---

637 『論語』「子路」, "子貢問曰, '何如斯可謂之士矣?' 子曰, '行己有恥, 使於四方, 不辱君命, 可謂士矣.' 曰, '敢問其次.' '宗族稱孝焉, 鄉黨稱弟焉.' 曰, '敢問其次.' 曰, '言必信, 行必果, 硜硜然, 小人哉.' '今之從政者何如?' 子曰, '噫, 斗筲之人, 何足算也.'"

뜻을 두고서도 거친 옷과 거친 음식을 치욕스럽게 여긴다면 함께 의논하기에 부족하다."[638][「이인(里仁)」] "사(士)가 안락을 바란다면 사라 하지 못할 것이다."[639][「헌문(憲問)」] "뜻을 품은 사(士)와 어진 사람은 인(仁)을 해치면서 생을 구하지 않고, 자신의 몸을 죽여 인을 이룬다[殺身成仁]."[640][「위령공(衛靈公)」] 증자는 이르기를 "사(士)는 도량이 넓고 마음이 굳세지 않으면 안 되니, 그 소임은 중대하고 갈 길은 멀기 때문이다"[641][「태백(泰伯)」]라고 하였다. 이상은 모두 사(士)의 새로운 지위, 새로운 성격의 형성 과정에서 이루어진 전환 노력들이다.

사(士)는 그들 본래의 농경과 전투의 고유 직업에서 벗어나 농·공·상 이외의 다른 형태의 사람이 되었다. 만약 공자의 기본 의도를 이해하지 못한다면, 만약 사회가 진보에 의해 분업할 때 문화도 분업의 중요한 일환이라는 것을 이해하지 못한다면, 사(士)라는 형태의 인간은 도대체 그 존재의의가 무엇인지, 의문을 가질 수도 있다. 공자는 일찍이 대바구니를 어깨에 메고 가는 노인으로부터 "사지를 부지런히 놀리지도 않고 오곡을 분별할 줄도 모르는 사람"[642][『논어』「미자(微子)」]이라는 힐책을 받았는데 비단 이것만이 아니다. 사(士)의 존재의의는 전국 중기까지도 커다란 문제였다. 『맹자』를 살펴보면 "사(士)나 서인(庶人)들은 어떻게 하면 내 한 몸을 이롭게 할 수 있을까 생각한다"(「양

---

638 『論語』「里仁」, "士志於道, 而恥惡衣惡食者, 未足與議也."

639 『論語』「憲問」, "士而懷居, 不足以爲士矣."

640 『論語』「衛靈公」, "志士仁人, 無求生以害仁, 有殺身以成仁."

641 『論語』「泰伯」"曾子曰, 士不可以不弘毅, 任重而道遠."

642 『論語』「微子」, "四體不勤, 五穀不分."

혜왕」상),[643] "사(士)나 서인이 불인(不仁)하면 자기의 몸을 제대로 보존하지 못한다"(「이루」상)[644]라는 구절이 있는데, 여전히 사(士)와 서인을 연결 지어 말하고 있다. "사(士)에게 토지가 없으면 또한 제사 지내지 않는다"(「등문공」하)[645]라고 한 것은 어떤 사는 토지를 보유하고 있고 어떤 사는 이미 토지를 상실하였음을 반영하고 있다. 또 "그대의 창 든 군사[執戟之士]가 (하루에 세 번이나 대열에서 벗어난다면)"(「공손추」하),[646] 이것은 아직도 무사를 사(士)로 칭하고 있는 예를 보여 준다. 이상은 과도기에 잔존해 있는 과거 시절의 사(士)의 형태를 반영하고 있다. 그러나 "사(士)가 벼슬을 사는 것은 농부가 농사를 짓는 것과도 같다"(「등문공」하) 라거나 "사가 벼슬자리를 잃는 것은 제후가 나라를 잃는 것과 같다"(같은 편)[647]와 같은 말들은 이미 출사[仕]에 의존해 생활을 영위하는 사의 새로운 형태를 뚜렷이 반영하고 있다. 맹자의 학생 팽경(彭更)은 맹자에게 "사(士)가 하는 일도 없이 녹을 받아먹는 것은 옳지 않습니다"(「등문공」하)[648]라고 하였고, "제나라 왕자 점(墊)은 '사(士)는 무엇을 일삼아야 합니까?'라고 물었다."(「진심」상)[649] 이상은 모두 사(士)의 새로운 형태에 대한 회의감을 표현한 말로서, 첫 번째 의문에 대한 맹자의 답변은 다음과 같다. "자네가 만약 생산한 물건을 서로 융통하여

---

643 『孟子』「梁惠王」上, "士庶人曰, 何以利吾身."

644 『孟子』「離婁」上, "士庶人不仁, 不保四體."

645 『孟子』「滕文公」下, "下惟士無田, 則亦不祭."

646 『孟子』「公孫丑」下, "孟子之平陸謂其大夫曰, 子之執戟之士, 一日而三失伍, 則去之否乎?"

647 『孟子』「滕文公」下, "士之仕也, 猶農夫之耕也." "士之失位也, 猶諸侯之失國家也."

648 『孟子』「滕文公」下, "士無事而食, 不可也."

649 『孟子』「盡心」上, "王子墊問曰, '士何事.' 孟子曰, '尚志.'"

남는 것으로 부족한 것을 보충하지 않는다면 농부에게는 곡식이 남아 돌아갈 것이고 아낙네에게는 베[布]가 남아돌아갈 것이네. … 여기에 어떤 사람이 있어 집에 들면 어버이를 효성으로 섬기고 밖에 나가면 어른들을 공경하며 선왕의 도를 지켜서 뒤에 배우러 올 자를 기다린다고 하세. 그런데도 자네에게서 식량을 구하지 못한다면 자네는 어찌 목수와 수레 만드는 장인은 높이면서 인과 의를 실천하는 사람은 가벼이 여기는 것인가."[650] 이것은 사회적 분업으로 사(士)의 새로운 지위를 설명하고 있는데, 사가 맡은 분업은 바로 문화의 담당자였다. 왕자 점(墊)의 질문에 대해 "뜻을 높이 가져야 한다[尚志]"라고 답변한 것도 같은 맥락에 있다. 그러나 뜻을 높이 가지는[尚志] 것만으로는 생계를 해결할 수 없고 먹고살려면 정치에 의지해야 하는데, 이것은 결국 타당한 방법이 아니다. 따라서 춘추 말과 전국 시기에 출현한 은사(隱士)들은 대부분 직접 경작에 종사하는 사람들이었다. "신농(神農)의 가르침을 실행하는 허행(許行)[651]이란 사람이" "현자는 백성들과 더불어 농사를 지어 먹고산다"(『맹자』「등문공」상)[652]라고 한 주장이 특별히 역사적 사회적 의의를 갖는 이유도 여기에 있다. 그러나 사(士)의 이러한 탈바꿈은 종법적 신분관계로 결정되는 봉건정치의 정치구조를 더욱

---

650 『孟子』「盡心」上, "子不通功易事, 以羨補不足, 則農有餘粟, 女有餘布 … 於此有人焉, 入則孝, 出則悌, 守先王之道, 以待後之學者, 而不得食於子, 子何尊梓匠輪輿而輕爲仁義者哉."

651 허행(許行, 미상): 전국 시대 초(楚)나라 사람. 농가(農家)의 대표적인 인물로, 맹자와 동시대 인이다. 제자와 함께 등(滕)나라에 와서 베옷을 입은 채 신발을 삼고 자리를 만들면서 살았다. "현자는 백성들과 더불어 직접 농사를 지어먹으면서도 잘 다스린다[賢者與民幷耕而食饔飧而治]"라는 주장을 폈다.

652 『孟子』「滕文公」上, "有爲神農之言者許行. … 賢者與民並耕而食."

근본적으로 동요시켰으며, 신분 위주의 봉건적 정치구조가 붕괴되어 사 신분으로 정치에 입문하는 길이 크게 열렸다고도 할 수 있다. 역사 상 사(士)로서 상층 정치에 진입하던 특례는 점차 관리 선발의 통례가 되었다.

(5) 국인(國人) 계층의 발전 전환이 정권에 미친 영향

상술한 "국인" 계층의 발전은 자연히 당시 정권에 큰 영향을 미쳤 다. 과거의 국인 계층은 그들 국군(國君)의 정권 주위에 응결하여 정권 의 존재를 지탱하는 골간을 이루고 있었다. 춘추 말기에 이미 국인 계 층은 그가 원래 속했던 나라와 정권의 이익을 중심으로 하지 않고 각 자 그 자신의 이익과 이상을 추구하였다. 봉건적 정적(靜的) 사회는 여 기서부터 일종의 경쟁적인 동적(動的) 사회로 진입하게 된다. 상인의 유동성은 매우 분명하다. 사인(士人)의 경우는 공자를 새로운 시대적 추 세의 지표로 삼았는데, 그의 3천 제자 중 육예(六藝)에 통달한 자 72인 가운데【원주29】 이미 귀족 출신은 극히 적었고 그 절대다수가 "국인" 계 층에 속하는 자들이었다. 그들의 본적지를 보면, 절대다수를 차지하는 노나라를 제외하고 지금 『사기』 「중니제자열전(仲尼弟子列傳)」에 수록 되어 있으면서 다른 이설(異說)이 없는 자의 경우 다음과 같다. 단목사 (端木賜, 子貢), 복상(卜商, 子夏), 고시(高柴, 子羔), 구징강(勾井疆), 엽혈 (廉絜, 庸)은 위(衛)나라 사람이다. 언언(言偃, 子遊)은 오나라 사람이고, 전손사(顓孫師, 子張)와 공량유(公良孺, 子正)는 진(陳)나라 사람이다. 공 야장(公冶長)과 공석애(公晳哀, 季次), 보숙승(步叔乘, 子車)은 제나라 사 람이다. 사마경(司馬耕, 子牛)은 송나라 사람이고, 공손룡(公孫龍, 子石)

제2장 봉건 정치사회의 붕괴와 전형적 전제정치의 성립

과 임부제(任不齊, 選)는 초나라 사람이다. 진조(秦祖, 子南)와 양사적(壤駟赤, 子徒)은 진(秦)나라 사람이고, 숙중회(叔仲會, 子期)는 진(晉)나라 사람이다. "벗이 멀리서 찾아오니 또한 즐겁지 아니한가?"653[『논어』「학이(學而)」] 공자 한 사람의 문도들이 지금 고증 가능한 것만 해도 그 출신지가 무려 9개 국가에 걸쳐 있으니 과연 봉건국가의 경계가 타파되었다고 하겠다. 그뿐만 아니라 공자가 노 정공(定公) 12년 가을과 겨울 사이 위(衛)나라로 떠난 이후 열국을 주유한 기간은 전후 약 13-4년에 이른다. 공자는 마음속으로 어떤 나라든 내가 쓰일 수만 있다면 "나는 그 나라를 동주(東周)로 만들겠다"654[원주30]라는 뜻을 품었고 그것이 어느 나라든 구분하지 않았다. 이것은 사(士)들의 실제 활동에서 봉건적 속박을 완전히 타파하고 전국 시대에 사들이 자유롭게 활동할 수 있는 세상을 열었다.

---

653 『論語』「學而」, "有朋自遠方來, 不亦樂乎?"

654 『論語』「陽貨」, "如有用我者, 吾其爲東周乎?"

4. 봉건 도덕의 전승 문제와 종법의 정치에서
사회로의 이동

　위의 분석을 총괄하면, 봉건제도는 봉건제도의 골간을 이루는 종법의 친친(親親)과 존존(尊尊)의 양대 정신이 정치상에서 사라짐에 따라 완전히 붕괴되고 말았다. 그러나 종법의 골격과 봉건 중의 약간의 도덕관념은 여전히 공자가 건립한 유가들에 의해 긍정되고 전승되고 있다. 그래서 유가의 도덕은 봉건의 도덕이고, 유가사상은 봉건을 옹호하는 사상이라고 말해도 이를 인정하지 않을 수 없는 것 같다. 그러나 문제는 그렇게 간단하지 않다. 아래에 이 문제에 대한 나의 해답을 제시하고자 한다.

(1) 공자가 전승한 봉건 도덕의 가치 문제
　먼저 우리가 주목할 점은, 종법을 근거로 봉건을 실행한 주공(周公)이 정치상 제시한 원칙, 봉건귀족을 위해 마련한 교양, 이러한 원칙과 교양에서 도출된 도덕관념은 그중 많은 부분이 봉건적 힌계를 돌파하여 보편적 가치를 부여하고 있으며 이러한 보편적 가치는 후대의 공자도 긍정하고 전승할 만한 것이었음을 인정하지 않을 수 없다는 점이다. 주공이 교의를 세울 때 전형(典型)으로 삼은 것은 문왕(文王)이었다. 문왕은 물론 주 왕실의 대종의 근본이 되는 사람이지만 주공의 입

　　　　　　　　제2장 봉건 정치사회의 붕괴와 전형적 전제정치의 성립

을 통해 나온 문왕은 실로 위대한 도덕적 존재로서 표현되고 있다. 공자는 "요순을 근본으로 그 뜻을 서술하고 문왕과 무왕을 법으로 삼았다."(『중용』)[655] 그러나 공자로 하여금 "주나라는 앞의 두 시대를 본받아 그 문화가 매우 찬란하니 나는 주나라를 따르겠다"(『논어』「팔일」)[656]라는 말을 하도록 만든 주된 원인은 문왕과 주공에 있었다. 공자가 "문왕은 이미 가셨으나 그의 문(文)이 여기에 남아 있지 않느냐"(『논어』「자한」)[657]라 하거나 "심하다 나의 노쇠함이여! 오래되었구나, 내가 꿈에 주공을 보지 못한 것이!"(『논어』「술이」)[658]라 말한 것도 그런 이유에서이다. 지금 『시경』과 『상서』 중에서 문왕에 대해 언급한 자료를 간단히 초록하였다.

『시경』:
"아름다운 문왕께서는 아아, 밝고 환한 덕을 잘 삼가셨네."[「대아(大雅)」'문왕(文王)'][659]

"그대들 조상을 생각하지 않을 수 있겠는가, 그 덕을 닦을지어다.
오래도록 하늘의 명을 지킴이 스스로 많은 복을 구하는 길이니라."(「대아」'문왕')[660]

---

655 『中庸』, "祖述堯舜, 憲章文武."
656 『論語』「八佾」, "子曰, 周鑒於二代, 郁郁乎文哉, 吾從周."
657 『論語』「子罕」, "文王既沒, 文不在玆乎."
658 『論語』「述而」, "甚矣, 吾衰也, 久矣, 吾不復夢見周公."
659 『詩』「大雅」'文王', "穆穆文王, 於緝熙(傳: 緝熙, 光明也)敬止(箋: 文王能敬止其光明之德.)"
　　위 원문에 괄호로 부기된 내용의 번역은 순서대로 다음과 같다. "모전: 즙희(緝熙)는 밝고 환함이다", "정전: 문왕은 밝고 환한 덕을 잘 삼가셨다."

"문왕께서는 삼가고 조심하시어, …

그 덕이 어긋나지 않아 나라를 받으셨네."[「대아」 '대명(大明)']661

"상제(上帝)께서 문왕에게 이르셨네,

나는 밝은 덕을 좋아하나 큰 소리로 나타내지 않으니 …

알게 모르게 상제의 법을 따르기만 하라."[「대아」 '황의(皇矣)']662

"하늘의 명은 아름답기 그지없네.

아아, 밝기도 해라, 문왕의 덕의 순수함이여!"[「주송(周頌)」 '유천지명(維天
之命)']663

『상서』:

"(왕이 말씀하셨다.) 너희는 (문왕의 일을 직접 보고 들은) 오래된 사람들이
다. 너희들은 크게 지난날의 일을 멀리까지 살필 수 있으니, 너희들의 영왕
(寧王)【문왕】이 이렇게 부지런하셨음을 알 것이다."[「대고(大誥)」]664

"오직 너의 크게 드러나신 돌아가신 아버지 문왕께서는 덕을 밝히고 벌을 삼
가시며, 감히 홀아비와 과부를 업신여기지 않으셨다. 부지런히 힘쓰고[庸
庸], 공경하여 삼가고[祇祇], 위엄을 두려워하시고[威威]【하늘의 위엄을 두려
워하시고】, 백성들을 드러내시어[顯民]【백성들의 지위와 의지를 세상에 높
이 드러내시어】."665[「강고(康誥)」]666

---

660 『詩』「大雅」'文王', "無念爾祖(文王), 聿(述)修厥德. 永言配命, 自求多福."

661 『詩』「大雅」'大明', "維此文王, 小心翼翼 … 厥德不回(邪), 以受方國."

662 『詩』「大雅」'皇矣', "帝謂文王, 予懷明德, 不大聲以色 … 不識不知, 順帝之則."

663 『詩』「周頌」'維天之命', "維天之命, 於穆不已, 於乎不顯, 文王之德之純."

664 『尙書』「大誥」, "爾惟舊人, 爾丕克遠省, 爾知寧王(文王)勤哉."

665 이 문장은 서복관의 주해에 따라 번역하였다. 그러나 공안국과 공영달의 해석은 이와 다르
다. 그에 따르면 "감히 홀아비와 과부도 업신여기지 않으시며, 써야 할 사람을 쓰시며, 공경해

"오히려 문왕의 가르침을 따라서 술에 빠지지 않았으므로."[「주고(酒誥)」]⁶⁶⁷

"문왕은 거친 의복을 입고[卑服]【살펴보건대 복(服)은 사(事)이다. 비복(卑服)은 백성들이 하는 일을 한다는 말이다】강궁 건설의 일[康功]【공(功)은 사(事)이다. 살펴보건대 『이궤(伊簋)』에서 강궁(康宮)은 주 왕실의 "신첩백공(臣妾百工)"이 지은 궁실로 나온다. 이른바 "즉강공(即康功)"이란 문왕이 몸소 강궁에 이르러 강궁에서의 공인(工人)들이 하는 일을 했다는 말이다】과 농사일【몸소 농사를 지었음을 말한다】로 나아가셨습니다[即【즉(即)은 취(就)의 뜻이다】. 아름답게 부드러우며 아름답게 공손하시어 백성들을 품어 보전하시며 홀아비와 과부들에게 은혜를 베풀어 빛나게 하시어, 아침부터 해가 중천에 이를 때까지 또 해가 기울 때까지 밥 먹을 겨를도 없었으니, 그렇게 함으로써 만민들을 모두 화합하게 하셨습니다."[「무일(無逸)」]⁶⁶⁸

"우리 주나라 문왕은 … 그 누가 고하기를 '백성들이 당신을 원망하고 꾸짖는다'고 하면 황급히 스스로 덕을 공경하였고, 그 허물을 나의 잘못이라고 하며 진실로 이와 같이 하였으니, 감히 노여움을 품지 않을 뿐만이 아니었습니다."(「무일」)⁶⁶⁹

야 할 사람을 공경하시며, 위엄을 보여야 할 바에 위엄을 보이시어, (이 도리를 밝혀) 백성들에게 드러내 보여서"로 번역된다. 傳: "惠恤窮民, 不慢鰥夫寡婦, 用可用, 敬可敬, 刑可刑, 明此道以示民." 正義: "其明德, 用可用, 敬可敬, 其愼罰, 威可威者, 顯此道以示民."

666 『尙書』「康誥」, "惟乃丕顯考文王, 克明德愼罰, 不敢侮鰥寡; 庸庸(勤勞), 祇祇(敬謹), 威威(畏天之威), 顯民(顯揚人民的地位與意志)."

667 『尙書』「酒誥」, "尙克用文王敎, 不腆於酒."

668 『尙書』「無逸」, "文王卑服(按服, 事也. 卑服, 作小民之事), 即(就也)康功(功, 事也. 按「伊簋」, 康宮乃周室'臣妾百工'作工之宮室, 則所謂'即康功'者, 乃指文王親自到康宮, 作康宮中工人之事). 田功(親農事). 徽柔懿恭, 懷保小民, 惠鮮(此)鰥寡, 自朝至於日中昃, 不遑暇食, 用咸和萬民."

669 『尙書』「無逸」, "及我周文王 … 厥或告之曰, 小人怨汝詈汝, 則皇(遽)自敬德. 厥愆, 曰, 朕之愆, 允若時(是), 不啻不敢含怒."

이상 간략한 자료를 통해 주공과 주 초의 시인이 가르침의 본보기로 제시한 문왕의 사람됨을 알 수 있다. 첫째, 문왕은 일상 생활에서 몹시 공경하고 삼가는 태도로 행동하였고, 둘째, 매우 근면할 뿐 아니라 공인(工人)의 기구제작 혹은 농민의 경작 일에 몸소 참가하였다. 셋째, 형벌 사용에 매우 신중하고 인민을 애무하였으며 그 은혜가 홀아비와 과부에게까지 미쳤다. 넷째, 인민의 원망과 비난을 자신의 책임으로 여겨 인민의 원망하는 말로써 자신을 채찍질하며 독려하였다. 이렇게 소박한 정신이 어떻게 봉건제도의 붕괴와 함께 매장될 수 있겠는가? 주공을 중심으로 한 주 왕실의 귀족을 위한 교양에 관해서는 『상서』 중에서 믿을 만한 자료를 아래에 간략히 초록하였다.

"왕이 말씀하셨다. '아! 소자 봉(封)【강숙(康叔)670의 이름】아, 네 몸에 병을 앓는 것처럼 하여 공경할지어다【네 몸이 병으로 고통당하는 것처럼 하라는 말이다】. 하늘은 두렵지만[畏]【위(威)의 뜻】 정성스러우면[棐]【비(匪)의 뜻】 도와줄 것이고[忱]【신(信)의 뜻】, 백성들의 실정(實情)은 크게 볼 수 있으나 소인(백성)들의 향배는 보장하기 어려우니, (너의 나라에) 가서 네 마음을 다하여 편안히 즐기며 놀기를 좋아하지 않으면 이에 그 백성을 다스릴 것이다. … (너의 일은) 또한 왕을 도와서 천명을 자리 잡게 하고 백성들을 진작시켜 새롭게 하는 데 있다."(「강고」)671

---

670 강숙(康叔): 주나라 무왕의 막냇동생. 무왕 사후 성왕이 즉위하였으나 나이가 어려 주공단(周公旦)이 섭정이 되어 나라를 다스렸다. 무왕의 동생들 관숙(管叔)과 채숙(蔡叔), 곽숙(霍叔)은 이에 불만을 품고 주공이 왕위를 빼앗을 것이라는 말을 퍼뜨리며 '삼감(三監)의 난'을 일으켰다. 난이 진압된 후 주공은 삼감을 폐지하고 상(商)의 유민(遺民)들에 대한 통제를 강화하기 위해 강숙 희봉(姬封)을 위(衛)의 제후로 봉하여 지금의 하남성 북부와 하북성 남부 지역의 지배를 맡겼다.

"왕이 말씀하셨다. 아! 봉아, 너의 처벌을 삼가고 분명하게 하라."(「강고」)[672]

"갓난아이를 보호하듯이 하면 오직 백성들이 편안하여 잘 다스려질 것이다. 너 봉이 사람에게 형벌을 시행하여 사람을 죽이는 것이 아니니, 혹시라도 사람을 형벌하거나 사람을 죽이지 말라. … 형벌과 죽임을 마땅하게 하고, …"(「강고」)[673]

"왕이 말씀하셨다. 아! 너 소자 봉아, 천명은 항상 그대로 있지는 않으니 너는 이를 생각하여 (내가 너의 제후국을 끊어 버리지 않게 하라.)"(「강고」)[674]

"왕이 말씀하셨다. '봉아, 내가 들으니 옛날 은나라의 선철왕(先哲王, 湯)은 하늘의 밝은 명과 백성들을 두려워하여 덕을 근간으로 삼고 명철함을 견지하였다.'"(「주고」)[675]

"옛사람이 말하기를 '사람을 물에서 살펴보지 말고 마땅히 백성에게서 살펴보라'고 하였다."(「주고」)[676]

"[태보(太保)가 말하였다.] 왕께서 천명을 받으신 것은 끝없는 아름다움이나 또한 끝없는 근심입니다. 아! 그 어찌 삼가지 않을 수 있겠습니까? … 아! 하늘이 또한 사방의 백성을 불쌍히 여기시어 돌아보고 명하심을 덕에 힘쓰는

---

671 『尙書』「康誥」, "王曰, 嗚呼, 小子封(康叔之名), 恫瘝乃身(言如病痛之在汝身), 敬哉. 天畏(威)棐(匪)忱(信), 民情大可見, 小人難保. 往盡乃心, 無康好逸豫, 乃其乂(治)民. … 亦惟助王宅天命, 作新民."

672 『尙書』「康誥」, "王曰, 嗚呼, 封, 敬明乃罰."

673 『尙書』「康誥」, "若保赤子, 惟民其康乂. 非汝封刑人殺人, 無或刑人殺人, … 用其義刑義殺."

674 『尙書』「康誥」, "王曰, 嗚呼! 肆汝小子封, 惟命不于常, 汝念哉."

675 『尙書』「酒誥」, "王曰, 封, 我聞惟曰, 在昔殷先哲王, 迪畏天, 顯小民, 經德秉哲."

676 『尙書』「酒誥」, "古人有言曰, 人無於水監, 當於民監." 이에 대한 공영달(孔穎達) 소(疏)에는 "以水監但見己形, 以民監知成敗故也"라 되어 있다.

자에게 하셨으니, 왕은 어서 덕을 공경하소서. … 크게 백성들을 화합하게 할 수 있으니 … 백성들 민심의 험함[民嵒]【즉 지금의 이른바 여론을 말한다】을 돌아보시고 두려워하소서."[「소고(召誥)」][677]

"(신하들의 교만하고 음란한) 성품을 절제하게 하시면 … 왕은 공경으로 처소를 삼아야 하니 덕을 공경하지 않으면 안 됩니다."(「소고」)[678]

"주공이 말하였다. '아! 군자는 편안함이 없음[無逸]을 자기 처소로 삼습니다 (늘 여기에 거주합니다). 먼저 농사일[稼穡]의 어려움을 알고 나서 편안하게 하면 백성들의 고충을 알 것입니다.'"(「무일」)[679]

위에 초록한 「강고(康誥)」편과 「주고(酒誥)」편은 주공이 강숙(康叔) 에게 훈계한 내용을 담고 있다. 「강고」편에서는 강숙에게 "덕을 밝히고[明德]", "형벌을 삼가며[愼罰]" 백성을 사랑할 것을 요구하였다. 전편에 걸쳐 직접 애민(愛民)을 언급한 예가 12번이나 될 정도로 많다. 형벌을 신중히 할 것을 언급한 예도 예닐곱 번이 된다. 그뿐만 아니라 이것은 모두 "네 몸에 병을 앓는 것처럼"[680] 통렬한 반성의 정신에서 나온 말이다. 「주고」편에서는 또한 "마땅히 백성에게서 살펴보라[當於民監]"의 정확한 개념을 제시하고 있으며, 또 주(周)나라 사람이 술에 탐

677 『尙書』「召誥」, "惟王受命, 無疆惟休, 亦無疆惟恤(憂). 嗚呼, 曷其奈何弗敬. … 嗚呼, 天亦哀 於四方民, 其眷命用懋, 王其疾敬德 … 其丕能諴(和)於小民 … 用顧畏於民嵒(多言也; 即今之 所謂輿論)."

678 『尙書』「召誥」, "節性, 惟日其邁(勉); 王敬作所, 不可不敬德."

679 『尙書』「無逸」, "周公曰, 嗚呼, 君子所其所無逸. 先知稼穡之艱難, 乃逸, 則知小人之依(依, 隱 痛也)."

680 『尙書』「康誥」, "恫瘝乃身."

닉할 경우의 징벌이 은나라 유민의 경우보다 훨씬 무거웠음을 보여준다. 「소고(召誥)」편과 「무일(無逸)」편은 주공이 성왕(成王)을 훈계하는 내용을 담고 있다. "하늘이 또한 사방의 백성을 불쌍히 여기시어[天亦哀於四方民]", 지금 읽어 보아도 주공의 이런 말들이 모두 그의 심후한 인심(仁心)에서 우러나온 것임을 느낄 수 있다. 주공은 또한 성왕에게 인민의 여론을 경외할 것을 요구하였다. 「무일」편에서는 성왕이 스스로 체득한 농사일의 어려움을 통해 농민의 고통을 깊이 이해할 것을 당부하였다. 『시경』에 있는 서주 초년에 관한 시들을 보면 주 왕실의 통치자들은 대부분 깊은 애정을 가지고 자신을 농업·농민과 융화시키고 있는데, 이는 그들의 통치 저변에 「무일」편의 정신이 관류하고 있다는 증거이다. 주 초에는 통치자가 대위(大位)를 얻은 후 경계하고 삼가며 두려워하는 정신으로 자신의 행위를 단속하였고, 정치의 목적을 애민(愛民)에 두었으며, 자기 자신을 항상 생산노동과 직접 연결시켰다. 주공이 제시한 이러한 규범과 교훈이 왜 봉건정치의 구도를 벗어나 부각되어서는 안 되는지, 왜 공자의 교육 수립을 위한 출발점이 되어서는 안 되는지, 이유를 나는 잘 모르겠다. 내가 알기로는 공자가 말하는 인(仁)은 수기(修己)와 치인(治人)을 융합시킨, 향상을 위한 무한의 의식적인 노력으로, 이는 곧 문왕과 주공의 "명덕(明德)", "애민(愛民)" 관념이 생활 속에 뿌리내린 진일보한 발전이었다. 공자의 인(仁)은 봉건제도에 의해 제한될 수 있는가? 사실 공자가 『춘추』를 지어 "천자의 잘못도 비판하고, 무도한 제후를 비난하고 간악한 대부를 성토하는"[『사기』「자서(自序)」][681] 등 봉건통치를 격렬히 비판하도록 만든 것은 바로 그의 인심(仁心) 때문이었다고 말할 수 있다. 나는 공자가 문왕과 주공에 관한 전승 중 서주 초년의 노동정신을 "한번 분발하면 식음도 잊고, (그것을 알아낸 후에는) 즐거워하여 근심을 잊어서 늙음이 닥쳐오는 것도 알지 못하는"(『논어』「술이」)[682] 학문정신으로 전화(轉化)하였다고 생각하는데, 무의식중에 후세 사람들로 하여금 공자가 수레를 몰고 활을 쏘는 것도 일종의 육체노동임을 홀시하고 공자는 생산에서의 육체노동을 중시하지 않은 자로 여기게끔 만들었으니, 이것이 중국지식인의 이미지 형성에 돌이킬 수 없는 약점을 낳은 것은 심히 유감스러운 일이다.

(2) 예(禮)의 전승 중의 전환

공자는 문왕과 주공의 명덕(明德), 애민(愛民)의 정신을 계승하고 특히 인(仁)의 정신을 발전시켜 인류를 위한 하나의 보편적이고 영구적인 원리를 확립하였다. 여기에는 문제가 있을 수 없다.【원주31】 그러나 봉건제도가 무너지면서 봉건제도를 유지하는 예(禮)도 그와 함께 변화한다는 점, 그리고 공자와 그 학도들은 인적(人的) 요소의 측면에서 이러한 변화를 촉성한 대관건이었다는 점을 이해하지 못한다면, 유가들이 말하는 도덕이 봉건도덕인지 아닌지의 문제에 대해 완전한 대답을 할 수 없을 것이다. 우선, 나는 봉건질서를 유지하는 예 안에는 많은 합리적 성분이 포함되어 있다고 생각하는데, 바로 춘추 말기 장지(莊子)가 말한 "예의(禮意)"가 그것이다.【원주32】 예의(禮意)는 예의 형식 배

---

681 『史記』 권130 「太史公自序」, "貶天子, 退諸侯, 討大夫, 以達王事而已."
682 『論語』 「述而」, "發憤忘食, 樂以忘憂, 不知老之將至."

후에 숨겨진 정신이다. "임방(林放)이 예의 근본[本]에 대해 물었다"고 했을 때의 "근본[本]"은 곧 예의(禮意)를 가리키며 예의 정신을 가리킨다. 그래서 공자는 "훌륭한 질문이다"[『논어』「팔일(八佾)」]라는 말로 임방을 칭찬하였다. 당시에 이처럼 예의 형식의 배후로부터 예의 정신을 발굴하려는 성향이 강했던 이유는, 일부 한정된 예의 형식이 경직화된 것을 느끼면 경직화의 근원적 성찰을 통해 일반적 원칙과 함께 시대에 부응하는 새로운 형식의 예를 도출하기를 희망했기 때문이다. 『예기』 「곡례(曲禮)」편을 예로 들면 그 안에는 봉건제도를 대표하는 구체적인 예절들이 많이 기록되어 있다. 그러나 첫머리에 나오는 "「곡례」에서 말하였다. 경건하지 않음이 없도록 하고"[683]에서부터 "빈천하면서도 예를 좋아할 줄 알면 마음이 동요하지 않는다"[684]까지 무릇 405자는 모두 예에서 도출한 일반적 원칙이라 할 수 있으며 이 원칙들은 봉건적 신분제도의 제한을 받지 않는다. 특히 공자는 인(仁)을 예의 정신으로 삼았다.【원주33】 인(仁)의 계급에 대한 돌파는 곧 예(禮)의 계급에 대한 돌파를 의미한다. 맹자는 그중에서도 특별히 사양(辭讓)과 공경(恭敬)의 원칙을 내세웠다. 순자는 예를 가지고 정치 사회적으로 각자 능력에 따라 일하고 각자 필요한 만큼 가지는 "분(分)"을 규정하였다【이에 대해서는 졸저 『학술과 정치 사이[學術與政治之間]』 갑집(甲集), 「순자 정치 사상의 해석[荀子政治思想的解析]」에 자세하다】. 이것은 모두 예의 획기적인 대전환의 사례들이다.

---

683 『禮記』「曲禮」上, "曲禮曰, 毋不敬."
684 『禮記』「曲禮」上, "貧賤而知好禮, 則志不懾."

예(禮)는 봉건정치의 존비·귀천 질서를 유지한다. 그런데 유가 역시 예로써 정치의 존비·귀천 질서를 유지할 것을 주장하기 때문에 유가가 주장하는 정치는 봉건정치와 다르지 않은 것처럼 보인다. 그러나 사람들 모두 봉건정치에서 존비·귀천을 결정하는 것은 종법적 신분제도라는 점을 간과하고 있다. 그와 달리 유가들이 생각하는 존비·귀천은 "어진 사람을 높이고[尊賢], 능력 있는 사람에게 일을 맡기며[使能], 재주와 지혜가 뛰어난 사람이 벼슬자리에 오르는[俊傑在位]"[685] 구조로 되어 있다. 이러한 본질적인 전환을 이해한다면 유가는 예로써 정치질서를 유지할 것을 주장했다고 이해해야 하며, 이를 종법에 의한 봉건정치와 혼동해서는 안 된다. 오히려 형벌로써 정치질서를 유지할 것을 주장한 법가와 비교할 때 유가의 주장이 지닌 중요한 의미가 쉽게 드러난다. 예는 종법 중의 백숙·형제·생구(甥舅, 외삼촌과 조카)의 친속 관계로부터 규정되었기 때문에 (일상생활 혹은 의례의 진행 시) 몸을 돌리고 나아가고 물러서는[周旋進退] 동작을 하는 동안 존비·상하의 사람들 간에 일종의 정서적 감정이 흐르게 되고 이러한 정서적 분위기는 정치적인 억압 관계를 완화시킨다. 친친(親親)의 정신은 사라졌지만, 친친의 정신으로부터 객관화된 예와 예에 규정된 군신·상하 간의 신분과 지위는, 법가의 술(術) 혹은 법(法)에 규정된 것만큼 그렇게 차이가 현격하거나 냉혹하지 않다. 정강성(鄭康成, 정현)은 "옛날에 군주와 신하는 친구와도 같았다"라는 말을 한 적이 있는데 바로 예제(禮制)하의 군신관계를 두고 한 말이다. 사람들은 이와 같은 근원적인 관점에

---

685 『孟子』「公孫丑」下, "尊賢, 使能, 俊傑在位."

서 공자의 다음 말 "군주가 신하를 부릴 때에는 예로써 한다"[686] "백성을 다스리기를 예로써 한다"[687]에 담긴 의도를 이해해야 할 것이다. 종법에서의 "존존(尊尊)"은 혈통상의 존자를 높이는 것이다. 그러므로 『예기』 「대전(大傳)」에서는 "위로 조녜(祖禰)의 질서를 바로잡는 것은 존귀한 이를 존귀하게 대하는 뜻이다"[688]라 하고 있다. 이것은 정치에 적용될 경우 당연히 심각한 폐해를 일으킬 수 있다. 그러나 『예기』 「중용」에서는 또 이렇게 말한다. "혈친을 친애함[親親]의 줄어듦과 현자를 높이는 등급을 마련하려는 것이 예(禮)가 생겨난 이유입니다."[689] 이것은 정치에 있어 혈통상의 존자를 높이던 것을 현덕과 재능상의 존자를 높이는 방향으로 전환하였음을 의미한다. 다시 말해 혈통에 근거한 친친 존존의 예의 골간을, 친친하는 가운데서도 존현(尊賢)으로 이를 제한하는 방향으로 전환함으로써 존현을 예의 발생 근거로 삼고 있는 것이다. 또 『의례』와 같은 책은 처음에 「사관례(士冠禮)」로부터 시작한다. 「사관례」 마지막 부분 「기관의(記冠義)」에서는 공자의 한 단락을 인용하고 있는데 그중에 이런 말이 있다. "천자의 원자(元子)도 관례를 행할 때에는 오히려 사례(士禮)를 사용하였으니, 천하에 태어나면서부터 존귀한 사람은 없다. 제후의 자손으로 하여금 대를 잇게 하여 제후로 세우는 것은 선조의 어진 덕을 본받을 수 있기 때문이다[象賢]【제후의 자손이 대를 이어 제후가 되는 조건을 어진 덕[賢]에 두고 있다】. 관직과 작위를

---

686 『論語』 「八佾」, "君使臣以禮."
687 『論語』 「爲政」, "齊之以禮."
688 『禮記』 「大傳」, "上治祖禰, 尊尊也."
689 『禮記』 「中庸」, "親親之殺, 尊賢之等, 禮所生也."

수여할 때는 덕의 크고 작음으로 기준을 삼는다【정현 주: 덕이 큰 사람에게는 큰 관(官)으로 작(爵)을 내리고 덕이 작은 사람에게는 작은 관으로 작을 내린다】."[690] 공자는 분명 이러한 의절(儀節)들이 인생에서 중요한 삶의 어떤 의미를 상징한다는 것을 인정하지만, 그러나 그 안에서 봉건정치의 신분제도만큼은 철저하게 뽑아내 제거하였다. 이러한 공자의 뜻은 유가들이 말하는 예절 전체를 관통하고 있다. 예가 유가의 손안에서 시대적 요구에 부응하여 이처럼 본질적인 전환을 겪었던 과정은 후세의 예를 말하는 자들에게 완전히 무시되고 말았다. 따라서 앞으로는 발전된 관점과 방법으로 예 연구의 새로운 방향을 개척해야 할 것이다.

(3) 종법의 정치에서 사회로의 이동

봉건제도의 골간을 이루는 것은 종법제도이고, 봉건제도를 부패로 붕괴하도록 촉성한 것도 종법제도이다. 봉건제도 중의 신분제도와 세경(世卿)제도는 모두 종법제도에서 나온 것이다. 그러나 봉건제도가 붕괴한 이후 봉건귀족의 몰락과 함께 "평민가족"이 점차 확대되면서 종법제도는 도리어 점차 아래로 내려가 사회 일반에 확대되기에 이른다. 한대의 유가들은 종법이 오로지 대부(大夫) 이하에만 적용되고 제후와 천자에게는 적용되지 않았다고 보았는데, 이러한 오해는 한편으로는 진(秦)의 전제정치 출현 이후 군·신 간의 차이가 너무 현격하게 벌어진 데서 기인하며, 다른 한편으로는 바로 종법제도가 아래로 사회

---

690 『儀禮』「士冠禮」'記冠義', "天子之元子, 猶士也. 天下無生而貴者也. 繼世以立諸侯, 象賢也(此乃以賢爲繼世之條件). 以官爵人, 德之殺也(鄭注: 德大者爵以大官, 德小者爵以小官)."

일반에 확대되었던 실제 상황을 반영하고 있다. 보편적으로 통용되는 족보(族譜), 일족의 조상을 함께 모시는 사당[宗祠], 조상 대대로 물려받은 재산[祖産] 등의 구조는 모두 여기서 발전된 것이다. 이것이 중국사회구조의 원칙과 골간이다. 그러나 이러한 사회구조에서는 불가피하게 중국 역사상의 호족(豪族)과 대족(大族)이 형성될 수밖에 없다. 그래서 어떤 사람들은 이러한 상황을 사회적 봉건세력으로 규정하여 철저히 타파하지 않으면 안 된다고 보기도 한다. 그러나 이것은 오히려 동일한 사물, 동일한 행위가 통치계층의 손에 있을 때와 사회대중의 손에 있을 때 그 의의, 그 결과는 종종 반대가 된다는 것을 무시하고 있다. 마주하는 대상과 작용이 미치는 대상이 서로 다르기 때문이다. 남당(南唐) 후주(後主)의 문장, 송 휘종(徽宗)의 그림이 만약 일반 문인의 손에서 나왔다면 그 의미는 완전히 달라졌을 것이다. 오늘날 미국의 자본가들이 주식을 쌓아 이익을 꾀하는 것은 합법적 행위이지만, 미국은 그러한 행위가 정부 내에 유입되는 것을 제한한다. 종법제도는 고정된 귀족신분으로 인민을 통치하는 제도이다. 그래서 그 친친·존존 또한 모두 인민의 통치를 목적으로 한다. 정치에는 고정된 귀족이 있어서는 안 되고, 특히 정치상의 지위는 고정된 귀족의 고정된 신분에 의해 결정되어서는 안 된다. 그렇지 않으면 반드시 정치에 큰 해악이 된다는 것은 너무도 명백한 일이다. 그러나 이제 종법은 정치로부터 사회로 옮겨 갔고, 통치와의 관계도 단절되었으며, 통치를 빙자한 죄악도 없어졌다. 그리하여 종법의 친친(親親) 정신은 우리나라 2천여 년 동안 사회를 조직하는 강인한 유대로서 작용했을 뿐만 아니라 우리나라가 역사의 고난을 극복할 수 있었던 진정한 힘이 되기도 하였다. 서

진(西晉) 말 영가(永嘉)의 난 때 장강을 건너 남쪽으로 가거나 혹은 농산(隴山)을 넘어 서쪽으로 갈 수 있었던 자들은 대부분 호족과 대족들이었다. 중원(中原) 땅에 발붙이고 이적(夷狄)들 사이에서 중국문화를 보지할 수 있었던 자들 역시 호족과 대족들이었다. 호족과 대족은 전제정치의 적이지만, 오히려 민족 동력의 보지자이자 추진자였다. 어찌 그 안에 포함된 유폐(流弊) 때문에 그들이 역사에서 수행한 기능을 말살해 버릴 수 있겠는가? 종법정신으로 형성된 이 사회구조는 당연히 경제적 변화에 의해 갈수록 와해되어 새로운 사회구조를 형성할 것이다. 그러나 역사를 논단할 때, 종법이 정치에서 사회로 옮겨진 후 발생한 의의와 결과는 무시한 채 일률적으로 '봉건'이란 두 글자로써 그 죄안(罪案)을 단정할 수 있겠는가? 나는 다만 여기서 오랜 세월 닫혀 있던 항아리 뚜껑을 열었을 뿐이다.[691] 물론 여기에는 큰 문제가 있다. 즉 상술한 예(禮)의 본질적 전환과 종법의 사회로의 이동은 유가의 관념에서 현저히 부정적인 측면을 드러낸 적이 없기 때문에 사람들로 하여금 유가는 단지 봉건의 계승자일 뿐이라는 오해를 불러일으키기 쉬운데, 이러한 잘못된 관점은 상술한 예의 전환과 종법의 사회 이동을 간과하기 쉬울 뿐만 아니라, 소유(小儒)나 세속에 영합하는 무리들로 하여금 견강부회 혹은 기존의 봉건의 늪에 쉽게 빠지도록 하여 우리들의 철저한 정리를 더욱 곤란하게 만든다.

---

691 『莊子』「田子方」에 나오는 말이다. "내가 도에 대해 아는 수준은 아마도 항아리 속의 초파리와 같다고 할 것이다. 노담 선생이 나의 항아리 뚜껑을 열어 주지 않았더라면 나는 천지자연의 위대함을 알지 못했을 것이다[丘之於道也, 其猶醯雞與. 微夫子之發吾覆也, 吾不知天地之大全也]."

5. 개방의 과도시대

봉건 정치사회의 붕괴는 춘추 말기에 이미 끝이 났다. 만약 역사에서 이른바 전국 시대를 『사기』「육국연표」에 따라 주나라 원왕(元王) 원년(B.C.475)에 시작된 것으로 보면 아래로 진정(秦政, 진시황) 26년(B.C.221)에 천하를 통일하고 정식으로 전제정치를 성립하기까지의 기간은 254년이다. 만약 『자치통감』에 따라 주나라 위열왕(威烈王) 23년(B.C.403)에 처음으로 진(晉)의 대부 위사(魏斯)[692] · 조적(趙籍)[693] · 한건(韓虔)[694]을 명하여 제후로 삼았던 해를 전국 시대의 시작으로 정한

---

692 위사(魏斯, ?-B.C.396): 전국 시대 위(魏)나라 문후(文侯, 재위 B.C.445-B.C.396). 위사 또는 위도(魏都)라고도 한다. 조(趙) · 한(韓)과 함께 진(晉)의 유력 귀족인 지백(知伯)을 멸하고 진을 3분하는 데 기초를 세운 위환자(魏桓子, 魏駒)의 손자로 일설에는 아들이라고도 한다. 조부의 업을 이어받아, 신흥국가 진(秦)의 동진을 황하에서 방어하고, 남으로 초(楚)의 중원 침공을 저지하여 중원 제국의 주도권을 장악하였다. B.C.403년 조 · 한과 함께 주 위열왕(威烈王)으로부터 정식으로 제후에 책봉, 위나라의 군주가 되었다. 이회(李悝, 李克)를 등용하여 법률을 반포하는 등 38년간 재위하면서 위나라를 전국 초기 강국으로 만들었다.

693 조적(趙籍, ?-B.C.400): 전국 시대 조(趙)나라 열후(烈侯). 성은 영(嬴), 씨는 조(趙), 이름은 적(籍)이며 조헌자(趙獻子)의 아들이다. B.C.453년 진양(晉陽) 전투에서 한(韓) · 조(趙) · 위(魏) 3가가 지씨(知氏)를 멸하고 진(晉)나라의 권력을 나눠 가졌는데 공식적으로 진을 벗어난 것은 열후로부터 시작되었다. B.C.400년 열후가 죽은 후 아들 경후(敬侯) 조장(趙章)이 나이가 어려 열후의 동생인 조무공(趙武公, 武侯라고도 한다)이 지위를 계승하였다.

694 한건(韓虔, ?-B.C.400): 전국 시대 한(韓)나라 경후(景侯, 재위 B.C.408-B.C.400). 성은 희(姬), 씨는 한(韓), 이름은 건(虔)이다. 진(晉)나라 경(卿)이었던 한무자(韓武子)의 아들이다. B.C.403년 조(趙) · 위(魏)씨와 함께 제후의 책봉을 받아 정식으로 한나라를 건립하였다.

다면 아래로 진정(秦政) 26년까지의 기간은 모두 172년이다. 이 시기는 봉건으로부터 전제로 넘어가는 과도시대이다. 과도시대의 특성은 "천하가 어떻게 정해질 것 같소?"[695](『맹자』「양혜왕」상)라고 맹자에게 물어본 양혜왕(梁襄王)의 말을 빌리자면, 모든 것이 격렬하게 변동하고 있는 "아직 정해지지 않은[未定]" 시대로 정의될 수 있다. 바로 아직 정해지지 않은 시대이기 때문에 봉건의 속박은 해제되었으나 대일통의 전제적 압제는 아직 개시되지 않았고, 7웅 상호간의 경쟁이 치열하게 전개되었으며, 인간의 온갖 지능적 활동이 시도되고 장려될 수 있다. 따라서 이는 또한 대자유, 대개방, 민족의 생명력이 공전의 발전을 이룩한 시대이기도 했다. 그래서 나는 이 시대를 개방적 과도 시대라고 부른다. 이처럼 개방적이지만 아직 정해지지 않은 시대에는 봉건에서 유래한 정태적 사회 및 정태적 사회에서 필요로 하는 관념들이 모두 격랑 속에 사라지거나 변화되고, 공전의 성황을 이룬 새로운 관념과 새로운 국면이 나타나게 된다. 그러나 이러한 변화 발전 속에서 활약하는 각종 사회 세력들은 모두 집중된 정치 세력에 저항할 만큼 강하지 못했기 때문에 제자백가 및 상인과 농민의 운명은 결국 현실의 정치적 힘에 의해 결정되고 역사상 과도기적 역할을 하는 데 그치고 말았다.

(1) 국가 성격의 변화

먼저 우리는 전국 시대로 들어가면 장기간의 겸병전쟁으로 인해 주

---

695 『孟子』「梁惠王」上, "天下烏乎定?"

초에 봉건된 나라들 중 거의 남아 있는 나라가 없을 뿐만 아니라 종국에는 7웅이 병립하는 국면이 형성된 사실을 이해해야 한다. 또한 이시대 국가의 골간을 형성한 것은 원래의 봉건국가와 크게 다르다는 점에 주의해야 한다. 봉건국가를 형성하는 것은 종법에 기초한 세습 귀족이다. 이 정치의 특성은 첫째, 채읍(采邑)제도로 인해 귀족의 할거가 이루어져 국가권력이 분산되었다는 점이다. 둘째, 귀족은 필연적으로 한 걸음 한 걸음씩 타락을 향해 가기 마련이어서 정치가 전혀 효율적이지 못하다는 점이다. 전국 시대에 들어오면 각국의 정치는 과거 봉건귀족의 속박에서 벗어나 모든 권력이 국왕 또는 국군(國君)에게 집중되었다. 급변하는 정세에 대처하기 위해 부강의 추구를 목표로 정치적 효율성도 제고되었다. 주 위열왕(威烈王) 23년(B.C.403)에는 위사(魏斯)·조적(趙籍)·한건(韓虔)을 명하여 제후로 삼았다.[696] 주 안왕(安王) 16년(B.C.385)에는 제나라 대부 전화(田和)를 명하여 제후로 삼았다.[697] 따라서 한·조·위·제나라는 "새로운 국가"의 모습으로 전국 시대에 진입하였다. 진(秦)나라의 입국은 귀족의 영향이 비교적 약했고 주 왕실의 봉건 예제의 영향을 크게 받지 않았을지도 모른다. 근래의 고고학 발굴에 의하면 서주 말에서 전국 초에 이르기까지 묘장(墓葬)에서의 곽(槨)의 유무, 장례 때 쓰는 기물 중 예기(禮器)의 등차는 모두 예서(禮書)에 기록된 바와 같이 죽은 사람의 신분등급에 따라 차이가 있었

---

696 『史記』권4「周本紀」, "威烈王二十三年, 九鼎震. 命韓·魏·趙爲諸侯."

697 『史記』권32「齊太公世家」, "康公二年, 韓·魏·趙始列爲諸侯. 十九年, 田常曾孫田和始爲諸侯, 遷康公海濱."

다. 전국 시기에 진입한 후로는 이러한 신분에 따른 예수(禮數)의 차이에 혼란이 일어나기 시작하였고, 점차 일상용품이 예기(禮器)를 대신하게 되었다. 이것은 재부(財富)의 관념이 점차 신분 관념을 대체하고 있음을 보여 준다. 그러나 발굴된 진(秦)나라 묘(墓)를 보면 일반적으로 목곽을 쓰지 않았고 또 예기를 부장품으로 쓰지도 않았다. 이것은 바로 진나라 귀족세력이 서융(西戎)의 습속의 영향으로 아예 주 왕실의 종법적 봉건신분제도를 받아들이지 않았거나, 혹은 비록 받아들이기는 했어도 보편적인 발전을 보지 못했다는 것을 증명한다.【원주34】 또한 주나라 현왕(顯王) 8년 진(秦)나라 효공(孝公)은 상앙(商鞅)을 기용하여 현왕 10년(B.C.358)에 변법을 실행하였는데, 이로써 진나라는 한층 귀족정치의 영향에서 벗어나 권력집중과 효율우선을 목표로 맹진하여 천하 통일의 기틀을 마련할 수 있었다. 초나라의 경우, 귀족정치의 기초는 그대로 이어져 변하지 않았지만, 실제 정치의 운용에서 귀족에게 일을 맡기고 공적에 대해 책임을 묻는 것은 각국에서 객경(客卿)을 임용하는 상황과 다르지 않다. "초나라 영윤(令尹)은 모두 친공자(親公子)를 임명하였다. 한번 잘못하면 반드시 주벌하여 사면하지 않았다. 그러므로 대권이 남의 손에 넘어가는 일이 없어 국가의 근본이 강성하였다."[698] 고동고(顧棟高)는 특히 이 점을 들어 춘추 시대의 초나라는 정권 운용상 그 밖의 나라들과 큰 차이가 있다고 보았다.【원주35】 연(燕)나라는 멀리 외따로 떨어진 북방 변경에 위치하여 춘추 및 전국 초에

---

698 顧棟高, 『春秋大事表』 권12上 「卿大夫世系表」, "楚之令尹, 俱以親公子爲之. 一有過, 則必誅不赦. 所以權不下替, 而國本盛彊."

는 중원의 활동에 참여하는 일이 별로 없었다. 장기간 외부와의 접촉이 없는 폐쇄 상태에 있었다고 할 수 있다. 연나라 소왕(昭王)이 자신을 낮추고 후한 예물을 갖추어 현자들을 초빙하면서 국가의 위상이 조금 달라지긴 했으나, 7국 중에 "가장 약소하여 거의 멸망에 이른 적이 여러 번이었다."[699][원주36] 요컨대 봉건국가의 붕괴, 귀족정치의 변질로 인해 전국 시대 국가의 권력은 춘추 시대에 비해 훨씬 더 집중되어 있었다. 이로써 국가의 성격이 일변하게 된다.

춘추 중기 이전 귀족은 고정적인 채읍(采邑)을 소유하였고 공훈·공로에 대한 보수는 모두 전토를 지급하였다. 춘추 말기에 이르면 귀족들이 가신에게 속(粟, 껍질을 벗기지 않은 곡식)을 봉급으로 지급하는 정황이 점차 나타나기 시작하고, 전국 시대에 오면 극소수의 특수 귀족과 봉작자를 제외하고 상을 수여할 때는 대개 금(金, 구리)을 화폐로 사용하였다. 그러나 국군이 신하에 주는 급여는 모두 속(粟)을 봉록으로 지급하는 제도를 채택하였다. 『묵자』「귀의(貴義)」편에는 묵자가 제자를 위(衛)[700]나라에 보내어 벼슬하게 했는데 위나라 군주가 1천 분(盆)을 주겠다고 해 놓고 500분만 주었다[701]는 기사가 나온다. 『한비자』「정법(定法)」편에는 "상군(商君)의 법에 '적의 수급 하나를 베어 오는

<hr>

699 『史記』 권34「燕召公世家」, "太史公曰, … 燕(北)[外]迫蠻貉, 內措齊·晉, 崎嶇彊國之間, 最爲弱小, 幾滅者數矣."

700 저본에는 '魏'로 나와 있으나 '衛'로 바로잡는다.

701 『墨子』「貴義」편에 "子墨子仕人於衛, 所仕者至而反. 子墨子曰, 何故反. 對曰, 與我言而不審, 曰待女以千盆, 授我五百盆, 故去之也. 子墨子曰, 授子過千盆, 則子去之乎. 對曰, 不去子. 墨子曰, 然則非爲其不審也, 爲其寡也"라 되어 있다. 여기서 '千盆', '五百盆'의 '盆'은 속(粟)의 양을 재는 부피단위이다.

자에게 작(爵) 1급을 내리고 관리가 되기를 원하는 경우 50석(石)의 관(官)으로 삼는다. 수급 둘을 베어 오는 자에게는 작 2급을 내리고 관리가 되기를 원하는 경우 1백 석의 관으로 삼는다'라고 하였다"[702]라는 대목이 있다. 또 「외저설우하(外儲說右下)」편에는 연왕(燕王) 쾌(噲)가 3백 석 이상 되는 관리들의 관인(官印)을 거두어 모두 자지(子之)[703]에게 건네주었다고 되어 있다.[704] 이 봉급제도의 출현은 정치상 두 가지 의의를 지닌다. 첫째는 토지가 국군의 손에 집중되었다는 점이다. 둘째는 "속으로 봉록을 주는[粟祿]" 제도의 운용은 토지제도의 운용에 비해 훨씬 자유로워 군주가 언제든지 유사(遊士)를 기용할 기회를 갖고 정치상 수요에 부응할 수 있다는 점이다. 이렇게 하면 권력이 집중되고 신진 인재를 발탁할 수 있어 국가의 정치적 효율성이 춘추 시대에 비해 크게 높아질 수밖에 없다. 그뿐만 아니라 위(魏)나라 이회(李悝)의 "지력을 철저히 이용하는 정책[盡地力之敎]"[705]을 필두로 거의 모든 나

---

702 『韓非子』「定法」, "商君之法曰, '斬一首者爵一級, 欲爲官者爲五十石之官. 斬二首者爵二級, 欲爲官者爲百石之官.' 官爵之遷與斬首之功相稱也."

703 자지(子之, ?-B.C.314): 전국 시대 연나라 사람. 처음에 연왕 쾌(噲, 재위 B.C.320-B.C.314)의 재상으로 중용되었는데, B.C.316년 연왕이 요순의 고사를 본떠 자지에게 왕위를 선양하면서 정치적 혼란이 야기되었다. 자지는 병권을 장악하고 새로운 관리들을 대거 등용했으나, 그에 반대하는 쾌의 아들 태자 평(平)과 귀족들이 연합해 B.C.314년 왕궁을 공격하였고 수만 명이 죽은 끝에 내란은 진압되었지만 연나라의 국력은 크게 쇠퇴하였다. 이러한 정치적 혼란을 틈타 제(齊)나라 선왕(宣王)이 쳐들어와 도읍인 계성(薊城)이 함락되고 연왕 쾌와 자지 모두 피살되었다.

704 『韓非子』「外儲說右下」, "王因收吏璽自三百石以上, 皆效之子之."

705 지력을 철저히 이용하는 정책[盡地力之敎]: 전국 시대에 각국은 부국강병을 목표로 변법(變法)을 실시하였는데 "진지력지교(盡地力之敎)"는 위(魏)나라 문후(文侯)에 의해 등용된 이회(李悝, B.C.455-B.C.395)가 마련한 토지제도 개혁안이다. "진지력지교"의 내용은 두 가지로

라가 이 변화에 부응하는 정치개혁을 추진하였는데, 진(秦)나라의 상앙이 가장 철저하였고 이는 곧 7웅의 최후를 결정짓게 된다. 이 국가 성격의 변화는 사실상 전제(專制) 제도의 성립을 위한 선행 조건을 마련한 셈이었다.

(2) 상공업의 발전

춘추 시대에 "국중(國中)"에 거주하던 상공업자는 전국 시대에 들어와 더욱 큰 발전을 이루었다.

근년에 출토된 전국 중·만기의 철제 농기구는 지역적으로 요녕, 하북, 산동, 산서, 하남, 섬서, 호남, 사천 등 모두 8개 성의 20여 곳에 걸쳐 있다. 각 지역에서 출토된 수량으로 미루어 이미 철제 농기구가 생산에서 주도적 지위를 차지하고 있음을 알 수 있다.【원주37】 기술 면에서 보면, 출토된 춘추·전국 교체기의 소형 농기구들은 여전히 "고체환원법"을 사용해 만들어진 것으로 판단되지만, 석가장(石家莊)의 조(趙)나라 유지에서 출토된 철제 도끼 2점과 홍륭(興隆)의 옛 동굴 연(燕)나라 유지에서 출토된 철 주형[鐵範](거푸집) 1점은 금상학(金相學)[706] 및 화학적 고찰 결과 모두 "고온액체환원법"을 써서 만들어진 것들이다. "고체환원법"으로부터 "고온액체환원법"을 사용한 주철로의 발전은

요약된다. 첫째, 지력(地力)을 충분히 이용하여 농업생산량을 늘리고, 둘째, 풍년에 평균가격으로 곡물을 구매했다가 곡가가 등귀할 때 평균가격으로 판매하여 곡가의 지나친 등귀와 하락을 막음으로써 농민의 생산의욕을 고취하는 것이다.

706 금상학(金相學): 금속이나 합금의 내부 조직과 이들의 물리적, 기계적 성질과의 관련성을 연구하는 학문이다.

야철(冶鐵) 기술상 하나의 혁명이다. 철기의 주조에는 일반적으로 흙으로 만든 주형인 "도범(陶範)"을 사용하지만 그러나 연나라 유지에서는 오히려 철로 만든 주형이 발견되어 형식상 복합 주형과 쌍형 주형이 출현하였다. 주형의 외형은 주조 시 각 부분의 온도를 균일하게 맞추도록 설계되었다. 동시에 주조하는 물건이 변형되는 것을 방지하는 보강구조물과 금속심지를 채용하였는데 이것은 현대에도 그리 용이하게 처리할 수 있는 작업이 아니다. 석가장 조나라 유지에서 출토된 철제 도끼는 조사 결과 그 중심부분은 백주철(白鑄鐵)[707] 조직이지만 가장자리 층은 모두 유화(柔和) 처리를 함으로써 일반 주철에 보이는 바삭거림을 극복할 수 있었다. 또 철을 도금하는 기술에서는 서안 반파(半坡) 98호 진(秦)묘에서 출토된 철제 착(鑿, 구멍 뚫는 도구)을 조사한 결과, 여러 차례 가열과 단련(鍛鍊) 과정을 거쳐 표층에서 내부까지 점차적으로 탄소함량을 바꾸어 가며 만들어 냈다는 것을 알 수 있다.【원주38】 상술한 야철(冶鐵)기술의 진보 및 사용의 일반적 정황으로 볼 때 철의 사용 경험은 이미 장기간에 걸친 기술의 축적과 발전을 거쳤음에 틀림없다. 그러므로 우리나라의 철기사용에 대해『신중국의 고고 수확[新中國的考古收穫]』의 편자가 철기사용 시기를 춘추·전국 교체기에 시작된 것으로 보고『시경』에 출현하는 "전(錢, 가래)", "박(鎛, 호미)" 등의 농구를 철기의 조기시용(早期試用) 시기로 해야 한다고 보는 견해에는 따를 수 없다. 장홍교(章鴻釗)[708]는『석아(石雅)』(1921)의 부록「중국의

---

707 백주철(白鑄鐵): 액체로 융해된 상태에서 급히 식혀 만든 흰 주철. 탄소 함유량은 약 3%이며 아주 굳고 단단하다.

제2장 봉건 정치사회의 붕괴와 전형적 전제정치의 성립

동기·철기시대 연혁고(中國銅器鐵器時代沿革考)」에서 이렇게 말한다. "지질을 조사한 결과 구리와 철은 항상 함께 나온다. 구리로 인해 철을 얻는 것이 이치에 맞다. 나는 일찍이 이 문제를 나숙온(羅叔蘊, 羅振玉) 선생에게 묻고 생각을 올린 적이 있는데 선생께서 글을 남겨 주시기를 '우리 집에 옛날 동도(銅刀)가 하나 있는데 그 형상과 구조를 관찰해 보면 삼대(三代)의 물건이 맞다. 칼자루 가운데는 뻥 뚫려 있고 가운데를 철로 채워 넣었다. 또 옛날 화살촉이 있는데 그 끝부분의 날은 구리로 만들었고 정(挺) 부분은 철을 사용하였다. 생각건대 완전한 철기는 얻을 수 없다'고 하셨다." 이 또한 방증이 될 수 있을 것이다. 철기의 사용은 만약 장기간의 경험이 없다면 위에 서술한 기술상의 대발전이 출현할 수 없다. 동시에 야철(冶鐵)의 대대적인 발전은 한편으로는 전국시대 농업생산능력을 전면적으로 추진하고 다른 한편으로는 공업과 상업의 결합을 통한 상업 재부의 축적을 크게 제고했을 것이다. 『사기』 「화식열전(貨殖列傳)」에 기록된 공상(工商)으로 재물을 모아 부자가 된 8인 중에는 야철업자가 4인을 차지한다.

전국 시대는 수공업의 종류, 기술, 조직【분업】, 규모에서 모두 비약적인 진전이 있었다. 그러나 대체로 관영수공업에 속해 있었다. 또한 대량으로 생산된 공예품에 "상방(相邦)", "수상(守相)" 등 당시의 중앙정권을 대표하는 관직을 표시하거나 지방정권을 대표하는 "군(郡)",

708 장홍교(章鴻釗, 1877-1951): 절강 오흥현(吳興縣, 지금의 절강성 湖州市) 출생. 자(字)는 연군(演群)이다. 지질학자, 중국 지질과학사 분야의 개척자이다. 저서로 『삼령해(三靈解)』, 『석아(石雅)』, 『고광록(古礦錄)』 등이 있다.

"군수(郡守)", "현(縣)", "현령(縣令)" 등을 표시하였는데, 이로부터 당시 관영수공업이 당시의 국(國), 군(郡), 현(縣) 3급의 정권에 의해 조직되었음을 알 수 있다. 그러나 1956년 무안(武安, 하북성 邯鄲 소재) 오급진(午汲鎭)의 조나라 고성 안에서 10곳의 도요를 포함하는 전국 만기의 도요지(陶窯址)를 발굴했을 때, 수많은 도기와 도편(陶片) 위에 "문오도(文牛陶)", "속질이(栗疾已)", "진수(陳陲)", "한□(韓□)", "사□(史□)"·"손□(孫□)" 등의 이름이 찍혀져 있었는데 이것은 관영공업의 도장이 아니라 일군의 소규모 수공업자가 찍은 사영수공업자의 도장이었다. 또 산동의 임치(臨淄)를 조사하다가 "모리인모(某里人某)"라는 글자가 찍힌 깨어진 질그릇 조각을 발견했는데 이러한 질그릇 조각은 저록에도 흔히 보이는 것들이다. 찍혀진 지명에는 "도리(陶里)", "두리(豆里)" 등의 이름이 있는데, 이로부터 전국 시대 임치성의 외곽에는 실제로 독립적인 소규모 수공업자가 다수 포진해 있었음을 짐작할 수 있다. 【원주39】 상술한 두 종류의 자료를 종합하면 전국 시대에는 이미 사영수공업이 출현해 있었다고 단정할 수 있다.

이 시기 상업의 활성화는 당시 화폐가 유통되었던 정황을 반영하고 있다. 전국 중기를 대표하는 정주(鄭州) 두강(杜崗) 제112 한묘(韓墓) 및 휘현(輝縣) 고위촌(固圍村) 제1호 위묘(魏墓)에서 평수포(平首布, 농기구 모양의 철제 화폐)가 발견되었는데 위쪽에 지명과 화폐단위가 기록되어 있다. 그것은 이미 농기구의 양식을 벗어났을 뿐만 아니라 화폐가치 단위가 표시된 것은 그것이 오래전부터 물품화폐로부터 기호(記號)화폐로 바뀌었다는 것을 설명한다. 1956년 산서성 예성(芮城)에서 발견된 교장(窖藏, 움)에서는 460개의 금화가 출토되었는데 주조된 지역은 위(魏)・한(韓)・조(趙) 등 20여 곳이었다. 1957년 북경 호가루(呼家樓)에서 발견된 교장(窖藏)에서 출토된 포(布) 화폐는 그 주조된 장소가 무려 50여 곳에 달했다.【원주40】 마앙(馬昂)의 『화포문자고(貨布文字考)』[709]에서는 "구리를 틀(거푸집)에 넣어 화폐를 만드는 것은 상(商)의 백성이 창시한 것이다. 백성들이 편리하다고 여겼고, 편리하면 통행될 수 있었으니 국가에서는 금령을 두지 않았다. 주조가 사사롭게 행해진 것은 아니었다"[710]라고 하였다. 화폐 자체의 효용성 진전과 화폐주조 지역의 보편화로부터 전국 시기 상업이 고도로 발달하였음을 짐작하기 어렵지 않다. 『사기』「화식열전」에는 "위(魏) 문후(文侯) 시대(B.C.424-B.C.385)"에 백규(白圭)[711]가 사업을 운영했던 방법이 자못 상세하게 나와 있다. 그리고 백규의 말로써 결론을 내리기를 "내가 사업을 운영하는 방법은 이윤(伊尹)과 여상(呂尙)의 모책【멀리 내다볼 수 있는 식견을 지녔다는 뜻】, 손자와 오자의 병법【기선을 제압할 수 있어야 한다는 뜻】, 상앙의 법 집행【반드시 약속을 지킨다는 뜻】과 같다"[712]라고 하였다. 백규의

---

709 『화포문자고(貨布文字考)』: 4권. 청나라 마앙(馬昂)의 저작. 민국(民國) 13년 상우(上虞) 나진옥이 도광(道光) 28년 금산전씨판본(金山錢氏刊本)을 다시 영인하였다.

710 馬昂, 『貨布文字考』, "範銅爲貨, 乃創自商民; 民以爲便, 便則通行, 國家未有禁令; 籀不爲私."

711 백규(白圭, 미상): 전국 시대 주(周)나라 사람. 위 문후 때 "남이 버리면 취하고, 남이 취하면 준다[人棄我取 人取我與]"라는 장사 이론으로 치부(致富)하였다. 오곡이 여물 때 식량을 사두면서 사칠(絲漆)을 판매하고, 누에고치가 나올 때 비단과 솜을 구매하면서 식량을 팔았다. 장사를 할 때는 반드시 적절한 시기를 잘 파악하여 지모(智謀)를 이용했는데, 마치 이윤(伊尹)이나 여상(呂尙)의 지혜와 같았고, 손오(孫吳)가 병사를 움직이고 상앙(商鞅)이 법을 집행하는 것처럼 하였다.

712 『史記』권129「貨殖列傳」, "吾治生産, 猶伊尹呂尙之謀(按言能有遠見), 孫吳用兵(按言能制機先), 商鞅行法(按言能有信用)是也."

말 속에 반영된 당시 상업경영의 정황은 이미 현대 상업경쟁의 조건과 상호 부합한다. 또한 진(秦)나라는 천하를 겸병한 뒤 천하의 부호(豪富) 12만 호를 각지에서 옮겨 왔다. 이것은 모두 전국 시대 상업발전의 상황을 설명해 준다.

전국 시대 상공업의 발전은 도읍의 발전에도 반영되었다. 『논어』에 언급된 읍(邑)은 "10실의 읍"으로부터 "1천 실의 읍"[713]에 이른다. 『전국책(戰國策)』 「조책(趙策)」3에서 마복군(馬服君)[714]은 "옛날에는 … 성이 아무리 크다 해도 3백 장(丈)을 넘는 일이 없었고, 사람이 아무리 많다 해도 3천 가(家)를 넘지 않았습니다"[715]라고 말한다. 그러나 『전국책』 「조책」1에서는 한강자(韓康子) · 위선자(魏宣子) 모두 지백(知伯)에게 "1만 가(家)의 읍"[716]을 바쳤던 사실이 기록되어 있다. 「조책」3에서

---

713 『論語』 「公冶長」, "子曰, 十室之邑, 必有忠信如丘者焉, 不如丘之好學也." 같은 편, "子曰, 求也, 千室之邑 百乘之家, 可使爲之宰也, 不知其仁也."

714 마복군(馬服君, 미상): 조사(趙奢). 전국 시대 사람으로 처음에 조(趙)나라의 밭에 세금을 징수하는 전부리(田部吏)를 지냈는데, 평원군(平原君)의 집안에서 세금을 내려 하지 않아 조사는 법대로 다스려 평원군 집에서 일하는 자 아홉을 죽였다. 그 일로 평원군이 군주에게 천거하여 국부(國賦)를 담당, 국고가 충실해졌다. 용병을 잘했고 군사 문제에 신중한 태도를 견지하였다. 조나라 혜문왕(惠文王) 29년 진(秦)이 알여(閼與)를 공격하자 지형을 활용한 치밀한 작전으로 진나라 군대를 대패시켰다. 이 공으로 마복군에 봉해졌다.

715 『戰國策』 「趙策」3, "且古者 … 城雖大, 無過三百丈者; 人雖衆, 無過三千家者. … 今千丈之城, 萬家之邑相望也."

716 "1만 가(家)의 읍": 한강자(韓康子) · 위선자(魏宣子) 모두 진(晉)나라의 6경(卿)으로서 B.C.453년 진의 지백(知伯)을 멸하고 영토를 3분하여, B.C.403년에 주(周)의 위열왕(威烈王)으로부터 제후로 승인되어 독립국을 이루었다. 당시 지백은 6경 가운데 한 사람이었지만 다른 경들을 위협하여 그들의 영토를 빼앗았다. 지백이 위선자에게 영토를 내놓으라고 하였을 때, 위선자는 처음에 거부하였으나, 위선자의 신하인 임장(任章)이 「「주서(周書)」에 이르기를 '장차 남을 패망하게 만들려면 우선 그를 도와주어야 하고, 무언가를 취하고자 한다면 먼저 주어야 한다[將欲敗之, 必姑輔之, 將欲取之, 必姑與之]'라고 하였습니다. 군주께서는 요구대로 땅을 주

마복군은 "지금은 둘레가 1천 장(丈)이나 되는 성과 1만 가나 되는 읍이 즐비합니다"라고 하였다. 또「조책」4에서 우경(虞卿)은 "지금 대왕이 능히 1백 리의 땅이나 1만 가의 도읍을 위나라에 주고 범좌(范座)를 죽일 수만 있다면 그리 하십시오"[717]라고 말하고 있다.「초책(楚策)」에도 "1만 호의 도읍을 하사하여[效萬戶之都]"라는 말이 있다.「제책(齊策)」1에서는 소진(蘇秦)이 제나라 왕에게 유세하는 말 가운데 "임치(臨淄)에 있는 7만 호"라는 구절이 나온다.「동주책(東周策)」에는 한(韓)나라의 의양(宜陽)이 "8리 되는 성에 재사(材士)가 10만"이라 하였다. 이러한 도읍의 발전은 한편으로는 인구의 증가를 반영하고 다른 한편으로는 상공업발전에 의한 인구의 도시 집중을 반영하고 있다. 그밖에 각국의 상비 병력이 늘어난 측면도 있다.

(3) 사(士) 집단의 확대

사(士) 계층은 전국 시대에 들어와 수적으로 더 확대되었을 뿐만 아니라 일부에서는 사상 문화를 중심으로 많은 집단 활동이 이루어지고 있었다. 공자의 교화(教化) 집단은 공자가 죽은 후에도 그의 제자들에 의해 각각 계승되었는데, 그중 후세에 알려진 사람으로 자하(子夏)는 서하(西河)에서, 증자(曾子)는 무성(武城)에서 학문을 전하였고, 상구(商

어서 지백을 교만하게 만드는 것이 좋을 것입니다. 군주께서는 온 천하의 나라들과 동맹하여 지백을 타도할 계획을 세우지는 않고 어찌하여 홀로 그의 공격 목표가 되려 하십니까"라고 조언하자, 위선자는 임장의 말을 따라 지백에게 1만 호(戶)의 영토를 내주었다. 지백은 더 나아가 조양자(趙襄子)에게 땅을 요구하였으나 거절당했다. 조양자는 위선자 등과 연합하여 지백을 타도하고 그의 땅을 나누어 가졌다.『戰國策』「魏策」1 참조.

717 『戰國策』「趙策」4, "今王能以百里之地, 若萬戶之都, 請殺范座於魏."

瞿)[718]는 『역(易)』을 전하여 멀리 초나라의 한비자홍(馯臂子弘)에게 미쳤다고 한다. 이들 모두 사(士) 집단임을 짐작할 수 있다. 『묵자』「공수(公輸)」편에 의하면 묵자의 제자 금활리(禽滑釐)[719] 등 3백 인은 모두 물불을 가리지 않고 성을 방어하였고, 그 후학들은 "거자(鉅子)"를 중심으로 하는 집단을 조직하였다. 맹자는 "뒤따르는 수레가 10승이요 따르는 자들이 수백 인이었다."[720] 이 역시 사 집단의 하나로 볼 수 있다. 『맹자』에 보이는 "진량(陳良)의 제자 진상(陳相)"의 고사[721]로부터 남쪽 지역에도 이러한 집단이 있었음을 알 수 있다. 또한 허행(許行)은 "그 무리가 수십 명이었고 모두 거친 베옷을 입었다"라고 하였는데 물론 이것도 사 집단의 하나였다(『맹자』「등문공」상). 『장자(莊子)』「덕충부(德充符)」에는 노나라에 발 잘리는 형벌을 받은 왕태(王駘)라는 사람이 있었는데 "그(왕태)를 따라 배우는 자들의 수가 선생님【공자】과 노나라를 반분(半分)하고 있습니다. 그는 서서도 가르치지 않고 앉아서도 토론 한 번 하지 않습니다"[722]라는 대목이 있다. 이것은 비록 우화이긴

<hr>

718 상구(商瞿, B.C.522-?): 춘추 말기 노(魯)나라 사람. 성은 상(商), 이름은 구(瞿), 자는 자목(子木)으로 공자의 제자다. 공자에게 『역』을 전수받았으며, 이는 나중에 초나라 사람 한비자홍(馯臂子弘)에게 전해지고, 다시 교자용자(嬌子庸疵), 주자가수(周子家竪), 광자승우(光子乘羽), 전자장하(田子莊何), 왕자중동(王子中同)을 거쳐 양하(楊何)로 전해졌다. 양하는 한 무제 때 중대부(中大夫)로 임명되었다.

719 금활리(禽滑釐, 미상): 활려(滑黎) 또는 골리(骨釐), 굴리(屈釐)로도 쓴다. 처음에 자하(子夏)에게 수업을 받았고, 나중에 묵자(墨子)의 제자가 되어 학문을 모두 전수받았다. 묵자가 송(宋)을 공격하는 초나라를 방어하기 위해 그에게 제자 3백 명과 함께 방어 도구를 갖추고 가서 송나라의 성을 지키도록 했다고 한다.

720 『孟子』「滕文公」下, "後車數十乘, 從者數百人."

721 『孟子』「滕文公」上, "陳良之徒陳相" 이하 참조.

722 『莊子』「德充府」, "王駘, 兀者也. 從之遊者, 與夫子(孔子)中分魯; 立不教, 坐不議." 그래서

하지만 장자 당시의 사 집단의 정세를 반영하는 것일 수도 있다. 아울러 장자가 마음에 두었던 왕태라는 자가 도가형에 속하는 인물이라면 노자의 유파를 계승한 자들도 당연히 여러 집단을 이루고 있었다고 봐야 한다. 『장자』「천하」편에서는 송연(宋妍)과 윤문(尹文)이 "이런 주장으로 온 천하를 돌아다니며 위로는 군주에게 유세하고 아래로는 사람들을 가르쳤다"[723]라고 하였는데 이는 당연히 사 집단이다. 『전국책』「제책(齊策)」4에는 전병(田駢)이 "팽몽(彭蒙)에게 배웠다"[724] "1천 종(鍾, 1천 3백 석)의 봉록을 받고 문도(門徒)가 1백 명이나 되었다"[725]라는 기록이 있는데 이것도 당연히 사 집단의 하나이다. 『장자』「천하」편에는 "혜시(惠施)는 이상의 (열 가지 명제를) 대단한 것으로 자부하여 이것을 천하에 공표하고 변자(辯者)들을 설득하였다. 그래서 천하의 변자들이 서로 함께 이것을 즐겨 하였다"[726]라고 하였는데 이는 변자들도 각자 자신의 집단이 있었음을 보여 준다. 장의(張儀)[727]는 "처음에 소진(蘇秦)과 함

공자의 제자가 그에게 사람들이 모여드는 까닭을 묻자, 공자는 다음과 같이 대답했다고 한다. "사람은 흘러가는 물에는 비춰 볼 수가 없고 고요한 물에 비춰 보아야 한다. 오직 고요한 것만이 고요하기를 바라는 모든 것을 고요하게 할 수 있다[人莫鑑於流水, 而鑑於止水, 唯止能止衆止]."

723 『莊子』「天下」, "以此周行天下, 上說下教."

724 『戰國策』「齊策」4, "田駢亦然, 學於彭蒙, 得不教焉."

725 『戰國策』「齊策」4, "貲養千鍾, 徒百人."

726 『莊子』「天下」, "惠施以此爲大觀於天下, 而曉辯者, 天下之辯者相與樂之."

727 장의(張儀, ?-B.C.309): 전국 시대 위(魏)나라 사람. 소진(蘇秦)과 함께 귀곡자(鬼谷子)를 사사하면서 종횡술(縱橫術)을 배웠다. 소진의 주선으로 진(秦)나라에서 관직을 얻어 혜문왕(惠文王) 때 재상이 되었다. 6국의 종적 연합으로 진나라의 동진을 막으려는 소진의 합종책을 무마하기 위해 장의는 6국을 설득하여 진이 6국과 개별로 횡적 동맹을 맺도록 하는 데 성공하였다. 진나라는 연횡책을 써서 영토도 넓어졌고 강대국이 되었다. 이 공으로 장의는 무신군(武信

께 귀곡선생[728]을 스승으로 모시고 유세술(遊說術)을 배웠다"[729]【원주41】
라고 하였는데 이 또한 일종의 사(士) 집단이다. 학파의 대가들마다 모
두 크거나 작은 집단을 형성했던 것은 당시의 군주 및 권귀(權貴)와의
밀접한 관계를 중시했기 때문이라고 할 수 있다. 가장 두드러진 예로
제나라의 직하(稷下)와 연나라의 갈석궁(碣石宮),【원주42】 그리고 맹상군
(孟嘗君)・평원군(平原君)・신릉군(信陵君)・춘신군(春申君) 등 4군과 조
금 후의 여불위(呂不韋)[730]는 모두 각각 수천 명의 빈객을 모아들였는
데, 그중에서도 여불위가 빈객들에게 문화 분야에서 적극 능력을 발휘
하게 한 것이 가장 의미가 있다. 당시 사상을 가지고 호소하지 않는 유

君)에 봉해졌다. 그러나 진은 합종을 타파한 뒤 6국을 차례로 멸망시켜 중국을 통일하였다.

728 귀곡선생(鬼谷先生, B.C.400-B.C.320): 본명은 왕후(王詡), 호는 현미자(玄微子), 왕선(王
禪)으로도 불린다. 전국 시대 위(魏)나라 조가(朝歌, 하남성 新鄕 淇縣) 혹은 위나라 업(鄴, 하
북성 臨彰縣) 사람이라고도 한다. 성명과 행적 모두 미상이나 일설에는 이름이 이(利) 또는
점(詷)이라고도 한다. 영천(潁川)과 양성(陽城)의 귀곡 지방에 은둔해서 귀곡자 또는 귀곡선
생으로 불렸다고 한다. 저서에 『귀곡자(鬼谷子)』 1권이 전해지는데 소진(蘇秦)이 가탁한 위
서로 간주된다.

729 『史記』 권70 「張儀列傳」, "始嘗與蘇秦俱事鬼谷先生學術."

730 여불위(呂不韋, ?-B.C.235): 전국 말기 위(衛)나라 복양(濮陽) 사람. 사업 수완이 뛰어난 대상
인으로 거금을 축적한 여불위는 우연히 조(趙)나라에 인질로 잡혀 와 있던 진(秦)나라 공자
자초(子楚)가 어렵게 지내는 것을 보고는 특유의 사업적 감각으로 많은 돈을 투자하여 자초
의 환심을 사는 한편, 자식이 없는 진나라 태자 안국군(安國君)과 화양부인(華陽夫人)을 설득
하여 서자인 자초를 양자로 삼게 했다. 여불위는 자기 애첩을 자초에게 바쳐 아내로 삼게 했
는데, 여기서 시황제의 생부는 자초[莊襄王]가 아닌 여불위라고 하는 설이 나왔다. 장양왕에
이어 영정(嬴政, 시황제) 즉위 후에도 여불위는 계속 상국(相國)의 자리를 지켰고 특히 영정
으로부터 중부(仲父)로 존중되었다. 집안에 식객이 3천 명에 이르렀고, 가동(家僮)만 만여 명
에 달했다. 그러나 진왕 10년 영정은 노애(嫪毐) 사건을 빌미로 여불위를 파면하고 촉(蜀)으
로 유배하였다. 압박을 못 이긴 여불위는 도중에 자살하였다. 여불위가 3,000여 명의 빈객들
을 모아 편찬한 『여씨춘추(呂氏春秋)』가 현재 남아 있다.

　　　　　　　　　　제2장 봉건 정치사회의 붕괴와 전형적 전제정치의 성립

세가들은 모두 집단이 아닌 개인으로 활동을 했던 것 같다. 그러나 소진(蘇秦)의 유세가 조(趙)나라에 받아들여졌을 때 조나라 왕이 "장식한 수레 1백 승(乘)과 황금 1천 일(溢) … 을 갖추어 각 제후들을 설득하게 한"731【원주43】 것을 보면, 그들이 일단 득세하면 사(士)의 무리들이 모여들어 세력을 크게 확대할 수도 있음을 보여 준다. 상술한 학술사상을 중심으로 형성된 집단은 당연히 당시 사들이 농경을 이탈하여 봉록을 구하러 다녔던 사정과도 관련이 있다. 『여씨춘추』「박지(博志)」편에는 영월(寧越)이란 자가 농사일을 수고롭게 여기고 진로를 바꾸어 열심히 공부해서 영달하기를 구했다732는 고사가 있는데, 당시 많은 사람들이 농사일을 내던지고 학문하기를 좇았던 풍조를 보여 주는 일례이다. 그러므로 묵자는 사람들에게 권하기를 "일단 배우고 나서 내 장차 너에게 벼슬하러 가겠다"「공맹(公孟)」733라고 말하도록 하였고, 또 그는 실제로 제자인 승작(勝綽)을 제(齊)나라에서 벼슬하도록 하고「노문(魯問)」734 제자 공상과(公尙過)를 월(越)나라에서 벼슬하도록 했으며(같은 곳),735 조공자(曹公子)를 송(宋)나라에 보내어 벼슬하게 한 적이 있다.736 경주(耕柱)·위월(魏越)의 무리도 모두 묵자로 인해 녹봉을 얻

---

731 『史記』 권69 「蘇秦列傳」, "飾車百乘, 黃金千溢 … 以約諸侯."

732 전문은 다음과 같다. 『呂氏春秋』「不苟論 博志」, "甯越, 中牟之鄙人也, 苦耕稼之勞, 謂其友曰, 何爲而可以免此苦也? 其友曰, 莫如學. 學三十歲則可以達矣. 甯越曰, 請以十五歲. 人將休, 吾將不敢休, 人將臥, 吾將不敢臥. 十五歲而周威公師之. 矢之速也, 而不過二里止也, 步之遲也, 而百舍不止也. 今以甯越之材而久不止, 其爲諸侯師, 豈不宜哉?"

733 『墨子』「孔孟」, "姑學乎, 吾將仕子."

734 『墨子』「魯問」, "子墨子使勝綽事項子牛. 項子牛三侵魯地. 而勝綽三從."

735 『墨子』「魯問」, "子墨子游公尙過于越. 公尙過說越王, 越王大說."

었다【각각 「경주」편[737]과 「노문」편[738]에 보인다】. 제나라 선왕(宣王) 역시 맹자[739]에게 1만 종(鍾)의 녹을 주고 제자를 기르도록 하고 싶어 했다 (『맹자』「공손추」하). 이러한 집단적 활동은 후한 말기 주목(州牧)의 형성을 계기로 한두 번 비슷한 예가 있었으나 얼마 안 가 환관에게 도륙당하고 말았다. 이러한 현상은 오로지 개방적인 과도시대에만 출현할 수 있음을 알 수 있다.

(4) 정치사상의 대분야

상술한 사(士)로 형성된 제자백가는 정치만 놓고 보면 사상적으로 크게 세 가지 유형으로 나눌 수 있다. 첫째, 인민을 위한 해방을 추구하며 인의(仁義)를 정치의 최고규범으로 삼는 유형으로서 유가, 도가, 묵가, 음양가가 모두 여기에 속한다. 도가는 세속에서 말하는 인의(仁義)에는 반대하지만 "대인(大仁)", "대의(大義)"【원주44】를 추구한 점에서 또한 이 유형에 넣을 수 있다. 둘째, 통치자를 위해 권세를 다투고 부강을 최고의 목적으로 삼는 유형으로서 제(齊)·노(魯) 계통 및 위(衛)·진(晉) 계통의 법가들이 모두 여기에 속하는데 위·진 계통의 법가들이 특히 가혹하다. 셋째, 정치의 기본방향과 같은 문제는 다루지 않고 단지 각국의 상호 공벌 및 영토 획득의 책략과 전술의 장단점을

---

736 『墨子』「魯問」, "子墨子出曹公子而于宋."

737 『墨子』「耕柱」, "子墨子游荊耕柱子于楚."

738 『墨子』「魯問」, "子墨子游魏越曰, 旣得見四方之君子, 子則將先語."

739 저본의 '묵자'는 '맹자'의 오기이다. 『孟子』「公孫丑」下, "王謂時子曰, 我欲中國而授孟子室, 養弟子以萬鍾, 使諸大夫國人皆有所矜式."

논하는 음모가 유형으로서 종횡가가 여기에 속한다.

첫 번째 유형은 대체로 말하면, 정치의 기본 권력은 인민의 손에 보존되어야 하며 군주의 손에 집중되어서는 안 된다고 주장한다. 유가는 생살·상벌의 대권을 국인(國人)에게 맡길 것을 요구하면서도【원주45】 "백성이 좋아하는 것을 좋아하고 백성이 싫어하는 것을 싫어하는"740 정치를 주장했는데【원주46】 이는 물론 정치의 기본 권력을 인민의 손에 보존하려는 것이다. 노자가 "성인은 정해진 마음[常心]이 없으니 백성의 마음을 자신의 마음으로 삼는다"741라고 말한 의도 역시 이와 마찬가지이다. 묵자의 "상동(尙同)" 사상은 이것을 전체주의 사상이라 보는 자도 있으나 이는 그 유폐의 극단을 두고 발생한 오해이다. 묵자의 상동(尙同)은, 사실상 제후가 위로 천자와 똑같이 한다면 자국에 대한 제후의 정치권력이 필요 없게 되고, 천자가 위로 하늘과 똑같이 한다면 천자 역시 천하에 대한 정치권력이 필요 없게 된다는 의미이다. 하늘은 인민을 "똑같이 사랑하고 똑같이 이롭게 한다."742 그렇다면 천자와 제후도 하늘의 뜻을 받들어 오로지 인민을 위해서만 봉사해야 한다. 또한 묵자는 천자로부터 관리에 이르기까지 모두 선거를 통해 자리에 오른다면 정치권력은 자연히 선거권자인 인민의 손에서 관리된다고 주장하였다【「상동(尙同)」상·하편 참조】. 두 번째 유형인 법가, 그중에서도 특히 상앙과 한비자는 정치권력을 철저히 군주의 손에 집중시켜

---

740 『禮記』「大學」, "民之所好好之, 民之所惡惡之."

741 『老子』통행본 49장, "聖人無常心, 以百姓之心爲心."

742 『墨子』「法儀」, "兼而愛之, 兼而利之也."

"천하를 독제(獨制)"743【원주47】해야 한다고 요구하였다. 신하된 자가 민심을 얻는 것은 법가에서 크게 꺼리는 바로 『상군서(商君書)』와 『한비자』에서는 이를 거듭 언급하여 엄중 경계시키고 있다. 유가들은 각종 설로써 군주의 지위를 낮추려 하고, 상호 신뢰를 바탕으로 한 군신(君臣) 관계를 확립하고자 하였다. 그래서 한비자는 "군주를 낮추고 나라를 위태롭게 하는 자는 반드시 인의(仁義)와 지능(智能)으로써 한다"744【원주48】라고 하였다. 맹자가 "군주가 신하를 여기기를 자신의 손발처럼 소중히 여기면 신하는 군주를 여기기를 자신의 배와 심장처럼 여길 것이다"745【원주49】라고 했을 때 군신의 관계는 상대적 관계이다. 하지만 법가에서는 오로지 군주만을 신성화하고 신비화할 필요가 있었으므로 군신 관계를 특별히 현격한 차이가 있는 관계로 만들어 놓았다. 그러므로 한비자는 특히 다음을 강조한다. "도(道)는 만물과 (차원이) 같지 않고 … 군주는 신하들과 차원이 같지 않다. … 그런 까닭에 명철한 군주는 홀로 선 도의 모습[獨道之容]을 존귀하게 여긴다. 군주와 신하는 도를 달리한다."746【원주50】 그는 또 말하기를 "군주가 위에서 자신의 의중을 감추어 남이 헤아릴 수 없게[神] 하지 못하면 신하가 장차 그 자리를 넘볼 기회를 노릴 것이다"747【원주51】라고 하였다. 군주를 신비화하

---

743 『韓非子』「有度」, "獨制四海之內, 聰智不得用其詐, 險躁不得關其佞, 姦邪無所依."

744 『韓非子』「說疑」, "卑主危國者之必以仁義智能也."

745 『孟子』「離婁」下, "孟子告齊宣王曰, 君之視臣如手足, 則臣視君如腹心."

746 『韓非子』「揚權」, "道不同於萬物 … 君不同於羣臣 … 是故明君貴獨道之容, 君臣不同道."

747 『韓非子』「揚權」, "主上不神, 下將有因." 원(元)의 하변(何犿)의 주에 의하면 "神者, 隱而莫測其所由者也"라고 하였다.

　　　　제2장 봉건 정치사회의 붕괴와 전형적 전제정치의 성립

는 방법에 대해 그는 이렇게 말한다. "군주가 자기 형적을 덮어 가리고 그 단서를 숨겨 보이지 않게 하면 신하는 군주의 속마음을 알아낼 수 없다. 그 지혜를 던져 버리고 재능을 끊어 버려 쓸 수 없게 하면 신하는 군주의 심중을 추측할 수 없다."748【원주52】 어째서 이렇게 해야 하는가 하면 "군주와 신하는 하루에도 백 번 싸우는데"749 신하는 언제든지 군주를 찬탈 시해할 수 있기 때문이다. "신하가 그 군주를 시해하지 못하는 것은 도당이 형성되지 않았기 때문이다."750 이러한 까닭에 "도를 터득한 군주는 그 신하의 지위를 귀하게 하지 않고"751【원주53】 되도록 신하를 개처럼 다루어 개가 호랑이로 변하지 못하도록 하려는 것이다. 그러므로 한비자는 다음과 같이 말한다. "군주가 의중을 감추어 남이 헤아릴 수 없게[神] 하지 못하면 호랑이 같은 신하들이 그 뒤를 밟아 (허점을 노릴 것이다.) 군주가 이를 알아차리지 못하면 호랑이를 장차 개로 여길 것이다. … 호랑이가 무리를 이루게 되면 그 어미인 군주를 죽일 것이다. … 군주가 법을 시행하면 큰 호랑이도 스스로 온순해질 것이다. 군주가 형벌을 시행하면 큰 호랑이는 겁을 먹을 것이다. 법과 형벌이 신실하게 시행되면 호랑이도 사람답게 교화될 것이다."752【원주54】 『한비자』「이병(二柄)」편에서는 다음과 같이 말하고 있다. "명철한 군

748 『韓非子』「主道」, "掩其跡, 匿其端, 下不能原, 去其智, 絶其能, 下不能意."

749 『韓非子』「揚權」, "黃帝有言曰, 上下一日百戰."

750 『韓非子』「揚權」, "臣之所不殺其君者, 黨與不具也."

751 『韓非子』「揚權」, "有道之君, 不貴其臣."

752 『韓非子』「揚權」, "主失其神, 虎(指臣)隨其後. 主上不知, 虎將爲狗(言人君將誤以虎爲狗) … 虎成其羣, 以殺其母 … 主施其法, 大虎將怯. 主施其刑, 大虎自寧. 法刑狗(苟)信, 虎化爲人."

주가 신하를 제어하기 위하여 의지할 것은 두 개의 권병[柄]뿐이다. 두 개의 권병은 형(刑)과 덕(德)이다. 무엇을 형과 덕이라고 하는가. 처벌하여 죽이는 것을 형이라 하고 칭찬하여 상 주는 것을 덕이라 한다."[753] 이 안에는 도덕이나 감정의 요소라고는 찾아볼 수 없다. 이것이 이른바 법술(法術)의 술(術)이다. 천언만어를 늘어놓았지만 모두 군주가 자신을 신비화 · 절대화하고, 상벌로 신하를 억제하는 내용을 벗어나지 못한다. 신하와 백성은 인격적 존재가 아니라 다만 절대자의 도구에 지나지 않는다.

유가는 통일을 요구하지만, 통일은 인민들의 자연스러운 지향의 결과이지 전쟁을 통일의 수단으로 삼는 것에는 찬성하지 않았다. 통일 이후의 정치형태는 맹자와 순자가 분명하게 말하지는 않았지만, 『중용』에서 "끊긴 대를 이어 주고 없어진 나라를 일으켜 줄[繼絶世, 擧廢國]" 것을 주장했고 이후 유가들이 종종 정치상의 봉건을 주장한 점으로 보면 선진 시대에는 공주(共主)를 두는 연방정치를 주장했을지도 모른다. 하지만 후세에는 책임제 지방분권정치를 주장했을 가능성이 높다. 왜냐하면 고염무[754]에 이르기까지 후세 유가들이 말하는 봉건은

---

753 『韓非子』「二柄」, "明主之導制其臣者, 二柄而已矣. 二柄者, 刑德也. 何謂刑德, 曰, 殺戮之謂刑, 慶賞之謂德."

754 고염무(顧炎武, 1613-1682): 명말 청초 강남 곤산(昆山) 사람. 자는 영인(寧人), 호는 정림(亭林)이다. 청나라 침략 때 의병을 일으켰다가 패하고, 청이 들어선 뒤에도 반청(反淸) 투쟁을 벌였으며 만년에는 섬서 화음(華陰)에 은거했다. 이기(理氣)와 성명(性命) 등을 공리공담하는 이학(理學)에 반대하고 직관을 강조하는 왕양명 등의 심학(心學)도 비판하면서 경세치용의 새로운 학문을 열었고 방법론으로 고증학을 정립하였다. 박학을 추구하여 경사(經史)와 제자백가는 물론 음운과 문자, 금석고고(金石考古), 예의풍속 등에 대해서도 정밀히 연구했다. 저서에 『좌전두해보정(左傳杜解補正)』, 『천하군국이병서(天下郡國利病書)』, 『석경고

제2장 봉건 정치사회의 붕괴와 전형적 전제정치의 성립

관념적으로 크게 변한 지방분권정치 성격을 띠고 있기 때문이다. 도가와 묵가는 전쟁에 반대했고, 도가는 권력에도 반대하였으니 권력의 집중에 반대하는 것은 당연했다. 종횡가는 사실상 대립 속의 세력균형을 주장하였다. 오직 법가만이 철저히 무력통일을 주장했는데 통일 후의 정치 형태는 철저한 중앙집권체제였다. 즉 이른바 "실제 업무는 사방의 여러 신하들에게 분담시키고 그 요체만을 중앙에서 군주가 장악한다. 성인(명철한 군주)이 그 요체를 단단히 쥐고 있으면 사방에서 신하들이 모여들어 각각 군주에게 그 성과를 보고하는"755[원주55] 정치 형태였다.

경제정책에 있어서는, 묵가는 근본(농업)을 튼튼히 하고 재화를 절용할 것을 주장하였다. 유가의 맹자는 "백성의 생업을 마련해 줄 것[制民之産]"756을 주장했는데, 백성에게 항산(恒産)이 있게 한 후에 항심(恒心)을 지닐 것을 요구하였다. 다만 맹자는 농·공·상업을 함께 중시하였다. 순자는 "인간의 욕망을 기르고(충족시킴) 인간의 욕구를 채우는 두 가지가 서로 버티며 자라도록[養與欲相持而長]"757 할 것을 주장했는데 약간은 상업을 억제하는 경향이 있다. 그러나 이들이 생산을 중시한 것은 모두 인민 생활의 해결을 목적으로 한 것이다. 법가는 상앙

(石經考)』,『음학오서(音學五書)』,『오경동이(五經異同)』,『일지록(日知錄)』등이 있다.

755 『韓非子』「揚權」, "事在四方, 要在中央. 聖人執要, 四方來效."

756 『孟子』「梁惠王」上, "是故明君制民之産, 必使仰足以事父母, 俯足以畜妻子, 樂歲終身飽, 凶年免於死亡, 然後驅而之善, 故民之從之也輕."

757 인용문 본문은 다음과 같다. 『荀子』「禮論」, "禮起於何也. 曰, 人生而有欲, 欲而不得, 則不能無求, 求而無度量分界, 則不能不爭. 爭則亂, 亂則窮. 先王惡其亂也, 故制禮義以分之, 以養人之欲, 給人之求, 使欲必不窮乎物, 物必不屈於欲, 養與欲相持而長, 是禮之所起也."

에서부터 "이(利)가 한 방면에서만 나오도록[一孔]"[758] 할 것을 주장했는데, 즉 수공업을 억제하고 상업을 억압하여 인민들로 하여금 오직 농경에만 집중하도록 하고, 다시 농경과 전투를 긴밀히 연결하고 있다. 유가는 문화를 중시하고 교화를 중시하며 인격의 배양을 중시한다. 반면 법가는 철저한 반(反)문화, 교화에 반대하고 인격적 가치에 반대하는 입장에 있었다. 이렇게 하지 않으면 인민은 자유의지를 드러낼 것이고 군주의 철저한 도구가 되지 않을 것이기 때문이었다. 유가는 도덕적 요구로부터 효제(孝悌)를 주장하고 친친(親親)을 주장했지만, 그러나 "『춘추』에서는 세경(世卿)을 비난하였다"[759]라는 구절에서 보듯 공자는 신분적 봉건제도에 의해 건립된 정치구조를 분명하게 반대하고 있다. 공자가 "나를 써 주는 사람이 있다면 어느 나라든 나는 그 나라를 동주(東周)로 만들겠다"[760]는 뜻을 품고 열국을 주유한 일, 또 그의 학생 염옹(冉雍)[761]에게 "정사를 다스리게 할 만하다[南面]"[762]라고 말한 일은 모두 봉건적 신분제도를 인정하는 입장에서 나올 수 있는

---

758 "利出一孔"은 "利出一空"과 같은 말이다. 『商君書』 「弱民」, "利出一孔, 則國多物, 出十孔, 則國少物."; 「靳令」, "利出一空者, 其國無敵. 利出二空者, 國半利."

759 『春秋公羊傳』 「隱公 3年」, "夏, 四月, 辛卯, 尹氏卒, 尹氏者何? 天子之大夫也. 其稱尹氏何? 貶, 曷爲貶? 譏世卿. 世卿, 非禮也."

760 『論語』 「陽貨」, "如有用我者, 吾其爲東周乎."

761 염옹(冉雍, B.C.522-?): 춘추 말기 노(魯)나라 사람. 자는 중궁(仲弓). 공자의 제자로 공자보다 29살 연하였다. 덕망이 높았고 어질었지만 말재주는 없었다. 계손씨(季孫氏)의 가신(家臣)을 지냈지만 자신을 낮추었고, 정치적 수단이 있어 공자로부터 한 나라를 다스릴 만한 인물이라는 평을 받았다. 공자에게 정치에 대해 묻기도 했다. 한미한 집안 출신임에도 매우 어질어 공자에게 칭찬을 받았다. 송나라 진종(眞宗) 대중상부(大中祥符) 2년(1009) 천하비공(天下邳公)에 추봉되었다.

762 『論語』 「雍也」, "子曰, 雍也可使南面."

행동이 아니다. 한편 맹자는 "나라의 군주가 어진 인물을 등용할 때에는 마지못해서 하는 것처럼 해야 합니다. … 국인(國人)들이 모두 어질다고 말한 뒤에 그를 살펴서 그가 어진 것을 보고 난 연후에 그를 기용해야 합니다"(『맹자』「양혜왕」하)763라고 하여 사람을 기용할 때 국인(國人)들의 의견을 기준으로 삼을 것을 주장하고 있는데, 이를 정치상의 신분제도로 인정할 수는 없다. 맹자가 제나라 선왕(宣王)에게 "세신(世臣)"764제도를 거론한 이유는 당시 통치집단 내의 유동적 상황이 매우 심각한 상태에 있었고 또한 제 선왕의 사람 쓰는 일이 지나치게 경솔하여 "전에 등용했던 사람이 오늘 없어진 것조차도 모르고 있는"(「양혜왕」하)765 상황이었기 때문에 사람을 기용함에 특별히 신중할 것을 권유한 것이다. 맹자가 등(滕)나라 문공(文公)에게 "세록(世祿)"제도를 언급한 것은 사실상 "백성의 생업을 마련하는[制民之産]" 외에 마땅히 "사(士)의 생업을 마련하여[制士之産]" 사의 생활을 안정시켜야 함을 주장한 것이다. 『예기』「예운(禮運)」편에는 "대도가 행해지면 천하는 공적(公的)인 것이 되어[天下爲公] 현명하고 능력 있는 자를 선발하며"766라는 구절이 있는데 바로 유가의 정치사상이 집약된 표현이다. 요컨대 유가와 그 밖의 제자백가들은 모두 정치상 직위에 의한 존비(尊卑)는 인정하지만, 고정된 신분에서 오는 귀천(貴賤)을 인정한 사람은 아무도 없었다. 이러한 신분상의 대(大)해방은 당시 지식인【사(士)】계층에

---

763 『孟子』「梁惠王」下, "國君進賢, 如不得已 … 國人皆曰賢, 然後察之, 見賢焉, 然後用之."

764 『孟子』「梁惠王」下, "孟子見齊宣王曰, 所謂故國者, 非謂有喬木之謂也, 有世臣之謂也."

765 『孟子』「梁惠王」下, "今王無可親任之臣, 昔者所進, 今日不知其亡也."

766 『禮記』「禮運」, "大道之行也, 天下爲公, 選賢擧能, 講信修睦."

큰 영향을 미쳤으며 심지어 정치적 지위로부터 오는 존귀함과 영예에 대해서도 반항하고 멸시하였다. 이로부터 허유(許由)[767]·무광(務光)[768] 등이 천하를 가리켜 받을 가치도 없는 하찮은 물건으로 여겼다는 고사가 출현한다. 안촉(顔斶)[769]이 제나라 선왕(宣王)의 면전에서 뜻밖에도 "살아 있는 왕의 머리가 죽은 사(士)의 무덤만 같지 못하다"라고 말하자 선왕이 어이없게도 "원컨대 제자로 받아 주길 청합니다"[770] [원주56]라고 말했다고 하니, 이 시기는 진정 관념상으로 제자백가가 봉건적 신분제도를 철저히 쓸어 내 버린 시대였다. 이러한 관념상의 소탕은 봉건사회 붕괴에 대한 정상적인 반영이라고도 할 수 있다.

법가는 정치적으로 봉건적 신분제도 소탕에 더욱 철저했는데 왜냐히면 그들은 잔존 귀족세력을 직접 겨냥하고 있었기 때문이었다. 상앙이 변법으로 진나라를 다스릴 때 태자가 법을 어기자 대신 그 선생인

---

767 허유(許由, 미상): 옛 은자(隱者)이다. 요(堯) 임금이 처음에 허유에게 천하를 주려고 하였으나 허유가 듣지 않고 더러운 소리를 들었다고 시냇물에 가서 귀를 씻었다. 그 물에서 소에게 물을 먹이던 소부가 이 말을 듣고 또 딴 곳으로 가서 물을 먹였다는 고사가 있다(『莊子』「逍遙遊」).

768 무광(務光, 瞀光, 미상): 하(夏)나라의 은자. 은(殷)나라 탕왕(湯王)이 하나라 걸왕(桀王)을 치려고 무광에게 물으니 무광은 세상일은 내 관여할 바 아니라며 상대하지 않았다. 탕왕이 걸을 멸망시키고 천하를 얻어 나중에 부광에게 나라를 넘겨주려고 하지 무광은 이를 피해 돌을 지고 요수(蓼水)에 빠져 죽었다고 한다.

769 안촉(顔斶): 전국 시대 제(齊)나라의 고사(高士). 은거하며 벼슬하지 않았다.

770 내용은 다음과 같다. 『戰國策』「齊策」4, "王忿然作色曰, '王者貴乎, 士貴乎?' 對曰, '士貴耳, 王者不貴.' 王曰, '有說乎?' 斶曰, '有. 昔者秦攻齊, 令曰: '有敢去柳下季壟五十步而樵采者, 死不赦.' 令曰:'有能得齊王頭者, 封萬戶侯, 賜金千鎰.' 由是觀之, 生王之頭, 曾不若死士之壟也. 宣王黙然不悅. 左右皆曰, … 宣王曰, '嗟乎, 君子焉可侮哉! 寡人自取病耳. 及今聞君子之言, 乃今聞細人之行. 願請受爲弟子.'"

공자건(公子虔)을 경형(黥刑)에 처한[771] 것은 유명한 이야기다. 그러나 상앙은 봉건적 혈통으로 이루어진 신분제도를 소탕하고 전공(戰功)을 장려하는 신분제도를 별도로 만들었는데 이것이 바로 한(漢)에 의해 계승된 "작(爵) 20등"이었다. 20등작제의 기본적인 의의는 일반 인민을 대상으로 "공사(公士)"부터 "철후(徹侯)"까지 급이 다른 20등의 신분을 표시했다는 데 있다. 『사기』 「상군열전(商君列傳)」에 "군공을 세운 자는 그 공의 대소에 따라 상등의 작(爵)을 받았다"[772]라는 기사는 바로 이를 가리킨다. 그뿐만 아니라 법가는 "정치적 절대론자"로서 통치 권력 밖에 사람이 사는 것을 허락하지 않았다. 그러므로 법가는 모두 자연 속에 몸을 감춘 은자[巖穴之士]를 반대하는 입장이었다.

(5) 관념상 정치사회의 개방과 폐쇄

위에서 개략적으로 묘사한 상황을 다음과 같이 요약할 수 있다. 무릇 인민의 편에 서서 정치를 한다는 것은 이미 붕괴한 봉건적 정치사회제도로부터 보다 개방적인 정치사회로 그들을 이끌어 가는 것이며, 야심을 가진 종횡가들이 이를 부추기는 일도 있었다. 이러한 개방의 영향은 진(秦)이 천하를 통일한 이후에도 사회에 깊숙이 침투하여 힘

---

771 공자건(公子虔)을 경형(黥刑)에 처했다: 『史記』 권68 「商君列傳」, "태자가 법을 어기는 행위를 하였다. 상앙은 '법이 지켜지지 않는 것은 위에서 법을 어기기 때문이다'라 하며 태자를 처벌하려 하였으나, 태자는 효공의 뒤를 이을 신분이었으므로 차마 형벌을 가할 수는 없었다. 그 대신 태자의 선생 공자건을 처형하고 그의 스승인 공손가(公孫賈)의 얼굴에 먹물을 들이는 형벌을 가하였다[於是太子犯法. 衛鞅曰, 法之不行, 自上犯之. 將法太子. 太子, 君嗣也, 不可施刑, 刑其傳公子虔, 黥其師公孫賈]."

772 『史記』 권68 「商君列傳」, "有軍功者各以率受上爵."

을 발휘하게 된다. 항량(項梁)은 원수를 피해 오중(吳中)에 있었는데 대규모 요역과 상사(喪事)의 일을 맡으면서 몰래 빈객과 자제들을 병법에 따라 배치하였다.[773] 항우는 진시황이 동쪽으로 순행하는 것을 보고 말하기를 "저 사람의 자리를 내가 대신할 수 있으리라"[774]라고 하였다. 이것은 그 숙질(叔姪, 항량과 항우) 집안이 대대로 초나라 장수를 지냈기 때문에 그 복수 심리에서 나온 것일 수도 있다. 그러나 동양(東陽) 지방의 젊은이들이 동양현의 영사(令史) 진영(陳嬰)[775]을 왕으로 세우려 했던【원주57】사실로부터 당시 일반 젊은이들 마음속에 평민이 왕이 되는 것을 대수롭지 않은 일로 여겼음을 알 수 있다. 유방은 "일찍이 함양(咸陽)에서 부역하고 있을 때 한번은 황제의 행차를 구경하는

---

773 『史記』권7「項羽本紀」에 따르면 항량(項梁)은 초나라가 멸망하자 역양(櫟陽)에서 진(秦)에 사로잡혔다가 옥리(獄吏)의 도움을 받아 풀려났다. 그 뒤 항량은 사람을 죽이고 조카인 항우와 함께 오중(吳中, 지금의 강소성 蘇州)으로 피신하여 숨어 지내면서 부역(賦役)과 상사(喪事) 등을 맡아 처리하며 사람들의 신망을 얻었으며 은밀히 빈객(賓客)과 젊은이들을 모아 세력을 길렀다. B.C.209년, 진승(陳勝)과 오광(吳廣)이 대택향(大澤鄕)에서 반란을 일으켜 장초(張楚) 정권을 세웠을 때 6국의 귀족들도 전국 각지에서 봉기하였는데, 그해 9월 항량도 회계(會稽) 군수를 죽이고 오중에서 군사를 일으켰다. 항량은 스스로 회계 군수에 올라 병사들을 모았으며, 항우를 부장(部將)으로 삼았다.

774 『史記』권7「項羽本紀」, "彼可取而代之."

775 진영(陳嬰, ?-B.C.184): 전한 초기 사람. 동양현(東陽縣)의 영사(令史)로 있으면서 신심이 있고 성실한 태도로 일관하여 장자(長者)로 불렸다. 동양현의 젊은이들이 그 현령을 죽이고 수령으로 마땅한 사람을 찾다가 진영에게 수령이 되기를 청하였고 진영은 감당할 수 없다고 사양했으나 강제로 진영을 수령으로 받들자 현의 관내에서 모인 무리가 2만 명에 달했다. 다시 젊은이들이 진영을 왕으로 추대하였으나 진영의 모친이 반대하기를 '차라리 남의 밑에 들어가 만약 일이 성사되면 제후에 봉해지고 실패하더라도 목숨은 구할 수 있을 것'이라고 하여 이들을 설득하여 마침내 동양현의 모든 군사들이 항량에게 귀속하였다. 고조 6년(B.C.201), 항우가 죽자 진영은 한나라로 가서 예장·절강 일대를 평정했고, 왕을 자칭하던 장식(壯息)을 평정했다. 이 공으로 당읍(堂邑) 땅을 받아 열후가 되었다. 시호는 안(安)이다.

것이 허락된 적이 있었는데 진시황의 행차를 구경하고서는 길게 탄식하여 말하기를 '아! 대장부라면 마땅히 저래야 하는데'라고 하면서"[776] 계획적으로 자신을 위한 각종 신비롭고 이상한 일을 조작하여 군사를 일으키기 위한 사전 준비 작업을 진행하였다.【원주58】 진승(陳勝)[777]은 남에게 고용되어 농사를 짓고 살았다. 어느 날 주변 사람들에게 "나중에 부귀해지더라도 서로 잊지 말자"라고 말하고 마침내 오광(吳廣)과 함께 계획적으로 대사를 일으키기 위한 정세를 조성하였다. 그때 점을 쳤는데 점쟁이가 한눈에 그들의 야심을 알아챘다고 한다. 거사한 지 오래지 않아 "진중의 호걸(豪傑)과 부로(父老)들이" 진승에게 자립하여 왕이 될 것을 권하자 그는 다시 전면적인 대책을 세워 부서를 배치하였고 진은 마침내 이로 인해 멸망하였다.[778]【원주59】 팽월(彭越)[779]은 거

---

776 『史記』 권8 「高祖本紀」, "縱觀咸陽, 縱觀秦皇帝, 喟然大息曰, 嗚呼, 大丈夫當如此也."

777 진승(陳勝, ?-B.C.208): 진(秦)나라 말기 양성(陽城, 하남성 登封) 사람. 자는 섭(涉)이다. 고농(雇農) 출신으로 B.C.209년 장성 건설에 징발되어 둔장(屯長)으로서 900명의 일행과 함께 어양(漁陽, 북경시 密雲)으로 출발했으나, 중간에 폭우를 만나 기일 내 도착이 불가능해 참수형을 당할 처지에 놓이자 동료 오광(吳廣)과 함께 900명의 무리를 이끌고 반란을 일으켰다. 그때 진승은 "왕과 제후, 장수와 재상의 씨가 따로 있겠느냐[王侯將相寧有種乎]"라는 유명한 말을 남겼다. 진승은 과거 초(楚) 말기의 도읍이었던 진성(陳城, 하남성 淮陽)을 점령한 뒤 국호를 '장초(張楚)'라 하고 왕을 자처하였다. 이후 함양(咸陽) 공격에 나서 주문(周文, 周章)은 함곡관(函谷關)으로, 오광은 형양(滎陽, 하남성 滎陽)으로 진격하도록 하는 한편, 무신(武臣)과 장이(張耳)는 옛 조(趙)의 땅을, 주시(周市)는 위(魏)의 땅을 공격하도록 파견하였다. 그러나 각지에 파견된 장수들이 과거 6국의 귀족 세력과 연합하여 독립하면서 농민군의 세력은 점차 약화되었다. 진승은 왕으로 6개월 있다가 진(秦)군에 의해 마침내 궤멸되었다.

778 『史記』 권48 「陳涉世家」, "三老·豪傑皆曰, '將軍身被堅執銳, 伐無道, 誅暴秦, 復立楚國之社稷, 功宜爲王.' 陳涉乃立爲王, 號爲張楚. …"

779 팽월(彭越, ?-B.C.196): 전한 초기 산양(山陽) 창읍(昌邑) 사람. 거야(鉅野)의 연못에서 고기를 잡으며 살았다. 진(秦)나라 말에 진승과 항우가 병사를 일으키자 산동 지역 거야에서 거병했다. 처음에 초나라 항우 휘하로 들어갔으나 항우가 자신의 공로를 인정하지 않는다고 생각

야(鉅野)의 연못에서 물고기를 잡으며 살았는데, 소년배들이 그에게 여러 호걸들처럼 진(秦)나라에 반기를 들고 일어설 것을 권유하였다.780【원주60】 경포(鯨布)781는 평민이었는데 "어떤 객이 그의 상(相)을 보고 '형벌을 받은 뒤에 왕이 되겠다'라고 말하였다."782【원주61】 한신(韓信)783은 빨래하는 여인으로부터 밥을 얻어먹은 후 그 여인에게 "내 반

하여 반란을 일으켜 유방에게 투항하였다. 유방을 도와 초나라를 공격하여 여러 차례 초나라의 식량 보급로를 끊었다. 해하(垓下)에서 항우를 격멸하고 양왕(梁王)에 봉해졌다. 고조 10년(B.C.197) 모함을 받아 삼족이 멸족되었고 팽월의 몸은 젓갈로 담가져 각 제후국들에 내려졌다.

780 『史記』권90「彭越列傳」, "常漁鉅野澤中, 爲群盜. 陳勝·項梁之起, 少年或謂越曰, '諸豪桀相立畔秦, 仲可以來, 亦效之.'"

781 경포(黥布, 英布, ?-B.C.195): 전한 육현(六縣, 안휘성 六安) 사람. 본래 성(姓)은 영(英)이나 얼굴에 먹물 글씨가 새겨지는 경형(黥刑)을 당했기 때문에 경포(黥布)로도 불린다. 그는 여산(麗山)에서 복역하던 중 탈출하여 도적질을 일삼다가 진승(陳勝)이 군사를 일으키자 따라서 진나라에 반기를 들고 일어났는데, 뒤에 항우(項羽)의 휘하에 들어가 늘 선봉에 서서 적은 병력으로 공을 세웠다. 항우를 따라 입관(入關)한 뒤 구강왕(九江王)에 봉해졌다. 초한(楚漢) 전쟁 중에 한나라가 수하(隨何)를 보내 그를 설득하자 한나라로 귀순했다. 회남왕(淮南王)에 봉해졌고, 유방을 따라 해하(垓下) 전투에서 항우를 격파했다. 한나라가 세워지고 고조 11년(B.C.196) 한신(韓信)과 팽월(彭越) 등 개국 공신들이 하나하나 피살되자 속으로 두려워하며 은밀히 경계를 강화하던 중 모반의 의심을 사게 되자 반란을 일으켰고, 결국 실패하여 주살당했다.

782 『史記』권91「鯨布列傳」, "有客相之曰, 當刑而王."

783 한신(韓信, B.C.231-B.C.196): 전한 초기 회음(淮陰, 강소성) 사람. 진이세(秦二世) 2년(B.C.208) 항량(項梁)과 항우(項羽)를 따라 낭중(郎中)이 되었지만 중용되지 못했다. 한왕(漢王) 유방(劉邦)에게 망명, 소하(蕭何)에게 인정을 받아 그의 추천으로 대장군에 올랐다. 한나라 4년(B.C.203) 상국(相國)에 임명되고, 다음 해 제왕(齊王)이 되었으며, 유방과 함께 해하(垓下)에서 항우를 포위해 죽였다. 유방은 황제 등극 후 한신의 병권을 빼앗고 초(楚)나라 왕으로 임명하였다. 유방과 참모들의 견제를 받던 한신은 다시 모반죄로 체포되어 장안(長安)으로 압송되었는데 이때 '토사구팽(兎死狗烹)'이라는 말을 남겼다. 회음후(淮陰侯) 신분으로 격하된 한신은 다시 여후(呂后)와 승상 소하에 의해 반란 공모의 모함을 받은 후 장락궁(長樂宮)으로 유인되어 살해되었다.

드시 은혜에 크게 보답하겠다"라고 말하였다."[784][원주62] 무릇 진(秦)·초(楚) 교체기에 출현한 야심가들은 모두 야심적인 사회 군중을 배경으로 한다. 이 야심적인 군중이 출현한 것은 그 이전 역사에서는 인용할 만한 사례가 없다. 왜냐하면 서주의 국인(國人)이 비록 여왕(厲王)을 추방하고 춘추 시대에는 더 많은 국인이 정치를 좌지우지하는 현상이 출현했지만, 그러나 국인 중에 아직 국군이나 귀족의 자리를 빼앗아 대신 들어서려는 야심을 가진 자는 없었기 때문이다. 이것은 전적으로 제자백가들이 관념상 정치·사회를 과거의 봉건으로부터 개방의 길로 밀고 나간 결과이다. 사마천은 「진초지제월표서(秦楚之際月表序)」에서 "[진섭이 반란을 일으키고 항우가 진(秦)나라를 멸하고 유방이 혼란을 평정하기까지] 이 5년 동안 호령하는 자가 세 차례나 바뀌었던"[785] 일에 경탄한 다음, 다시 또 유방이 평민 신분으로 천자가 된 일을 두고 "어찌 하늘의 뜻이 아니겠는가, 어찌 하늘의 뜻이 아니겠는가!"[786]라고 경탄하고 있다. 사마천은 여전히 전국(戰國)이라는 과도시기가 가져다준 정치 관념상 대(大)개방의 거대한 영향을 간과하고 있다.

무릇 통치자의 입장에서 정치를 논하는 법가들은 한편으로는 봉건제도의 붕괴 추세에 순응하여 봉건제도를 철저히 방기하는 동시에 봉건제도에서 발전된 문화도 버렸으며 심지어 어떤 문화도 다 없애 버리는 데까지 이르렀다. 다른 한편으로 법가는 신성화된 군권(君權)을 중

---

784 『史記』 권92 「淮陰列傳」, "受飯漂母, 而謂'吾必有以重報母.'"

785 『史記』 권16 「秦楚之際月表序」, "五年之中, 號令三嬗."

786 『史記』 권16 「秦楚之際月表序」, "豈非天哉, 豈非天哉."

심으로 한 더욱 폐쇄적인 정치사회제도를 건립하려고 기도하였다. 신불해(申不害)[787]와 오기(吳起)[788]는 각각 한(韓)나라와 초나라에서 단기간 정치개혁을 위한 노력을 기울인 적이 있으나 결국은 두 사람 모두 봉건적 잔존 귀족세력에 의해 무너지고 말았다. 오직 진(秦)나라만은 입국 시 봉건귀족세력이 동쪽 나라들만큼 견실하지 못한 데다 서융(西戎)의 습속이 섞여 있어 봉건적 예제(禮制)가 아직 사람들의 마음속에 깊이 파고들지 못했기 때문에, 예로써 다스리는 대신 형벌로 다스렸으며 이를 방해하는 세력도 거의 없었다. 따라서 상앙의 변법 이후로 법가사상은 진나라의 입국정신이 되었다. 그리하여 진나라와 6국의 투쟁은, 정치·사회적으로 법가형의 정치사회와 잔존하는 상층봉건정치

787 신불해(申不害, ?-B.C.337?): 전국 정(鄭)나라 경(京, 하남성 滎陽縣) 사람. 법가를 대표하는 인물로, 정나라의 하급관리로 있다가 한(韓)나라의 소후(昭侯)를 섬겨 재상으로 15년간 재직하면서 내치와 외교 모두 성공을 거두었다. 황로(黃老)사상에 근본을 둔 형명(刑名, 形名)을 주장하였다. '형(形)'은 겉으로 드러난 형적(形迹), 즉 사실(事實), 결과, 공적, 실적의 뜻을 가지고, 여기에 대응하여 '명(名)'은 사물의 명칭, 개념, 직분, 언론(言論)의 뜻을 가지며 법과 제도를 포함하는 광의의 규범체계로 의미가 확장되기도 한다. 법령에 정해진 관리의 직분[名]과 그들이 실제로 수행한 일[形], 혹은 그들의 의견이나 주장[名]과 실제의 행동이나 결과[形]를 대조하여[刑名參同, 循名責實] 형과 명 또는 명과 실제[實]가 서로 일치하면 상을 내리고 형과 명이 일치하지 않으면 벌을 내리는 것, 이것이 법가의 형명론의 대강이다. 『史記』 권63 「老莊申韓列傳」에는 "신불해의 학문은 황로에 근본을 두었고 형명을 주로 하였다. … (한비자는) 형명 법술의 학문을 좋아했는데, 그 근본은 황로에 있다[申子之學, 本於黃老, 而主刑名. … 喜刑名法術之學, 而其歸本於黃老]"라고 하여 이른바 법가의 '형명'의 설이 '황로'학에 연원하고 있음을 보여 준다.

788 오기(吳起, ?-B.C.381): 춘추 시대 위(衛)나라 좌씨(左氏) 사람. 노나라에 가서 증자(曾子)에게 배웠으며 용병에 능했다. 초(楚)나라 도왕(悼王)에 의해 재상에 임명된 후 법령을 분명히 하고 전투병을 양성해 강병으로 키웠다. 남쪽으로 백월(百越)을 평정하고 북쪽으로 진(陳)·채(蔡) 두 나라를 병합했으며, 삼진(三晉)을 물리치고, 서쪽으로 진(秦)나라를 정벌하는 등 국세가 날로 강성해졌다. 도왕이 죽은 후 종실과 대신들에게 살해당했다. 저서에 『오기(吳起)』가 있었으나 산일되었고 지금 전하는 『오자(吳子)』는 후세 사람이 편집한 것이다.

및 유동적인 미정형(未定型) 사회 간의 투쟁이 되었고, 그 결과는 당연히 진나라의 통일이었다. 그리고 그것은 또 전제정치의 통일이기도 했다. 전제정치의 성립 조건과 그 결과가 모두 폐쇄적인 정치와 사회였다는 점에 대해서는 뒤에 자세히 언급할 것이다. 진(秦)나라의 성공은 법가와 유가 혹은 다른 제자백가 간의 투쟁의 결과로 볼 수 없다. 유가 사상과 기타 제자백가는 전국이라는 과도시기에 그 영향력이 사회에 있었지 정치에 있지 않았다. 왜냐하면 등(滕)나라의 문공(文公)을 제외한 어떤 나라도 진(秦)나라가 법가를 채용한 것처럼 특정 유파의 사상을 중심으로 한 정치를 관철시킨 적이 없기 때문이다.

6. 상앙 변법과 진의 통일 및 전형적 전제정치 출현과의 관계

(1) 유동사회에서 맹자가 "보민위왕(保民爲王, 백성을 보호해야 왕자가 될 수 있다)"[789]을 말한 근거

진의 통일은 장의(張儀)의 연횡(連橫), 범저(范雎)[790]의 원교근공(遠交近攻), 그리고 백기(白起)[791] · 왕전(王翦)[792] 등의 전승 공략에 힘입은

---

789 『孟子』「梁惠王」上, "德何如則可以王矣? 曰, 保民而王, 莫之能禦也."

790 범저(范雎, ?-B.C.255): 범저(范且) 또는 범수(范睢)라고도 한다. 전국 시대 위(魏)나라 사람. 자는 숙(叔)이다. 변설에 능했다. 제나라에 사신으로 가는 중대부(中大夫) 수가(須賈)를 수행했던 범저는 책사(策士)로서의 능력을 발휘하여 인기를 얻었으나 이를 시샘한 수가의 모함으로 모진 고문을 당하고 옥에 갇히게 되었다. 탈옥 후 범저는 진(秦)으로 망명하여 소양왕(昭陽王)을 섬기게 되었다. 원교근공(遠交近攻)의 정책을 제안해 큰 성공을 거두었으며 이는 나중에 진나라가 육국(六國)을 통일하게 되는 기초가 되었다.

791 백기(白起, ?-B.C.257): 공손기(公孫起). 전국 말기 진(秦)나라 미현(郿縣) 사람. 용병술에 뛰어난 재능을 보였다. 진나라 소왕(昭王)에게 등용되어 13년 좌서장(左庶長), 다음 해 좌경(左更)이 되어 한(韓) · 위(魏) 연합군을 이궐(伊闕)에서 격파하고 24만여 명을 죽인 다음 국위(國尉)로 승진, 15년에 대량조(大良造)에 올랐다. 한 · 위 · 조(趙) · 초(楚)나라 등의 70여 개 성을 탈취하고, 29년 초나라의 수도 영(郢)을 공격해 함락시킨 공으로 무안군(武安君)에 봉해졌다. 장평(長平) 전투에서 조나라 군대에 대승을 거둔 다음 항복한 조나라 군사 40여만 명을 하룻밤 사이에 구덩이에 묻어 죽여 천하를 경악시켰다. 50년, 진(秦)나라가 한단(邯鄲)을 포위했다가 실패했는데, 원래 이 전투에 찬성하지 않아 병을 핑계로 참전하지 않았다. 이로 인해 사오(士伍)로 강등되고, 재상 범저와 틈이 벌어져 자결하고 말았다.

792 왕전(王翦, 미상): 전국 말기 진(秦)나라 빈양(頻陽) 동향(東鄉, 섬서성 富平) 사람. 진시황에 의해 발탁되었다. 병사들과 동거동식(同居同食)하면서 사기를 올렸고, 조(趙)나라와 연(燕)

제2장 봉건 정치사회의 붕괴와 전형적 전제정치의 성립

바이지만, 국가의 힘과 정치의 성격은 당연히 상앙(商鞅)의 변법(變法)에 의해 기초가 다져졌다. 그러나 종법에 의해 형성된 귀족계급이 시간이 지남에 따라 점점 더 방탕 무지해진 것만 알고, 봉건제도의 붕괴로 춘추 말부터 이미 각국 사회가 매우 유동적인 사회가 되었다는 것과 이러한 유동 사회는 한 나라의 정치권력에 막대한 손실을 가져올 수도 있다는 정황을 알지 못한다면, 여전히 상앙 변법의 배경을 완전히 파악하지 못한 것이다. 지금부터 『맹자』라는 책을 통해 당시의 유동 사회의 정황을 살펴보기로 한다.

양혜왕이 말하기를 "과인은 나라를 다스리는 데 온 마음을 기울이고 있습니다. 하내(河內) 지방에 흉년이 들면 그 지방의 백성을 하동(河東) 지방으로 옮기고 하동 지방의 곡식을 하내 지방으로 옮깁니다. 하동 지방에 흉년이 들어도 또한 그와 같이 합니다. 이웃 나라의 정치하는 것을 살펴본다면 과인과 같이 마음을 기울이는 사람이 없습니다. 그런데도 이웃 나라의 백성이 더 줄어들지 않고 우리나라의 백성이 더 늘어나지도 않는 것은 무슨 까닭입니까?"(「양혜왕」상)[793]

살펴보건대 상술한 양혜왕의 말을 통해 당시의 통치자들도 정치의 기본역량이 인민으로부터 온다는 것을 알고 있었을 뿐만 아니라, 각국

나라를 연달아 멸망시켰다. 군사 60만을 이끌고 초(楚)나라를 공격하여 초나라의 장수 항연(項燕)을 죽이고 초나라 왕 부추(負芻)를 사로잡는 등 초나라를 무너뜨렸으며 이 공으로 무성후(武成侯)에 봉해졌다. 그의 아들인 왕분(王賁)도 위(魏) · 연(燕) · 제(齊) 지역의 합병에 큰 공을 세워, 왕전과 왕분(王賁) 부자(父子)는 몽무(蒙武) · 몽염(蒙恬) 부자와 함께 시황제의 천하통일에 가장 큰 군공을 세운 인물들로 꼽힌다.

793 『孟子』「梁惠王」上, "梁惠王曰, 寡人之於國也, 盡心焉耳矣. 河內凶, 則移其民於河東, 移其粟於河內; 河東凶亦然. 察鄰國之政, 無如寡人之用心者. 鄰國之民不加少, 寡人之民不加多, 何也."

의 인민이 바로 대(大)유동의 한가운데서 각국의 정치의 좋고 나쁨에 따라 찾아올 수도 있고 떠나갈 수도 있음을 반영하고 있다. 맹자는 다음과 같이 말한다.

"저들이 백성의 농사철을 빼앗아 밭 갈고 김매어 부모를 봉양할 수 없게 만들면 부모가 추위에 떨고 굶주리게 되며 형제 처자가 흩어지게 될 것입니다. 저들이 백성을 극도로 도탄에 빠뜨렸을 때 왕께서 가서서 정벌을 하신다면 누가 왕을 대적할 수 있겠습니까? 그러므로 옛말에 '어진 이는 대적할 자가 없다'라고 했으니 왕께서는 의심치 마십시오."(「양혜왕」상)[794]

"… 만일 사람 죽이기를 좋아하지 않는 자가 있다면 … 백성들이 그런 군주에게로 돌아감은 마치 물이 아래로 흘러내려 가는 것과 같아서 그 세찬 흐름을 누가 막아 낼 수 있겠습니까?"(「양혜왕」상)[795]

"… 지금 왕께서 어진 정치를 베푸시어 천하의 벼슬하는 자로 하여금 왕의 조정에 서기를 원하게 하고 농사짓는 사람들로 하여금 왕의 들에 밭 갈기를 원하게 하고 상인들로 하여금 왕의 시장에 물건을 두기를 원하게 하며 여행자들로 하여금 왕의 길을 지나가기를 원하게 만든다면 천하의 자기 나라 군주를 미워하는 자들이 다 왕에게로 달려와서 하소연하려 들 것입니다. 그와 같이 된다면 누가 능히 그 형세를 막아 낼 수 있겠습니까?"(「양혜왕」상)[796]

---

794 『孟子』「梁惠王」上, "彼奪其民時, 使不得耕耨, 以養其父母, 父母凍餓, 兄弟妻子離散. 彼陷溺其民, 王往而征之, 夫誰與王敵. 故曰仁者無敵, 王請勿疑."

795 『孟子』「梁惠王」上, "… 如有不嗜殺人者 … 民歸之, 由水之就下, 沛然誰能禦之."

796 『孟子』「梁惠王」上, "… 今王發政施仁, 使天下仕者, 皆欲立於王之朝; 耕者皆欲耕於王之野; 商賈皆欲藏於王之市; 行旅皆欲出於王之途; 天下之欲疾其君者, 皆欲赴愬於王; 其若是, 孰能禦之."

"(군주가 탄 수레와 말의 소리를 듣게 하고 깃털로 꾸민 깃대의 장식을 보게 한다면) 백성들은 온통 골머리를 앓고 콧등을 찡그리면서 서로 수근댈 것입니다. … 부자가 서로 만나지 못하고 형제와 처자가 뿔뿔이 흩어지게 하다니 …"(「양혜왕」하)[797]

"추(鄒)나라가 노(魯)나라와 싸웠다. 추나라 목공(穆公)이 맹자에게 물었다. '내 장수가 전사한 것은 서른세 사람이나 되지만 백성은 한 사람도 목숨을 바치지 않았습니다. 저들을 죽이려 해도 모조리 죽일 수도 없고, 죽이지 않자니 그들의 장수가 죽어 가는 것을 보고도 구하려 하지 않은 행위가 원망스럽습니다. 이들을 어찌하면 좋겠습니까?' 맹자가 대답하기를 '흉년이 들어서 기근이 성했던 해에 군주의 백성들 중 늙고 약한 자들은 도랑이나 개천가에 죽어 뒹굴었고, 장정들은 사방으로 뿔뿔이 흩어진 자가 수천 명이나 됩니다. …'라고 하였다."(「양혜왕」하)[798]

위와 비슷한 의미를 가진 맹자의 말은 많이 있다. 맹자의 말 속에는 농민들이 억압을 피해 사방으로 도망하여 겨우 목숨을 건졌다든지, 상인들도 관시(關市)가 지나치게 번거롭거나 가혹하지 않은 곳을 골라 상업 활동을 했다든지 하는 정황들이 분명하게 반영되어 있다. 맹자는 이러한 대(大)유동의 사회를 배경으로 왕도(王道)와 인정(仁政)을 주장하였다. 그저 인민들에게 항산(恒産)을 갖게 하고 가혹하지 않은 인정(仁政)을 베풀기만 한다면 한편으로는 더욱 많은 인민을 불러올 수 있

---

797 『孟子』「梁惠王」下, "… 舉疾首蹙頞而相告曰 … 父子不相見, 兄弟妻子離散, …"

798 『孟子』「梁惠王」下, "鄒與魯鬨, 穆公問曰, '吾有司死者三十三人, 而民莫之死也. 誅之則不可勝誅; 不誅, 則疾視其長上之死而不救, 如之何則可也?' 孟子對曰, '凶年飢歲, 君之民, 老弱轉乎溝壑, 壯者散而之四方者幾千人矣. …'"

고 가장 좋은 인재를 골라 뽑을 수 있으며, 그들을 안정시켜 "인민들로 하여금 죽은 이를 장사 지내고 거처할 곳을 옮겨도 향리를 떠나가는 일이 없도록 하고, 향전(鄕田)을 공동으로 경작하되 서로 벗하며 드나들고, 도적을 방비하는 데 서로 협력하고, 질병이 들었을 때 서로 돕게 하면 (백성들은 친근하고 화목해진다고 보았다.)"799【원주63】 반면, 다른 나라의 억압받는 인민들의 경우, 자기 나라 폭군을 위해 자신들에게 복리를 가져다줄 수도 있는 외국군대에 저항하여 일어나지는 않을 것이다. 예를 들면 연(燕)나라 백성들이 처음에 자기 나라를 치러 온 제(齊)나라 군사를 반갑게 맞이한 일,800【원주64】 추(鄒)나라와 노나라가 싸울 때 추나라 백성들이 관망하는 태도를 취했던 일801을 들 수 있다. "인자무적(仁者無敵)"802이란 말이 대(大)유동의 사회배경하에서 현실적 근거가 없는 말이 아님을 보여 주는 예다. 그렇지 않다면 맹자가 제나라와 양(梁)나라의 군주 및 학생들 면전에서 전혀 실현가능성 없는 정치적 주장을 강조했을 리가 없다. 과거에는 맹자의 정치사상을 평가하기를 대체로 인민의 입장에서 나온 이론에 불과하다고 보았으나 이는 당시

---

799 『孟子』「滕文公」上, "人民死徙無出鄕; 鄕里同井, 出入相友, 守望相助, 疾病相扶持."

800 『孟子』「梁惠王」下, "齊人伐燕, 勝之. 宣王問曰, '或謂寡人勿取, 或謂寡人取之. 以萬乘之國伐萬乘之國, 五旬而擧之, 人力不至於此. 不取, 必有天殃. 取之, 何如?' 孟子對曰, '取之而燕民悅, 則取之. 古之人有行之者, 武王是也. 取之而燕民不悅, 則勿取. … 以萬乘之國伐萬乘之國, 簞食壺漿以迎王師, 豈有他哉? 避水火也. 如水益深, 如火益熱, 亦運而已矣.'"

801 『孟子』「梁惠王」下, "鄒與魯鬨. 穆公問曰, '吾有司死者三十三人, 而民莫之死也. 誅之, 則不可勝誅, 不誅, 則疾視其長上之死而不救, 如之何則可也?' 孟子對曰, '凶年饑歲, 君之民老弱轉乎溝壑, 壯者散而之四方者, 幾千人矣, 而君之倉廩實, 府庫充, 有司莫以告, 是上慢而殘下也.'"

802 『孟子』「梁惠王」上, "彼奪其民時, 使不得耕耨以養其父母. 父母凍餓, 兄弟妻子離散. 彼陷溺其民, 王往而征之, 夫誰與王敵? 故曰, '仁者無敵'王請勿疑!"

의 사회적 배경을 제대로 파악하지 못한 것이다. 당시의 군주들이 맹자를 "세상물정에 어두운 현실과는 거리가 먼"[803] 이론가로 여긴 까닭은 그의 주장대로 하면 군주는 완전히 인민을 위해 봉사하는 도구에 불과하고 인민들이 그를 갈아 치울 수도 있었으니 이는 군주의 권력의지와 서로 상충되기 때문이었다.

(2) 유동사회의 배경하에서 상앙(商鞅) 변법의 부정적 의미

상앙은 상술한 대(大)유동의 사회배경하에서 다른 노선을 택하였다. 그가 추진한 변법의 내용은 다음과 같다.

"백성을 5가(家) 또는 10가를 단위로 조직하여[什伍] 서로 감시하고[相牧司]【『사기색은』: 목사(牧司)는 서로 규찰하고 고발하는 것이다】연좌책임을 지도록 한다. 범죄자를 고발하지 않는 자는 허리를 베는 형벌[腰斬]에 처하고 고발하는 자는 적을 참수한 자와 같은 상을 내리며, 범죄자를 숨긴 자는 적에 항복한 자와 똑같이 처벌한다. 1호(戶) 내에 두 쌍 이상의 부부가 동거하며 분가하지 않은 경우 수전액(授田額)을 그 수에 따라 배증(倍增)하여 분배한다.[804] 군공을 세운 자는 그 공의 대소에 따라 상등의 작(爵)을 받는다. 사사로이 싸움을 벌이는 자는 각기 그 경중에 따라 대소의 형을 받는다. 농사와 옷감 짜기 등 본업에 전력하여 곡식과 비단을 많이 바치는 자는 요역을 면제하였다. (허가 없이) 말업(상업, 수공업)에 종사하거나 게을러 가난한

---

803 저본의 인용문 "迂濶而遠於事情"은 『史記』 권74 「孟子荀卿列傳」에 "(孟子)適梁, 梁惠王不果所言, 則見以爲迂遠而闊於事情"이라 되어 있다.

804 "1호(戶) 내에 두 쌍 이상의 부부가 … 수전액(授田額)을 그 수에 따라 배증(倍增)하여 분배한다." 이 구절은 이성규, 『사기』(서울대학교출판부, 1987 초판), 113쪽의 해석에 따랐다. 일설에는 "한 집안에 성인 남자가 두 명 이상 있으면서 분가를 하지 않으면 그 세금을 두 배로 징수한다"로 해석하기도 한다.

자는 일가를 적몰하여 관노비로 삼는다. 종실(宗室)이라도 군공이 없으면 귀족의 신분을 누릴 수 없다. 작(爵)의 등급을 명확히 구분하고, 각 등급에 따라 전택(田宅)의 점유 (한도를) 규정한다. 노예의 소유, 의복의 종류도 각 가(家)의 지위에 따라 그 제한을 둔다. 유공자는 명예와 영화를 누리고, 무공자는 비록 부유해도 사치스런 생활을 할 수 없다."[805]

"영을 내려 백성들이 부자 형제가 한 방에서 동거하는 것을 금지하였다. 작은 도시와 향과 읍과 취락을 모아 현(縣)을 만들고 현에는 영(令)과 승(丞)을 두었으니 모두 31현이었다. 전토를 위해 밭 사이 두둑과 경계를 허물고 부세를 공평히 하였다. 용량을 재는 말과 되, 중량을 다는 저울과 저울추, 길이를 재는 장(丈)과 척(尺)을 공평하게 하였다."[806]

"상군이 말하기를 '처음에 진나라는 융(戎)이나 적(翟)의 오랑캐의 가르침을 좇아서 부자의 구별도 없이 같은 방에 기거하였습니다. 이제 내가 그 교의를 다시 제정하여 남녀의 구별이 있도록 하였습니다. 크게 궁궐을 축조하여 노나라나 위(衛)나라와 같이 운영하였습니다'라고 하였다."[807](이상『사기』「상군열전」)

또 이렇게 말한다.

---

805 『史記』권68「商君列傳」, "令民爲什伍, 而相牧司(『索隱』: 牧司謂相糾發也)連坐. 不告奸者腰斬; 告奸者與斬敵首同賞; 匿奸者與降敵同罰. 民有二男以上不分異者, 倍其賦. 有軍功者, 各以率受上爵. 爲私鬪者, 各以輕重被刑. 大小僇力本業耕織, 致粟帛多者復其身. 事末利, 及怠而貧者, 擧以爲收孥. 宗室非有軍功論, 不得爲屬籍. 明尊卑爵秩等級, 各以差次. 名田宅臣妾衣服, 以家次. 有功者顯榮, 無功者雖富無所紛華."

806 『史記』권68「商君列傳」, "令民父子兄弟同室內息者爲禁. 而集小都鄕邑聚爲縣, 置令丞, 凡三十一縣. 爲田開阡陌封疆而賦稅平. 平斗桶權衡丈尺."

807 『史記』권68「商君列傳」, "商君曰, 始秦戎翟之敎, 父子無別, 同室而居. 今我更制其敎, 而爲其男女之別. 大築冀闕, 營如魯衛矣."

"상군은 진(秦)나라 효공(孝公)을 위해 법령을 정비하여 사악함의 근원을 막고, 공적 있는 자는 존귀한 작위와 함께 반드시 상을 내리고 죄지은 자는 반드시 벌하였습니다. 그는 또 도량형을 통일하여 바로잡았으며, 물가를 조절하고, 천맥(阡陌)을 열어 경지를 정리하여 백성들의 생활을 안정시키고[以靜生民之業] 풍속을 통일하였습니다. 백성들에게 농업을 장려하고 토지를 효과적으로 이용하여 농업에 전력하게 하고 그 밖의 업종에 종사하는 것을 금하였으며, 힘써 농사지어 식량을 비축하고 군사훈련을 받도록 하였습니다."【『사기』「범저채택열전(范雎蔡澤列傳)」중 채택이 범저에게 유세하는 말】[808]

상술한 상앙의 변법에는 부정적, 그리고 긍정적인 두 가지 측면의 의미가 있다. 긍정적 측면의 의미는 부정적 측면의 의미를 전제조건으로 한다. 이른바 부정적 측면의 의미는 바로 채택(蔡澤)[809]이 말한 "백성들의 생활을 안정시키고[以靜生民之業]"의 '안정[靜]'에 있었다. 당시 백성들의 생활은 유동적이었다. 유동적이기 때문에 인민들은 장기적인 계획을 세울 수가 없고 농업에 전념하지 못하여 토지는 황무지가 될 수밖에 없었다. 그래서 『상군서』에서는 거듭 "묵정밭을 다스리고"[810] "잡초밭을 개간하고"[811] "토지를 황폐하게 버려두지 말 것"[812]을

---

808 『史記』권79「范雎蔡澤列傳」, "夫商君爲秦孝公明法令, 禁奸本; 尊爵必賞, 有罪必罰. 平權衡, 調輕重. 決裂阡陌, 以靜生民之業, 而一其俗. 勸民耕田利土, 一室無二事. 力田稸積, 習戰陣之事."

809 채택(蔡澤, 미상): 전국 시대 연(燕)나라 사람. 변설이 좋았고 지략이 풍부해 제후들에게 다니면서 유세를 했다. 진(秦) 소왕(昭王) 52년 범저의 추천으로 객경(客卿)이 되었다. 얼마 후 범저를 대신해 재상이 되었으나 바로 물러났고, 진나라에서 10여 년간 머무르면서 소왕과 효문왕(孝文王)·장양왕(莊襄王)·시황(始皇)까지 섬겼다. 진시황을 위해 연(燕)나라에 가서 연나라의 태자 단(丹)을 진나라에 인질로 오게 만들기도 했다.

강조하고 있다. 인민이 유동적이고 그로 인해 국력도 결집될 수 없었기 때문에 입국의 기초가 공고하게 다져질 수가 없었다. 그래서 상앙이 가장 먼저 착안한 것이 바로 유동적 사회를 직업상 안정되고 평온하게 만드는 일이었다. 이것이 바로 이른바 "백성들의 생활을 안정시키고[靜生民之業]"의 뜻이다. 당시 상업자본이 토지 겸병에 유입된 흔적은 보이지 않지만, 상인이 재부를 축적하는 능력은 농민을 훨씬 능가했다. 상업을 통한 재부는 국가의 재부에서도 마찬가지였다. 관중은 제나라를 다스리면서 상업으로 치부하였고 위(衛)나라 문공(文公)은 나라를 중흥하면서 통상과 노동보호 정책을 실행하였다. 정(鄭)나라는 상인의 보호를 입국 조건의 하나로 세웠고, 월(越)나라 왕 구천(勾踐)은 계연(計然)[813]의 방책을 채용하여 상업으로 부강을 이룰 것을 제창하였다.[814] 그렇다면 상앙은 무엇 때문에 그렇게 상업을 억제하려 했던 것일까? 대개 춘추 시대의 상인은 사방으로 활동을 하지만 한 나라에 적

---

810 『商君書』「算地」, "凡世主之患, 用兵者不量力, 治草萊者不度地."

811 『商君書』「算地」, "地大而不墾者, 與無地者同; 民衆而不用者, 與無民者同. 故爲國之數, 務在墾草; 用兵之道, 務在一賞."

812 『商君書』「墾令」, "愛子·惰民不窳, 則故田不荒. 農事不傷, 農民益農, 則草必墾矣." "農逸, 則良田不荒."

813 계연(計然, 미상): 『史記』권129「貨殖列傳」에 의하면 계연은 춘추 시대 사람으로 월왕 구천(勾踐)이 오왕 부차(夫差)에게 패배하여 오나라로 붙잡혀 갔다가 돌아와서 범려(范蠡)와 함께 계연을 중용하였다고 되어 있으며 그 밖의 행적에 대해서는 기록이 없다. 유송(劉宋) 배인(裴駰)의 『사기집해(史記集解)』에서는 계연을 범려의 스승으로 기록하고 있다.

814 『史記』권129「貨殖列傳」에서는 계연(計然)이 월왕 구천(勾踐)에게 "물건은 항상 서로 교환해야 한다[以物相貿易]"라는 계책을 가르쳐 주어 "(이 의견에 따라) 10년을 노력한 결과 월나라는 부유해졌고, … 강대한 오나라에 복수할 수 있었다[修之十年, 國富厚 … 遂報強吳]"라고 되어 있다.

(籍)을 두고 있었다. 상앙의 시대에 이르면 유동적 사회에서 가장 유동
성이 큰 직업으로 상인만한 것은 없으며 상인의 재부 또한 유동적이었
기 때문에 어떤 특정 나라의 소득이 될 수 없었다. 그뿐만 아니라 상인
이 유동으로 이익을 보게 되면 다른 농민들에게도 영향을 줄 수 있다.
상앙은 유동적 사회를 안정시키기 위해 특별히 유동성이 가장 높은 이
들 상인계급 및 유사(遊士)들의 활동에 타격을 줄 필요가 있었다. 『상
군서』에서 항상 상인과 유사를 싸잡아 비난하는 것은 그 때문이다. 여
기에 더해 상호고발과 연좌의 법으로 인민을 모두 향리 땅에 못 박아
놓고 움직이지 못하게 하였다. 그렇기 때문에 상앙의 변법 이후로 진
(秦)나라가 삼진(三晉)의 백성을 유인하여 진나라 땅에 들어와 농사짓
게 하는[815] 일은 있어도 진나라 인민이 나라 밖으로 흘러나갔다는 말
은 듣지 못했고, 또한 진나라의 사(士)가 산동(山東, 함곡관 이동)의 여러
나라에서 활동했다는 사례도 보지 못했다. 이것이 진나라가 6국에 비
해 훨씬 공고한 입국의 현실적 기초를 다질 수 있었던 이유이다. 이것
으로 보면 같은 억말(抑末, 抑商)이라도 상앙의 억상(抑商)은 전한 초년
의 억상과는 확실히 다른 배경과 내용을 갖는다는 것을 알 수 있다.

(3) 상앙 변법의 긍정적 의미

이제 상앙 변법의 긍정적 의미에 대해 좀 더 체계적으로 정리해 보

---

815 『通典』 권1 「食貨」 1 '田制' 上, "秦孝公任商鞅, 鞅以三晉地狹人貧(三晉, 韓趙魏三卿, 今河東道
之地), 秦地廣人寡, 故草不盡墾, 地利不盡出. 於是誘三晉之人, 利其田宅, 復三代無知兵事, 而
務本於内, 而使秦人應敵於外. 故廢井田, 制阡陌, 任其所耕, 不限多少(孝公十二年之制). 數年
之間, 國富兵強, 天下無敵."

겠다.

첫째, 상앙 변법의 이른바 "법(法)"은 신하와 인민에 대한 엄격한 요구, 그리고 이러한 엄격한 요구에 도달하기 위해 사용하는 신상필벌(信賞必罰)의 수단에 대해 규정한 것이다. 신상필벌에서는 사실상 벌이 상을 훨씬 초과한다. 이것은 봉건제도하에서 예(禮)를 정치적 목적 달성을 위한 수단으로 삼았던 시대로부터 형(刑)을 정치적 목적 달성을 위한 수단으로 삼는 시대로의 전환, 즉 정치적 성격의 대전환이었다. 형벌 중에서도 특히 상호고발과 연좌법, 그리고 전시에 전장에서 사용하는 형법을 인민들의 평상시의 과실에 대해 보편적으로 사용한 것이 가장 두드러지고 가장 잔혹하였다. 군법 중의 상호고발[相司]과 연좌법은 싱잉 때 범법[奸]을 막기 위해 사용한 법이었다. 그런데 당시의 이른바 범법[奸]이라 하면 그중에서도 가장 중요한 것이 도망이었다. 그러므로 상호고발과 연좌법은 그 이면에 진나라 백성들이 가볍게 향리를 떠나서는 안 되고 반드시 한곳에 정주해야 한다는 중요한 의미가 함유되어 있다. 본래 예치(禮治)로부터 형치(刑治)로의 전환은 춘추 말기 정나라 사람이 형서(刑書)를 주조하고[816]【원주65】 진(晉)나라에서 형정(刑鼎)을 주조한[817]【원주66】 일로 이미 그 단서를 열었지만, 당시 형서 또는 형정에 규정된 형법 조문은 이 두 고사에 대한『좌전』기사의 상하 문맥으로 미루어 볼 때 인민의 몇몇 범죄 행위에 국한되었던 것으로 추

816『左傳』「昭公 6年」, "三月, 鄭人鑄刑書."
817『左傳』「昭公 29年」, "冬, 晉趙鞅荀寅帥師城汝濱, 遂賦晉國一鼓鐵, 以鑄刑鼎, 著范宣子所爲刑書焉."

　　　　　　　제2장 봉건 정치사회의 붕괴와 전형적 전제정치의 성립

측된다. 반면, 상앙은 신하와 인민의 생활 전반을 연좌 및 전시군법 아래 통제하였다. 이것은 상앙 정치의 기본 동력이자 진나라 정권의 기본적 보장이며 전제정치를 형성하는 가장 기본적인 내용이기도 하다.

둘째, 봉건제도의 신분에 의한 통치구조를 완전히 버리고 경작과 전투[耕戰]를 중심으로 하는 통치구조로 대체하였다. 사실 이것은 당시 반드시 해야 하는 대개혁이었다. 예컨데 오기(吳起)는 초나라의 상(相)이 되자 "법령을 정비하고 불요불급한 관직을 없앴으며, 혈연관계가 먼 공족(公族)의 특권신분을 폐지함으로써 전투병을 양성하였다."818【원주67】 이것은 당시 각국이 강자가 되느냐 약자로 전락하느냐, 혹은 흥하느냐 망하느냐의 경쟁을 벌이고 있는 상황에서 중요한 의미를 지니고 있다.

셋째, 그 무렵 출현한 잡다한 지방정권기구를 정리하여 현(縣)을 단위로 하는 단일 정치조직으로 편제함으로써 정령(政令) 추진을 용이하게 하였다.

넷째, 군사조직을 사회조직으로 삼았다. 이것은 관자(管子)가 제(齊)나라를 통치할 때 이미 실행한 방법이다. 그러나 상앙이 "백성을 10가(家) 또는 5가를 단위로 조직"한 것은 전시동원에 편리할 뿐만 아니라 평시에도 "서로 고발하고 연좌책임을 지우기"819 위해서였다. 환언하면 이것은 한편으로는 군사조직으로서 군사적인 통제를 가하는 동시에 형법조직으로서 형법적인 통제를 가할 수 있었다. 그뿐만 아니라

---

818 『史記』 권65 「孫子吳起列傳」, "楚悼王素聞起賢, 至則相楚. 明法審令, 捐不急之官, 廢公族疏遠者, 以撫養戰鬪之士."

819 『史記』 권68 「商君列傳」, "令民爲什伍, 而相牧司(『索隱』: 牧司謂相糾發也)連坐."

가정생활을 강제로 억압하여 하나의 가정에는 오로지 부자(父子)로 구성된 단일 가족만 살도록 하였다. 이는 한편으로는 가정 내의 의존성을 방지하기 위한 것이지만 다른 한편으로는 인민을 쉽게 통제하기 위한 목적도 있었다. 이에 대한 이검농(李劍農, 1880-1963)의 해석은, 이 조치로 인해 "수많은 독립적 자유소지주가 생겨났고 영주(領主)-전민(佃民, 소작인) 관계를 완전히 벗어났다"[원주68]라고 하였다. 살펴보건대 만약 농민이 원래 영주의 전농(佃農)이라면 1인의 아버지와 2인 혹은 3인의 아들이 동거해도 물론 전농이거니와, 이를 나누어 1인의 아버지와 1인의 아들이 동거한다 해도 여전히 영주의 전농이다. 왜냐하면 가족이 줄어들었다고 토지소유권 관계가 달라지는 것은 아니기 때문이다. 전반적인 정황으로 볼 때 당시 토지에 대한 침탈과 독점은 주로 폭군과 부정한 관리에서 비롯되었다. 전국 중기에는 아직 상업자본의 토지 침입 현상이 현저하지 않았기 때문에『상군서』나『맹자』등 서적에는 모두 영주-전농의 문제가 반영되어 있지 않다. 이검농의 설법은 먼저 영주-전농의 관계를 가정하고, 또 "1호(戶) 내에 두 쌍 이상의 부부가 동거하며 분가하지 않은 경우 수전액(授田額)을 그 수에 따라 배증(倍增)하여 분배한다"[820]라는 조치를 소유권 이전의 조치로 해석하는 것으로 전혀 근거가 없다고 할 수 있다.

다섯째, 인민의 직업을 농사짓고 베 짜는 한 가지 일에만 종사하도

---

820 "民有二男以上不分家者, 倍其賦." 이 구절의 해석은 앞에서도 말했지만 이성규,『사기』, 113 쪽의 해석에 따랐다. 전통적으로는 "한 집안에 성인 남자가 두 명 이상 있으면서 분가를 하지 않으면 그 세금을 두 배로 징수한다"로 해석한다.

제2장 봉건 정치사회의 붕괴와 전형적 전제정치의 성립

록 하였다. 아울러 천맥(阡陌)의 경계를 열어 경지면적을 확대하는 한편 생산능력을 강화하여 전통적인 토지 경계의 제한을 받지 않고 발전을 극대화할 수 있도록 하였다. 이것은 생산에 대한 장려이다. 천맥의 경계를 열어 경지를 확대했다는 것은 또한 구혁(溝洫, 봇도랑)으로 토지를 구획한 주대의 정전(井田)제도가 확실한 역사적 사실이었음을 증명해 준다. 주대에는 그들의 토지제도를 계획하고 농민들을 분배된 토지에 고정시키기 위해 인구가 드문 조건에서는 적지 않은 토지를 도로·수리·군사방어시설과 토지경계를 구분하는 용도로 사용하기를 마다하지 않았다. 그러나 인구의 증가, 부세 착취의 가중, 정치적 무능이 계속됨에 따라 정전제는 춘추 시대에 이미 파괴되기 시작하였다. 정전제가 파괴된 후 정전제에서 나온 천맥(阡陌)은 오히려 농업생산 발전에 장애가 되었다. 그뿐만 아니라 『좌전』 소공(昭公) 원년 진(晉)나라의 위서(魏舒)가 "병거(兵車, 전차) 부대를 해체하고 보병 부대를 편성하여" "태원에서 무종(無終)과 군적(群狄)을 패배시킨"[821] 이후로 전투 방식은 전차전으로부터 보병·기병전으로 옮겨 가는 것이 일반적인 추세였으므로, 천맥은 군사적인 교통에서도 완전히 의미를 잃고 보존할 필요가 없는 무용지물이 되었다. 맹자가 말한 "그러므로 폭군과 부정한 관리들은 반드시 그 토지의 경계를 제멋대로 하는 것입니다"[822]라는 구절로 판단하면 토지의 사유와 겸병은 제일 먼저 정치적인 침탈로부터 시작되었다. 동시에 농민이 대량으로 도망하여 수전(授田)의 정

821 『左傳』 「昭公 元年」, "敗無終及群狄於太原 … 毀車以爲行(步陳)."
822 『孟子』 「滕文公」 上, "是故暴君汚吏, 必慢其經界."

령(政令)이 폐하여지고, 도망으로 황폐해진 토지에 대해서는 누군가가 이를 점령하여 사용했을 것이고, 오랫동안 사용하다 보면 자연스럽게 사회적인 토지 사유가 발생하게 된다. 그렇기 때문에 토지의 사유는 먼저 정령의 규정이 있었던 것이 아니라 사회적으로 먼저 이러한 사실이 있고 난 연후에 재차 정치에 의해 승인을 받았다고 해야 한다. 그와 동시에 정전제의 천맥(阡陌)에 대해서도 각국의 방임하에 무계획적인 천맥의 개벽(천맥을 무너뜨림)이 진행되고 있었다. 오직 위(魏) 문후(文侯) 때의 이회(李悝)823【원주69】와 조금 뒤의 상앙만이 정치적으로 이 문제를 인식하여 정치력에 의한 계획적인 천맥의 개벽을 추진하게 된다. 천맥의 개벽은 인민들의 생산력의 차이에서 오는 사유토지 간 빈부의 차를 조장할 수도 있겠지만, 그러나 전통적인 견해와 같이 상앙이 천맥을 열었기[開阡陌] 때문에 정전제가 폐지된 것이 아니라, 정전제가 폐지되고 나서 이회와 상앙이 천맥을 열었다고 해야 할 것이다. 동시에 상앙이 엄준한 방법으로 상인과 공족(公族) 및 관리들을 감독·관리하는 상황에서 비록 사회적인 빈부의 차이는 있을지언정 토지의 겸병 현상이 발생하지는 않았다. 그뿐만 아니라 공족(公族) 및 관리들이 특별한 지위를 누리지 못하게 되면서 부세 부담의 불균등, 도량형 불

---

823 이회(李悝, B.C.455?-B.C.402): 전국 시대 위(魏)나라 사람으로 법가의 대표적인 인물이다. 전국 시대에 각국은 부국강병을 목표로 변법(變法)을 실시하였는데, 문후(文侯, B.C.446-B.C.397) 때 재상으로 등용된 이회는 여러 정책으로 위나라를 부흥시켰으며 그중에서도 이른바 토지제도 개혁안인 "진지력지교(盡地力之敎)"가 유명하다. 그 내용을 요약하면 첫째, 지력(地力)을 충분히 이용하여 농업생산량을 늘리고, 둘째, 풍년에 평균가격으로 곡물을 구매했다가 곡가가 등귀할 때 평균가격으로 판매하여 곡가의 지나친 등귀와 하락을 막음으로써 농민의 생산의욕을 고취하는 것이다.

통일의 근본 원인이 제거되었다. 이것은 모두 농민의 생산을 격려하는 효과를 낳았다.

여섯째, 인민의 평상시 생활조직은 군사조직을 채용하였다. 경작과 전투는 완전히 하나로 결합되었으며, 심지어 백성들에게 농경보다 전투에서의 용맹을 훨씬 더 장려하기까지 하였다. 『상군서』「내민(徠民)」편에서는 "그들에게 전택(田宅)을 제공하고 3대까지 요역을 면제하는"[824] 우대조건을 내걸어 산동[三晉]의 백성들을 유인하여 서쪽으로 오지 않는 이가 없게 한다면, 농업 인구를 증가시킬 뿐만 아니라 진(秦) 고유의 농민은 병역에 많이 복역하게 하고 새로 온 농민은 경작에 종사하게 함으로써 (군사 역량의 강화) 효과도 거둘 수가 있다고 하였다. 그러나 이검농(李劍農)은 마침내 이것을 "병(兵)·농(農)의 분리로 농민이 봉건적 방식의 병역부담을 면하게 되었다"[원주70]라고 해석하였고 그 증거로 채택(蔡澤)이 상앙의 진(秦) 통치에 대해 "그리하여 군대가 움직이면 영토가 넓어졌고, 군대가 쉬면 나라가 부유하게 되었다"[825]라고 말한 두 마디를 들었다. 이검농의 추론은 완전히 착오이다.

일곱째, 『상군서』에서 보면 상앙은 인민이 독립된 인격체로서 교양을 지니는 것과 법령 이외의 지식을 신봉하는 것에 반대하였다. 이러한 사람은 상인과 마찬가지로 농경과 전쟁을 도피할 가능성이 있기 때문이다. 『상군서』「농전(農戰)」편에서는 다음과 같이 말한다.

---

824 『商君書』「徠民」, "今利其田宅, 而復之三世, 此必與其所欲而不使行其所惡也. 然則山東之民無不西者矣."

825 『史記』권79「范雎蔡澤列傳」, "決裂阡陌, 以靜生民之業, … 力田蓄積, 習戰陣之事, 是以兵動而地廣, 兵休而國富, 故秦無敵於天下, 立威諸侯, 成秦國之業功已成矣."

"지금 나라 안의 백성들이 모두 말하기를 '농사일을 피하면서도 관작(官爵)을 얻을 수 있다'고 합니다. 이런 까닭에 지혜와 용기가 뛰어난 호걸(豪傑)들은 모두 본업을 바꾸고자 『시』와 『서』를 힘써 배우고 다른 나라에 유세하는 기회를 찾아다닙니다. … 평범하고 보잘것없는 사람들은 상업에 종사하거나 수공업을 하면서 다들 농경과 전투를 회피합니다. 이 두 가지 상황이 모두 갖추어지면 국가는 위태로워집니다."[826]

"나라를 잘 다스리는 사람은 관리를 등용하는 법이 공정하므로 지모 있는 자를 임용하지 않습니다. 위에서 한 가지 일에 전일하면 백성들이 다른 일을 엿보지 않고, 그렇게 하면 국력이 하나로 뭉치게 됩니다. 국력이 하나로 뭉쳐지면 강해지고, 나라가 공허한 언론을 좋아하면 약해집니다. 그러므로 말하기를 '경작과 전투를 담당하는 백성 천 명이 있는 곳에 『시』・『서』를 익혀 변론을 잘하고 지혜로운 사람이 한 명이 있다면 천 명이 모두 경작과 전투에 태만하게 될 것이다. 경작과 전투를 담당하는 백성이 백 명이 있는 곳에 수공업을 하는 사람이 한 명 있다면 백 명이 모두 경작과 전투에 태만하게 될 것이다'라고 합니다."[827]

"『시』와 『서』, 예의(禮儀), 음악, 선량함[善], 수양[修], 인자함[仁], 염치[廉], 언변[辯], 지모[慧], 나라에 이 열 가지가 있으면 군주는 백성들로 하여금 적을 방어하고 공격하도록 할 수가 없습니다."[828]

---

826 『商君書』「農戰」, "今境內之民皆曰: 農耕可避, 而官爵可得也. 是故豪傑皆可變業, 務學詩書, 隨從外權(按指游仕於他國而言). 要靡事商賈, 爲技藝; 皆以避農戰. 具備(按指上述兩者皆有於國中), 國之危也."

827 『商君書』「農戰」, "善爲國者官法明, 故不任知慮. 上作壹, 故民不偸(偸)營, 則國力搏聚也. 國力搏者彊. 國好言談者削. 故曰, 農戰之民千人, 而有詩書辯慧者一人焉, 千人者皆怠於農戰矣. 農戰之民百人, 而有技藝者一人焉, 百人皆怠於農戰矣." 여기서 "故不任知慮"는 저본에 "故不任知焉"이라 되어 있는데 오자로 보인다.

828 『商君書』「農戰」, "詩書禮樂善修仁廉辯慧, 國有十者, 上無使守戰."

『사기』「상군열전」에는 조량(趙良)[829]이 상앙에게 진언하는 말 가운데 "진(秦)나라 왕에게 숨어 사는 인재를 등용할 것을 권유하라는"[830] 내용이 있는데, 상앙이 은사(隱士)를 억압하는 것은 당연했다. 왜냐하면 은사는 정령(政令)에 완전히 복종하는 사람이 아니기 때문이다. 그러나 상앙은 부국강병에 적합한 사회질서를 건립하기 위해 형벌 외에도 특정한 도덕을 인민에게 강요하여 보다 합리적인 풍속을 형성하고 형벌이 미치지 못하는 영역을 보충할 수 있도록 한 적이 있다. 상앙이 조량에게 대답하는 말 가운데 "처음에 (내가 진나라에 왔을 때) 진나라는 융적(戎翟)의 풍속에 젖어 있어 부자간에 구별도 없이 한 방에서 살고 있었다. 이제 나는 그 풍속을 바꾸어 남녀의 구별을 가르쳤다"[831]라는 구절이 그것이다. 부자간 남녀관계의 혼란은 사회질서에 아주 나쁜 영향을 줄 수 있으므로 상앙은 이를 금지하려고 했다. 이것은 유가적 오륜(五倫) 중 단지 부부간 윤리 하나만 채용했을 뿐 그 밖의 윤리는 상앙과 다른 법가들 모두 채용하지 않았다.

상앙은 진(秦) 효공(孝公) 원년에 진에 들어왔는데(B.C.361) 이해는 주 현왕(顯王) 8년, 양(梁)[832] 혜왕(惠王) 10년에 해당한다. 효공은 주 현

---

829 조량(趙良, 미상): 전국 시대 진(秦)나라 사람. 상앙(商鞅)이 법치로 진나라를 다스리는 데 반대하여 엄형과 준법(峻法)으로 백성들을 고통스럽게 하면 원망이 쌓이고 재앙을 불러오며 힘을 믿고 위세를 세우면서 인덕(仁德)으로 교화하지 않으면 민심을 잃게 된다고 주장했다. 상앙에게 일찍 사직하기를 권했다.

830 『史記』권68「商君列傳」, "則何不歸十五都, 灌園於鄙, 勸秦王顯嚴穴之士, 養老存孤, 敬父兄, 序有功, 尊有德, 可以少安."

831 『史記』권68「商君列傳」, "始秦戎翟之教, 父子無別, 同室而居. 今我更制其教, 而爲其男女之別."

832 양(梁): 전국 시대 위(魏)나라가 B.C.361년 대량(大梁)으로 천도한 이후의 국호. 대량은 하남

왕 31년(B.C.338)에 죽었다. 효공이 죽은 후 상앙은 곧 진(秦)나라 혜왕(惠王)에게 죽임을 당했다. 효공이 죽은 지 3년 만에(B.C.335) 양 혜왕이 죽고 그 아들 양왕(襄王)이 즉위하였다. 맹자는 일찍이 양 혜왕과 양왕을 만난 적이 있으니 바로 맹자는 상앙과 대략 동시대 사람이다. 그러나 맹자는 한 번도 자기 주장을 실행한 적이 없었으니, "(맹자가 제나라의 재상이 되어 도를 행할 수 있다면) 비록 이로 말미암아 제나라가 패자(霸者)의 나라가 되거나 왕자(王者)의 나라가 되더라도 이상할 것이 없다"833〔원주71〕는 구상은 한낱 빈말일 뿐 실천에 옮겨진 적이 없다. 그러나 진(秦)나라는 상앙의 사업을 계속하여 명확한 정치목표를 가지고 단호한 정치적 방법을 실행에 옮김으로써 빠른 시일 내에 성공의 효과를 거둘 수 있었고, 이로써 늘 혼란에 빠져 있는 산동(山東, 함곡관 이동 6국)의 제후들을 상대하였으니 상앙 사후 117년이 지난 후(B.C.221) 진이 천하를 통일하고 전제정치를 건립한 것도 오히려 당연한 일이라고 하겠다.

(4) 여불위(呂不韋)의 에피소드

진(秦)나라는 효공(孝公) 이후 줄곧 상앙 변법에서 정한 기준선에 따라 발전해 왔다. 특히 진정(秦政, 진시황)은 음험하고 잔인한 법가형 성격의 인물이었다. 게다가 불세출의 재능을 가진 이사(李斯)는 남의 비위를 맞추며 환심을 사려는 속셈으로〔원주72〕 진정의 법가적 성격에 순

성 개봉현(開封縣)에 있다.

833 『孟子』「公孫丑」上, "公孫丑問曰, 夫子加齊之卿相, 得行道焉, 雖由此霸王, 不異矣."

종함으로써 법가가 추구하는 이상을 완성하였으니, 이것이 그들이 이룩한 대일통의 전제정치였다. 그러나 그사이에 우리는 여불위의 출현을 소홀히 지나칠 수 없다. 『사기』「여불위열전」의 내용은 다음 과 같다.

> 당시 위(魏)나라에는 신릉군, 초나라에는 신춘군, 조나라에는 평원군, 제나 라에는 맹상군이 있었는데 모두 사인(士人)을 우대하고 빈객을 좋아하며 서 로 경쟁하였다. 여불위는 강대한 진(秦)나라에 그만한 존재가 없음을 수치 스럽게 여겨, 자신도 사인(士人)을 초치하여 후대하니 식객이 3천 명이나 되 었다. 당시 각국에는 많은 변사(辯士)들이 있었고, 순경(荀卿) 같은 사람의 저서는 천하에 유포되고 있었다. 그래서 여불위는 그 식객 모두에게 배운 것 을 저술하게 하고, 그것을 모아 8람(覽), 6론(論), 12기(紀)로 구성된 20여만 자의 책을 편찬하였다. 그는 이 책이 천지 만물과 고금의 일을 모두 망라하 였다고 생각하고 『여씨춘추(呂氏春秋)』라는 이름을 붙였다.[834]

『여씨춘추』는 진나라가 천하를 통일한 후 천하를 통치하는 데 사용 될 귀중한 책이었다. 이 책은 특별한 가정에 근거하여 특별한 체계를 구성하고 있다. 여러 학파들의 장점을 취하여 하나의 용광로 안에 쓸 어 담고 제련하여 나온 작품으로, 한대 사상계에 커다란 영향을 준 점 에 대해서는 장차 별도의 연구를 진행할 생각이며 여기서는 얘기하지 않겠다. 다만 그 이면의 정치사상만 제시하자면, 그것은 유가를 주로

---

834 『史記』 권85 「呂不韋列傳」, "當是時, 魏有信陵君, 楚有春申君, 趙有平原君, 齊有孟嘗君, 皆 下士, 喜賓客, 以相傾. 呂不韋以秦之强, 羞不如, 亦招致士, 厚遇之, 至食客三千人. 是時諸侯 多辯士. 如荀卿之徒, 著書布天下. 呂不韋乃使其客人人著所聞, 集論以爲八覽, 六論, 十二紀, 二十餘萬言. 以爲備天地萬物古今之事, 號曰呂氏春秋."

하면서도 유가정치사상의 정수를 간추려 놓았다고 할 수 있다. 또한 제자백가의 설에서도 광범위하게 채취하고 있으며 법가사상만 단독으로 채용하지는 않았는데 이 점은 특별히 주목할 가치가 있다. 따라서『여씨춘추』는 여불위의 3천 문객 중 사실상 유가, 도가, 음양가 3가를 핵심역량으로 하고 아울러 유가들이 총괄한 저작이라 할 수 있다. 진정(秦政, 진시황)의 모친과 사통하던 노애(嫪毐)는 진정 9년에 주륙되었다. 여불위가 상국(相國)에서 면직된 것은 진정 10년(B.C.233), 여불위가 독약을 마시고 죽은 것은 진정 12년(B.C.231)이다. 여불위와 노애의 지위, 그리고 2인과 진정과의 관계는 동일선상에서 이야기할 수 없다. 여불위 사후 진정은 "촉(蜀)으로 천사시켰던 노애의 사인(舍人)들을 모두 다시 고향으로 귀환시켰다."835〔원주73〕 그러나 여불위가 죽었을 때는 "그의 사인(舍人) 중 상(喪)에 찾아와 곡을 한 경우, 진(晉, 韓·魏·趙) 출신이면 추방하였고, 진인(秦人)으로 600석 이상의 관작을 가진 자는 작을 박탈하고 변경으로 강제 이주시켰으며, 500석 이하로서 상에 찾아와 곡을 하지 않은 자는 변경으로 강제 이주시키되 작은 박탈하지 않았다."836〔원주74〕 여불위에 대한 사후 조치가 노애 때보다 훨씬 가혹하다는 것을 알 수 있다. 진정과 여불위의 갈등은 권세뿐만 아니라 실로 사상에서도 존재했던 것 같다. 이사(李斯)는 "순경(荀卿)을 따라 제왕지술(帝王之術)을 배웠고" 진나라에 들어가 여불위의 사인(舍人)이

---

835 『史記』권85「呂不韋列傳」, "秦王所加怒呂不韋嫪毒皆已死, 乃皆復歸嫪毒舍人遷蜀者."

836 『史記』권6「秦始皇本紀」, "十二年, 文信侯不韋死, 竊葬. 其舍人臨者晉人也, 逐出之. 秦人六百石以上, 奪爵遷. 五百石以下, 不臨遷, 勿奪爵."

될 것을 자청하자 여불위가 그를 낭(郎)으로 임용하였는데【원주75】 이는 이사의 사상이 본래『여씨춘추』에 표현된 기본 방향과 부합했기 때문이다. 여불위가 독약을 마시고 죽자 이사는 완전히 진정(秦政)의 의지를 받들어 진나라에 이미 기반을 갖고 있던 법가를 발전시켜 마침내 천하 통일 이후의 전제 형태를 결정하였다. 그러나『여씨춘추』에는 6국의 멸망에 관한 일이 기록되어 있는데【원주76】 이는 여불위가 죽은 뒤에도 그 책이 계속 수정 보완되었음을 말해 준다. 그렇다면 여씨 문객들은 여씨 사후에도 여전히 계속해서 진나라에 영향을 미쳤다고 할 수 있는데, 다시 말하자면 유가와 음양가는 여불위의 빈객 초치에 의해 진나라의 정치의식에도 얼마간 작용을 미쳤던 것으로 추측된다. 음양가와 신선설의 상호 결합이 당시에 미친 영향력은 공공연한 사실이다. 나는 유가의『대대례기(大戴禮記)』와『소대례기(小戴禮記)』에 수록된 편장(篇章)들도 대부분 여씨가 득세하고 진정이 국내를 통일하기까지의 사이에 성립되었다고 생각한다. 그뿐만 아니라 전국 시대 각국의 문화는 각자의 지방적 특성을 갖고 있긴 하지만 모두 그 시대의 공통 추세를 따르고 있었다. 예를 들어 진(秦)나라가 상업을 억제했다고는 하나 상업은 여전히 발전을 계속하였고 이는 진나라에서조차 예외가 아니었다. 유방(劉邦)이 처음에 입관(入關)하여 마주친 진(秦)나라 장수는 뜻밖에도 상인이었는데,【원주77】 이로부터 함양에 있는 상인세력의 규모를 가히 엿볼 수 있다. 이 점은 뒤에 가서 다시 언급할 것이다. 진나라는 유사(遊士, 유세하는 사람)를 반대했지만 진 조정은 여전히 유사들의 각축장이 되었다. 진정은 여불위 사건에 이어 '축객(逐客)'을 논의하고자 했으나 결국 이사(李斯)의 「간축객서(諫逐客書)」에 의해 축객

논의는 중단되고 말았다.【원주78】 진(秦)나라의 관제는 산동(山東, 함곡관 이동) 여러 나라의 영향을 많이 받았기 때문에 산동 나라들과 대체로 같다.【원주79】 그리고 산동 각국의 관제는 바로 주(周)나라 제도로부터 장기에 걸쳐 발전 변화한 것이다. 승상(丞相) 또는 재상(宰相)의 '상(相)'은 상례(相禮, 주재자를 도와 의식을 진행함)의 상(相)에서 파생된 관직명으로 "상국(相國)"은 동사에서 파생되어 명사가 된 경우이다. 이 중요한 관제는 『여씨춘추』 「거난(擧難)」편 및 『한시외전(韓詩外傳)』 권3에 기재된 고사, 그리고 『사기』 「위세가(魏世家)」에 기재된 위(魏) 문후(文侯, 재위 B.C.445-B.C.396)의 상(相)을 선임하는 고사[837]에 처음으로 보인다. 한(韓)·제(齊) 여러 나라에서도 각각 출현하고 있다. 진(秦)나라에서는 혜문왕(惠文王) 10년(B.C.328)에 장의(張儀)를 상(相)으로 삼았고 『사기』 「진본기(秦本紀)」에서는 무왕(武王) 2년(B.C.310) 처음으로 승상을 두었다고 기록하고 있는데 이것은 모두 산동 여러 나라의 영향을 받아 진나라에서 나중에 채용한 관직들이다. "박사(博士)"라는 관직도 산동 여러 나라에 먼저 나타난다.【원주80】 또한 이사의 「간축객서」는 시황과 그의 궁정 생활, 복식, 음악 등이 모두 각 나라의 영향을 받아 진나라의 옛 습속을 크게 변화시킨 사정을 보여 주고 있다. 그리고 『설원(說苑)』 「지공(至公)」편에는 진정(秦政, 시황제)이 박사들과 함께 "오제(五帝)는 어진 사람에게 선양(禪讓)을 했고 삼왕(三王)은 자손에게 세습

---

837 그 내용은 다음과 같다. 『史記』 권44 「魏世家」, "魏文侯謂李克曰, 先生嘗敎寡人曰, 家貧則思良妻, 國亂則思良相. 今所置非成則璜二子, 何如. … 李克曰, 君不察故也. 居視其所親, 富視其所與, 達視其所擧, 窮視其所不爲, 貧視其所不取, 五者足以定之矣. 何待克哉. 文侯曰, 先生就舍, 寡人之相定矣."

하였는데 어느 것이 옳은 것인가?"라는 문제를 놓고 토론한 다음 "내 장차 천하를 공(公)으로 삼겠노라(즉 어진 사람에게 제위를 선양하겠노라)"838라고 말했다는 이야기가 실려 있다. 이것이 비록 본심이 아닌 일시적인 가식에서 나온 말이라 해도 그 또한『여씨춘추』의 정치사상에 영향을 받았다고 해야 할 것이다. 진은 6국을 통일한 후 먼저 융합을 하고 나서 정리하는 작업을 수행하였다.『사기』「시황본기(始皇本紀)」에 의하면 "진은 제후국을 격파할 때마다 각 나라의 궁실을 그대로 본떠 함양의 북쪽 언덕에 새로 궁실을 지었다"839고 한다. 또 채옹(蔡邕)840의『독단(獨斷)』에서는 진(秦)의 알자(謁者)가 쓰는 높은 관(冠)은 제나라 관이고, 법관이 쓰는 법관(法冠)은 초나라 관이며, 시중(侍中)이 쓰는 무관(武冠)은 조(趙)나라 영왕(靈王)이 호복(胡服)의 관을 본떠 만들었다841고 하였으니, 비록 사소한 일이긴 하지만 이로부터 그 나머지도 미루어 알 수 있다.『사기』「예서(禮書)」에는 "진나라가 천하를 소유함에 이르러 6국의 예의(禮儀)를 모두 받아들여 그중 좋은 것

---

838 『說苑』「至公」, "秦始皇帝既吞天下, 乃召群臣而議曰, 古者, 五帝禪賢, 三王世繼, 孰是. 將爲之. 博士七十人未對, 鮑白令之對曰, 天下官, 則讓賢是也. 天下家, 則世繼是也. 故五帝以天下爲官, 三王以天下爲家. 秦始皇帝仰天而歎曰, 吾德出于五帝, 吾將官天下, 誰可使代我後者."

839 『史記』권6「秦始皇本紀」, "秦每破諸侯, 寫放其宮室, 作之咸陽北阪上."

840 채옹(蔡邕, 132-192): 후한 사람. 자는 백개(伯喈), 진류(陳留) 어현(圉縣, 하남성 杞縣) 사람이다. 170년 영제(靈帝)의 낭중(郎中)이 되어 동관(東觀)에서 서지 교정에 종사하였다. 후에 중상모략으로 유배되었다가 사면을 받았으나 귀향하지 않고 오(吳)에서 10여 년을 머물렀다. 189년 동탁(董卓)에게 발탁되어 시어사(侍御史), 시중(侍中), 좌중랑장(左中郎將)을 지냈으나 동탁이 죽자 투옥되어 옥중에서 사망하였다. 저서로『독단(獨斷)』과 시문집『채중랑집(蔡中郎集)』이 있다.

841 『獨斷』, "法冠, 楚冠也, 一曰柱後惠文冠."

을 채택하였다"[842]라고 되어 있다. 이것이 전적으로 여불위 문객들 때문만은 아니라 해도, 그러나 진 통일 후의 입국(立國)의 규모 또한 여불위 문객들로 인해 유가와 그 밖의 유파들의 사상 영향을 받았다고 보아야 할 것이다. 그러나 입국 정신에 있어서는 실로 법가정신을 골간으로 하고 실로 상앙이 다져 놓은 법가정치구조를 기초로 삼았다는 것은 추호도 의심의 여지가 없다. 법가사상의 실마리를 떠나서는 전제정치 출현의 근본 원인과 그 기본 성격을 이해하는 것이 불가능하다.

---

842 『史記』 권23 「禮書」, "至秦有天下, 悉內(納)六國禮儀, 采擇其善."

7. 전형적 전제정체(專制政體)의 성립

(1) 중국과 서양의 전제의 차이

전제(專制)라는 단어는 선진 시대에 이미 출현하였다.『국어』「초어 (楚語)」상에 "(은나라 고종이 3년상을 치르는 동안) 이미 나라 다스릴 방도 를 깨닫고서도 오히려 감히 혼자서 다스리고자[專制] 하지 않았다"[843] 라고 하였고,『대대례기(大戴禮記)』「본명(本命)」편에는 "부인(婦人)은 남에게 복종하는[伏] 자이며, 그 때문에 혼자서 일을 처리하는 의리[專 制之義]가 없다"[844]라고 하였으며,『한비자』「망징(亡徵)」편에는 "(번번 이 군주가 일찍 죽어 어린아이가 군주로 내세워지면) 대신들이 권력을 휘둘 러[專制] 외국에서 들어온 자들을 자리에 앉게 하여 패거리를 만들 고"[845]라 하였고,『사기』「양후열전(穰侯列傳)」에서는 위(魏)나라 사람

<hr />

843 "감히 혼자서 다스리고자[專制] 하지 않았다": 은나라 고종이 부왕(父王)의 상을 당하여 3년 동안 침묵하며 말을 하지 않았음을 가리킨다. 3년 동안의 침묵을 양음(亮陰) 또는 양암(諒闇) 이라고도 표현하는데, 이 양음(亮陰)에 대해서는 제설이 있지만 부왕의 국시(國是)를 바꾸지 않고 3년 동안 존중하여 그대로 지켰다고 보는 해석이 유력하다.『國語』「楚語」上의 원문은 다음과 같다. "若武丁之神明也, 其聖之叡廣也, 其知之不疾也, 猶自謂未乂, 故三年黙以思道, 既得道, 猶不敢專制."

844 전후 맥락의 이해를 위해 문장 전체를 인용해 둔다.『大戴禮記』「本命」, "女者如也, 子者孶 也, 女子者, 言如男子之教, 而長其義理者也. 故謂之婦人. 婦人, 婦人伏於人也, 是故無專制之 義. 有三從之道, 在家從父, 適人從夫, 夫死從子, 無所敢自遂也."

845『韓非子』「亡徵」, "種類不壽, 主數即世, 嬰兒爲君, 大臣專制, 樹羈旅以爲黨數, 割地以待交

<hr />

범저(范雎)가 진(秦)나라에 들어가 소왕(昭王)에게 유세하기를 "선(宣)태후가 전제(專制)를 하고 양후가 제후들 사이에서 권력을 제멋대로 휘두르는[擅權] 일" 등에 대해 말했다고 되어 있다.[846] 전제는 즉 타인의 견제를 받지 않고 단독으로 결단을 내리는 것을 말한다. 그러나 2천년 동안 진정(秦政, 진시황)이 천하를 통일한 후 새로 건립한 정체(政體)를 전제정체로 칭했던 적은 없는 것 같다. 진정이 건립한 정체를 '전제'로 칭한다면 그때의 의미는 바로 입헌정체와 대립하는 Despotism의 번역이거나 아니면 Absolute Monarch를 번역한 말이다. 우리나라에서 전통적으로 쓰는 '전제'라는 단어와 실로 커다란 차이가 있다고 하겠다. 이 번역 명칭을 인용한 것은 청 말 유신(維新)운동 때부터인데, 현재로서는 이것이 누구에 의해 어느 책에서 처음 사용되기 시작했는지 판단할 수 없다. 청 광서(光緒) 25년(1899) 『청의보(清議報)』에 양계초(梁啓超)의 「각국헌법이동론(各國憲法異同論)」이란 글이 실려 있는데 글 첫머리에 이르기를 "무릇 국가의 대전(大典)은 그것이 전제정체【원주: 구역(舊譯)에서는 '군주지국(君主之國)'이라 하였음】이든, 입헌정체【원주: 구역에서는 '군민공주지국(君民共主之國)'이라 하였음】이든, 공화(共和)정체【원주: 구역에서는 '민주지국(民主之國)'이라 하였음】이든 모두 헌법이라고 할 수 있을 것 같다"라고 하였다. 또 광서 26년(1900) 양계초는 「입헌주의(立憲法議)」라는 글에서 "세계의 정체(政體)는 세 가지가 있

者, 可亡也."

846 『史記』 권72 「穰侯列傳」, "於是, 魏人范雎 … 以此時奸說秦昭王, 昭王於是用范雎, 范雎言宣太后專制, 穰侯擅權於諸侯."

다. 하나는 군주전제정체, 둘째는 군주입헌정체, 셋째는 민주입헌정체이다"라고 말하였다. 이 문장에는 작은 글씨로 주(注)를 달아 놓았는데 "세 가지 정체를 구역(舊譯)에서는 각각 군주(君主), 민주(民主), 군민공주(君民共主)라 하였는데 명의가 일치하지 않아 지금 명칭을 다시 정하였다"라고 되어 있다. 이로부터 보면 '전제정체'라는 명칭의 사용은 어쩌면 양계초에서 시작되었을지도 모르지만 그 의미가 서양에서 유래했다는 것은 의심의 여지가 없다.〔원주81〕 그러나 '전제'라는 말이 실제 서양에서 왔고, 그 때문에 서양의 이른바 전제정체의 구체적인 상황을 중국 역사 속의 전제정체와 섣불리 비교하려 든다면 이는 역사조건의 차이를 고려하지 않은 처사로 큰 오류에 빠지게 될 것이다. 고대 바빌론과 이집트의 전제정치는 잔혹한 노예제도 위에 기초하고 있으며 또한 일반적인 사회생활 상태는 거의 자유라고 할 만한 것이 없었으니 이는 진대(秦代)의 전제정체 성립 정황과 분명 천양지차가 있다. 서양 근대의 전제정체의 출현은 한편으로는 민족국가 형성이 국가통일에 적극적인 역할을 했기 때문이고, 다른 한편으로는 전제군주가 귀족계급에 대응하여 신흥시민계급—당시는 상업자본가 위주로 구성됨—의 지지를 얻었기 때문이었다. 귀족세력이 전복된 후 신흥시민계급은 다시 군주전제를 전복시켰다. 이것은 중국의 전제 상황과는 매우 거리가 멀다. 일부 사람들은 중국의 전제정체의 출현을 상업자본의 발달과 연관시키고 있는데, 뒤에서 곧 이해하게 되겠지만 이는 억지 비교에 의한 오해일 뿐이다. 또 어떤 사람은 중국의 전제를 수리개발과 연관시키기도 하는데, 중국의 수리제도는 주대의 구혁(溝洫, 봇도랑) 제도에서 가장 완비된 형태를 보인다는 점을 전혀 모르고 있다. 전국 시대에 가장 먼저 수리를 강구한 곳은 삼진(三晉) 지역이었고, 다시 정(鄭)나라를 거쳐 진(秦) 지역에서 계발되었으며, 이것은 모두 통일전제가 출현하기 전에 있었던 일이다. 따라서 중국의 전제를 수리개발과 연관 짓는 견해는 더더욱 추측이 과장된 것이다.

(2) 중앙 전제

'전제'를 명확히 분석하기 위해서는 먼저 진정(秦政, 시황제)이 건립한 전제정체를 이해해야 하는데 두 방면으로 나누어 파악해야 할 것이다. 첫 번째로, '전제'는 봉건정치하의 제후분권정치에 대한 중앙의 전제를 가리킨다. 즉, 일반적으로 말하는 봉건을 폐지하고 군·현을 두는 것을 말한다. 진정은 재위기간이 일천하여 그의 군·현정치 실시에 대한 직접적인 자료는 부족한 편이다. 그러나 전한 시기 군·현의 상황을 진(秦)의 제도에서 계승된 것으로 인정한다면, 진나라 군·현의 정치조직은 규모는 작지만 조정 관제의 내용은 대체로 갖추고 있었다고 이해할 수 있다. 그뿐만 아니라 조정의 정치조직과 비교하면 황제의 특수지위를 보호하기 위해 설립한 수많은 불합리한 부분이 제거되었기 때문에 조정의 관제보다 훨씬 실제 수요에 부합하였고, 사실과 권한 및 책임에 있어서 큰 정치적 기능을 발휘할 수 있었다. 이것은 당(唐) 이후의 상황과 크게 다르다. 군·현의 군수[守] 및 현령[令]과 봉건제도하의 봉군(封君)이 다른 점은 (1) 군수, 현령의 인선이 직접 조정에 장악되어 있어 수시로 임면(任免)이 가능하다. (2) 군현의 부세 수입은 모두 조정에 귀속된다. 군현의 지출은 조정이 (거두어들인 부세 수입 중) 지출의 일부이다. (3) 진의 군현에는 군사력을 주관하는 위(尉)라는 관직이 있지만 실제로는 군사력이 없었던 것으로 보이며 더욱이 직접 군대를 파견할 수도 없었다. (4) 직(職)과 작(爵)이 분리되었다. 직을 가진 자가 반드시 작을 가질 필요는 없고, 작을 가진 자가 반드시 직을 가져야 하는 것은 아니다. 이것은 조정과 지방을 통틀어 적용되는 것으로 봉건제도 폐지 후의 일대 특색이라 할 수 있다. 이 일의 발단은 자못 시기가 올라가는데 예컨대 관중이 국(國)씨 · 고(高)씨보다 낮은 지위에 있으면서 실제로 제나라의 정치를 집행한 예가 그것으로, 이것도 직과 작의 분리의 일단이라 할 수 있다. 그러나 과거에 특례였던 것이 이때에 이르러 통례가 된 것이다. (5) 조정에서 감찰어사를 파견하여 지방관을 감독하는 책임을 맡도록 하였다. 이상의 특징으로 볼 때 진나라의 군현 정치는 전제(專制)라 칭하기보다는 차라리 대일통의 중앙집권이라 칭하는 편이 나을 듯하다. 이것은 중국 역사 발전의 일대 진전임에 틀림없다.

상술한 진보는 당시 대다수 사회구성분자들의 요구에 부합하는 것이라 할 수 있지만, 그러나 서양 근대민족국가 성립 당시의 사회배경에 얽매여 이를 사회의 어떤 특정세력에 의해 촉성되고 결정된 것으로 간주해서는 안 된다. 심지어 진나라의 군신(君臣)들이 봉건을 폐지하고 군현을 두기로 결정할 때조차 단지 당시 사회의 일반적 요구를 반영했을 뿐 결코 사회의 어떤 특정계층의 의지를 반영한 것은 아니었고, 심지어 그것이 전적으로 진정(시황제)의 이기주의에서 나온 것도 아니었다. 비록 대일통 이후 많은 지식인들이 활동의 자유를 잃었다고 느꼈지만, 그러나 전국이 온통 전쟁으로 들끓을 때 법가는 당연히 일통(一統)을 요구하였고 유가도 마찬가지로 일통을 요구하였다. 맹자는 일찍이 "하나로 정해짐[定於一]"[원주82]에 대해 말한 적이 있는데, 이른바 "하나로 정해짐"이란 천하가 "하나로 합하여[一統]" 안정되는 것을 의미한다. 공자가 『춘추』를 저술하여 한편으로 "천자의 잘못을 비판하면서도[貶天子]"[원주83] 한편으로는 주나라를 높이고 왕을 높인 것은 "예악과 정벌에 대한 명령이 천자로부터 나오는"847[원주84] 강력한 공주(共主)가 있어야 한다는 요구를 위해서이기도 하고 일통을 위해서이기도 했다. 『여씨춘추』의 작자는 봉건제도를 계속 유지할 것을 찬성했지만 마찬가지로 일통을 요구하기도 했다. 「유시람(有始覽)」 '근청(謹聽)'편에 보이는 "천자가 없는 것보다 더 큰 어지러움은 없다"라는 말이 바로 이러한 생각을 보여 준다. 그러나 당시의 유가는 일통에는 찬성했지만 중앙집권에는 찬성하지 않았으니 이것이 법가와 다른 점이다.

다시 사회계층으로 보면, 농민은 전쟁을 직접 부담하는 자로서 그 고통이 가장 컸기 때문에 그들이 일통을 요구하는 것은 당연한 일이었다. 그러나 당시의 농민은 아직 적극적으로 의견을 표명할 수 있는 능력과 기회를 갖지 못했고, 이 때문에 우리는 진나라의 일통이 농민들의 의견과 의식에 의해 촉성된 것이라고 말하기는 어렵다. 전국 시대는 상업이 크게 발달한 시대이다. 『사기』「화식열전(貨殖列傳)」에서는 정치세력 이외에 재부세력도 있다는 것을 분명하게 보여 주고 있다. 또한 『맹자』에서 "옛날에 관문(關門)을 만들었던 것은 포악함을 막기 위해서였지만 오늘날 관문을 만든 것은 포악한 짓을 하기 위해서이

---

847 『論語』「季氏」, "孔子曰, 天下有道, 則禮樂征伐自天子出. 天下無道, 則禮樂征伐自諸侯."

다"(「진심」하)[848]라 하고, 『순자』에서 "관세와 시장세를 가혹하게 매겨 그 사업 자체를 어렵게 만들고"(「부국」편)[849]라고 말한 정황으로 볼 때, 열국의 병립이 관세를 가혹하게 만든다는 점에서 당시의 상인계층도 당연히 일통의 천하를 유리하다고 여겼다. 그러나 진나라가 6국을 통일한 것은 무력에 의해서이고, 무력의 주요 구성분자는 농민이지 상인은 아니었다. 월왕 구천(勾踐)은 일찍이 계연(計然)의 방책을 채용하여 상업을 진흥시킴으로써 부강을 달성했지만,【원주85】 진나라가 효공 이후로 일관되게 실행한 것은 억상정책이었다. 그뿐만 아니라 상인 출신으로서 정치에 큰 영향을 미친 사람으로 여불위만한 자는 없다. 그러나 『여씨춘추』는 여전히 "상농(上農)" 사상을 중시하여 특별히 상인의 의식을 반영하고 있지는 않다. 따라서 상인과 진나라의 통일을 연관시키는 견해는 근본적으로 성립될 수 없다. 요컨대 대일통을 촉성한 것은 사회의 어떤 특정계급이 아니라 장기적인 전쟁으로 조성된 정치상의 이유일 뿐이다. 『사기』「진시황본기」에서는 다음과 같이 말한다.

26년(B.C.221) … 승상 왕관(王綰) 등은 건의하였다. "제후들이 최근 정복되었습니다만 연(燕)·제(齊)·초(楚)는 거리가 멀어 그 지역에 왕을 세우지 않으면 다스릴 수가 없습니다. 황자들을 그 지역의 왕으로 각각 세우시기를 청하오니, 허락하시기 바랍니다." 시황은 이 제안을 군신들에게 내려 의논하게 하였다. 그들은 모두 찬성하였으나 정위(廷尉) 이사(李斯)는 반대하였다. "주나라 문왕(文武)과 무왕(武王)은 일족의 자제를 많이 봉건하였습니

---

848 『孟子』「盡心」下, "古之爲關也, 將以禦暴; 今之爲關也, 將以爲暴."
849 『荀子』「富國」, "苟關市之征以難其事."

다. 그러나 그 후 후손들은 관계가 소원해지면서 마치 원수처럼 서로 공격하였고, 제후들이 서로 공벌하는 상황을 주나라 천자도 금할 수 없었습니다. 이제 폐하의 성덕으로 천하가 통일되고 모두 군현으로 편성되었습니다. 황자들과 공신들은 일정한 작위와 조세수입권 또는 중상(重賞)을 내리시면 쉽게 통제할 수 있으며, (이 점에 대해서는) 아마도 이의를 제기하지 않을 것입니다. 이것이 천하를 안정시킬 수 있는 방법입니다. 정복지에 다시 제후왕을 세우는 것은 부당합니다." 시황이 말하였다. "천하가 모두 전쟁에 끊임없이 시달렸던 것은 제후왕들이 할거하고 있었기 때문이다. 이제 종묘의 가호로 천하가 비로소 통일되고 안정되었는데 다시 제후국을 세운다는 것은 (마치) 전쟁의 씨앗을 심는 것과 같다. 그래서는 평화와 안녕을 얻기가 어렵지 않은가? 정위의 말이 옳다." 그리하여 천하를 36군(郡)으로 나누고 각 군에는 수(守)·위(尉, 군사책임자)·감(監, 감찰관)을 두었다.[850]

대일통의 중앙집권을 조성한 것은 바로 "천하가 모두 전쟁에 끊임없이 시달렸다"라고 하는 중대한 교훈 덕분이다. 이 중대한 교훈은 당시의 일반적인 요구를 반영하는 것이지 어떤 특정 계급의 요구를 반영하는 것은 아니라고 할 수 있다. 가의(賈誼)[851]의 「과진론(過秦論)」에서는

---

850 『史記』 권6 「秦始皇本紀」, "二十六年 … 丞相綰(王綰)等言, '諸侯初破, 燕·齊·荊地遠, 不爲置王, 無以塡之. 請立諸子, 唯上幸許.' 始皇下其議於群臣, 群臣皆以爲便. 廷尉李斯議, '周文武所封子弟同姓甚衆. 然後屬疏遠, 相攻擊如仇讎, 諸侯更相誅伐, 周天子弗能禁止. 今海內賴陛下神靈一統, 皆爲郡縣. 諸子功臣, 以公賦稅重賞賜之, 甚足易制; 天下無異意, 則安寧之術也. 置諸侯不便.' 始皇曰, '天下共苦戰鬪不休, 以有侯王. 賴宗廟, 天下初定, 又復立國, 是樹兵也. 而求其寧息, 豈不難哉! 廷尉議是.' 分天下以爲三十六郡; 郡置守·尉·監."

851 가의(賈誼, B.C.200-B.C.168): 전한 낙양(洛陽) 사람. 가태부(賈太傅) 또는 가장사(賈長史), 가생(賈生)으로도 불린다. 문제의 총애를 받아 약관의 나이로 최연소 박사가 되었다. 1년 후 태중대부(太中大夫)가 되어 진(秦)의 율령과 관제, 예악 등의 제도를 개정하고 정비하였으나 주발(周勃) 등의 시기를 받아 장사왕(長沙王)의 태부(太傅)로 밀려났다. 농업의 중시, 상업의 억제, 제후세력의 삭감 등을 주장하였다. 자신의 불우한 처지를 굴원(屈原)에 견주어 「복조

다음과 같이 말하고 있다. "진(秦)이 천하를 통일, 제후의 땅을 겸병하고 남면(南面) 칭제(稱帝)하면서 사해를 기르자, 천하의 사인(土人)들이 풀이 바람에 쏠리듯 모두 진에게로 쏠렸다. 이것은 무엇 때문인가? 근고(近古) 이래 왕자(王者) 없이 지낸 지가 오래되었기 때문이다. 주 왕실이 쇠미해지고 오패(五霸)도 사라진 후 천하를 호령하는 자가 없었다. 그래서 제후들은 무력으로 정치를 하였다. 강자가 약자를 침략하고 다수가 소수를 학대하였으며, (이로 인해) 전쟁은 그치지 않고 사민(土民)은 피폐하였다. 이런 상황에서 진이 남면하여 천하의 왕자(王者)가 된 것이며 이것은 곧 위에 천자가 있다는 것을 의미하였다. 모든 백성들은 생명의 안전을 바라던 터라 허심으로 황제를 환영한 것이다."[852] 당시 모든 사람들이 통일로 안정을 찾을 수 있기를 바랐다는 시대적 흐름을 말하고 있다. 그러나 당시의 유생(儒生)들은 도리어 낡은 것을 계속 고집하다가 마침내 34년(B.C.213) 분서(焚書)의 화를 초래하고 만다. 『사기』「이사열전(李斯列傳)」에서는 다음과 같이 말한다.

시황 34년, 함양궁에서 연회를 베풀자 박사복야(博士僕射) 주청신(周青臣) 등이 시황의 위엄과 덕망을 찬양하는 말을 올렸다. 그때 제(齊)나라 사람 순

부(鵩鳥賦)」와 「조굴원부(弔屈原賦)」를 지었다. 뒤에 문제의 막내아들 양회왕(梁懷王)의 태부가 되었지만 왕이 낙마하여 급서하자 비통함을 이기지 못하고 33살로 죽었다. 저서에 『신서(新書)』10권과 『가장사집(賈長沙集)』이 있다. 진나라가 망한 까닭을 논한 「과진론(過秦論)」은 널리 알려져 있다.

852 「과진론」은 『史記』권6「秦始皇本紀」에 실려 있다. "秦併海內, 兼諸侯, 南面稱帝, 以養四海. 天下之士, 斐然鄉風, 若是者何也? 曰, 近古之無王者久矣. 周室衰微, 五霸既沒, 令不行於天下. 是以諸侯力攻, 彊侵弱, 衆暴寡, 兵革不休, 士民罷敝. 今秦南面而王天下, 是上有天子也. 既元元之民, 冀得安其性命, 莫不虛心而仰止."

우월(淳于越)이 나와 간언하기를 "신이 듣기로 은나라와 주나라가 천 년 이상 왕업을 누린 것은 자제와 공신을 봉건하여 왕실을 보익(輔翼)하는 가지로 삼았기 때문이라고 합니다. 지금 폐하께서는 해내를 차지하고 계시지만 종실의 자제들은 필부에 불과한 신분입니다. 갑자기 전상[田常, 제(齊)의 대부로 나라를 찬탈]과 육경[六卿, 진(晉)의 세경(世卿)]들로 나라를 분할]의 환난과 같은 일이 생기면 보필할 신하가 없으니 어떻게 그 난국을 구할 수 있겠습니까? 일을 도모하면서 옛 전례를 본받지 않고도 길게 지탱할 수 있다는 말은 들은 적이 없습니다. …"라고 하였다. 승상 이사(李斯)는 그 주장이 틀렸다고 하면서 그의 말을 물리치고 나서 상서하기를 "… 지금은 폐하께서 천하를 통일하시고 흑백을 가려 하나의 최고 기준을 확립하셨습니다. (그런데도 학자들은) 사사로이 학문을 전수하며 서로 조정에서 정한 법제를 비난하고 법령이 나온 것을 들으면 각자 자기가 배운 것을 기준으로 그 시비를 따집니다. … 이런 것을 금하지 않으면 위로는 군주의 권위가 실추되고 아래로는 당파가 형성되니 금하는 것이 좋겠습니다. 신은 (박사관이 아니면서 감히 소장하고 있는)『시』,『서』및 제자백가의 저서를 모두 제거하시기를 청하옵니다"라고 하였다. …[853]

순우월이 봉건을 계속 주장하다가 분서(焚書)를 초래했던 점에서 이것은 당시 매우 심각한 논쟁거리였다. 이 논쟁의 본질은 정치권력을 어떻게 안배해야 정권을 장구히 유지할 수 있고 따라서 사회가 안정될 수 있는가 하는 것이었다. 이 문제가 중국 역사상 풀리지 않는 매듭이

---

[853] 『史記』 권87 「李斯列傳」, "始皇三十四年, 置酒咸陽宮, 博士僕射周青臣等, 頌稱始皇威德. 齊人淳于越進諫曰, 臣聞之, 殷周之王千餘歲, 封子弟功臣, 自爲支輔. 今陛下有海內, 而子弟爲匹夫, 卒(猝)有田常・六卿之患, 臣無輔弼, 何以相救哉. 事不師古而能長久者, 非所聞也. … 丞相(李斯)謬其說, 絀其辭, 乃上書曰, … 今陛下並有天下, 辨白黑而定一尊, 而私學乃相與非法教之制. 聞令下, 即各以其私學議之 … 如此不禁, 則主勢降乎上, 黨與成乎下, 禁之便. 臣請諸有文學『詩』 『書』百家語者, 蠲除去之. …"

된 것은 바로 전제의 또 다른 사실에서 비롯된 것이다. 즉, 후술하는 바와 같이, 결정적 정치권력이 인민사회와 멀리 떨어져 황제 한 개인의 몸에 겹겹이 쌓이게 되면 그 형세는 마치 한 오라기의 실로 천근만근의 무게를 매달고 있는 것과 같다. 이러한 의미의 전제 아래서는 만약 권력을 조정에 집중하게 되면 반드시 외척과 환관의 화를 불러온다. 만약 지방에 권력을 나누게 되면 봉건의 형식이든 주목(州牧, 지방관)의 형식이든 반드시 상호 강탈의 화를 불러오게 된다. 따라서 이 논쟁은 영원히 결말이 나지 않을 것이다.

(3) 일인 전제

다른 한편으로는, 이른바 '전제'는 조정의 정권 운용에 관한 최후의 결정권을 황제 한 사람에게 위임하는 것이며, 황제의 권력에 관해서는 어떤 입법적 근거도 구체적 제도도 갖고 있지 않다. 신하들은 개별적 혹은 집단적인 방식으로 황제에게 의견을 제출할 수는 있지만, 그러나 이를 수용하고 안 하고는 의연히 황제의 의지에 달려 있으며 그 어떤 힘도 황제의 의지를 강제할 수 없다. 이것이야말로 우리나라의 이른바 '전제'의 진정한 내용이다. 여기에 군현제의 성립은 황제 일인전제의 정도를 강화하여 군현제의 진보적 의미가 가려지고 말았다. 일인전제 하에 건립된 중앙의 제도를 보면 정사 전반을 총괄하는 승상이 있고, 승상을 보좌하는 어사대부(御史大夫)가 있으며, 군사(軍事)를 주관하는 태위(太尉)가 있다. 승상 아래로는 합리적인 일의 분담이 이루어졌다. 국가에 대사가 있을 때 조정은 대소규모의 회의를 열어 토론에 부친다. 그뿐만 아니라 지식인의 대표자격인 박사(博士)는 직위는 비록 낮지만 회의에 참가할 수 있고 또한 수시로 황제에게 의견을 제시할 기회가 있었다. 이상은 모두 그들이 건립한 정치제도에 포함된 합리적 요소들이다. 심지어 진(秦) 관제의 분업체제 자체는 완전한 전제가 아니었다고 볼 수도 있다. 하지만 이러한 관제기구의 총엔진은 관제 자신이 아니라 실로 황제 한 사람의 손에서 조종되었다. 황제의 한순간의 잘못된 생각이나 견문지식의 한계가 전체 기구의 활동을 광란으로 치닫게 할 수도 있었다. 게다가 지존의 존귀함과 막강한 재부를 소유한 환경에서 한 사람의 훌륭한 황제를 가르쳐 길러 낸다는 것은 거의 불가능에 가깝다. 그러므로 일인전제하에서 천하의 "치(治, 다스려짐)"는 모두 우연이고, "난(亂, 어지러움)"이 오히려 당연한 일이다. 이것은 관제 자체로부디 해답을 얻을 수 있는 것이 아니다. 또한 관제 중의 합리적인 부분도 반드시 그 훼손과 파괴를 당할 것이다.

        제2장 봉건 정치사회의 붕괴와 전형적 전제정치의 성립

8. 일인 전제의 다섯 가지 특성

일인전제의 특성을 이해하기 위해서는 다음과 같은 점을 언급해야
한다.

(1) 전제황제의 지위는 지고무상하여 거의 인간세계의 지고신(至高
神)이라고 할 수 있을 정도다. 그러나 우리나라 진(秦) 이전의 왕과 서
양의 전제자를 보면, 그들의 이러한 지위는 신과의 관계에 의지하여
세워진 것이다. 사람들이 그를 하늘의 명(命)을 받은 자로 인정하는 한
그는 이러한 숭고한 지위를 갖게 될 것이다. 그에 비해 진시황으로 대
표되는 황제의 지위는 진(秦) 이전의 왕자(王者)도 그 숭고함을 비교할
수 없을 뿐 아니라 서양 고대와 근대의 전제군주들도 규모상 그 위대
함을 견줄 수 없을 정도이다. 주나라 초에 태동한 인문정신은 전국 시
기에 이르러 이미 종교적인 천(天), 제(帝)의 관념을 말끔히 해소하였
다. 음양가에 의해 재정립된 오제(五帝)는 단지 통치자의 과장 심리를
만족시킬 수 있을 뿐 진정한 신앙을 통해 인정된 존재는 아니었다. 그
러므로 '황제'의 지위는 신권(神權)에 의지해서가 아니라 법가의 인공
적인 법(法)과 술(術)에 의지하여 건립된 것이다. 인공적 법과 술로 이
러한 지위를 건립하는 것은 그 과정이 신의(神意)에 가탁하는 것보다
훨씬 엄혹하다. 『사기』「진시황본기」에 있는 낭야(琅邪)의 각석(刻石)
에는 다음과 같은 구절이 있다. "옛날 오제(五帝)와 삼왕(三王)의 정교

(政教)는 각기 달랐으나, 분명한 법도가 없이 귀신의 위력을 빌려 원방(遠方)을 속인 것은 마찬가지였다. 그러니 명실이 상부할 수 없었고 그 지배가 오래갈 수 없었다."854 이 몇 마디 말이 시사하는 바는 시황은 귀신에게서 아무것도 빌린 것이 없다는 것이다. 술(術)은 신불해(申不害)에 의해 제창되었는데 군주가 신하들을 통제하기 위해 사용하는 수단이다. 그 내용은 "담당할 수 있는 능력에 따라 관직을 주고, 명분(名分)에 따라 실적을 따져 밝히며, 생살(生殺)의 권병을 손에 쥐고, 신하들의 능력을 평정하는"855〖원주86〗 것이다. 이 기본적인 내용은 당연히 법가에 의해 계속 전수되었다. 그러나 한비자에 이르면 이러한 통제술을 한 차원 더 끌어올려 군주를 노자에서 말하는 도(道)의 권화(權化)856로 만들기에 이른다. 『한비자』「주도(主道)」제5에서는 결코 평범한 군주의 도에 관해 말하지 않는다. 거기서는 군주가 어떻게 하면 노자의 이른바 도(道)와 하나가 될 수 있는지를 말하고 있다. 이것은 그 자신에게 있으며, 이를 "도를 체득함[體道]"이라고 부른다. 그는 시작부터 이렇게 말한다. "도(道)란 만물이 처음 시작되는 근원이며 시비(是非)를 정하는 기준이다. 그렇기 때문에 명철한 군주는 그 처음[始]을 지킴으로써 만물이 생성되는 근원을 알고, 그 기준을 다스림으로써 일이 성패에 이르는 실마리를 안다."857 이런 말을 가볍게 보아서는 안

---

854 『史記』권6「秦始皇本紀」, "古之五帝三王, 知敎不同, 法度不明, 假威鬼神, 以欺遠方. 實不稱名, 故不久長."

855 『韓非子』「定法」, "因任而授官, 循名而責實; 操生殺之柄, 課群臣之能."

856 권화(權化): 불교에서 부처나 보살이 중생을 구하기 위하여 다른 모습으로 변하여 세상에 나타남. 또는 그 화신. 권자(權者)·권현(權現)이라고도 함.

제2장 봉건 정치사회의 붕괴와 전형적 전제정치의 성립

된다. 명철한 군주가 "처음을 지키고[守始]" "기준을 다스리는[治紀]" 것은 바로 명철한 군주가 도를 체득하는[體道] 것을 의미한다. 도(道)는 만물의 창조자이며 형이상(形而上)적인 존재이다. 명철한 군주가 도를 체득한다는 것은 곧 명철한 군주가 만물을 초월하여 만물의 최초이자 최후의 결정자가 되는 것을 의미한다. 「낭야각석」의 이른바 "황제는 새로운 시대를 열었다. 법도가 바르게 정비되고 만물의 질서가 바로잡히니"[858]라는 말은 바로 한비자의 사상에서 유래한 것이다. 노자가 말하는 도(道)는 "텅 비고 고요하며 작위함이 없는[虛靜無爲]" 성질을 갖고 있지만, 한비자의 손에서 도리어 군주가 자기를 감추고 신하들을 엿보는 최고 권모술수의 신비로운 전당이 되었다. 그리하여 한비자는 다음과 같이 말한다. "고요히 처하여 어디에 위치해 있는지 알 수 없고, 텅 비어 있어 그 있는 바를 알 수 없으며【생각건대 이 두 구절은, 군주의 위엄은 신하들이 헤아릴 수 있는 바가 아님을 말한 것이다】, 명철한 군주는 위에서 아무것도 하지 않아도[無爲], 신하들은 아래에서 두려움에 떨고 있다."[859]【원주87】 이렇게 되면, 술(術)에 의해 건립된 군주의 숭고한 지위는 신으로부터 주어진 것이 아니라 술의 인공에 의해 만들어진 것으로 현세의 신이라고 할 수 있다. 과거 상앙이 정한 법이란 "법령이 관부에 저록되어 있고 형벌은 반드시 백성의 마음속에 새겨지며, 상은 법을

---

857 『韓非子』「主道」, "道者萬物之始, 是非之紀也. 是以明君守始以知萬物之源, 治紀以知善敗之端."

858 『史記』권6「秦始皇本紀」, "皇帝作始, 端平法度, 萬物之紀."

859 『韓非子』「主道」, "寂乎其無位而處, 漻乎莫得其所(按: 此二句言人君的威嚴, 不能爲人臣所測度), 明君無爲於上, 群臣竦懼乎下."

삼가는 자에게 있고 벌은 명령을 어기는 자에게 가해지는"860【원주88】 것으로 이미 신하와 백성은 법령과 상벌이 시키는 대로만 움직이는 완전히 수동적인 지위에 놓여 있었다. 한비자에 이르면 법(法)이 술(術)과 상합하면서 신민(臣民)에 대한 방비와 통제가 더욱 엄중해지고, 법의 엄형준벌을 통한 신민의 억제와 좌절이 더욱 그 무게를 더해 갔다. 그리하여 황제의 측량할 수 없는 숭고한 지위는 보잘것없고 미미한 신민의 존재와 대비되어 더욱더 뚜렷하게 부각되었다. 상술한 법가의 발전은 진정(秦政)과 이사(李斯)에게 고스란히 계승되었다.『사기』「진시황본기」에서는 다음과 같이 말한다.

> 승상 왕관(王綰), 어사대부 풍겁(馮劫), 정위(廷尉) 이사(李斯) 등은 모두 다음과 같은 의견을 올렸다. "… 지금 폐하께서는 의병을 일으켜 폭군을 주멸하시고 천하를 평정, 해내를 군현으로 삼으셨으며, 모든 법령이 하나로 통일되었습니다. 이것은 상고 이래 일찍이 없었던 위업이며 오제도 미치지 못하는 성공입니다. 신들은 박사들과 신중히 의논하여 결론을 얻었습니다. 옛날 천황(天皇)·지황(地皇)·태황(泰皇)이 있었으나 태황이 가장 존귀하였습니다. 그러므로 신들은 죽기를 무릅쓰고 존호를 올리나니, '왕'을 '태황(泰皇)'이라 하고, 왕의 '명(命)'은 '제(制)'로, '영(令)'은 '조(詔)'로 바꾸고, '짐(朕)'을 천자의 자칭으로 전용하시기 바랍니다." 왕(시황)이 "(명호에 관한 것은) '태(泰)' 자를 빼고 '황(皇)' 자를 넣고 (상고에 사용했던 군왕의 위호) '제(帝)'를 합쳐 '황제(皇帝)'로 하라"고 말하면서 조서를 내려 허락하였다.861

---

860 『韓非子』「定法」, "憲令著於官府, 刑罰必於民心, 賞存乎愼法, 而罰加乎姦令."

861 『史記』 권6「秦始皇本紀」, "丞相綰, 御史大夫劫, 廷尉斯等皆曰 … 今陛下興義兵, 誅殘賊, 平定天下, 海內爲郡縣, 法令由一統, 自上古以來未嘗有, 五帝所不及. 臣等謹與博士議曰, 古有天

또 다음과 같이 말하였다.

[장양왕(莊襄王)을 태상황으로 추존하는 칙령을 통해] 시황은 명하였다. "짐이 듣기로는 태고의 군왕은 명호[號]만 있었고 시호[諡]는 없었으나 중고 이후로는 명호뿐 아니라 죽은 후 그 생전의 행위를 따져 시호를 붙였다고 한다. 이것은 결국 자식이 아비를 판결하고 신하가 군주를 판결하는 것이니 대단히 잘못된 일이다. 짐은 이 관행에 찬성할 수 없다. 지금부터 시법(諡法)을 없애라. 짐은 시황제(始皇帝)가 될 것이다."[862]

또 다음과 같이 말하였다.

조고(趙高)[863]는 2세를 설득하였다. "… 천자가 자신을 짐(朕)이라 칭하는 것은 신하들이 천자의 음성조차 본래 들을 수 없다는 뜻입니다."[864][짐(朕)을 조짐(兆朕)으로 해석. 천자란 신하들이 음성도 듣지 못하고, 형체도 볼 수 없고, 단지 그 조짐만 바라본다는 뜻.]

皇地皇泰皇, 泰皇最貴. 臣等昧死上尊號, 王爲泰皇, 命爲制, 令爲詔, 天子自稱爲朕. 王曰, 去泰著皇, 號曰皇帝, 制曰可."

862 『史記』권6「秦始皇本紀」, "制曰, 朕聞太古有號毋諡. 中古有號, 死而以行爲諡. 如此, 則子議父, 臣議君也. 甚無謂, 朕弗取焉. 自今已來除諡法, 朕爲始皇帝."

863 조고(趙高, ?-B.C.207): 선조는 조(趙)나라 귀족으로, 진(秦)나라 환관으로 있다가 중거부령(中車府令) 겸 행부새령사(行符璽令事)로 승진하였다. 시황제를 따라 여행하던 중 시황제가 평대(平臺, 하북성 鉅鹿縣)에서 병사하자, 승상 이사(李斯)와 짜고 조서(詔書)를 위조하여 시황제의 맏아들 부소(扶蘇)와 장군 몽염(蒙恬)을 자결하게 만들고 막내아들 호해(胡亥)를 2세 황제로 세웠다. 낭중령이 되어 권력을 독단하였고, B.C.207년 참소로 이사를 처형시킨 뒤 승상이 되어 국정의 대소사를 제멋대로 처리하였다. 진나라의 형세가 위태롭게 되자, B.C.207년 2세 황제마저 모살(謀殺)하고 부소의 아들 자영(子嬰)을 옹립하여 진왕(秦王)으로 삼았으나 곧 자영에게 죽임을 당하고 삼족이 멸족되었다. 자영 역시 재위 46일 만에 유방(劉邦)에게 항복함으로써 진나라는 3대 15년 만에 멸망하였다.

864 『史記』권6「秦始皇本紀」, "趙高說二世曰, … 天子稱朕, 固不聞聲."

또 「이사(李斯)열전」에는 조고가 이런 말을 했다고 한다.

천자를 귀하게 여기는 것은 신하들이 단지 그 음성만 들을 수 있고 그 얼굴을 보지 못하는 점에 있습니다. 그래서 천자는 짐(朕)을 자칭하는 것입니다.[865]

생각건대 조고의 말이 비록 호해(胡亥)를 농락하는 말이긴 하지만 그가 배운 법가사상에서 나온 것이기도 하다. 조고의 말은 황제라는 칭호를 세울 때의 의도와 일맥상통한다. 황제와 신하의 지위를 현격하게 만들기 위해 "옛날에는 존비(尊卑)의 신분이 다 함께 사용했던"【『독단(獨斷)』】"짐(朕)"이란 말을 오로지 황제만이 쓰도록 정하는 외에, 황제의 명(命)을 세(制)라 칭하고, 영(令)을 조(詔)라 칭하며, 신하들이 통용해 오던 서(書)를 주(奏)로 바꾸었다【『태평어람(太平御覽)』 권594에서 인용한 『한서잡사(漢書雜事)』】. 이러한 칭호상의 엄준한 구별은 진(秦) 이전에는 없던 일이다. 이것은 모두 황제를 가능한 한 위로 치켜세우고 신하를 가능한 한 아래로 억누르고자 하는 심리에서 결정된 것이다. 이사(李斯)는 모함을 받아 "구금된 후 다섯 가지 형벌을 다 받았다."[866] 그 잔혹함이 예로부터 비길 바 없고 참으로 "신하를 초개(草芥)와 같이 여기는" 행태라 아니할 수 없다. 이는 바로 인공으로 건립한 지고무상의 일인전제가 낳은 결과이기도 하다. 이것은 새로이 건립된

---

865 『史記』권6 「秦始皇本紀」, "天子所以貴者, 但以聲聞, 羣臣莫得見其面, 故號曰朕." '朕'은 조짐(兆朕)의 뜻이다. 천자란 신하들이 음성도 듣지 못하고 형체도 볼 수 없고 단지 그 조짐만 바라보는 존재라는 의미이다.

866 『史記』권6 「秦始皇本紀」, "囚就五刑."

제2장 봉건 정치사회의 붕괴와 전형적 전제정치의 성립

절대화된 신분제라 할 수 있다.

(2) 진대(秦代)의 전제정치제도 건립 역시 주 초에 봉건정치제도를 건립할 때와 마찬가지로 한편으로는 역사적으로 이미 성숙된 몇몇 조건에 의거하고 다른 한편으로는 그들이 품고 있는 이상에 근거하여 의식적인 노력을 가한 결과였다. 진정과 이사가 품고 있는 이상을 간단한 말로 표현하면 상앙이 요구하는 "백성들의 순박하고 한결같음[則民樸壹]"867【원주89】의 "순박함[樸]"과 "한결같음[壹]"을 계승하는 것이다. 순박함[樸]은 질박함, 소박함을 뜻한다. "한결같음[壹]"은『상군서』에서 거듭 강조한 관념이다. 그런데『상군서』에서의 이른바 '일(壹)'은 농업과 전쟁에 전일(專一)하는 것을 의미한다. 하지만 진정(시황제)이 요구하는 바는 황제의 법에 따라 인민들의 생활행위를 획일화하는 것이었다. 이렇게 할 수 있다면 인민의 개성과 특수한 이익의 발전으로 인해 사회 안정에 영향을 끼치는 일이 없을 것이기 때문이다. 그리고 이러한 사회적 안정의 본질은 실제로는 황제의 의지가 객관적인 세계 안에 보편적으로 확장된 것이다. 이것이야말로 전제권력의 철저한 실현이다. 한편 유가들이 제창한 효제(孝悌) 사상이 전국 시대 "사회 가족"의 점차적인 출현에 따라【원주90】 사회에 널리 유행하게 되면서 진정(시황제)도 그 영향을 받지 않을 수 없었다. 동시에, 사회의 안정을 추구하면서 사회를 어떤 도덕규범 안에 두지 않는 것은 사실상 불가능한 일이다. 그러므로 진나라 각석에서는 시간이 지날수록 더욱더 법의 획일화와 도덕적 규범을 한데 연결하려는 모습이 엿보인다. 예를 들면 다

---

867 『商君書』「更法」, "則民樸壹."

음과 같다.

28년(B.C.219) 「태산각석(泰山刻石)」: "황제께서 즉위하시어 제도를 만들고 법을 밝히시니 모든 신하들이 그것을 엄격히 지켰도다. … 다스림의 도가 행해지자 모든 산업[諸産]이 각기 그 마땅한 위치를 찾고 모든 행동에 법식에 있게 되었다. 이 위대하고 빛나는 덕은 후세에 전해져 조금도 변함없이 계승될지어다. 성스러운 황제께서는 천하를 평정하신 후에도 정사를 게을리 하지 않으신다. 새벽에 일어나 밤늦게 잠드실 때까지 천하를 이롭게 할 장기적인 계책을 세우시고 (백성을) 깨우치시는 데 전념하신다. (그리하여) 그 가르침은 널리 퍼졌고 원근이 모두 그의 성스러운 뜻을 받들어 잘 다스려지고 있다. 귀천의 구분이 명백하고 남녀가 모두 예(禮)에 따라 그 직분을 충실히 지켰다. …"(『사기』「진시황본기」)[868]

「낭야각석(琅邪刻石)」: "황제 즉위 28년, 황제는 새로운 시대를 열었다. 법도가 바르게 정비되고 만물의 질서가 바로잡히니 인간의 관계가 명백해지고 부자가 조화를 이루었다. 그 성스러운 지혜와 인의(로 모든 법과 원리를 명백히 밝히셨으며) … 농업은 장려되고 말업(상업 및 수공업)이 억제되니 백성이 부유하다. 온 천하가 한마음 한뜻, 기기(器機)의 규격이 통일되고 문자도 통일되었다. … 황제께서 때에 맞추어 적절히 조처를 취하였기 때문이다. 그는 지방의 상이한 풍속을 교정하시고 물길을 만들고 땅을 나누어 정리하셨으며, 백성을 걱정하고 긍휼히 여겨 밤낮으로 쉬지 않고 일하신다. 법령을 확정하여 의심을 제거하니 모두가 금하는 바를 알게 되었다. 지방의 수령들이 각기 나누어 일을 맡으니 정치가 다방면으로 쉽게 이루어졌다. 모든 조처가 합당하고 모든 것이 계획대로 수행된다. 황제의 밝은 지혜가 사방을 두루

---

868 『史記』 권6 「秦始皇本紀」, "皇帝臨位, 作制明法, 臣下修飭 … 治道運行, 諸産得宜, 皆有法式. 大義休明, 垂於後世, 順承勿革. 皇帝躬聖, 既平天下, 不懈於治. 夙興夜寐, 建設長利, 專隆教誨. 訓經宣達, 遠近畢理, 咸承聖志. 貴賤分明, 男女禮順, 愼遵職事. …"

제2장 봉건 정치사회의 붕괴와 전형적 전제정치의 성립

살피시니, 존비와 귀천이 각기 위치를 벗어나지 않고 범법과 악행[奸邪]이 용납되지 않으며 모두 곧고 선량한 일에만 힘쓴다. 크고 작은 모든 일에 전력하며 감히 게으름을 부리지 않는다. … 친척들은 서로 보살피며 도적도 없다. 백성들은 모두 그 가르침을 기쁘게 받들며 법령과 제도를 빠짐없이 알고 있다. 육합(六合, 사방 상하) 안이 모두 황제의 영토로서 사람의 발길이 닿는 곳에 신복하지 않는 자가 없다."(위와 같은 곳)[869]

29년 「지부각석(之罘刻石)」: "… 대의(大義)를 세우시고 각종 기물을 분명히 정비하셨으며 모두 (그 사용자의 신분에 따라) 적당한 색깔과 표지를 정하셨다. (이에) 신하들은 직분을 준수하며 각자의 의무를 알게 되어 머뭇거리거나 우왕좌왕하는 일이 없게 되었다. 백성들은 교화되어 원근이 모두 같은 법도를 지키며 옛 관습에 젖어 잘못을 저지르는 일이 결코 없다. …"(위와 같은 곳)[870]

위 각석의 문장들은 물론 공적과 은덕을 찬양하는 내용이므로 과장이 있을 수밖에 없다. 그러나 이러한 과장 속에는 바로 그들이 추구하는 목적이 반영되어 있고, 또 이러한 목적 안에는 바로 황제의 전제 욕구에 대한 만족이 반영될 수 있다. 당연히 그들이 달성하려는 목적을 일률적으로 말살해서는 안 되는데 그중에는 모종의 합리성이 포함되

---

[869] 『史記』 권6 「秦始皇本紀」, "維二十八年, 皇帝作始. 端平法度, 萬物之紀. 以明人事, 合同父子. 聖智仁義, 顯白道理 … 上農除末, 黔首是富. 普天之下, 摶心揖志. 器械一量, 同書文字 … 應時動事, 是維皇帝. 匡飭異俗, 陵(作淩, 歷也)水經地. 憂恤黔首, 朝夕不懈. 除疑定法, 咸知所辟(避). 方伯分職, 諸治輕易. 舉錯必當, 莫不如畫. 皇帝之明, 臨察四方. 尊卑貴賤, 不逾次行. 奸邪不容, 皆務貞良. 細大盡力, 莫敢怠荒. … 六親相保, 終無寇賊. 歡欣奉教, 盡知法式. 六合之內, 皇帝之土. 人跡所至, 無不臣者."

[870] 『史記』 권6 「秦始皇本紀」, "… 作立大義, 昭設備器, 咸有章旗. 職臣遵分, 各知所行, 事無嫌疑. 黔首改化, 遠邇同度, 臨古絕尤. …"

어 있기 때문이다. 따라서 나는 그들이 건립한 전제를 편의상 전형적인 전제로 부르고자 한다.

(3) 상술한 사회통제 안에는 유가적 도덕사상의 요소도 포함되어 있지만, 그들이 목적을 달성하기 위해 사용한 수단은 전적으로 법가사상의 주요내용인 형벌[刑]에 의존하는 것으로, 이는 진(秦) 입국의 기본 정신이자 전제정치의 최대 특색이기도 하다. 동서고금을 막론하고 무릇형벌만으로 도덕을 실현하고 도덕이 형치(刑治, 형벌에 의존하는 정치)의도구가 되면 도덕은 형치의 공범자가 된다. 진나라 형치의 잔혹함에관해서는 전한 시기 생각 있는 지식인이라면 거의 모든 사람이 이를언급하고 있다. 지금 두 건의 직접 자료만을 인용해 둔다.

시황은 5덕(德)의 순환에 의하여 왕조가 교체된다는 이론에 따라 화덕(火德)인 주나라를 대체한 진나라는 화덕이 이길 수 없는 덕[즉 수덕(水德)]을 가졌음에 틀림없다고 생각하였다. 그리하여 그는 바야흐로 수덕의 시대가도래하였다고 판단하여, 일년의 시작과 그 조하(朝賀)의식을 모두 10월 1일로 바꾸었으며 … 하(河, 황하)를 덕수(德水)로 개칭하였다. 한편 시황은 수덕(水德)의 시대에 맞는 다스림은 가혹하고 엄격한 통제, 모든 것을 법에 따라 처결하는 정치, 일체의 인정과 자혜로움이 배제된 가혹한 지배만이 수덕에 부합된다고 생각하였다. 그리하여 그의 정치는 법만을 앞세웠으니 (범법자들은) 오랜 세월이 지나도 사면되지 않았다.(『사기』「진시황본기」)[871]

살펴보건대 추연(鄒衍)의 오덕종시설(五德終始說)[원주91]은 여불위 문

---

871 『史記』 권6 「秦始皇本紀」, "始皇推終始五德之傳, 以爲周得火德. 秦代周, 德從所不勝. 方今水德之始, 改年始朝賀, 皆自十月朔 … 更名河曰德水. 以爲水德之始(南本始作治), 剛毅戾深, 事皆決於法. 刻削毋仁恩和義, 然後合五德之數. 於是急法, 久者不赦."

객들의 추론을 거쳐【원주92】 진정(秦政)에게 큰 영향을 미쳤다. 그리하여 시황은 『여씨춘추』「응동(應同)」편에 근거하여 진나라를 수덕(水德)의 시작으로 인정하고, 이에 따라 정삭(正朔)을 개정하고 복색(服色)을 바꿈으로써 수덕에 상응하도록 하였는데, 이는 새로운 미신으로 본래 논할 만한 것이 못 된다. 그러나 유가는 공자가 "가는 것이 이 물과 같구나. 밤낮을 그치지 않도다"872【원주93】라 말한 뒤로 맹자는 도덕에 본원이 있음을 물에 비유하였고,【원주94】 순자는 물이 아홉 가지 덕행을 가지고 있다고 하였다.【원주95】 한편 노자는 "최고의 선은 물과 같다[上善若水]"라고 하여 특별히 물에서 "만물을 좋게 이롭게 하지만, 다투지 않고 사람들이 싫어하는 곳에 머무르기 때문에 도(道)에 가깝다"873【원주96】라고 하는 성질을 취하고 있다. 『장자』「추수(秋水)」편에 이르면 특별히 물에 예술적 의미를 부여하고 있다. 반면 진(秦)의 군신이 파악한 수덕(水德)은 형(刑)의 상징이 되고, 진정(秦政)의 성격의 상징이 되었으며, 특히 전제정치의 기본 성격을 나타내는 영원한 상징이 되었다. 이와 같은 물의 형상의 창조는 정말 의미심장한 일이다.

후생(侯生)과 노생(盧生)은 서로 의논하였다. "시황은 천성이 사납고 자기주장만 내세우는 사람이다. (일개) 제후에서 천하를 통일하였고, (이제) 그가 원하는 것은 모두 이루어지고 있다. 그는 상고 이래 자기를 따를 만한 사람이 없다고 자부하면서 오로지 옥리(獄吏)만 신임하여 그들만 총애를 받고

---

872 『論語』「子罕」, "逝者如斯夫, 不舍晝夜." 이것은 공자가 강가에서 흐르는 강물을 보며 세월이 강물처럼 밤낮을 가리지 않고 흘러감을 탄식한 말이다.

873 『老子』 통행본 8장, "上善若水, 水善利萬物而不争, 處衆人之所惡, 故幾於道."

있다. (조정에) 비록 박사가 70명이 있다 하나 그들은 자리만 채우고 있을 뿐 (시황은) 그들의 의견을 듣고 있지 않다. 승상 이하 여러 대신들도 모두 일상적인 업무만 지시받을 뿐 모든 것은 오직 위에서 결정된다. 황제가 형벌과 사형으로 위엄을 세우기를 좋아하니 모든 사람이 죄를 무서워하여 자리만 지킬 뿐 아무도 감히 충성을 다하는 사람이 없다. 황제는 자신의 과오를 지적하는 사람이 없어 나날이 교만해지고 신하들은 두려워 황제를 기만하면서까지 아첨을 떨며 총애를 받으려 한다. … 천하의 크고 작은 일을 모두 황제가 직접 처결하며 심지어 그는 공문서를 무게로 달아 매일 밤낮으로 (자신이 처리할 문서의) 양을 정해 두고, 그 양이 차지 않으면 쉬지도 않는다. 그의 권세욕이 이 정도이니 선약(仙藥)은 구할 수 없지 않은가." 이에 그들은 도망치고 말았다.(『사기』「진시황본기」)[874]

살펴보건대 후생과 노생은 당시 형리들만 신임하여 자기 뜻대로 일을 처결하는 상황을 진정(秦政) 개인의 성격 탓으로 돌리고 있는데 물론 틀린 말은 아니다. 그러나 진정의 성격은 이미 객관화되어 전제정치제도가 되었고, 그래서 진정 개인의 성격은 곧 전제정치제도 자신의 성격이기도 했다. 이 제도 아래서는 황제가 진정과 같이 자기 재능만 믿는 독불장군이 아니더라도 이 제도에서 필연적으로 발생하는 외척·환관·권신들 또한 반드시 자기 재능만 믿는 독불장군이 되고야만다. 왜냐하면 이 기구의 활동에 따른 자연스러운 결과가 그렇게 될

---

874 『史記』 권6「秦始皇本紀」, "侯生·盧生相與謀曰, 始皇爲人, 天性剛戾自用, 起諸侯, 並天下, 意得欲從, 以爲自古莫及己. 專任獄吏, 獄吏得親幸. 博士雖七十人, 特備員弗用. 丞相諸大臣皆受成事, 倚辨於上. 上樂以刑殺爲威, 天下畏罪持祿, 莫敢盡忠. 上不聞過而日驕, 下懾伏謾欺以取容. … 天下之事, 無小大皆決於上, 上至以衡石量書, 日夜有呈, 不中呈不得休息. 貪於權勢至如此, 未可爲求仙藥. 於是乃亡去."

수밖에 없기 때문이다. 유가의 더 많은 요소가 침투한다면 몰라도. 하지만 그 뒤에 등장한 독불장군 군주들은 시황제처럼 그렇게 능수능란하지도 못했다.

형법으로 신민(臣民)을 가지런히 하면 신민은 손발을 어디에 두어야 할지 모른다. 그래서 당시 범죄자의 숫자는 경악할 정도였다고 할 수 있다. 『사기』「진시황본기」에서는 다음과 같이 말한다. 28년(B.C.219) 시황이 순행하면서 "(양자강을 타고) 상산사(湘山祠)에 이르렀으나 마침 그때 태풍이 불어 강을 건너지 못할 뻔했다. … 이에 시황은 대노하여 형도(刑徒) 3천 명을 시켜 상산의 나무를 모두 베어 내어 민둥산으로 만들었다."[875] 또 말하기를 "33년(214)에는 일찍이 요역을 피해 도망한 경력이 있는 자, 췌서(贅婿, 데릴사위, 사실상 채무노예)·고인[賈人, 시적(市籍)에 등록된 상인]을 징발하여 (남방의) 육량(陸梁)을 점령한 후 계림군(桂林郡)·상군(象郡)·남해군(南海郡)을 설치하고 적민(謫民, 죄를 지어 유배된 사람)을 보내 수비토록 하였다. 서북으로 흉노를 몰아내고 유중(楡中)에서 황하를 따라 동으로 음산(陰山)에 이르는 지역을 연결하여 34개의 현을 새로 설치하였으며, … 정(亭)·장(障, 변경의 초소)을 쌓아 융족(戎族)을 내몰았으며 적민(謫民)을 천사(遷徙)시켜 새로 설치한 현을 채웠다"라고 하였다.[876] 『자치통감』 권7에서는 "적민(謫民) 50만

---

875 『史記』 권6 「秦始皇本紀」, "至湘山祠, 逢大風, 幾不得渡 … 於是始皇大怒, 使刑徒三千人, 皆伐山樹, 赭其山."

876 『史記』 권6 「秦始皇本紀」, "三十三年, 發諸嘗逋亡人·贅婿·賈人, 略取陸梁地, 爲桂林·象郡·南海, 以謫遣戌. 西北斥逐匈奴. 自楡中並河以東, 屬之陰山, 以爲三十四縣 … 築亭障以逐戎人, 徙謫, 實之初縣."

명을 천사시켜 5령(嶺)을 수비토록 하고 월족(越族)과 함께 섞여서 살게 하였다"[877]라고 하였다. 『문헌통고』1에는 "당시 북쪽에 장성을 쌓는데 40여만 명이 동원되었다"[878]라고 되어 있다. 이들은 모두 상술한 『사기』의 이른바 죄를 지어 적민(謫民)이 된 자들이다. 그리고 적민을 천사시켜 새로 설치한 34개의 현을 채웠다면 그 숫자 또한 수십만 명에 이르렀을 것이다. 『사기』「진시황본기」에서는 "아방궁을 지었는데 … (당시) 궁형(宮刑)을 받은 죄인을 비롯한 형도가 70여만 명이 있었는데 [이들이 아방궁과 여산(麗山)을 나누어 건설하였다]"[879]라고 하였다. 상술한 정황으로 헤아려 보면 시황이 동원한 죄인은 2백만에서 3백만 명사이가 된다. 가산(賈山)[880]이 '지언(至言)'에서 진(秦) 당시 "행인들의 반이 붉은 옷을 입은 사람(죄인)이었고 산에는 군도들이 가득했다"[881]라고 한 것도 지나친 말은 아니다. 어찌 이럴 수 있는가 하면, 한편으로는 물론 지나친 사치와 가혹한 부세 때문이지만, 다른 한편으로는 엄형으로 인민의 행동을 획일화하려는 데 원인이 있다. 진섭(陳涉)[882]

---

877 『資治通鑑』권7「秦紀」2, "以謫徒民五十萬人, 戍五嶺, 與越雜處."

878 『文獻通考』권1, "是時北築長城四十餘萬."

879 『史記』권6「秦始皇本紀」, "作阿房宮 … 隱宮徒刑者七十餘萬人."

880 가산(賈山, 미상): 전한 영천(潁川) 사람. 문제(文帝) 때 영음후(潁陰侯) 관영(灌嬰)의 급사(給事)로 있었다. '지언(至言)'이라는 제목으로 진(秦)나라의 사실을 끌어다가 치란(治亂)의 도를 논한 상주문을 지어 올렸다. 그 후 문제가 백성들이 사사로이 돈을 주조하는 것을 금지하는 법령인 도주전령(盜鑄錢令)을 폐지하자 다시 이를 반대하는 상소를 올렸다. 언사(言辭)가 직설적이고 내용이 매우 격렬하였음에도 문제는 그를 벌하지 않았고 다만 끝내 벼슬에 등용하지는 않았다.

881 『漢書』권51「賈山傳」'至言', "孝文時言治亂之道借秦爲諭, 名曰至言, 其辭曰 … 赭衣半道, 羣盜滿山." 안사고 주에서는 "犯罪者則衣赭衣, 行道之人半著赭衣, 言被罪者衆也. 盜賊皆依山爲阻, 故云滿山也"라 하였다.

이 "여러분들은 모두 비를 만나 지정된 날짜에 도착할 수 없게 되었다. 날짜를 어기면 참수하는 것이 법이 아닌가!"883【원주97】라는 구실로 군사를 일으키고, 유방(劉邦)이 "정장(亭長)884의 직무상 역도(役徒, 도형을 받은 죄수)들을 여산(酈山)으로 인솔해 가는데 많은 역도들이 도중에 도망해 버려 여산에 도착할 때면 다 도망쳐서 하나도 남지 않을 것이라고 여겨"885 군사를 일으킨 것은 바로 이러한 상황을 반영한다.

(4) 전제정치 아래서는 모든 인민이 황제에게 복종하는 위치에 있기 때문에 황제의 지배 밖에서 독립 내지 반항적인 사회세력을 보유하는 것은 허용되지 않는다. 그래서 진정은 26년 천하를 통일한 후 바로 "천하의 부호(富豪) 12만 호를 천사(遷徙)하였는데", 『사기』「화식열전(貨殖列傳)」에 보존된 기록에 의하면 이들 부호들은 천사된 후 바로 빈궁한 처지가 되었다. 이것은 전적으로 억상정책 때문만은 아닌데 왜냐하면 천사된 부호들 중에 상인만 있는 것은 아니기 때문이다. 부호 천사 조치의 배후에는 재부의 힘은 항상 정치의 힘에 대항할 수 있다는 관념이 자리 잡고 있다. 『사기』「화식열전」에서는 다음과 같이 말한다. "촉(蜀)의 탁씨(卓氏)는 그 조상이 조(趙)나라 사람으로, 야철업으로

---

882 진승(陳勝, ?-B.C.208): 진(秦)나라 말기 양성(陽城, 하남성 등封) 사람. 자는 섭(涉)이다. 고농(雇農) 출신으로 B.C.209년 장성 건설에 징발되어 둔장(屯長)으로서 900명의 일행과 함께 어양(漁陽, 북경시 密雲)으로 출발했으나, 중간에 폭우를 만나 기일 내 도착이 불가능해 참수형을 당할 처지에 놓이자 동료 오광(吳廣)과 함께 900명의 무리를 이끌고 반란을 일으켰다. 그때 진승은 "왕과 제후, 장수와 재상의 씨가 따로 있겠느냐[王侯將相寧有種乎]"라는 유명한 말을 남겼다.

883 『史記』 권48 「陳涉世家」, "公等遇雨, 皆已失期, 失期當斬."

884 행정조직상 현(縣) 아래 향(鄕)이 있으며, 10리(里)마다 1정(亭), 10정에 1향을 두었다.

885 『史記』 권8 「漢高祖本紀」, "爲縣送徒酈山, 徒多道亡, 自度比至, 皆亡之."

재산을 모았다. 진(秦)나라가 조나라를 멸하였을 때 탁씨도 천사되었
다. (당시) 포로의 몸으로 (모든) 재산을 빼앗긴 탁씨 부부는 손수레를
밀며 천사지로 갔는데 … 멀리 보내 줄 것을 희망하였다. 그래서 그는
임공(臨邛, 사천성 益州)지역으로 보내졌다. 그곳에 도착한 그는 크게
기뻐하며 철광산에 들어가 철광을 녹여 철기를 주조하였으며 치밀한
계획으로 사업을 운영한 끝에 거대한 부를 축적, 전(滇)·촉(蜀)의 주
민을 압도하였다. 그의 재산은 천 명의 노예를 소유할 정도였고 … 정
정(程鄭)도 산동에서 (강제로) 천사된 포로로서 역시 야철업으로 부호
가 되었다. … 탁씨에 필적하는 부를 쌓았고 역시 임공(臨邛)에 거주하
였다. 완(宛)의 공씨(孔氏)는 조상이 양(梁)나라 사람으로 (역시) 야철
업으로 새산을 모았다. 진이 위(魏)를 멸하였을 때 남양(南陽)으로 천
사된 공씨는 대규모로 야철업을 경영하였고 … 수천 금의 재산을 모았
다."[886] 위에 든 3인은 천사된 12만 호 가운데 곤궁한 처지에서 다시
재부를 쌓은 운이 좋은 사람들이었다. 3인 중 단 한 사람도 6국의 정치
와 직접적으로 연관된 사람은 없다. 이로부터도 그것(부호들의 천사)이
6국의 정치적 잿더미 속의 불씨를 미연에 방지하기 위해 나온 것이 아
님을 알 수 있다. 이 정책은 뒤에 마침내 전제정치의 통상적인 사회정
책이 되었다. 『사기』「화식열전」중 진시황이 목축으로 부를 쌓은 오
씨(烏氏, 감숙성)의 라(倮)에게 봉군(封君)에 준하는 예우를 하였고, 파촉

---

886 『史記』권129「貨殖列傳」, "蜀卓氏之先, 趙人也, 用冶鐵富. 秦破趙, 遷卓氏, 卓氏見虜略, 獨
夫妻推輦詣遷處 … 乃求遠遷, 致之臨邛, 大喜, 即鐵山鼓鑄, 運籌策, 傾滇蜀之民. 富至僮千人
… 程鄭, 山東遷虜也, 亦冶鐵. … 富埒卓氏, 俱居臨邛. 宛孔氏之先, 梁人也, 用鐵冶爲業. 秦伐
魏, 遷孔氏南陽, 大鼓鑄 … 家致富數千金."

에서 단혈[丹穴, 단사(丹沙)를 생산하는 동굴]로 재산을 모은 과부 청(淸)을 위해 회청대(懷淸臺)를 지어 주었다고 하는 기록은 그의 변경정책에서 비롯된 것이지 결코 그의 억상정책이 바뀌었음을 의미하지는 않는다.

(5) 전제정치는 모든 것이 황제의 의지에 의해 결정되기 때문에 다른 사람은 자유의지를 가질 수 없고, 자율적인 학술사상이 발전할 수도 없다. 당시 자유의지를 배양했던 것은 『시』, 『서』 및 제자백가의 말이었다. 왜냐하면 『시』, 『서』 및 제자백가들의 말의 내용을 현실상황과 대조해 볼 수 있기 때문이었다. 대조하다 보면 현실을 비판하게 되고 현실 비판은 황제의 의지에 위배되는 일이었다. 『시』, 『서』와 제자백가의 학문을 하는 자들은 당시 넓은 의미의 유생(儒生)들이었으므로 법가는 상앙 때부터 줄곧 『시』와 『서』에 반대하고 유생에 반대하는 입장에 있었다. 전제정치는 법가의 산물이다. 그러므로 분서갱유(焚書坑儒)는 역사상 돌출 사건으로 보아서는 안 되고 차라리 전제정치하의 필연적 사건으로 봐야 한다. 전제정치 아래서는 필연적으로 어떤 형식의 분서갱유 사건이 출현하는데, 예를 들어 "거업(擧業)"[887]이나 "팔고(八股)"가 그러한 예이다. 『사기』 「진시황본기」 시황 34년에서는 다음과 같이 말한다.

---

887 거업(擧業): 과거 응시를 위해 준비하는 학습. 송 신종(神宗) 원풍(元豊) 2년(1079)에 학령(學令)을 반포하여 태학에 80재(齋)를 설치하고 재마다 30명을 두었는데 외사생(外舍生) 2천 명, 내사생(內舍生) 3백 명, 상사생(上舍生) 백 명으로 모두 2천4백 명이었다. 외사생은 한 달에 한 번 사시(私試)를 치고, 매년 한 번 공시(公試)로 내사생을 보충하고 격년에 한 번 사시(舍試)를 통해 상사생을 보충하였다. 상사생 중 상등급은 관직에 임명하고, 중등급은 예부시를 면제하였다. 『文獻通考』 권42 「學校考」 3 '太學', "元豊二年頒學令, 太學置八十齋, 齋容三十人, 外舍生二千人, 內舍生三百人, 上舍生百人, 總二千四百. …"

승상 이사(李斯)가 말하기를 "… 이전에는 제후들이 서로 경쟁하면서 유사(遊士)들을 후대하며 초치하였습니다. (그러나) 지금은 천하가 이미 통일되어 (모든) 법령이 한곳에서 나오며 백성들은 집안에서 농사와 수공업에 힘쓰고 사인(士人)은 법령과 금법(禁法)을 학습할 따름입니다. 지금 제생(諸生)들은 새로운 시대의 교령을 따르지 않고 옛것을 배우면서 현실을 비난하고 백성을 현혹, 어지럽히고 있습니다. … 지금 황제께서 천하를 통일하시고 흑백을 가려 하나의 최고 기준을 확립하셨습니다. (그런데도 그들은) 사사로이 학문을 전수하며 서로 법교를 비난하고 법령이 나온 것을 들으면 각자 자기가 배운 것을 (기준으로 그 시비를) 따집니다. (그들은 조정에) 들어오면 마음속으로 그것을 비난하고, 나가서는 거리에서 떠들어 대며, 군주 앞에서 허풍 떠는 것을 명예로 알고, (군주와) 의견을 달리함으로써 명성을 얻으려 하며, 백성들을 자극하여 (황제를) 비난하는 말을 퍼뜨리고 있습니다. 이런 것을 금하지 않으면 위로는 군주의 권위가 실추되고 아래로는 당파가 형성되니, 금하는 것이 좋습니다. 신은 청하옵니다. 사관(史官)이 (갖고 있는 문서 중) 진(秦)의 기록이 아닌 것은 모두 태우도록 하시고, 박사(博士)의 관직에 있지 않으면서 감히 『시』, 『서』및 제자백가의 저서를 소장하고 있으면 모두 관에 바치게 한 후 군(郡)의 수(守)·위(尉)로 하여금 함께 태우도록 하십시오. (또) 감히 『시』, 『서』를 들먹이며 토론하는 자는 저잣거리에서 처형하고[棄市], 옛것을 들먹이며 현실을 비방하는 자는 족형(族刑)에 처하시되, 만약 관원이 그것을 알고도 처단하지 않으면 동죄(同罪)로 처벌하시기 바랍니다. 이 법령이 하달된 후 30일이 지나도 불태우지 않는 자는 경위성단[黥爲城旦, 얼굴에 문신한 후 성단(城旦)의 노역을 하는 형벌]에 처하십시오. (다만) 제거하지 않을 것은 의약·복서(卜筮)·농업 관련 책들뿐입니다. 그리고 만약 법령을 배우고자 하는 사람은 관리를 선생으로 삼게 하십시오." 시황은 이 건의를 승인하였다.[888]

888 『史記』권6「秦始皇本紀」, "丞相李斯曰 … 異時諸侯竝爭, 厚招遊學. 今天下已定, 法令出一.

제2장 봉건 정치사회의 붕괴와 전형적 전제정치의 성립

이사의 주장이 실현된 것은 상앙 이래 법가들이 주장해 온 이상을 실현한 것이었다. 법령은 황제의 자유의지를 객관화하는 동시에 황제의 의지를 완성하는 유일한 수단이었다. 『시』, 『서』 및 제자백가의 학문을 없애면 인민은 오직 법령이 있다는 것만 알고, 즉 황제의 의지가 있다는 것만 알게 될 터이므로 전제정치에서 반드시 취해야 하는 정신적 조치이다. 가의(賈誼)의 「과진론(過秦論)」에서는 다음과 같이 말한다. "이에 그는 선왕의 법도를 폐기하고 제자백가의 서적을 불태워 백성을 우민(愚民)화하였으며 큰 성을 허물고 해자를 메운 후 천하의 병기를 함양에 모아 그것을 녹여 금인(金人) 12개를 만듦으로써 백성들의 힘을 약화시켰다."[889] 어리석고 허약한 백성은 바로 전제정치가 요구하는 백성이다. 이후 전제정치가 효과적으로 작동할 때 반드시 어느 정도의 변칙적인 분서(焚書) 작업이 뒤따르게 되는데 이를테면 청나라 때 『사고전서(四庫全書)』가 편찬된 이유도 여기에 있다. 기존의 유생들에 대해서는 어떠했을까? 앞서 시황을 비판한 후생과 노생이 도망치고 난 후의 일은 다음과 같다.

시황은 그들이 도망쳤다는 말을 듣고 대노하였다. "내가 전에 천하의 서적

百姓當家, 則力農工; 士則學習法令辟(避)禁. 今諸生不師今而學古, 以非當世, 惑亂黔首. … 今皇帝並有天下, 別黑白而定一尊. 私學而相與非法敎. 人聞令下, 則各以其學議之; 入則心非, 出則巷議. 誇主以爲名, 異取以爲高, 率群下以造謗. 如此弗禁, 主勢降乎上, 黨與成乎下, 禁之便. 臣請史官非秦記皆燒之. 非博士官所職, 天下敢有藏詩・書・百家語者, 悉詣守尉雜燒之. 敢有偶語詩書者棄市. 以古非今, 族. 吏見知不擧者同罪. 令下三十日不燒, 黥爲城旦. 所不去者醫藥・卜筮・種樹之書. 若欲有學法令, 以吏爲師. 制曰可."

[889] 『史記』권6 「秦始皇本紀」, "於是廢先王之道, 焚百家之言, 以愚黔首. 墮名城, 殺豪俊; 收天下之兵, 聚之咸陽, 銷鋒鑄鐻, 以爲金人十二, 以弱黔首之民."

을 거두어 쓸데없는 것은 모두 없앴지만, 많은 학자와 방사(方士)들을 빠짐 없이 불러들인 것은 태평을 구현하고 방사들이 선약(仙藥)을 구해 올 것을 기대하였기 때문이다. … (또) 노생 등은 내가 대단히 후하게 대접하였는데, 나를 비방하고 내가 부덕하다고 떠벌렸다. 사람을 시켜 함양에 있는 제생(諸生)들을 사찰해 보니 유언비어를 퍼뜨려 백성들을 현혹시키는 자가 있다고 한다." 시황이 어사(御史)를 시켜 제생들을 심문하자 그들은 서로 끌고 들어가 고발하였기 때문에 법령을 어긴 것으로 판명된 460여 명을 모두 함양에 파묻어 죽이고 이 사실을 천하에 알려 다시는 그런 일이 없도록 경계하였다. (그리고) 더 많은 제생들을 변경으로 천사시켰다. 시황의 장자 부소(扶蘇)가 간하였다. "… 제생들은 모두 공자의 가르침을 배우고 있습니다. 지금 폐하께서 이들을 모두 중벌로 다스리고 계시니 신은 천하가 불안히 여길까 두렵습니다. 폐하께서는 이 일을 재고하시기 바랍니다." (이 말을 들은) 시황은 대노하여 상군(上郡)에 주둔하고 있는 몽염(蒙恬)의 군대를 감독하라는 명목으로 부소를 북변으로 내쫓았다.[890]

살펴보건대 시황이 유생을 땅에 파묻은 사실을 놓고 후대 사람 중에는 땅에 파묻은 자는 주로 방사(方士)들이지 진짜 유생은 아니었다고 보기도 한다. 그러나 부소의 말을 보면 역시 방사들 중에도 유가사상의 영향을 받은 자가 있었음을 알 수 있다. 정초(鄭樵)[891]는 말하기를

---

890 『史記』 권6 「秦始皇本紀」, "始皇聞亡, 乃大怒曰, 吾前收天下書不中用者盡去之. 悉召文學方術 士甚衆, 欲以興太平, 方士欲練以求奇藥. … 盧生等吾尊賜之甚厚, 今乃誹謗我, 以重吾不德也. 諸生在咸陽者, 吾使人廉問, 或爲訞言以亂黔首. 於是使御史悉案問諸生, 諸生傳相告引以自 除. 犯禁者四百六十餘人, 皆阬之咸陽, 使天下知之以懲後. 益發謫徙邊, 始皇長子扶蘇諫曰, … 諸生皆誦法孔子, 今上皆重法繩之, 臣恐天下不安, 唯上察之. 始皇怒, 使扶蘇北監蒙恬於上郡."

891 정초(鄭樵, 1104-1162): 남송 흥화군(興化軍) 보전(莆田) 사람. 자는 어중(漁仲), 자호는 계서 일민(溪西逸民) 또는 협제선생(夾漈先生)이다. 과거에 응시하지 않고 30여 년 동안 협제산 (夾漈山)에 은거해 독서와 저술에 몰두했다. 사학에서는 사마천(司馬遷)을 존숭하고 반고(班

"진나라에서는 일찍이 유가를 폐출했던 적이 없다. 시황이 파묻은 자들은 아마도 일시적으로 의론이 맞지 않았을 뿐일 것이다"[892]라고 했는데 이 말이 사실에 가까운 듯하다. 진시황은 유생들을 파묻은 후에도 여전히 학자들을 징소하여 대조박사(待詔博士)로 삼고, 조정에서도 박사들에게 정치를 자문하였으니 『사기』 「숙손열전(叔孫列傳)」에 기록된 상황은 나름대로 사실이라 하겠다. 그런데 땅에 파묻은 자들을 시황은 분명하게 "유언비어를 퍼뜨려 백성들을 현혹시키는 자들"이라 하였는데, 바로 사사로이 정치를 비판하고 시황을 비판한 사람들이다. 비판하지 않았거나 혹은 비판했지만 발각되지 않은 자는 당연히 파묻지 않고 남겨 두었다. 그 목적은 바로 "이 사실을 천하에 알려 다시는 그런 일이 없도록 경계하는" 데 있었으니, 남은 유생들로 하여금 완전히 황제의 뜻을 미리 헤아려 그 뜻에 따라 일을 처리하는 도구로 만들려는 것이다.

진시황과 이사(李斯)가 상앙이 남긴 업적을 계승하여 법가사상을 골간으로 하고 음양가와 유가로 문식(文飾)하여 건립한 전제정치는, 시황과 같이 영명한 황제의 통치하에서 고도의 효과를 발휘할 수 있었고 매우 신속하게 문제를 해결할 수 있었다. 진시황 당시 우리의 강역은 너무나 크고 인구도 많았기 때문에 이를 강력한 정치적 통제력을 발휘

固)를 폄하하였다. 저서로는 『시전변망(詩傳辨妄)』, 『이아주(爾雅注)』, 『통지(通志)』, 『협제유고(夾漈遺稿)』 등이 있으며 특히 만년에 지은 『통지』 200권은 당나라 두우(杜佑)의 『통전(通典)』과 원나라 마단림(馬端臨)의 『문헌통고(文獻通考)』와 더불어 삼통(三通)으로 일컬어졌다.

892 『通志』, "秦時未嘗廢儒, 而始皇所坑者, 蓋一時議論不合者耳."

해 하나로 결집하는 것은 당연히 위대한 역량이 아닐 수 없다. 「진시황본기」에 의하면 시황은 천하를 통일한 후 곧바로 "도량형을 통일하고, 모든 수레의 규격을 통일하였으며, 문자도 통일하였다"[893]라고 했는데 이것은 모두 대단한 작업이다. 『한서』에 있는 가산(賈山)의 '지언(至言)'에서는 다음과 같이 말한다. "진은 전국에 치도(馳道)를 건설하였는데 동으로는 연(燕), 제(齊)까지 이르렀고 남으로는 오(吳), 초(楚)까지 이르렀다. 강과 호수, 연해변의 관(觀)에도 모두 이르렀다. 도로의 폭은 50보(步)이고 3장(丈)마다 나무를 심었으며 외측을 두텁고 견고하게 하여 쇠망치를 감추어 두었고 푸른 소나무를 심었다."[894] 이러한 교통상의 개척은 비록 순유(巡遊)를 위한 시황의 사치심에 부응한 것이긴 하지만 통일을 공고히 하기 위해서도 위대한 작업이며 건국에 있어서도 중대한 의미를 지닌다. 시황 32년과 33년에 대외적으로 영토를 개척할 때는 바로 가의(賈誼)의 「과진론(過秦論)」에서 말했듯이 "남으로는 백월(百越)의 땅을 취하여 계림군(桂林郡)과 상군(象郡)을 설치하였으니 백월의 군장은 머리를 숙이고 목에 밧줄을 걸고 와서 그 목숨을 형리의 손에 맡기게 되었다. 이어서 북으로는 몽염(蒙恬)을 시켜 장성을 쌓고 국경을 지키며, 흉노를 7백여 리 밖으로 내쫓으니 호인(胡人)이 감히 남하하여 말을 기르지 못하고 감히 활을 굽혀 원한을 갚을 생각을 하지 못했다."[895] 이러한 사업은 당세에는 피해를 주었겠

---

893 『史記』권6 「秦始皇本紀」, "一法度衡石丈尺, 車同軌, 書同文."

894 『漢書』권51 「賈山傳」'至言', "秦爲馳道於天下, 東窮燕齊, 南極吳楚. 江湖之上, 濱海之觀畢至. 道廣五十步, 三丈而樹, 厚築其外, 隱以金椎, 樹以靑松."

895 『史記』권6 「秦始皇本紀」, "南取百越之地, 以爲桂林象郡. 百越之君, 俯首係頸, 委命下吏. 乃

지만 만세에 남을 공적이었다. 만약 시황이 만년에 극도의 사치를 행하지 않았더라면, 또 2세가 "평범한 군주의 덕행을 지니고서 충신과 현인을 임용했더라면"[896] 가의의 「과진론」에서 말한 것처럼 이러한 전제정체가 안정될 수 있었을까? 나는 여전히 불가능한 일이라고 생각한다. 첫째, 사치는 전제정치하의 필연적 산물이라고 할 수 있다. 황제의 지위가 신격화되고, 신격화에 더해 다시 무언가를 추가할 때에는 심리적으로 그리고 실제로도 극도의 사치를 요구하기 마련이다. 2천년의 전제정치 역사에서 단지 극소수의 황제만이 이 점에서 자제력을 보여 주었을 뿐이다. 둘째, 한 사람의 몸에 권력을 절대화하였다. 사람은 누구나 "인간으로서 피할 수 없는 약점"이 있는 법이다. 이 약점이 조금이라도 폭로되면 즉각 주변에 있는 가장 가까운 사람이 기회를 타고 접근한다. 비유하면 어떤 거대한 기계의 엔진 속에 작은 돌멩이 하나를 던져 넣으면 순식간에 전체가 먹통이 되고 심지어 파괴되고 만다. 이 작은 돌멩이 하나가 그렇게 큰 파괴 작용을 하는 것이 아니라, 전체 기계가 작동할 수 있는 동력의 중심에 있었기 때문에 그렇게 큰 파괴력을 발휘할 수 있었던 것이다. 시황의 병과 병으로 인한 죽음은 누구도 피할 수 없다. 환관 중 거부령(車府令)인 조고(趙高)의 정치적 지위는 바로 그 자신이 말했듯이 "나는 본래 환관으로 천역(賤役)에 종사한 자"[897]에 불과했다. 그러나 그는 이사(李斯)를 위협하여 "이제 태

使蒙恬北築長城而守藩籬, 郤匈奴七百餘里. 胡人不敢南下而牧馬, 士不敢彎弓而報怨."
896 『史記』권6「秦始皇本紀」, "鄉使二世有庸主之行而任忠賢."
897 『史記』권87「李斯列傳」, "高固內官之廝役也."

자를 정하는 일은 그대와 나 (두 사람) 입에 달려 있소"[898]라고 말할 수 있었다. 이사는 태자 부소(扶蘇)가 현명하고 또 적장자의 지위에 있다는 것, 시황이 죽을 때 남긴 유조(遺詔)에 부소가 대통을 계승하도록 했을 뿐 아니라 반드시 이렇게 해야만 진의 기반이 공고해질 수 있다는 것을 분명히 알고 있었다. 그러나 이사는 끝내 자신의 양심을 위배하고 조고의 계책에 동의하여 부소와 몽염을 살해하고 호해(胡亥)를 태자로 세웠다.【원주98】 이것은 이사가 승상이라는 높은 지위에 있었음에도 그 한 사람의 화복(禍福)과 이해(利害) 역시 조고의 입에 달려 있다는 것을 설명해 준다. 조고의 입은 어떻게 이처럼 커다란 작용을 할 수 있었을까? 그는 "환관으로 천역(賤役)에 종사한 자"로서 황제와 한데 섞여 지냈기 때문에 황제에게 문제가 발생하여 직접 입을 열 수 없을 때는 천역 환관의 입이 바로 황제의 입이었다. 시황의 유조가 조고의 수중에 넘어가 있었기에 조고는 이 기회를 이용하였고, 그래서 그의 입이 시황의 입을 대신하여 방대한 기계의 중앙 엔진이 될 수 있었던 것이다. 인민의 생사를 잠시 접어 둔다 하더라도 이 또한 전제정치 자체가 안고 있는 구제불능의 치명상이었다. 조고는 이 틈을 이용하여 손쉽게 그리고 자연스럽게 전제정치의 최고통치권을 훔쳐 내어 황제의 계승자에 대해서는 필연적으로 최악의 선택을 감행하도록 하고 자신을 위해서는 마지막까지 최선을 다하였다. 진섭(陳涉)이 아직 떨쳐 일어나기 전 진(秦)의 운명은 이미 조고의 입에 의해 결정되었다. 전제정치는 바로 『여씨춘추』 「선식(先識)」편에서 말하는 도철(饕餮)과도

---

898 『史記』 권87 「李斯列傳」, "定太子, 在君侯與高之口耳."

흡사하다. "주나라 정(鼎)에는 (탐욕스럽고 잔인한) 도철 문양이 그려져 있는데, 머리만 있고 몸은 없다. 사람을 잡아먹고 아직 다 삼키기도 전에 자신의 몸까지 먹어 버린" 도철과도 같다.[899]

---

899 『呂氏春秋』「先識覽 先識」, "周鼎饕餮, 有首無身; 食人未咽, 害及其身."

9. 전제정치의 사회적 기초 문제

마지막으로, 왜 봉건제도가 붕괴한 후 나는 전제정치만 내세우고 그 사회의 성질은 다루지 않는가, 왜 봉건제도 붕괴 후의 사회에 대해서는 어떤 호칭을 부여하지 않는가를 얘기해야 한다. 전제정치는 아무런 사회기초도 없다는 말인가? 아래에 이 문제에 대해 답해 보겠다.

첫째, 앞에서 이미 언급했지만 봉건제도 해체의 원인은 하나가 아니다. 그중에서 "국인(國人)" 계급의 발전 속의 해뉴(解紐, 속박의 끈이 풀림)는 당연히 중요한 원인이다. 국인계급의 발전 중에서는 당연히 상인계급과 사인계급의 발전이 가장 빠르다. 그러나 진(秦)이 6국을 병탄할 수 있었던 것은 상앙의 변법에 의해 육성된 자경농민의 힘이었다. 또한 봉건을 폐지하고 군현을 설치하여 전제체제를 완성한 것은 장기간 대립에서 오는 참혹한 전쟁의 교훈이지 어떤 특정 사회계급의 계급의식에 근거한 것은 아니며 더욱이 상인계급과는 아무런 관련이 없다. 이것은 앞에서 이미 말한 바이다. 상앙의 변법은 부강에 대한 요구에 따라 일찍이 그들 정권의 사회적 기초 문제를 고려하였는데 그것은 바로 가장 안정적인 경전(耕戰) 합일의 농민이었다. 진시황과 이사(李斯) 등도 그들의 전제정치 구조를 완성한 후 그들 정권의 사회적 기초 문제를 의식하였는데 그것은 곧 소규모소유자의 자경농과 가내수공업자들이었다. 그들은 상인계급을 소멸시킬 수는 없었지만 계속하

제2장 봉건 정치사회의 붕괴와 전형적 전제정치의 성립

여 억상 정책을 채용하였다. 그들이 소규모소유자 자경농을 중시한 것은 상앙이 다져 놓은 입국의 기초이자 동시에 그들이 6국을 병탄한 무력의 기초이기도 했기 때문이다. 그러나 그들은 상앙보다 일보 전진하였다. 상앙은 개인의 수공업을 상인과 똑같이 취급하고 억압을 가했지만, 시황 시대에 오면 공인(工人)을 농민과 똑같이 취급하였다. 각석 자료를 통해 상술한 나의 견해를 입증해 보고자 한다.

28년「태산각석(泰山刻石)」[900]: "다스림의 도가 행해지자 모든 산업[諸産]이 각기 그 마땅한 위치를 찾고 모든 행동에 법식에 있게 되었다."(『사기』「진 시황본기」)[901]

「낭야각석(琅邪刻石)」: "농업을 장려하고 말업을 억제하니 백성이 부유하다." "황제의 밝은 지혜가 사방을 두루 살피시니, 존비와 귀천이 각기 위치를 벗어나지 않고 범법과 악행[奸邪]이 용납되지 않으며 모두 곧고 선량한 일에만 힘쓴다. 크고 작은 모든 일에 전력하며 감히 게으름을 부리지 않는다. 먼 지방의 궁벽한 곳에서도 (관리들은) 오로지 엄숙하고 근엄한 태도로 정직과 충성을 다해 상궤(常軌)를 벗어나지 않는다. … 시절에 맞추어 일을 도모하니 모든 산업[諸産]이 번성한다. … 친척들은 서로 보살피며 도적도 없다. … 백성들은 모두 그 가르침을 기쁘게 받들며 법령과 제도를 빠짐없이 알고 있다.

---

900 태산각석(泰山刻石): 진시황이 천하를 통일한 다음 3년째인 28년(B.C.219)부터 황제의 위업을 나타내기 위해 각지를 순행하며 새긴 7개의 송덕비 각석(刻石)—역산(嶧山), 태산(泰山), 낭야대(琅琊臺), 지부(之罘), 동관(東觀), 갈석(碣石), 회계(會稽) 각석—의 하나이다. 이사(李斯)가 썼다고 하는 이 각석은 송(宋)나라 때 처음 발견되었을 당시 이미 마멸이 심하였고 다시 땅속에 묻혔다가 명(明)나라에서 발굴되었을 때는 29자가 남아 있었으나 1740년 불에 타서 10자만 남게 되었다.

901 『史記』 권6「秦始皇本紀」, "治道運行, 諸産得宜, 皆有法式."

… 그 공덕은 오제(五帝)를 능가하고 그 은혜는 소와 말에까지 미친다. 만물이 모두 그 은덕을 입고 각기 제자리에서 평안을 누린다."(위와 같은 곳)[902]

32년 「갈석각석(碣石刻石)」: "험준한 요새와 장벽을 제거하셨다. 모든 지형이 평탄해지니 백성들은 요역의 (부담이) 없어졌으며 천하가 모두 안정되었다. 남자는 밭에서 즐겨 농사를 짓고 여자는 가사를 돌보니 모든 일에 질서가 있다. 황제의 은혜는 모든 산업[諸產]에 미치고 이전부터 오래 경작하던 땅을 나누어 받은 백성들은 모두 만족하고 있다."(위와 같은 곳)[903]

위에서는 농(農)만 언급하고 공(工)은 언급하지 않은 것 같다. 그러나 이사(李斯)의 「분서의(焚書議)」 중 "백성들은 집안에서 농(農)·공(工)에 힘쓰고"[904]라는 구절로 미루어 보면, 각석 중에 자주 나오는 "모든 산업[諸產]"이란 말 속에는 반드시 수공업생산이 포함되어 있다고 봐야 한다. 위 각석의 글로부터 시황과 이사 등이 희망하는 사회는 "정직과 충성을 다하는"[905] 농민과 공인으로 구성된 소규모소유자 생산사회라는 것을 알 수 있다. 시황은 천하를 통일하자마자 천하의 부호 12만 호를 각지로 천사시켜 부자를 곤궁하게 만들었을 뿐만 아니라 "33년

---

902 『史記』 권6 「秦始皇本紀」, "上農除末, 黔首是富." "皇帝之明, 臨察四方, 尊卑貴賤, 不逾次行. 奸邪不容, 皆務貞良. 細大盡力, 莫敢怠荒. 遠邇辟隱, 專務肅莊. 端直敦忠, 事業有常 … 節事以時, 諸產繁殖 … 六親相保, 終無寇賊 … 驩欣奉教, 盡知法式 … 功蓋五帝, 澤及牛馬, 莫不受德, 民安其宇."

903 『史記』 권6 「秦始皇本紀」, "夷去險阻, 地勢既定, 黎庶無繇, 天下咸撫. 男樂其疇, 女修其業, 事各有序. 惠被諸產, 久並來田, 莫不安所." 갈석(碣石)은 하북성 창려현(昌黎縣)의 바닷가에 위치해 있다.

904 『史記』 권6 「秦始皇本紀」, "今天下已定, 法令出一, 百姓當家則力農工, 士則學習法令辟禁."

905 『史記』 권6 「秦始皇本紀」, "荒遠邇辟隱, 專務肅莊, 端直敦忠, 事業有常."

(B.C.214)에는 일찍이 요역을 피해 도망한 경력이 있는 자, 췌서(贅婿, 데릴사위, 사실상 채무노예)·고인[賈人, 시적(市籍)에 등록된 상인]을 징발하여 (남방의) 육량(陸梁)을 점령하였다."(「진시황본기」)[906] 이러한 사실은 그들 정권이 상인 및 기타 부호들에 의해 건립되지 않았음을 분명하게 보여 준다. 이때도 당연히 형벌과 채무에 의한 노예가 있었지만 사회조직 전체에서 차지하는 위상은 극히 낮았다는 것 또한 매우 분명한 사실이다. 왜냐하면 소규모소유자 농민과 공인은 재부와 역역(力役)의 원천으로서 국력을 형성하는 골간이었을 뿐만 아니라 가장 길들이기 쉽고 가장 저항력이 결여된 계급이었고, 그래서 법가와 시황 및 이사 등은 이러한 계급 위에 전제정치를 세워야만 비로소 지식과 폭력의 저항에 부딪치지 않고 오랫동안 정권을 안정시킬 수 있다고 믿었기 때문이다. 그러나 이로부터 전제정치하의 사회를 소규모소유자 농민·공인의 사회였다고 부를 수 있을까? 후술하는 바와 같이 전제정치는 사실상 소규모소유자 농민과 공인을 보호할 수 없을 뿐더러 전제정치하에서 소규모소유자가 받는 압박은 다른 계층보다 훨씬 심각했다. 따라서 소규모소유자의 생존은 전제 아래 늘 동요하였고 자기 생존의 지위를 공고히 할 수가 없었다. 그리하여 진나라의 획일적인 사회생활의 요구로 인한 번잡한 형벌, 사치심으로 인한 과중한 세금, 그에 더해 호해(胡亥)와 조고(趙高)의 잔인함과 악독함은 농민을 더 이상 갈 곳 없는 궁지로 몰아 넣었다. 떨치고 일어나 진을 망하게 한 것은 여전히 농민이지 상인이 아니며 노예도 아니었다. 이것은 시황이 처음

---

906 『史記』 권6 「秦始皇本紀」, "三十三年發諸嘗逋亡人·贅婿·賈人, 略取陸梁地."

에 미처 생각지 못했던 일일 뿐만 아니라 전제정권의 필연적인 운명이기도 했다. 따라서 전반적인 사회역량의 현실과 대비하여 전제하의 사회를 농민·공인 사회로 부를 수는 없다.

둘째, 시황과 이사 등은 의식적으로 상인을 억압하면서 소규모소유자 농민·공인을 그들 정권의 사회기초로 삼으려고 했다. 그러나 사회가 진보할수록 분업은 더욱 발달한다. 분업이 발달할수록 상인의 상업행위는 분업의 사회 생활을 이어 주는 연결고리가 된다. 시황 등이 상업행위를 없앨 수 없는 이상 상업 종사자들이 물가 조작을 통해【원주99】재부를 축적하는 것을 없앨 수는 없었다. 상인들이 물가를 조작하는 주요대상은, 즉 착취하여 이익을 취하는 주요대상은 바로 농민과 공인들이었다. 특히 농민들이 자연재해와 인재(人災)의 영향을 가장 크게 받았다. 한번 이런 영향을 받게 되면 농민의 생활은 자연재해와 인재 앞에 적나라하게 폭로되어 상인이 조작하는 대로 움직이게 된다. 이런 측면에서 보면 상업자본의 흥기는 사회발전 중의 자연스러운 추세이지 전제정치하의 정치력으로 막을 수 있는 것이 아님을 알 수 있다. 재부는 인류 최대의 유혹이다. 상인이 재부를 소유한다는 것은 말하자면 각급 정부에 연줄을 대어 뇌물을 주고 아부하거나 각급 정부와 결탁하는 기회를 갖는 것이다. 진나라가 상업을 억누르자 뜻밖에도 도살자의 아들이 진나라 장군이 될 수907【원주100】있었던 것은 바로 이러한 정세

---

907 도살자의 아들이 진나라 장군이 … :『史記』권55「留侯世家」에 의하면 당시 패공(沛公)이 장량(張良)과 함께 완(宛, 하남성 南陽市)을 격파하고 서쪽 무관(武關, 섬서성 丹鳳縣)으로 들어가 병사 2만을 거느리고 요관(嶢關, 섬서성 商縣)을 지키는 진나라 군대를 치려고 하자, 장량이 말하기를 '진나라 장수는 도살자의 자식이라 하니 장사꾼은 이익으로 쉽게 움직일 수 있다'

를 반영한다. 더구나 상인은 부세와 요역을 도피하는 데 가장 능한 자들이기 때문에 부세와 요역은 주로 농민들 앞으로 떨어졌다. 상인의 재부는 도시에 축적되어 있고 기회를 보아 옮겨 갈 수 있어 전란 속에서도 비교적 보존이 쉬울 뿐만 아니라 전쟁은 항상 상인들이 막대한 부를 축적할 수 있는 온상이 되고 있다. 반면 농민들의 생계는 농촌에 고정되어 있으므로 전쟁이 미치는 땅은 곧 농민생활이 파탄을 맞게 되는 땅이었다. 이것은 전제정치가 진정으로 농민을 보호하지도 못했고 진정으로 상인을 억제하지도 못했음을 설명한다. 한 무제(武帝)의 고민령(告緡令)908과 염철 전매법이 중산(中産) 이상의 상인들을 모두 파탄에 이르게 했다고는 하나 결국 장기적으로 상인의 부활을 억제하지는 못했다.【원주101】 특히 진 이후로 유가사상의 개입이 늘어나면서 상인의 토지 겸병만 억제하고 그 밖의 상업 활동은 억제하지 말 것을 주장하였으니, 이 또한 상업 활동에 유리한 조건을 조성하였다. 그렇다고 해서 전제적 사회를 상업자본사회라고 부를 수 있을까? 하물며 장기적인 역사 속에서 상인과 관리의 상호결탁 현상이 자주 나타나는 것

고 하면서 많은 보물을 가져다 진나라 장수를 매수하도록 하였는데, 과연 진나라 장수가 진나라를 배반하였다는 기록이 있다. "沛公 … 與良俱南攻下宛, 西入武關. 沛公欲以兵二萬人擊秦嶢下軍. 良說曰: '臣聞其將屠者子, 賈人易動以利.'"

908 고민령(告緡令): B.C.119년 무제는 계속된 외정으로 인한 국고의 결핍을 보충하고 상인들의 매점매석을 억제하기 위해, 상인의 자산가액 2천 전에 1산(算, 120錢), 수공업자는 4천 전에 1산의 세금을 각각 부과하였다. 그러나 이러한 정부의 산민령(算緡令, 緡은 돈꿰미)은 상공인들의 비협조로 효과를 보지 못했고, 이에 무제는 B.C.114년 고민령을 발포하여 신고누락자 및 부정신고자에 대한 일반인의 고발을 장려하여 고발자에게 몰수자산의 절반을 보상금으로 지불하게 하였는데, 많은 상인들이 이로 인해 자산을 몰수당했으며 반면 정부의 수입은 막대한 양에 이르렀다.

은 상업 활동과 전제정치의 일치를 설명하는 것으로도 보인다. 그러나 이 문제를 이해하기 위해서는 먼저 중국역사에서의 상업 활동과 근대의 상업자본을 서로 혼동해서는 안 된다는 점을 알아야 한다. 중국 역사상의 상업은 "토착 상업"이고, 토착 상업의 과도한 발전은 필연적으로 사회에 착취와 타락 작용을 일으키게 된다. 그들의 재부의 증가는 장삼(張三)에서 이사(李四)로의 전이(轉移) 관계, 즉 속담에서 말하는 "동쪽 집이 가난해지지 않으면 서쪽 집이 부유해지지 않는" 구조에서 발생한다. 근대 서구의 상업은 국제적 상업이다. 그들이 경쟁하는 대상은 국내의 농민이 아니라 다른 나라의 재부이다. 그러므로 그들의 재부는 그 본국에 대해 말하면 재부의 증가이지 단순한 전이가 아니다. 동쪽 집도 가난해지지 않으면서 서쪽 집도 부유해질 수 있을 뿐만 아니라 동쪽 집 서쪽 집 모두 서로 부유해질 수 있다. 따라서 그들의 상업자본은 역사적 진보성을 가지고 있으며, 동시에 사회와 정치에 영향을 미치는 새로운 관념을 만들어 낼 수 있다. 우리나라는 대략 당대(唐代)에 이르러 활발한 해상 상업 활동을 하기 시작했는데 송대에 오면 더욱더 규모가 확대된다. 그러나 아편전쟁 이전까지는 그 규모가 사회·정치에 새로운 관념을 제공하고 새로운 세력을 형성할 정도의 수준에 이르지 못했다. 또한 상술한 상황하에서 상업 활동은 시종 관료지주들의 틈새에 들러붙어 생존을 도모할 뿐 사회의 주도적 지위를 얻지 못했기 때문에 상업 활동 자체도 시종 정체되어 그 자체의 법칙을 따라 앞을 향해 질적인 탈바꿈을 할 수가 없었다. 따라서 나는 장기적 전제정치하의 사회는 상업자본사회라고 말할 수 없다고 생각한다.

셋째, 한 초에 기형적인 정치봉건제도가 도입된 이후, 그로 인한 정치 상층부의 분열의 위기는 한 무제 때 극복되었지만, 철후(徹侯)제도[909]의 확장으로 인해 정치적 특권계급이 조성되어 대대적인 정치적 성격의 토지 겸병이 이루어진다. 여기에 더해 상업자본이 농촌에 들어오면서 상업적 성격의 토지 겸병이 출현하게 된다. 그리하여 이 두 가지 겸병에서 비롯된 지주의 전농(佃農)에 대한 착취 또한 전제정치하의 심각한 문제가 되었다. 한대에는 정치적 성격의 토지 겸병이 상업적 성격의 토지 겸병보다 훨씬 더 많았는데, 이러한 토지귀족은 한대 전제정치의 일부를 형성하는 한편 전제왕조의 붕괴를 촉성한 주요 원인이기도 했다. 그러나 이러한 지주와 전농 간의 착취관계에 근거하여진 이후 장기간의 전제하의 사회를 봉건사회로 불러서는 안 된다고 생각한다. 왜냐하면 만약 그렇게 부를 경우 첫째, 주 초에 실행한 봉건제도와 관념상 혼동을 일으키기 때문이다. 둘째, 주나라 방식의 봉건적 토지제도는 공전(公田)과 사전(私田)의 관계에 역역(力役)의 의무를 더한 것인데, 이것은 후대의 토지관계에서는 절대로 보이지 않기 때문이다. 주 왕실은 "1/10세"를 기준으로 삼았으나 후대의 지주들은 보통 4/10 내지 5/10를 착취하여 정전제의 착취를 훨씬 능가하였다. 전제하의 자경농 중에는 종종 몰락하여 전농(佃農)이 되는 자도 있었으나 전농도 상승하여 자경농이 될 수 있었다. 이러한 상황은 주대의 봉건제도 아래서는 나올 수 없다. 지주와 전농이 전체 사회 구성상 차지하는 비중으로 보아도 이를 봉건사회로 부를 수는 없을 것이다.

---

909 철후(徹侯)제도: 군공이 있는 자에게 내린 작위. 1-20등까지 있으며 철후는 그중에서 가장 높은 20등에 해당한다. 통후(通侯)라고도 한다. 뒤에 무제의 이름을 피하여 열후(列侯)로 개칭하였다.

넷째, 전제정치는 형벌을 골간으로 한 정치라는 점과 상술한 여러 가지 원인으로 인해 양한 시기에는 수많은 형벌노예와 채무노예가 출현하였다. 그러나 귀족의 손에 사역(使役)된 노예의 숫자는 아마도 사회적으로 생산에 종사하는 노예의 숫자보다 훨씬 많았을 것이다. 당시 노예는 사회의 주요 노동력을 형성하지도 못했고 정부에 의해 지속적으로 금지되었다. 그러므로 한대를 노예사회라고 말하는 것은 근본적으로 성립될 수 없다.

다섯째, 가장 중요한 점은, 어떤 사회세력도 일단 전제정치의 전제자와 그 주변 권귀(權貴)들에게 위협을 느끼게 하면 그 즉시 정치적 파멸의 타격을 받게 된다는 점이다. 어떤 사회세력도 전제적 정치세력과 정면으로 합리적인 경쟁을 벌이거나 맞서 싸울 수는 없기 때문에 결국 전면적인 농민폭동만이 있을 뿐이었다. 전제정치가 필요로 하는 것은 소규모소유자 농민과 공인이다. 그러나 이 정치제도의 본질은 농민과 공인을 보호할 능력이 없다는 것이다. 농민과 공인은 지고무상의 황제·황실과는 너무 멀리 떨어져 있고 지배집단에 편승할 기회와 능력도 없었기 때문에 늘 곤궁하면서도 어디 호소할 곳이 없는 사람들이었고 그래서 전혀 거리낌 없이 이리저리 착취를 해도 되는 대상이 되었다. 게다가 정치적인 토지 겸병, 상업자본의 토지 겸병은 늘 소규모소유자 농민과 공인을 대상으로 이루어졌으므로 소규모소유자 농민과 공인은 끊임없이 동요하며 몰락해 갔다. 그러나 각 지역의 소규모소유자 농민들이 동요하며 몰락해 갔다 하더라도 전반적인 상황으로 볼 때 이쪽이 소멸하면 저쪽에서 일어나고 한쪽이 잦아들면 다른 쪽이 들고 일어나는 식으로 역사 속에서 소규모소유자들은 시종 중요한 위치를 차지해 왔다. 하지만 농민은 생활 방식이 산만하고 경제역량이 분산되어 취약했기 때문에 사회적·정치적으로 적극적인 역할을 할 수 없었고, 전제 통치집단에 대해 항상 부역의 무거운 부담을 지면서도 사회정치상의 권리는 극히 조금밖에 얻을 수 없었다. 그러나 정치가 부패하여 대량의 정치적 토지 겸병이 일어나【명대 향신(鄕紳)도 정치적인 토지 겸병이다】 이들 중간계급 대부분이 동요하고 붕괴되는 상황에 이르면 그들의 역량은 "농민 폭동"의 방식으로 표출되어 왕조를 송두리째 파괴하게 된다. 대부분의 토지는 대변란을 겪은 후 자연스레 재분배되기 시작한다. 그러나 농민폭동은 하나의 왕조를 파괴할 수는 있지만 새로운 정치형태를 수립할 새로운 관념과 집단화된 사회역량이 부족한 탓에 하나의 전제왕조가 파괴되고 나면 또 다른 새로운 전제왕조가 다시 일어났다. 상인들은 통치집단과 중간계급 사이에서 활동했는데, 그들은 통치집단에 의부(依附)하여【결탁하여】 그들의 재부를 확대할 수는 있지만 마찬가지로 정치에 대항하는 사회역량을 형성하지는 못했다. 그들의 생명과 재산은 바로 전제집단의 손에 쥐어져 있었고, 여론은 또 사인(士人)의 손에 쥐어져 있었다. 따라서 그들은 자기의 독립적인 의식을 형성하지도 못했다. 상인들은 전제 통치집단에 기대어 그들을 이용하기도 하고 이용당하기도 하면서 자기 생존을 도모했다고 말할 수 있다. 상업 규모의 확대는 상품생산 규모의 확대로 이어질 수 있고 생산조직과 기술의 개혁을 자극할 수도 있다. 그러나 중국은 과거에 이런 기회가 있을 때마다 전제정치의 압력이 개입되어 중도에 실패하고 말았다.

이상의 분석을 총결하면, 전제정치 아래에는 정치적 토지 겸병에 의한 대지주가 있고, 크고 작은 상인들이 있으며, 상업자본으로 토지를 겸병하는 대지주도 있고, 소규모소유자 농민·공인 계급도 있으며, 전농(佃農)도 있고 노예도 있음을 알 수 있다. 새로운 전제왕조의 건립 초기에는 대체로 정치가 소규모소유자 및 전농과 노예를 보호하는 경향을 보인다. 그러나 전제정권은 시간이 흐를수록 필연적으로 부패하기 마련이어서 정치는 자연히 정치적 대지주 및 정치적 대지주에 부수하는 상인들을 보호하는 쪽으로 기울게 된다. 이러한 경향이 극한에 이르면 농민폭동을 불러일으켜 왕조가 바뀌고 새로운 세상이 도래한다. 정치는 순환하고 경제와 사회도 순환한다. 이러한 정세 아래서는 어떤 특정 계급이 직선적으로 발전하는 것을 용납하지 않는다. 따라서 2천 년의 역사에서 정치가와 사상가는 단지 전제라는 거대한 기계 아래에서 편향(偏向)을 바로잡고 폐해를 바로잡는 계획만 세웠을 뿐이다. 편향을 바로잡고 폐해를 바로잡기 위해 이 전제 기계를 돌파하려고 생각하는 순간 곧바로 이 기계 아래 깔려 죽을 수도 있다. 모든 인민은 이 기계의 주위를 맴돌면서 치근대기만 할 수 있을 뿐, 치근댐이 이 기계와 직접 충돌하는 데까지 이르면 바로 이 기계에 깔려 죽게 된다. 이 기계는 법가사상을 근원으로 하고, 절대화된 신분과 절대화된 권력을 중핵으로 하여, 광대한 영토와 그 영토상의 인민 및 인민의 산만한 생활형식을 자양분으로 삼아, 군사와 형법을 수단으로 세워진 것이다. 일체의 문화·경제 활동은 오직 이 기계 안에서만 할 수 있고 이 기계 밖으로 벗어나서는 안 되며 그렇지 않으면 오직 파멸이 있을 뿐이다. 이것이 중국사회가 정체하여 앞으로 나아가지 못한 총체적 근원이다. 중국역사를 연구하면서 이러한 대관건을 파악하지 못한다면 중국역사를 정확하게 이해하기 어렵다고 생각한다.

제2장 봉건 정치사회의 붕괴와 전형적 전제정치의 성립

【원주1】『신중국의 고고 수확[新中國的考古收獲]』, 55-56쪽.

【원주2】『좌씨회전(左氏會箋)』제6「희(僖) 24」, 49쪽, "'작(作)' 자에는 두 가지 뜻이 있는데 하나는 창조(創造)이고 또 하나는 수복(脩復)의 뜻이다." 여기서의 '작(作)'은 '수복(脩復)'의 뜻이다.

【원주3】졸고「서주 정치사회의 구조 성격 문제[西周政治社會的結構性格問題]」제4절을 참고할 것.

【원주4】주공은「무일(無逸)」편을 지어 성왕을 훈계하기를 "문왕은 거친 의복을 입고 백성을 편안하게 하고 농사짓는 일에 임하셨습니다[文王卑服, 即康功田功]"라고 하였다. "즉전공(即田功)"은 백성과 함께 경작한다는 말이다. 적전례(藉田禮)는 바로 이러한 정신을 유지하기 위한 것이다.

【원주5】『사기』「주본기(周本紀)」참조.

【원주6】『좌전』「희공(僖公) 25년」, 진(晉) 문공은 근왕(勤王)에 큰 공이 있었다. "진후(晉侯, 文公)가 왕을 조현(朝見)하고 … 수(隧)를 청하자【두에 주: 땅에 굴을 파서 통로를 만드는 것을 '수(隧)'라 하며 왕에게만 쓰는 장례(葬禮)이다】, 왕이 허락하지 않으며 말하기를 '이는 왕의 제도이다. 주나라의 덕을 대신할 자가 나타나지도 않았는데 두 왕이 있는 것은 숙부도 싫어할 것이다'라고 하며 양번(陽樊)·온(溫)·원(原)·찬모(攢茅) 등의 땅을 주니 진나라가 이때부터 비로소 남양으로 땅을 개척하였다."[910] 이것이 그 현저한 예이다.

【원주7】『사기』권14「십이제후연표(十二諸侯年表)」에는 13국이 열거되어 있다. 이 점에 대해서는 이설이 매우 많다. 요컨대 부점형(傅占衡)[911]은 "노나라가 주관"했

---

910 『左傳』「僖公 25年」, "晉侯(文公)朝王 … 請隧(杜註: 闕地通路曰隧, 王之葬禮也), 弗許, 曰, 王章也; 未有代德, 而有二王, 亦叔父之所惡也. 與之陽樊·溫·原·攢茅之田. 晉侯於是始啓南陽."

으므로 노나라를 숫자에 포함하지 않았다고 보았는데,「육국연표(六國年表)」에서 진(秦)나라가 주관했으므로 진나라를 숫자에 포함하지 않았다고 본 설과 마찬가지로 믿을 만한 견해이다.

【원주8】『좌전』「선공(宣公) 15년」, "(초나라 군대가 송나라를 포위했을 때 송나라 문공이 대부) 화원(華元)을 보내어 밤에 초군으로 잠입하게 하였다. 화원이 초군으로 잠입하여 자반(子反)의 침상으로 올라가서 잠자는 자반을 일으켜 말하기를 '우리 임금께서 나를 보내어 우리나라의 질고를 고하게 하며 말씀하시기를 우리나라가 지금 자식을 식량과 바꾸어 먹고 해골을 쪼개어 밥 짓는 땔감으로 쓰고 있으나 …"[912]라고 한 것은 그 일례이다.

【원주9】이상은 모두 고동고(顧棟高)『춘추대사표(春秋大事表)』31-37을 참고할 것.

【원주10】『사기』「태사공자서」.

【원주11】『논어』「계씨(季氏)」편.

【원주12】고동고의『춘추대사표』13을 참고할 것.

【원주13】진(秦) 이전에는 현(縣)이 크고 군(郡)이 작았는데 진에 와서는 군의 규모가 크고 현은 그보다 작았다.

【원주14】생각건대 현(縣)의 대소는 병탄한 땅의 대소에 의해 결정되었다. 처음부터 정해진 제도는 없었다. 구동조(瞿同祖)의『중국봉건사회(中國封建社會)』79쪽에서는 현(縣)의 면적을 매우 큰 것으로 단정하였으나 정통한 견해는 아니다.

【원주15】『맹자』「공손추(公孫丑)」상.

【원주16】『춘추호씨전(春秋胡氏傳)』권19.

【원주17】이것은 고동고의『춘추대사표』「구갑전부론(邱甲田賦論)」에서 인용한 것

---

911 부점형(傅占衡, 1606-1660): 명말 청초 문학가. 자는 평숙(平叔), 강서성 임천(臨川) 사람. 어사인 아버지 부괴(傅魁)를 따라 경사를 돌아다니며 유명 인사들과 교유하였다. 유명청(劉命清, 자는 穆叔)과 친하여 세상에서는 '임천이숙(臨川二叔)'이라 불렸다. 저서로『한서적언(漢書撫言)』, 『편국국책(編年國策)』40권과『학원필략(鶴園筆略)』약간이 있으며, 군지(郡志)에 의거하여『임천기(臨川記)』30권을 썼는데, 현재는 남아 있지 않다.

912 『左傳』「宣公 15年」, "使華元夜入楚師, 登子反之牀, 起之曰, 寡君使元以病告曰, 敝邑易子而食, 析骸以爨 …"

이다.

【원주18】『맹자』「양혜왕(梁惠王)」상.

【원주19】살맹무(薩孟武)의 『중국사회정치사(中國社會政治史)』는 이 설에 근거하고
있다. 해당 책 15쪽을 보라.

【원주20】중국의 무기는 진이 6국을 통일할 때까지 청동기를 위주로 했기 때문에 병
기를 녹여 금인(金人) 12개를 만들었다. 그러나 한대에 오면 철을 위주로 하였다.

【원주21】이것은 『호적문존(胡適文存)』제4집 권1, 「설유(說儒)」중에서 인용하였다
(17쪽). 서중서(徐仲舒)의 원문은 『국학논총(國學論叢)』1권 1호, 11쪽에 보인다.
양향규(楊向奎)의 『중국 고대사회와 고대사상 연구[中國古代社會與古代思想研
究]』상책, 27쪽도 그 설을 그대로 답습하여 확대하였다.

【원주22】카마타[鎌田] 씨의 원저는 굉문당(宏文堂) 아전문고(雅典文庫)에 들어 있다.
여기에 인용한 문장은 원저 58-59쪽에 보인다.

【원주23】『예기』「단궁(檀弓)」.

【원주24】『맹자』「등문공(滕文公)」상.

【원주25】『묵자』「경주(耕柱)」편.

【원주26】『맹자』「공손추(公孫丑)」상.

【원주27】『한비자』「현학(顯學)」편.

【원주28】『논어』「자로(子路)」편.

【원주29】이것은 『사기』「공자세가(孔子世家)」에 의거하였다. 「중니제자열전(仲尼弟
子列傳)」에는 77명이라 되어 있다. 『여씨춘추』「효행람(孝行覽) 우합(遇合)」편에
서는 예물을 바치고 제자가 된 자가 3천 명이며 학문에 통달한 제자가 70명이라고
했다. 『맹자』「공손추(公孫丑)」, 『한비자』「오두(五蠹)」편, 『회남자』「태족훈(泰
族訓)」및 「요략훈(要略訓)」은 모두 70인이라 하였다. 아마도 큰 수만을 들어 말한
듯하다.

【원주30】『논어』「양화(陽貨)」, "나를 써 주는 사람이 있다면 나는 그 나라를 동주(東
周)로 만들 것이다."913

【원주31】인(仁)의 내용에 관해서는 졸고, 「논어의 인(仁) 해석[釋論語的仁]」『학술여
정치지간(學術與政治之間)』을집(乙集) 수록]을 참조하기 바란다.

【원주32】『장자』「대종사(大宗師)」, "이 사람이 어찌 예(禮)의 본뜻을 알겠는가?"[914];
『상서』「주관(周官)」 공영달 소, "『예』의 경문에 의거하기도 하고『예』의 뜻을 취
하기도 하였다."[915]

【원주33】『논어』「팔일(八佾)」, "사람이 불인(不仁)하면 예는 배워 무엇 하겠는가."

【원주34】『신중국의 고고 수확』, 69-70쪽을 참조하기 바란다.

【원주35】『춘추대사표』「춘추경대부세서표서(春秋卿大夫世敍表敍)」를 보라.

【원주36】『사기』「연소공세가찬(燕召公世家贊)」.

【원주37】『신중국의 고고 수확』, 61쪽.

【원주38】위의 책, 63-64쪽.

【원주39】위의 책, 62-63쪽.

【원주40】위의 책, 67쪽.

【원주41】『사기』「장의열전(張儀列傳)」.

【원주42】모두『사기』「맹자순경열전(孟子荀卿列傳)」에 보인다.

【원주43】『사기』「소진열전(蘇秦列傳)」.

【원주44】『장자』「제물론(齊物論)」, "큰 인(仁)은 사랑하지 않는 것이다."[916]『노자』

---

913 『論語』「陽貨」, "如有用我者, 吾其爲東周乎."

914 『莊子』「大宗師」, "是惡知禮之意." 세속에 얽매이지 않고 자유자재로운 삶을 살던 자상호(子
桑戶), 맹자반(孟子反), 자금장(子琴張) 세 사람이 서로 벗이 되었다. 얼마 후 자상호가 죽어
아직 장례를 치르지 않았는데 공자가 그 소식을 듣고 자공(子貢)으로 하여금 가서 장례를 도
와주도록 하였다. 자공이 가 보니 한 사람은 노래를 부르고 나머지 한 사람은 거문고를 타면
서 서로 화답하며 노래하였다. "아, 상호여! 아, 상호여! 그대는 이미 참된 세계로 돌아갔는데
우리는 아직 사람으로 남아 있구나!" 이에 자공이 그들 앞에 나아가 "시신을 앞에 놓고 노래하
는 것이 예(禮)입니까?"라고 하자 두 사람이 서로 마주보고 웃으며 말했다. "이 사람이 어찌
예(禮)의 본뜻을 알겠는가?"

915 『尚書』「周官」, "塚宰掌邦治, 統百官, 均四海"의 공안국 전에 대한 공영달의 소, "이 경문에서
는 6경이 관장하는 일을 말하였다. 『주례』에서 골라 뽑아 총목으로 삼았으며 예(禮)의 경문
에 의거하기도 하고 예(禮)의 뜻을 취하기도 하였다[此經言六卿所掌之事, 撮引周禮爲之總目,
或據禮文, 或取禮意]." 서복관의 저본에는 "或據禮文, 或據禮意"로 되어 있다.

916 『莊子』「齊物論」, "大仁, 不仁." 큰 인(仁)은 사랑하지 않는 것이라는 말의 의미는, 참된 인

58장, "그러므로 성인은 방정(方正)하지만 남을 재단하지 않고, 청렴하지만 남을 상하게 하지 않는다"[917] 이것은 사실 "큰 의(義)는 의롭지 못한 것이다[大義不義]"라 말하는 것과 같다. 『사기』「맹자순경열전(孟子荀卿列傳)」에서는 추연(鄒衍)에 대해 "그러나 그 요점은 반드시 인의와 절검으로 귀착된다"[918]라고 하였다.

【원주45】『맹자』「양혜왕(梁惠王)」하, "국인(國人)들이 모두 어질다고 말한 뒤에 그를 살피셔서 … 국인들이 다들 죽여야 한다고 말한 뒤에 그를 살피셔서 … 그렇게 하면 국인들이 그 사람을 죽인 것이라고 말할 수 있습니다."[919]

【원주46】『예기』「대학(大學)」을 보라. 이것은 유가의 보편적 도리이다.

【원주47】『한비자』「유도(有度)」.

【원주48】『한비자』「설의(說疑)」.

【원주49】『맹자』「이루(離婁)」하.

【원주50】『한비자』「양권(揚權)」.

【원주51】위와 같은 곳.

【원주52】『한비자』「주도(主道)」.

【원주53】모두 『한비자』「양권(揚權)」에 보인다.

【원주54】위와 같은 곳.

【원주55】위와 같은 곳.

【원주56】『전국책』「제책(齊策)」4.

【원주57】이상 모두 『사기』「항우본기(項羽本紀)」에 보인다.

【원주58】『사기』「고조본기(高祖本紀)」를 보라.

【원주59】『사기』「진섭세가(陳涉世家)」 및 「장이진여열전(張耳陳餘列傳)」.

【원주60】『사기』「팽월열전(彭越列傳)」을 보라.

(仁)은 대상을 차별적으로 사랑하지 않는다. 즉 만물을 두루 사랑한다는 뜻이다.

917 『老子』통행본 58장, "是以聖人方而不割, 廉而不劌."

918 『史記』권74「孟子荀卿列傳」, "然要其歸, 必本於仁義節儉." 『史記』원문은 "然要其歸, 必止乎仁義·節儉·君臣·上下·六親之施, 始也濫耳"라 되어 있다.

919 『孟子』「梁惠王」下, "國人皆曰賢, 然後察之. … 國人皆曰可殺, 然後察之 … 故曰國人殺之也."

【원주61】『사기』「경포열전(黥布列傳)」을 보라.

【원주62】『사기』「회음후열전(淮陰侯列傳)」을 보라.

【원주63】『맹자』「등문공(滕文公)」상.

【원주64】『맹자』「양혜왕(梁惠王)」하, 제(齊)나라 사람이 연(燕)나라를 정벌한 일은 제나라 선왕(宣王)의 질문에 대한 맹자의 대답에 두 번이나 보이므로 틀림없이 사실적 근거가 있는 말이다.

【원주65】『좌전』「소공(昭公) 6년」.

【원주66】『좌전』「소공(昭公) 29년」.

【원주67】『사기』「손자오기열전(孫子吳起列傳)」.

【원주68】이검농의 저서『선진양한경제사고(先秦兩漢經濟史稿)』124쪽을 보라.

【원주69】『사기』「맹순열전(孟荀列傳)」에 이르기를 "위나라에서는 이회(李悝)가 지력(地力)을 철저히 이용하도록 가르쳤다"라고 하였다. 「화식열전(貨殖列傳)」에 또 이르기를 "위(魏)나라 문후(文侯) 때에 이극(李克)은 지력(地力)을 철저히 이용하는 데 힘썼다"[920]라 하였다. 지금『사기색은』에서 지적한 대로 이극(李克)을 이회(李悝)로 바로잡는다.

【원주70】이검농의 저서『선진양한경제사고』124쪽을 보라.

【원주71】『맹자』「공손추(公孫丑)」상.

【원주72】『사기』「이사열전(李斯列傳)」에 기록된 다음 고사 "(어느 날 그는) 관청의 변소에서 쥐가 더러운 것을 먹다가 사람이나 개가 가까이 가면 자주 놀라고 두려워하는 것을 보았다"[921]는 바로 이사의 그러한 성격을 묘사한 것이다.

【원주73】『사기』「여불위열전(呂不韋列傳)」.

【원주74】『사기』「진시황본기(秦始皇本紀)」.

【원주75】『사기』「이사열전(李斯列傳)」.

【원주76】『여씨춘추』「맹동기(孟冬紀) 안사(安死)」편.

---

920 『史記』권74「孟子荀卿列傳」, "魏有李悝盡地力之敎."; 「貨殖列傳」, "當魏文侯時, 李克務盡地力."

921 『史記』권87「李斯列傳」, "見吏舍厠中鼠食不潔, 近人犬數驚恐之."

【원주77】『사기』「유후세가(留侯世家)」.

【원주78】『사기』「이사열전(李斯列傳)」.

【원주79】『진회요(秦會要)』권13-15 「직관(職官)」을 참조할 것.

【원주80】『사기』「순리열전(循吏列傳)」에 의하면 공의휴(公儀休)는 노나라의 박사였다. 『사기』「귀책열전(龜策列傳)」에 의하면 위평(衛平)은 송나라의 박사였다. 『설원(說苑)』「존현(尊賢)」편에 의하면 순우곤(淳於髡)은 제나라의 박사였다. 『한서』「가산전(賈山傳)」에 의하면 가산의 조부 가거(賈袪)는 위나라 왕의 박사제자(博士弟子)였다.[922] 살펴보건대 여기서의 '제자(弟子)' 2자는 연문으로 봐야 한다.

【원주81】이 단락의 자료 조사와 고찰은 망우(亡友) 서고원(徐高阮)[923] 선생의 손에서 나왔다. 그의 일생을 생각하며 눈물을 훔친다.

【원주82】『맹자』「양혜왕(梁惠王)」상.

【원주83】『사기』「자서(自序)」.

【원주84】『논어』「계씨(季氏)」.

【원주85】『사기』「화식열전(貨殖列傳)」.

【원주86】『한비자』「정법(定法)」제43.

【원주87】『한비자』「주도(主道)」제5.

【원주88】『한비자』「정법(定法)」제43.

【원주89】『상군서』「농전(農戰)」제3을 보라.

【원주90】이것은 "귀족 가문"에 대응하여 말한 것이다.

【원주91】『사기』「맹순열전(孟荀列傳)」.

【원주92】생각건대 『여씨춘추』「십이기(十二紀)」의 골간을 이루는 것은 주로 추연(鄒衍)의 음양오덕(陰陽五德) 사상에서 변화 발전한 것이다.

【원주93】『논어』「자한(子罕)」.

---

922 『漢書』권51 「賈山傳」, "祖父袪, 故魏王時博士弟子也."

923 서고원(徐高阮, 1911-1969): 자는 운서(蕓書), 절강 항현(杭縣) 사람. 일찍이 청화대학을 졸업하고 진인각(陳寅恪) 선생에게서 수업을 받았다. 1949년 대만으로 건너와 중앙연구원에 재직하였다. 저서에 『중간낙양가람기(重刊洛陽伽藍記)』, 『산도론(山濤論)』 등이 있다.

【원주94】『맹자』「이루(離婁)」하, "서자(徐子)가 물었다. '중니께서 자주 물을 찬양하며 말씀하시기를 '물이여, 물이여!'라고 하셨는데 물에서 무엇을 취하신 것입니까?' 맹자가 말하기를 '근원이 풍부한 샘물은 밤낮을 가리지 않고 끊임없이 흘러나와 웅덩이를 메운 다음 다시 앞으로 나아가 바다로 들어간다. 근본이 있는 것은 이와 같으므로 이것을 취한 것이다.'"[924]

【원주95】『순자』「유좌(宥坐)」편, "공자가 동쪽으로 흐르는 물을 바라보았다. 자공이 공자에게 물었다."[925] 일 절 참조.

【원주96】『노자』제8장.

【원주97】『사기』「진섭세가(陳涉世家)」.

【원주98】이상『사기』「이사열전(李斯列傳)」참조.

【원주99】『사기』「화식열전(貨殖列傳)」으로부터 보면 춘추 말에서 한 무제 시대까지 상인자본의 축적은 주로 매점매석으로 물가를 조작하여 이룬 것이다.

【원주100】『사기』「유후세가(留侯世家)」, "패공(沛公)이 … 장량(張良)과 함께 남하하여 완(宛, 하남성 南陽市)을 격파하고 서쪽 무관(武關, 섬서성 丹鳳縣)으로 들어갔다. 패공이 병사 2만 명을 거느리고 요관(嶢關)을 지키는 진(秦)나라 군대를 치려고 하자 장량이 말하기를 '신이 들건대 그들의 장수는 백정의 자식이라고 하니, 장사꾼은 이익으로 쉽게 움직일 수 있습니다'라고 하였다."[926]

【원주101】『사기』「평준서(平准書)」참조.

924 『孟子』「離婁」下, "徐子曰, '仲尼亟稱於水, 曰, 水哉, 水哉! 何取於水也?' 孟子曰, '源泉混混, 不舍晝夜, 盈科而後進, 放乎四海, 有本者如是, 是之取爾.'"

925 『荀子』「宥坐」, "孔子觀於東流之水, 子貢問於孔子曰."

926 『史記』권55「留侯世家」, "沛公 … 與良俱南攻下宛, 西入武關. 沛公欲以兵二萬人擊秦嶢下軍. 良說曰: '臣聞其將屠者子, 買人易動以利.'"

찾아보기

서복관(徐復觀, 1903-1982)

서복관은 1903년 1월 31일 중국 호북성 희수현(浠水縣) 서가요(徐家坳) 마을 가난한 농촌에서 태어났다. 아버지에게 기초교육을 받았고, 무창 제일고등사범학교(1918-1923)와 국학관(1923-1926)에서 엄격한 국학 훈련을 받았다. 1928년 일본으로 건너가 경제학을 공부하고 사회주의 사상을 대량 흡수하였으며, 경제적 지원 부족으로 1929년 일본 사관학교 중국팀 23기에 입학하였다. 1931년 9·18사건으로 귀국하여 군직을 맡았다. 1937년 낭자관(娘子關) 전투와 1938년 무한(武漢) 보위전 실전에 참여하였다.

1943년 5월에서 10월 사이 군령부 소장(少將) 연락참모로 연안(延安)에 파견되어 그곳에서 모택동(毛澤東), 주은래(周恩來)와 여러 차례 개인적인 접촉을 가졌다. 중경(重慶)으로 돌아간 후, 「중공 최신 동태」 보고서로 장개석(蔣介石)에게 알려지면서 그의 막료로 발탁되어 점차 최고 의사결정에 참여하게 되었다. 1948년 3월 소작농이 소작료를 토지 매입비로 하여 토지를 취득할 수 있도록 하는 내용의 토지개혁 방안을 제출하였고 이 방안은 1953년 대만에서 시행되었다. 1951년 이념이 맞지 않아 국민당을 탈당하고 대학에 부임하면서 학문을 시작하였다. 그는 100여 년 동안 중국에서 유일하게 군사·정치의 실무 경험을 갖춘 유교학자였다.

서복관은 공자와 맹자 및 『논어』를 종지로 삼고 '수신(修身)'과 '치국(治國)'의 도는 반드시 보편적인 실천 가능성을 가져야 한다고 믿었다. 그러므로 20세기 이래 중국의 학자들이 다투어 서양을 모방하고 사변(思辨)적 방법으로 중국 전통사상을 '철학화(哲學化)'하는 데만 전념해 온 학문적 성과는 '관념의 유희'일 뿐 공자·맹자의 도와는 아무 관련이 없다고 보았다. 서복관은 이렇게 말한다. "공자의 가르침에 의해 개척된 세계는 현실 생활 속의 '정상인(正常人)'의 세계이다. 사람과 사람이 들어가야 하고, 들어갈 수 있는 평안한 세계이다. 사람이 플라톤의 이상형 세계에 들어갈 수 있겠는가? 헤겔의 절대정신의 세계로 들어갈 수 있겠는가?" 서복관의 연구는 사상사를 중심으로 예술과 문학도 함께 다루고 있다. 그는 선진(先秦) 사상이 전제(專制) 통치를 거치면서 왜곡되었다고 보았다. 그래서 그는 이렇게 말한다. "나는 중국 문화가 원래 가지고 있는 민주 정신을 다시 활짝 터놓아 흐르게 하고 싶다. 이것은 '옛 성인을 위하여 끊어진 학문을 잇는[爲往聖繼絕學]' 일이다. 그것은 일부 정신으로 하여금 민주 정치를 지지하도록 만든다. 이것은 '만세를 위하여 태평을 여는[爲萬世開太平]' 일이다[역주: "爲往聖繼絕學, 爲萬世開太平"은 장재(張載)의 『근사록(近思錄)』에 나오는 말이다]. 정치가 민주적이지 않으면 태평도 있을 수 없다."

저서로는 『중국사상사논집』(1959), 『중국인성론사 — 선진편』(1963), 『중국예술정신』(1966), 『중국문학논집』(1966), 『공손룡자강소(公孫龍子講疏)』(1966), 『석도지일연구(石濤之一研究)』(1969), 『양한사상사』 권1(1972), 『양한사상사』 권2(1976), 『황대치양산수장권적진위문제(黃大癡兩山水長卷的眞僞問題)』(1977), 『양한사상사』 권3(1979), 『유가정치사상여민주자유인권(儒家政治思想與民主自由人權)』(문집, 1979), 『주관성립지시대급기사상성격(周官成立之時代及其思想性格)』(1980), 『중국문학논집속편』(1981), 『중국사상사논집속편』(1982), 『중국경학사적기초』(1982) 등이 있다. 1982년 4월 1일 별세하였다.

중국의 고난시대를 겪으며 서복관은 강한 '서민적 줄거리'[곽제용(郭齊勇) 교수의 말]를 가진 300여만 자의 시사평론을 썼으며, 1949년부터 1982년까지 대만과 홍콩에서 가장 권위 있는 평론가였다.   출처: 서복관 선생 아들 서무군(徐武軍) 제공

역자

김선민(金羨珉)
연세대학교 사학과 졸업, 동 대학원 석 · 박사 취득. 전 연세대학교 연구교수.
역서로 『황제사경 역주(黃帝四經譯註)』(2011), 『아시아 歷史와 文化 2: 中國史 中世』(1999), 『古代中國』(1995), 논문으로 「魏晉교체기 관리의 喪禮와 公除」(2019), 「兩漢 이후 皇帝短喪制의 확립과 官人三年服喪의 入律」(2007) 등이 있다.

문정희(文貞喜)
연세대학교 사학과 졸업, 동 대학원 석 · 박사 취득. 연세대학교 중국연구원 연구교수.
역서로 『역주 중국 정사 외국전 1: 사기 외국전 역주』(2009), 『역주 중국 정사 외국전 2: 한서 외국전 역주 상』(2009), 『역주 중국 정사 외국전 6: 남제서 · 양서 · 남사 외국전 역주』(2010), 『역주 중국 정사 외국전 7: 위서 외국전 역주』(2010), 『天空의

玉座―중국 고대제국의 조정과 의례』(2002)(이상 공역), 논문으로 「고대 중국의 출행의식과 여행금기」(2008), 「일서(日書)를 통해 본 고대 중국의 질병관념과 제사습속」(2017) 등이 있다.

양 한 사 상 사
Intellectual History of
the Han Dynasties